国家社会科学基金青年项目"德国府际财政关系研究"（项目编号 16CZZ026）阶段性成果

德国联邦制下
府际财政关系研究

A Study on the Intergovernmental Fiscal
Relations of German Federalism

罗湘衡/著

人民出版社

目　录

导　论 ……………………………………………………………… 1

一、选题缘由与选题意义 ………………………………… 1

二、国内外研究综述 ……………………………………… 9

三、财政联邦主义理论体系 ……………………………… 41

四、研究方法 ……………………………………………… 48

五、研究难点与创新点 …………………………………… 54

六、研究思路和框架 ……………………………………… 56

第一章　联邦制下府际关系的基本概念与分析模式 ……… 59

第一节　联邦制与联邦主义概念辨析 ……………………… 59

一、联邦制的概念与功能 ………………………………… 60

二、联邦主义概念辨析 …………………………………… 66

第二节　府际关系的概念及分析模式 ……………………… 69

一、府际关系的概念 ……………………………………… 69

二、府际关系分析模式 …………………………………… 76

第二章　统一前西德联邦制与府际财政关系的演进

（1949—1990 年） ……………………………………… 91

第一节　统一前西德联邦制的发展 ………………………… 91

一、合作联邦主义 ………………………………………… 91

二、职能型联邦制 ………………………………………… 96

第二节　单一联邦制时期西德的府际财政关系（1949—

1969 年） ………………………………………… 99

一、1949—1956 年西德的府际财政关系 …………………… 100

二、1956—1969 年西德的府际财政关系 …………………… 105

第三节 合作联邦制时期西德的府际财政关系(1969—
1990 年) ………………………………………………… 114

一、1969—1982 年西德的府际财政关系 …………………… 114

二、1982—1990 年西德的府际财政关系 …………………… 122

第三章 统一以来德国的府际财政关系(1990 年至今) …………… 130

第一节 适度集中、相对分散(财政纠缠)模式下的政府间
事权与支出划分 ………………………………………… 131

一、联邦政府的事权与支出 ………………………………… 132

二、州政府的事权与支出 …………………………………… 140

三、地方政府的事权与支出 ………………………………… 147

第二节 适度集中、相对分散(财政纠缠)模式下的政府间
财权与收入划分 ………………………………………… 156

一、联邦政府的财权与收入 ………………………………… 158

二、州政府的财权与收入 …………………………………… 163

三、市镇政府的财权与收入 ………………………………… 169

第三节 适度集中、相对分散(财政纠缠)模式下的政府间
财政平衡体系 …………………………………………… 176

一、设置政府间财政平衡体系的原因 ……………………… 177

二、政府间财政平衡体系的构成和运行 …………………… 179

三、德国府际关系的调整 …………………………………… 188

第四章 近年来德国的联邦制改革及府际财政关系的调整 ………… 198

第一节 德国联邦制面临的挑战 ……………………………… 199

一、两德统一的冲击 ………………………………………… 200

二、欧洲一体化的冲击 ……………………………………… 205

第二节 2006 年德国联邦制改革 …………………………… 209

一、2006 年德国联邦制改革:去"政治纠缠"的初步尝试 …… 211

二、2006 年德国联邦制改革的举措:反"财政纠缠"的

初试 ………………………………………………… 218

第三节　2009 年德国联邦制(财政)改革 ……………… 222

第五章　对德国联邦制下府际财政关系模式的分析评价……… 238

第一节　德国联邦制与府际财政关系的相互影响……… 239

一、德国联邦制塑造了适度集中、相对分散的府际财政

关系 ………………………………………………… 240

二、适度集中、相对分散模式对德国联邦制产生的影响 …… 250

第二节　对德国府际财政关系模式的评价……………… 257

一、对德国府际财政关系模式优势的评价……………… 258

二、德国府际财政关系模式存在的问题………………… 265

结　论………………………………………………………… 275

参考文献……………………………………………………… 280

一、著作及学位论文…………………………………… 280

二、论文………………………………………………… 297

三、网络资源…………………………………………… 317

后　记………………………………………………………… 321

导　　论

一、选题缘由与选题意义

（一）选题缘由

我国著名德国问题专家丁建弘先生曾说："在近代世界历史上,很少有像德意志民族那样,经历了如此多的历史曲折和劫难,却又像不死鸟似的在灰烬中复活,奇迹般地再度崛起。"①自 1871 年德意志第二帝国实现民族国家的统一以来,这个横亘在欧洲大陆中部的"迟到的优等生"日益对欧洲乃至世界局势产生显著影响,最终衍生出了在国际关系史上经久不衰的"德国问题"——欧洲的德国或者德国的欧洲。然而长期以来,世人形成了解读德国的思维定式——军国主义、侵略扩张、德意志民族国家、独裁专制、服从文化、纳粹主义……但是从财政的视角审视德国近现代史,那么其动机也并非"羚羊挂角,无迹可寻","近现代公共财政模式与专制政体之不相容性也决定了统一之后的德国在市场经济条件之下必然走向民主与宪政"。②然而历史的轨迹受制于政治行为者,德国建立民主宪政国家的任务被战争一推再推,直到 1949 年德意志联邦共和国建立方才提上议事日程。本书尝试从财政制度切入,立足于府际财政关系的视角来审视 1949 年以来德国联邦制的发展与变迁,深入探寻国家成长进程中的财政逻辑。

① 丁建弘:《大国通史:德国通史》,上海社会科学院出版社 2007 年版,第 453 页。
② 周刚志:《论公共财政与宪政国家——作为财政宪法学的一种理论前言》,北京大学出版社 2005 年版,第 84 页。

　　深入探究资本主义不难发现,无论在历史的纵向或者剖面的横向两大维度上,德国模式始终散发着耀眼的光芒。从一般意义上说,模式是可供效仿的模型或范例,是事物发展特点的汇集,是该类事物典型特征的反映和示范。成为模式的事物通常具备两项基本要素:"该事物在与同类事物的比较中应具有自身独特而鲜明的特点;这些特点应具有恒定性,能构成稳定成型的体系。"①首先从历史来看,"由于英国的自由主义在德国遭到鄙弃,两种不同情形产生了:在英国,自由主义形成了'民族结构建立在贫富分化之上'的自由竞争制度,而在德国,则形成了'民族结构建立在命令与服从之间'的普鲁士经济管理制度。"②因此,德国走上了相较英、法等老牌民族国家而言与众不同的道路。其次从经济模式来看,西方学界长期关注德国的社会市场经济模式——按照阿尔马克的设想,"社会市场经济不再是自由放任的市场经济,而是从社会政策角度加以控制的市场经济,是一种在竞争秩序条件下依照市场经济规律进行的、以社会平衡和社会保障为特征的经济社会发展体制。"③路德维希·艾哈德是社会市场经济模式的主要奠基人,他将其归纳为"自由+秩序"——"社会市场经济建立在自由和秩序的原则之上;这些原则结成不可分割的整体。自由不可能在那些没有稳定秩序的地方存在,否则就会陷入混乱;秩序也不可能存在于那些没有自由的地方,否则极易演为强暴。"④中国学者裴元伦指出:"德国的社会市场经济可以用一句话来概括,这就是经济效率+社会公正。为了达到极高效率,这个经济必须是自由的。只有自由的高效经济,才能为实现多一些的社会公正提供客观的现实可能性。"⑤

　　再次从财政政策来看,"1923 年的恶性通货膨胀而非大萧条成为了 20

---

① 王友明:《跨越世纪的德国模式》,世界知识出版社 2013 年版,第 9 页。
② [英]弗里德里希·奥古斯特·哈耶克:《通往奴役之路》,王明毅等译,中国社会科学出版社 1997 年版,第 169—170 页。
③ [德]米勒·阿尔马克:《联邦德国社会市场经济调查》,企业管理出版社 1984 年版,第 17 页。
④ [德]乌尔里希·罗尔:《德国经济:管理与市场》,顾俊礼等译,中国社会科学出版社 1995 年版,第 4—5 页。
⑤ [德]乌尔里希·罗尔:《德国经济:管理与市场》,顾俊礼等译,中国社会科学出版社 1995 年版,"前言"第 5 页。

世纪早期的严重外源性损害事件,而这是德国经济学家和决策者不惜一切代价竭力避免的"①。"在 1923 年 1 月到 11 月期间,兑换 1 美元的德国马克数量从 7525 上升到 4.2 万亿,人们带着装满一推车的钱去商店购买一片面包以及孩子们将不值钱的纸币堆成一叠玩耍,这样的故事颇具传奇色彩。"②因此,德国经济深受弗莱堡学派的"秩序自由主义"的影响,形成了财政收支务求平衡、货币发行从紧趋稳的"稳定文化",并将其植入社会市场经济模式。实际上德国的财政政策在某种程度上具有超越民族国家的治理价值,以德意志联邦银行为范本而组建的欧洲中央银行(ECB)自欧元发行以来,忠实履行了——币值稳定、汇率坚挺、物价平衡——反通胀社会共识,成功实现了欧元区宏观经济运行环境的稳健。德国据此认为处于欧债危机深渊的欧洲各国应自觉履行"德国模式",修正各自为政的财政政策与统一的货币政策二者间的矛盾。③ 财政政策属于民族国家的内政,但是德国凭借其在欧洲一体化与欧洲联合事业中的特殊地位以及欧洲最大经济体的资源优势,将自身的财政制度向区域财经治理的维度延伸,从而拓展了"德国模式"的实用价值。

最后一点涉及制度与行为的关系问题。比较政治学的学科板块大致分为比较政治理论、比较政治制度、比较政治行为、国别政治与区域政治。通常中国学者从制度层面入手开启对比较政治学的研究,通过引入西方学术话语背景下的一系列概念逐步提升对外国政治的研究水平。但是随着行为主义方法论的兴起,人们发现从绝对理想化的制度入手难以解释某些"反常现象"——现实政治行为同政治制度之间存在不相容和脱节。因此比较政治行为——作为制度研究的有效补充——开始占据中心地位,并大量借助数理工具展开对研究对象的深度追索,将政治学提升到"科学化、可证伪"的新阶段。然而近年来出现了某些批判性反思,强调"微观研究者过于

---

① Stephen J.Silvia,"Why do German and U.S.Reactions to the Financial Crisis Differ?",*German Politics and Society*,2011,29(4):p.70.

② Stephen J.Silvia,"Why do German and U.S.Reactions to the Financial Crisis Differ?",*German Politics and Society*,2011,29(4):p.70.

③ 参见罗湘衡:《欧洲主权债务危机中的德国》,《理论视野》2012 年第 4 期。

纠缠于具体的个案描述,无法回应更宏观意义上的理论问题,沦为事件或数据的铺陈"①。回归制度的本质,它是社会中的游戏规则,"是人为设计的,用于人际互动的约束条件"②。T.W.舒尔茨将制度定义为一种行为规则,"这些规则涉及社会、政治及经济行为"③。制度奠定了人类行为的外在约束,绑定了对行为主体的激励结构,极大限定了行动者的目标导向,即使存在与政治行为的不契合之处,我们依然无法忽视制度对政治人的行为逻辑与手段的塑造。换言之,制度分析法始终是剖析政治现象的基石。联邦制是德国最为核心的制度安排,强大的联邦主义惯性必然对现实运行中的府际财政关系产生影响;而府际财政关系也将与联邦制产生交汇和碰撞。二者间的关系究竟如何,是本书的核心关注。

(二)选题意义

1.理论意义

政府间关系(intergovernmental relations)又称为"府际关系",无疑是近年来中国政治学、公共行政学领域使用频率极高的核心议题,也成为诸多研究的聚焦点。就其内涵而言存在多种划分:从政治科学的一般意义上可以分为国家间的政府间关系和国内政府间关系,从政府间关系发生的结构性质上可以分为正式的政府间关系和非正式的政府间关系,从"政府"概念的范畴上可以分为广义的政府间关系和狭义的政府间关系,从发生维度上可以分为政府间横向关系和政府间纵向关系④,从决定政府间关系的基本格局和性质的因素上可以分为权力关系、财政关系和公共行政关系。⑤ 尽管研究对象多元化,然而正如德国社会民主党政治家瓦尔特·门采尔所说,

---

① 陈那波:《历史比较分析的复兴》,《公共行政评论》2008 年第 3 期。
② Douglass C.North, *Institutions, Institutional Change and Economic Performance*, Cambridge University Press, 1990, p. 3.
③ [美]R.科斯等:《财产权利与制度变迁——产权学派与新制度学派译文集》,刘守英译,上海三联书店、上海人民出版社 1994 年版,第 253 页。
④ 参见张志红:《当代中国政府间纵向关系研究》,天津人民出版社 2005 年版,第 19—24 页。
⑤ 参见林尚立:《国内政府间关系》,浙江人民出版社 1998 年版,第 71 页。

"谁掌握钱,谁就掌握权力"①。因此以财政关系为切入点来研究政府间关系较之依托法律制度主义路径的权力关系分析更具优势,前者在汲取历史主义、制度主义等传统方法论精髓的同时,也融合了行为主义、过程方法等新兴研究思维,从而有助于窥视政府间关系调整与变迁的全貌。

将政府间财政关系置于全球比较的视野中不难发现:在集权与分权的意义上,大致有分散型、集中型、"适度集中、相对分散"型三类。前者的典型代表是南斯拉夫社会主义联邦共和国(前南斯拉夫),中者的典型代表是英国、法国,后者的典型代表是美国、德国、日本。② 作为在欧洲大陆奉行社会市场经济模式的德国缘何在 60 余年的政治实践中形成极具"德国特色"的财政体制,从类型学的角度来看其优势何在,发挥了怎样的功能,现实制约瓶颈如何外显,未来发展前景何许……上述问题均围绕府际财政关系展开,以期全方位、多角度地阐释该模式的理论价值。

就德国政府间关系而言,"与美国、加拿大和澳大利亚等分立的联邦制或国家之间的联邦制不同,德国的联邦制别具一格,被称为'复合联邦制'(verbund-föderalismus)或'国家之内的联邦制'(intrastate federalism)。"③这种体制强调的是联邦与成员国的共治,强调的是双方的相互制约、相互依存与合作。④ 德国遵循"合作联邦主义"与"职能型联邦制"的宪政原则,现实运行中的联邦制成为一种"广泛政治纠缠与相互交织"的府际关系,联邦与州之间的职能划分由传统的政策领域的二元分割转向仿效政府间横向分权模式(三权分立),双方自持政策流程的立法与行政、决策与执行。复合联邦制在理论层面依托宪政权力关系与动态财政关系得以维系,作为支柱之一的财政体制在宪政框架总体保持稳定的前提下所进行的调整实际上形塑了府际关系的运转方向。因此,需要从理论层面解析"财政联邦主义"对复

---

① Heinz Laufer, Ursula Münch, *Das Föderativ System der Bundesrepublik Deutschland*, Opladen, 1998, S. 87.
② 参见王振宇:《完善我国现行财政管理体制研究》,东北财经大学博士学位论文,2007 年。
③ 童建挺:《德国联邦制的演变:1949—2009》,中央编译出版社 2010 年版,第 2 页。
④ 参见童建挺:《联邦制的分权功能——基于美国、瑞士、加拿大、德国、奥地利和澳大利亚的比较》,《经济社会体制比较》2009 年第 3 期。

合联邦制所起到的支撑作用(例如该作用如何体现、在不同的历史阶段呈现出怎样的特征等)。

自20世纪90年代两德统一以来,由于受到宏观经济增长势头较为低迷、劳动力与就业市场改革滞后、全球经济整体不景气等不利因素的影响,德国财政赤字与债务水平逐年攀升,已严重威胁政府间关系的平稳发展。其中最引人注目的是地方政府罕见的流动性困境,为缓解尴尬处境,地方政府推行了诸如区域合并或联合、公共服务供给体系改革、机构压缩及人员裁减等应对措施。"然而对府际关系最具根本性的变革在于地方政府联合起来向联邦政府和州政府施加压力,经过集体施压的方式迫使各方共同成立地方政府财政改革委员会以探寻可能的解决方案。"[①]地方政府在传统上并不被德国政界广大精英所看重,但是这般"合纵连横以取共谋"的政治手段是否预示着长期由联邦与州所主导的联邦制的权力天平将发生倾斜? 地方政府的崛起无疑在德国合作型府际关系的框架内播下了不安定的种子,极有可能导致纵向分权由均衡向失衡、从和谐到动荡的方向转变。有学者主张"以此为契机将导致德国的复合联邦制向竞争联邦制过渡"[②],这意味着财政体制的变革将主导未来府际关系的走向。在理论层面需要回答两个问题:第一,财政关系如果决定了府际关系的变迁,那么诸如权力关系、公共行政关系等要素将怎样同财政关系进行博弈? 第二,德国自第二次世界大战后已践行60余年的"国家之内的联邦制"一旦朝"国家之间的联邦制"转型的话,其调整的路径何在?

2.现实意义

(1)财政制度在德国府际关系中居于重要地位。

德国财政制度伴随着职能型联邦制,逐渐占据府际关系的中轴,成为学界精英判断纵向分权制衡实际状况的核心指标。同时为贯彻《基本法》中关于"创造与保障联邦国土内生活水平的一致性及均衡不同地域经济实力

---

① 罗湘衡:《德国政府间财政关系:危机与前景》,《当代世界》2010年第6期。

② Beate Jochimsen, "Fiscal Federalism in Germany: Problems, Proposals and Chances for Fundamental Reforms", *German Politics*, 2008, 17(4): pp. 541-558.

与社会发展"的刚性原则,"联邦与州双向政府结成联合作业与混合财政,导致联邦权力的显著膨胀;对各州财政均衡之强调,必然要求政府权力的中央化"①。财政事项的"二元纠缠"成为德国复合联邦制所倡导之"各级政府密切联结以忠于议题流程的顺畅化,并确保决策事由单一化"的生动写照,由于州政府在履行由《德意志联邦共和国基本法》(以下简称《基本法》)所设置之绝大多数行政与执行功能时经常坠入资源稀缺的"黑洞"之中,以致各州纷纷向财力充裕的中央国家寻求援助和支持。对此,德国学者汉斯·博尔特指出:"因为如果联邦在财政上依靠州的补贴,或者州为履行其职责必须向联邦请求财政援助,那么所划给联邦或州的广泛职权还有什么意义?"②长期以来,为改观联邦独占几乎所有重要立法事权,缓和州借助联邦参议院干预宏观立法进而引发纵向动荡,德国先后于 1956 年、1969 年、1994 年、2006年、2009 年推行联邦制改革,毫无疑问重塑财政关系是其中的"重头戏",其改革方向将在本质上影响未来复合联邦制的形态。

(2)德国政府间财政平衡体系具有突出特点。

德国的政府间财政平衡体系具有全球性声誉,其运行模式深刻影响了府际关系。这一点在两德统一之后表现得淋漓尽致,1990 年 10 月 3 日之后各州之间的经济绩效和经济结构的巨大差异改变了德国联邦制的状况,"德国已经从一个均衡的联邦制国家变成了不均衡的联邦制国家"③。为兑现科尔政府向原东德居民所谓"三五年内实现东部地区花团锦簇似的繁荣"的政治承诺,德国借助涵盖增设"德国统一基金"、修改原有返还性转移支付的适用范围、创设专项基金以强化东部地区基础设施建设力度、调整联邦对州委任事项和共同任务的资助力度、分阶段实施《团结公约》、"准纵向转移支付"等要素的政府间纵向财政平衡以及囊括增值税预先平衡、州际财政平衡、联邦补充拨款等要素的政府间横向财政平衡④实现对新联邦州

① 张千帆:《法国与德国宪政》,法律出版社 2011 年版,第 205 页。
② Alexander Hanebeck, *Der demokratische Bundesstaat des Grundgesetzes*, Berlin,2004,S. 183.
③ Roland Sturm, *Föderalismus in Deutschland*, Opladen:Leske+Budrich,2001,S. 32.
④ 参见罗湘衡:《政府间财政平衡体系与府际关系的调整——以统一后的德国为例》,《上海行政学院学报》2012 年第 2 期。

的输血。这一举措被国际社会视为"以金钱手段实现民族主义至高无上"的大手笔,"试想假如没有西德长时段内以相当于年均 GNP 5% 的 1500 亿马克'团结援助'向东德的转移支付"①,两个沿着大相径庭的城乡治理理念、社会发展模式、经济运行体制、政治权力架构各自运转已 40 余年的主权国家何以能最终融合于"德意志民族国家"?然而"团结成本"无疑给联邦政府、西部老州套上了沉重的"金色枷锁",它相当于两倍以上的全球所有发达工业化国家给予所有发展中国家的援助。②从此政府间财政平衡体系充当了德国政府间关系的利益节点,它是联邦制国家中进一步理顺多元行政主体关系的突破口。进入 21 世纪以来,全德财力均衡的改革事项被提上议事日程,无论是纵向或者横向都需要秉持以输血求造血、变他助为自助的效率原则以有助于各州建构面向 21 世纪的可持续发展,并打造针对未来的核心竞争力。时至今日,转移支付体系的改革依然方兴未艾,跟踪其前沿发展态势就等于把握住了德国府际关系的"命运之锁"。

(3)财政联邦主义具有普遍性的应用价值。

财政联邦主义作为当前全球市场经济国家通用的政策工具,其适用范围早已突破传统联邦制国家的范畴,大量单一制国家竞相推广在各级政府间践行财政分权的实践,并取得了意想不到的效果。中国自 1994 年实行分税制改革以来,逐步建立并完善了多级财政划分模式,在中央与地方政府之间较为明确地划定了政府事权并推行支出责任分开,同时将全国税种划分为共享税与专享税,并允许各级政府组织自身财政收入以满足履行政府职能的需要。纵观 20 余年的分税制改革实践,"中央政府当初以提高'两个比重'为制度设计的目标业已达到,中央政府重新主导多级财政体制,中央财政收入占国家财政收入比例已接近或达到 60%"③。

---

① Lutz Leisering,"Der Deutsche Nachkrie Gssozialstaat-Entfaltung und Krise Eines Zentristischen Sozialmodells",Hans-Peter Schwarz, *Die Bundesrepublik Deutschland-Eine Bilanz nach 60 Jahren*,München,2008,S. 430.

② 参见[德]詹·沃纳等:《德国联邦州之间的财力均衡》,《财政研究》2004 年第 7 期。

③ 朱秋霞:《论中国政府间财政分配制度理论依据之缺失——以德国和美国制度比较为角度》,《经济社会体制比较》2007 年第 5 期。

财政联邦主义在现实运行中的关键何在,如何理顺各级政府间的财政关系,怎样构建合理的政府间财政关系,上述问题均在一定程度上困扰着世界各国政府。德国财政联邦主义的改革可以为中国以及其他国家有效处理政府间财政关系提供借鉴,对其加以研究无疑具有重要的现实意义。

二、国内外研究综述

针对社会科学问题进行研究的先决条件在于了解同研究客体相关的国内外各种学术成果,前辈的学术积淀将为后辈提供必不可少的知识储备与背景常识,我辈若能"百尺竿头,更进一步",无疑得益于前人的引路之功。笔者通过对文献的阅读、梳理和提炼,将学术资料分为两大研究领域(德国联邦制或者政府间关系、德国政府间财政关系)。需要说明的是,未聚焦于上述两大主题,然而具备参考价值的其他研究成果也穿插于本书的各章节中。

(一)国外研究综述

1.关于德国联邦制或者政府间关系的研究

目前,国外学者关于德国联邦制或者政府间关系的研究成果可谓汗牛充栋。笔者综合各种具有代表性的学术观点,尝试归纳如下:

(1)关于德国联邦制或者政府间关系的基本面貌。

德国学者贝尔恩德·赖塞尔特京等提出:"联邦德国在联邦与州两级政府之间的权限配置同其他的联邦制国家存在显著区别,具体表现在职能并非由政策范畴,而是根据决策流程予以区分。这就造成某一层级的行政主体主要担负立法、司法、行政抑或决策、管理、执行的功能,同时在近乎全部的政策范畴发挥上述职能。"[①]美国学者劳伦斯·迈耶(Lawrence C. Mayer)等认为:"根据《基本法》最终建立了联邦制的国家结构形式,这表明

[①] [德]贝尔恩德·赖塞尔特京等:《德意志联邦共和国的中央和地方的关系》,载[英]伊夫·梅尼等主编:《西欧国家中央与地方的关系》,朱建军等译,春秋出版社1989年版,第110—111页。

具备法定最高制宪权的全国性政府统率着全德,各级政府主体的存在及其职能均得以由成文法律提供保障。一旦全国性政府与次国家级抑或市县乡镇政府发生矛盾和纷争之时,最高裁定权归属前者。"①德国学者约哈特·莱姆布鲁克(Gerhard Lehmbruch)阐述:"联邦德国迥异于其他的联邦制国家的标志性特征——即国家行政管理在制定和应用规则方面的自治。合作联邦主义奉行这一独特的制度理念,就形式而言,各级各类政府之间的关系构成其关键性成分。故而顺理成章的是,当前德国的政治学研究主要聚焦于上述政府部门之间关系的最新进展。"②德国学者赫尔穆特·沃尔曼(Hellmut Wollmann)主张:"旨在从宪法、法律等制度领域避免强势的联邦政府的越权行事,早在1949年制定《基本法》之初,占领军当局以及德国政治精英就拥有一个明确的目标——为西德量身打造一整套尊奉社会(福利)国家、联邦国家、民主国家、法制国家四大建国原则的、行之有效的分权体制,并确保各成员州具备行政中枢的地位。"③德国学者亚瑟·B.冈利克斯(Arthur B.Gunlicks)以公共财政体系为"窗口"对德国联邦制下各级各类政府的相互联系予以研究,并指出:"基于州政府借助联邦参议院对立法过程的广泛参与以及涵盖联邦与州官员在内的大量会议,德国模式通常被称为'参与联邦制'或者'执行联邦制'。'行政联邦制'经常用于形容德国的双重联邦制,德国也常常指代一个'单一的联邦国家',如同20世纪60年代早期的状况。德国之所以被设计成为一个'单一的联邦国家'是诸多具有中央集权化特征的结果,例如在很大程度上源自确保遍及德国境内'同等'抑或'统一'之生活条件的宪法要求而不断演变的财政平衡程序以及联邦与州官员之间的合作与协调。"④德国学者托马斯·多宁(Thomas Döring)等

① [美]劳伦斯·迈耶等:《比较政治学——变化世界中的国家和理论》,罗飞等译,华夏出版社2001年版,第222页。

② [德]约哈特·莱姆布鲁克:《德国的制度框架:联邦主义和分权》,载[德]赫尔穆特·沃尔曼等主编:《比较英德公共部门改革——主要传统与现代化的趋势》,王锋等译,北京大学出版社2004年版,第82页。

③ [德]赫尔穆特·沃尔曼:《德国地方政府》,陈伟等译,北京大学出版社2005年版,第13页。

④ Arthur B.Gunlicks,"German Federalism and Recent Reform Efforts",*German Law Journal*,2005,6(10):pp. 1283–1285.

提炼出德国联邦制同财政联邦主义的一般性原则不相匹配的一系列特征："凭借竞争/竞合立法权的设置,联邦政府将更加广泛的行政任务中央集权化;诸多任务或者需要共同履行,或者需要共同出资,由于功能性分散化,致使为特定结果分辨出具体的责任人变得更加困难;自治权预先假设每一层级均拥有一系列专有能力;州与地方政府仅享有较低程度的税收权;与之相应的是,州与地方政府的开支决定频繁地被联邦法律所规定。"①德国学者伊诺斯·赫尔特(Jurines Härtel)归纳道："作为一个奉行社会的、联邦的、民主的、法制的大国,遵照《基本法》的有关条款,成员州的永恒存在之事实不得受到任何形式的动摇。作为制度层面的配套措施,联邦州享有宪法意义上的'成员国待遇',它能够制定各州宪法及法律,拥有相对独立的州立法与行政系统,甚至于独立的司法权,然而上述权限不得违背联邦立法优先于成员州立法的'反冲突规则'。"②德国学者沃尔夫冈·鲁茨欧(Wolfgang Rudzio)全面考察了《基本法》将立法事项所划分的五大类:联邦专有立法领域、"竞争性立法"领域、联邦框架法领域、"共同职责"、联邦州专有立法领域,与此同时大量的国内政治领域属于联邦和各州的立法重叠区域(竞争法和框架法以及共同任务)。③

(2)关于德国联邦制或者政府间关系的改革问题。

由于受到两德统一以及欧洲一体化等众多因素的影响,自跨入 21 世纪以来,德国联邦制或者政府间关系的改革问题被正式提上议事日程,引发了国际社会的广泛关注。

首先就改革的成因而言,对于 2006 年联邦制改革,德国学者卡特琳·奥埃尔(Katrin Auel)借鉴沙夫关于共同决策的理论阐释道:"在一个政治系统中,如果中央政府的决定直接依赖于成员政府同意,并且后者的允许必须

①　Thomas Döring, Stefan Voigt, "Reforming Federalism German Style:A First Step in the Right Direction", *Intereconomics*, 2006,41(4):pp. 203-204.

②　[德]伊诺斯·赫尔特:《德国联邦制的历史、基础和发展》,任雪丽译,《中德法学论坛》2008年第 1 期。

③　参见[德]沃尔夫冈·鲁茨欧:《德国政府与政治》,熊炜等译,北京大学出版社 2010 年版,第268—269 页。

达到抑或近乎全体一致的话,由于在所有玩家之间达成共识极其困难,最终出现次优结果。"①德国学者亚瑟·本茨(Arthur Benz)一针见血地指出:"德国联邦制的真正麻烦过去是、现在仍然是作为全部的立法行为过于中央集权化了,这超越了履行任务或者有效治理的需要。此外,州政府缺乏决定自身税收的显著权力,它们主要依靠根据联邦法律所征收的税收之分成。另一方面,公用资金的行政与开销却是广为分权化,这一因素在某些重要领域主要起到了积极作用,但是一些负面结果也难以避免。"②对于 2009 年联邦制改革,德国学者蒂斯·彼得森(Thieß Petersen)等揭示出了人口统计上的变化,"出生率的降低以及预期寿命的增长意味着德国人口在未来将急剧下降。根据联邦统计局的数据,在德国境内生活的人数将从目前的 8240 万滑落至 2050 年的少于 7400 万;此外,平均寿命将进一步上涨,等于或大于 65 岁的人数将递增 45%,而小于 20 岁的人数将下降 30% 以上。"③

其次就改革的目的而言,德国学者亚瑟·B.冈利克斯提出了全面而又精辟的见解:"通过对联邦与州之间立法权力作出更加清晰的区分,并减少原则性/框架性/总体性立法权,以期强化联邦与州的立法功能;通过重新设计需经联邦参议院所允许的联邦立法,以期削减联邦议院与联邦参议院之间的相互阻拦;在确保先前对新联邦州所作出的承诺的前提下,减少共同出资,并修正接受联邦救助款的条件;通过对国外代表权以及涉及国家统一之条款的调整,并接受同超国家法律相匹配的责任框架,以期强化《基本法》应对欧洲一体化的能力。"④无独有偶,德国学者加洛琳·默尔(Carolyn

① Katrin Auel,"Still No Exit from the Joint Decision Trap:the German Federal Reform(s)",*German Politics*,2008,17(4):pp. 425-426.

② Arthur Benz,"From Joint Decision Traps to Over-regulated Federalism:Adverse Effects of a Successfil Constitutional Reform",*German Politics*,2008,17(4):p. 442.

③ Thieß Petersen,Henrik Scheller,Ole Wintermann,"Public Attitudes towards German Federalism:A Point of Departure for a Reform of German(Fiscal)Federalism? Differences between Public Opinion and the Political Debate",*German Politics*,2008,17(4):p. 559.

④ Arthue B.Gunlicks,"German Federalism Reform:Part One",*German Law Journal*,2007,8(1):p. 117.

Moore)等人通过对安格拉·默克尔总理同各州总理于2005年12月14日所举行会议的系统分析,得出了完全一致的结论。① 同年,德国学者西摩那·布尔克哈特(Simone Burkhart)等人提出了更加精炼的观点:"第一,改革应确保德国的治理将'更快、更好以及更有效率';第二,实现共同决策机制的松绑。"②

再次就改革的手段而言,德国学者克里斯蒂安·里格鲁伯(Christian Hillgruber)深刻阐明由于联邦参议院的参与权所导致的政策阻塞与延误,并预测了德国联邦制改革的可能方式——"重新安排成员州的立法权以换取联邦参议院参与权的减少,引入一种全新的权力样式,建构'分离型模式',废除共同任务,重新配置联邦与州之间的财政关系等"③。德国学者沃尔夫冈·伦奇(Wolfgang Renzsch)全面回顾了2006年联邦制改革,"旨在将联邦秩序现代化的第一委员会遵循将合作联邦制结构加以清理的路径,主题在于使各级政府'更具责任感'以及有'更多独立性',或者说拥有更少的共担责任与更多的自主责任。需要获得联邦参议院同意的联邦法律数目将削减,同时部分联邦竞争/竞合立法权或转交联邦政府,或转交州政府。各州也获得了自行设定房地产购置税税率的权力。虽然这一税种的重要性不大,然而这是朝各州对其税收具有更多决定权迈出的第一步。"④德国学者多米尼克·海因茨(Dominic Heinz)重点分析了2009年联邦制改革,"随着被称为黄金法则的、将各州负债限制在投资额以下的原《基本法》第115条被废除,一种全新的规制债务与分期偿还的模式被引入到《基本法》之中。在正常的经济周期之下,目前已禁止生成新债务,并设计了一项禁令以实现

① 参见 Carolyn Moore, Wade Jacoby, Arthur B. Gunlicks, "Introduction: German Federalism in Transition?", *German Politics*, 2008, 17(4): pp. 397-398。

② Simone Burkhart, Philip Manow, Daniel Ziblatt, "A More Efficient and Accountable Federalism? An Analysis of the Consequences of Germany's 2006 Constitutional Reform", *German Politics*, 2008, 17 (4): pp. 522-523.

③ Christian Hillgruber, "German Federalism-An Outdated Relict?", *German Law Journal*, 2005, 6 (10): pp. 1270-1282.

④ Wolfgang Renzsch, "Federal Reform under the Grand Coalition", *German Politics*, 2010, 19(3-4): p. 384.

平衡联邦与州债务的目标"①。笔锋一转,他进一步阐明了上述一般性禁令较之原《基本法》第109、115条所允许的四种例外情况:"第一,根据近期的联邦制改革,即使存在相当于年度GDP的0.35%的结构性赤字,联邦预算仍旧被视作平衡;第二,关涉经济发展的自然性周期循环;第三,对债务的管制不得适用于紧急状态;第四,深处国家难以控制的危机状态的时候。"②

最后就改革的成效而言,德国学者马库斯·霍尔希(Marcus Höreth)对下列观点进行了批判——"在联邦制改革后的第一年,联邦政府需经联邦参议院批准的法律数量降至44.2%,与之相反的是,在未经改革的情况下这一比重高达59.2%,强烈的反差意味着15%的降幅。"③他经过研究发现最多减少了5%而已。④ 德国学者莱姆特·措恩霍夫(Reimut Zolnhöfer)以联邦制改革后是否仍需要获得联邦参议院的批准作为标杆详尽对比了"红绿联盟"执政时期的第14届(1998—2002年)、第15届(2002—2005年)议会所作出的涉及经济与社会领域的关键性决定,结果发现无论在前一阶段、还是在后一阶段,除了健康护理改革从需要转变为不需要以外,其他方面未受丝毫冲击。⑤ 德国学者弗里茨·W.沙夫(Fritz W.Scharpf)总结道:"联邦制改革终究引入了一系列值得期待或者至少是索然无味的宪法修正,但是它并未朝着强化各层级政府决策自主权的主要目标取得更大进展。在我看来,原因在于改革过程自始至终被最后的决策者之间的讨价还价模式所主导……如同针对各层级政府之间的功能性(行政与财政)相互依赖无计可施、无药可救一样,能够削减联邦参议院参与联邦立法过程的手段也是少之又少……考虑到大州与小州、富州与穷州之间的利益冲突,以及一种单一政

---

① Dominic Heinz, "Federal Reform II in Germany", *Perspectives on Federalism*, 2010, 2(2): p. 5.

② Dominic Heinz, "Varieties of Joint Decision Making: the Second Federal Reform", *German Politics*, 2012, 21(1): p. 133.

③ Marcus Höreth, "A Successful Failure? The Contested Implications of Germany's Federal Reforms", *German Politics*, 2008, 17(4): p. 409.

④ 参见 Marcus Höreth, "A Successful Failure? The Contested Implications of Germany's Federal Reforms", *German Politics*, 2008, 17(4): p. 409。

⑤ 参见 Reimut Zolnhöfer, "An End to the Reform Logjam? The Reform of German Federalism and Economic Policy-Making", *German Politics*, 2008, 17(4): pp. 462-463。

治文化的持续性影响,这一结果是预料之中的。"①德国学者查理·杰弗瑞(Charlie Jeffery)对 2006 年、2009 年两次联邦制改革进行了系统评估,他深刻总结道:"针对联邦制改革Ⅰ的最积极评价亦不过是重新分配了'极少的权能'以及作出了'平淡无味的宪法修正'。很明显,旨在松绑的改革被其他旨在重新纠缠的新设置所平衡,针对原《基本法》第 72—75 条、第 84 条的旨在去政府纠缠的修正又被修订后的《基本法》第 104a 条所拾回。在某些领域,例如涉及欧盟政策协调的修改甚至'造成了复杂性的增强以及更深的责任缠绕'。'宪法过度规制'的趋势仍在继续,造成了新的、较之从前也许更具破坏性的否决点。危险在于一个分治政府的新时代——联邦议院和联邦参议院拥有迥异的政党多数——将带来体制的'崩溃'。总而言之,改革目标业已受阻,它归于失败。至于联邦制改革Ⅱ的前景也同样不容乐观,不仅仅因为对于去纠缠化和责任感最具潜在影响力的关键性议题——重构财政平衡机制以及重新审视各州的财政自主权——业已被剔出讨论范畴。致使主要聚焦于控制债务水平……改革缘何持续失利? 第一,改革谈判进程中的每一点都采取了相同的共同决策规则,然而谈判协商在原则上就是为了克服上述弊病。第二,德国拥有一种'统一的政治文化'。"②

(3)关于两德统一或者欧洲一体化背景下的德国联邦制(或政府间关系)。

关于前者,德国学者亚瑟·B.冈利克斯强调:"统一对德国联邦制所产生的影响可分为六大方面:第一,某些极其明显的领土变化无需讳言;第二,一系列发生在联邦与州层面的宪法变革;第三,成员州在欧洲层面政策中的作用得以强化;第四,财政联邦主义理所当然地扮演了经久不衰的议题;第五,边界的改变与各州的巩固;第六,州一级层面不断变化的政党政治以及日渐增长中的有关直接民主的讨论等。"③德国学者莱纳·奥拉夫·舒尔茨

① Fritz W.Scharpf,"Community,Diversity and Autonomy:The Challenges of Reforming German Federalism",*German Politics*,2008,17(4):pp.515–516.

② Charlie Jeffery,"Groundhog Day:The Non-Reform of German Federalism,Again",*German Politics*,2008,17(4):pp.588–589.

③ Arthur B.Gunlicks,"The Impact of Unification on German Federalism",*German Politics*,2002,11(3):pp.131–150.

（Rainer-Olaf Schultze）分析：“随着两德统一，德国联邦制迅速被六种矛盾所交织：（1）早先西德时期比较对称均衡，以追求同质性为目标的联邦制迅速出现了发达与不发达、富与穷、强与弱之间的区域性震荡；（2）东部新州与西部老州之间在政治文化上的冲突比以往任何时期都要剧烈；（3）原西部十一州之间业已存在的地区性分野亦逐渐激化；（4）以柏林、汉堡、不来梅为代表的三大城市州同剩余的13个内陆州之间的矛盾愈加鲜明；（5）在东部五州并入政府间财政平衡体系的问题上，新、老联邦州之间意见不一；（6）社会民主党主政的州与联盟党主政的州之间的利益分歧加剧。”①

针对后者，德国学者拉斯·霍夫曼（Lars Hoffmann）等指出：“德国联邦制的印记能够在欧盟宪法框架的许多部分中被找到……在德国与欧盟关系的核心部分确实存在一种自相矛盾的关系，这一关系被某些时候与国家主权相抵触的法律所支持……实际上，只要在成员州的宪法体系与欧盟体系之间存在一场永无止境的宪政对话，那么它将是多视角的，包括相互独立的成员州以及通过部长委员会所表达出的作为全体成员州的利益。”②德国学者加洛琳·默尔等人概括道：“近年来，各州参与欧盟事务的新途径清晰地指向主要聚焦于促进其在国内事务中的权力，并强化在欧洲事务中的现有权限。随着各州在政策领域内持续性地个体化，导致在欧洲政策方面的差异将不可避免。因此，这一旨在联邦体制内强化内部分权，并增强自主政策能力的战略有可能为将来塑造有关欧洲政策公式化的政府间谈判机制……如果德国联邦制正视由一个不断扩大的欧洲联盟所带来的与日俱增的挑战，那么联邦和各州政府务必在欧洲事务上寻求将一种全新的、相互信任的政治文化制度化。”③

---

① Rainer-Olaf Schultze, "Statt Subsidiarität und Entscheidungsautonomie-Politikverflechtung und kein Ende: Der deutsche Föderalismus nach Vereinigung", *Staatswissenschaften und Staatspraxis*, 1993, 4 (1): S. 233.

② Lars Hoffmann, Jo Shaw, "Constitutionalism and Federalism in the 'Future of Europe' Debate: The German Dimension", *German Politics*, 2004, 13 (4): pp. 641–642.

③ Carolyn Moore, Annegret Eppler, "Disentangling Double Politikverflechtung? The Implications of the Federal Reforms for Bund-Länder Relations on Europe", *German Politics*, 2008, 17 (4): pp. 505–506.

2.关于德国政府间财政关系的研究

时至今日,国外学者针对德国政府间财政关系的学术探讨更是卷帙浩繁。对此,本书综合各方观点,尝试性地概括如下:

(1)关于德国政府间财政关系的历史回顾。

美国学者瓦尔特·W.海勒(Walter W.Heller)系统回顾了财政货币政策在战后德国经济复苏的过程中所发挥的作用,他总结道:"财政责任至少划分为三大方面:第一,介于同盟国与德国政府之间;第二,介于联邦与州政府之间;第三,介于新联邦政府中初创的经济与财政部之间——问题在于通过组建一个代表各部的掌控委员会将有可能解决形成财政、货币与投资政策时的责任问题。"[1]美国学者 G.C.魏甘德(G.C.Wiegand)根据美苏关系的逐渐破裂,将战后德国的发展划分为三大时段,并指出:"战后的财政试验之一在于美国借助财政分权的手段以期实现一种高水平政治分权的尝试。而这种尝试最终惨败,自1950年起已开始朝着财政权力向联邦政府手中的更高集中度这一趋势发展。"[2]德国学者弗兰茨·约瑟夫·施特劳斯(Franz Josef Strauss)阐述道:"《基本法》的财政部分搭建了一套极其复杂的税收分享机制,它力求满足联邦制以及至少作为一种架构的地方自治对公平正义的需要。"[3]德国学者罗兰德·法贝尔(Roland Vaubel)深刻阐明了凯恩斯主义财政路线所面临的困境:"1982年德国财政预算为政府支出提供了3%的增长,联邦政府支出将增长3.2%。如果名义 GNP 增长率达到5.5%,那么根据政府以及大多数研究机构的预测,政府支出占 GNP 的比重将下滑。此外,由于通货膨胀预期为4%,预计政府开支将减少1%。"[4]德国学者韦尔纳·阿贝尔斯豪泽(Werner Abelshauser)针对德国社会市场经济模式的历

① Walter W. Heller, "The Role of Fiscal-Monetary Policy in German Economic Recovery", *The American Economic Review*,1950,40(2):pp.531-547.
② G.C. Wiegand, "Fiscal Developments in Postwar Germany and their Economic, Political, and Monetary Background", *The Journal of Finance*,1953,8(3):pp.347-348.
③ Franz Josef Strauss, *Die Finanzverfassung*, München/Wien:Günter Olzog,1969,SS.185-186.
④ Roland Vaubel, "Fiscal Restraints:Seven Lessons From West Germany", *Journal of Economic Affairs*,1982,2(4):pp.218-221.

史演进、运转方式和现实绩效等方面展开了全面论证,并大篇幅地论述1949 年西德成立以来财税体制的发展变迁。① 德国学者吕迪格·福格特(Rüdiger Voigt)从德国的宪法框架、《基本法》中针对财政事务的相关规定、近期关于税收分配的争论等领域出发对 20 世纪 80 年代德国财政体制的运行状况加以专题探讨,并指出:"联邦共和国所奉行之联邦制功能的一大核心问题在于不同政治层级之间的财政分配问题的解决之道……然而,西德的财政规制为解决未来的麻烦提供了一个适当的基础,这是因为对作为主要收入来源的共享税的分配具有足够的韧性以适应环境的改变。在财政计划委员会中,西德缔造了一种包容全部政治层级的代表来寻找解决办法的机制。"② 德国学者迪特·泰希曼(Dieter Teichmann)等人以公共债务的持续增长破题,全面阐述了 1993—1994 年间德国联邦、州、地方政府的财政收入与财政支出等方面的预算情况,并提出了巩固和改进财政政策的一揽子建议。③

(2)关于德国财政政策在理论和实践层面的评估性研究。

德国学者沃尔夫冈·弗兰茨(Wolfgang Franz)选择两大问题来进行计量建模研究:第一,给出一组在过去的 20 年内以不断改变的经济状况和迥异的货币政策为背景的、涉及联邦德国不同阶段财政政策的记录;第二,尝试运用从其他研究以及通过自身所进行的计量经济学探索而获得的某些经验性结论来评估联邦德国财政政策的绩效,其目的在于精确考察这些政策能够被视为自变量的可能性。④ 德国学者阿尔弗雷德·格莱纳(Alfred Greiner)等人选取 1955—1994 年间的面板数据,通过数学建模对德国财政政策的可持续性进行了时间序列研究,最终发现:"第一,面对净负债的时

---

① 参见[德]韦·阿贝尔斯豪泽:《德意志联邦共和国经济史:1945—1980 年》,张连根等译,商务印书馆 1988 年版。

② Rüdiger Voigt,"Financing the German Federal System in the 1980s",*Publius:The Journal of Federalism*,1989,19(4):pp.99-113.

③ 参见 Dieter Teichmann,Dieter Vesper,"The Budget 1993/94:The Change of Course Will Not Solve Germany's Fiscal Problems",*Economic Bulletin*,1993,30(9):pp.9-16.

④ 参见 W.Franz,"Fiscal Policy in the Federal Republic of Germany",*Empirical Economics*,1990,15(2):pp.46-47.

间序列是否将恒定不变这一问题,要给出较为清晰的答案是相当困难的。第二,采用的统计方法对于回答'债务自 1989 年之后的持续上涨是否将对公共债务的可持续性产生连续影响'并不充分。"①德国学者赫尔穆特·赛茨(Helmut Seitz)着力于解析州层面的财政政策,经过验证模型得出了以下结论:"所有分析结果显示州政府的意识形态色彩对财政政策并不发挥显著影响,因此,'党派政策模型'难以解释德国成员州的财政政策。开支与赤字政策主要源自对经济要素的考虑。成员州对经济稳定的贡献并不大。"②德国学者阿斯特里德·吕伯克(Astrid Lübke)从法律制度与历史发展、联邦与州之间的财政纪律、旨在实现联邦体制现代化的联邦制委员会等问题出发,全方位地描述了德国各层级政府之间的财政纪律。③ 德国学者阿尔弗雷德·格莱纳(Alfred Greiner)等人利用 1960—2003 年间的面板数据,借助数理模型检验了德国财政政策的可持续性,并得出结论:"主要盈余占 GDP 的比重对于较高的债务率产生了积极影响……然而,研究同样揭示到鉴于眼下德国极其庞大的赤字规模,德国财政政策是否可持续将取决于政府如何应对未来更高水平的债务率。"④德国学者托马斯·K.鲍尔(Thomas K.Bauer)等人以德国的最低工资制为视角,科学评估了其所产生的财政效果。⑤ 德国学者维尔纳·罗格(Werner Roeger)等人全方位评估了德国联邦政府旨在将联邦赤字水平永恒地削减至全新目标的财政巩固计划,并预估了这一政策将对德国、欧元区乃至世界所产生的影响。⑥ 德国学

① Alfred Greiner, Willi Semmler, "An Inquiry into the Sustainability of German Fiscal Policy: Some Time-Series Tests", *Public Finance Review*, 1999, 27(2): pp. 231-232.

② Helmut Seitz, "Fiscal Policy, Deficits and Politics of Subnational Governments: the Case of the German Länder", *Public Choice*, 2000, 102(3-4): p. 213.

③ 参见 Astrid Lübke, "Fiscal Discipline between Levels of Government in Germany", *OECD Journal on Budgeting*, 2005, 5(2): pp. 24-34。

④ Alfred Greiner, Uwe Koeller, Willi Semmler, "Testing the Sustainability of German Fiscal Policy: Evidence for the Period 1960-2003", *Empirica*, 2006, 33(2-3): pp. 138-139.

⑤ 参见 Thomas K. Bauer, Jochen Kluve, Sandra Schaffner, Christoph M. Schmidt, "Fiscal Effects of Minimum Wages: An Analysis for Germany", *German Economic Review*, 2009, 10(2): pp. 224-242。

⑥ 参见 Werner Roeger, Jan Veld, Lukas Vogel, "Fiscal Consolidation in Germany", *Intereconomics*, 2010, 45(6): pp. 364-371。

者洛伦茨·布鲁姆(Lorenz Blume)等人选取近年来德国地方宪法改革的经验作为案例,分析了以直接选举市长和创设公民复决权为代表的两种政治机制所导致的财政政策效果:"直选市长显著降低了地方政府的支出水平,针对这一现象的一种可能的解释为被直接选举的市长对自身所属政党的责任感较低,而对选民的责任感较大……此外,研究表明引入直接民主导致了更高而非更低水平的开支……研究揭示了德国制度环境的具体形态:一方面,地方政府对财政事务的自主权被高度束缚;另一方面,地方预算需征得公民同意的财政复决权在德国并未付诸实施……在德国引入财政复决权将在逻辑上成为值得期待的下一步骤。"①荷兰学者瓦尔特·希科特(Walter Kickert)结合德国政府应对金融危机的举动,指出:"金融危机导致财政部长朔伊布勒颠倒了年度预算的准备程序。之前的情况是政治家们首先发话,随后问询外部的独立专家学者,再由经济事务部作出一项经济形势预测,并由财政部将上述讨论转变为预算建议,随后在议会上进行争论和定夺。这一全新的'由上至下'程序制定于 2010 年,即每年由财政部先行制定一套财政框架,并且联邦各部随后在这一先期制定的框架内对其预算加以估算和计划。此次金融危机导致德国预算程序趋于严格。"②德国学者方妮·安娜玛丽·克鲁格(Fanny Annemarie Kluge)审慎预测了德国财政政策应如何应对未来人口老龄化的持续深入发展,推断:"随着人口形势的进一步恶化,德国各级政府的总支出规模在 2020、2030、2040、2050 年将分别达到 13110、13530、13520、12880 亿欧元,占同期 GDP 的比重分别为 61%、63%、63%、60%;德国各级政府的总收入在 2020、2030、2040、2050 年将分别达到 11120、10300、9730、9010 亿欧元,占同期 GDP 的比重分别为 51%、48%、45%、42%;德国各级政府的收支裂痕在 2020、2030、2040、2050 年将分别达到 1990、3230、3790、3870 亿欧元,占同期 GDP 的比重分别为 10%、

① Lorenz Blume, Thomas Döring, Stefan Voigt, "Fiscal Effects of Reforming Local Constitutions: Recent German Experiences", *Urban Studies*, 2011, 48(10): p. 2136.

② Walter Kickert, "State Responses to the Fiscal Crisis in Britain, Germany and the Netherlands", *Public Management Review*, 2012, 14(3): p. 308.

15%、18%、18%。"①德国学者艾瑞克·迈尔(Eric Mayer)等人借助数学模型检验了"债务刹车"在不同的经济周期内所产生的福利绩效。②

（3）关于德国政府间财政关系的各种构成要素。

国外学者在这一领域的研究成果主要集中于两方面：德国的分税制财政管理机制以及政府间财政平衡体系，现简要概括如下：

关于德国的分税制财政管理机制，美国学者本诺·托格勒(Benno Torgler)等人全面揭示了德国联邦、州与地方政府之间的税收分配样式，并有针对性地围绕德国地方政府进行经验研究，阐述道："市镇以及市镇联合体的财税收入能够被划分为四类，即税收、各种收费、纵向转移支付和其他收入。"③德国学者拉斯·P.菲尔德(Lars P.Feld)等人阐述了德国州政府的财政地位，"由于成员政府只拥有屈指可数的税收自治权，它们被迫主要通过共享税——这一无法由州来决定税率或者计征基础的税种——提成或者来自联邦以及其他平行州政府所给予的财政转移支付来保证公共支出需求"④。德国学者拉尔夫·荷普(Ralf Hepp)等人认为："德国的联邦财政体制尝试将两种相互冲突的宪政原则予以结合。一方面，州政府自身以及同联邦政府之间在预算政策领域是相互自治并独立的，它们各自对有效履行其所承担的任务负责。另一方面，德国宪法要求各州确保'遍及联邦国土内生活条件的统一化'，就税收收入而言，它强迫联邦政府确保所有的州政府拥有相应财政手段，以向其居民提供数量和质量大体相似的公共物品与服务。这两大原则之间的紧张关系源于各州之间在经济实力以及税收能力等方面的巨大差异。这些差异呼吁各州之间通过财力转移以实现更高程度的均等化。

---

① Fanny Annemarie Kluge, "The Fiscal Impact of Population Aging in Germany", *Public Finance Review*, 2013, 41(1): pp. 53-60.

② 参见 Eric Mayer, Nikolai Stähler, "The Debt Brake: Business Cycle and Welfare Consequences of Germany's New Fiscal Policy Rule", *Empirica*, 2013, 40(1): pp. 39-74。

③ Benno Torgler, Jan Werner, "Tax Morale and Fiscal Autonomy: Evidence From Germany", *Public Finance and Management*, 2005, 5(4): p. 463.

④ Lars P.Feld, Thushyanthan Baskaran, "Federalism, Budget Deficit and Public Debt: On the Reform of Germany's Fiscal Constitution", *Review of Law & Economics*, 2010, 6(3): p. 374.

除此之外,为改进各州的财政状况,联邦政府能够给予它们转移支付。"①

关于政府间财政平衡体系,澳大利亚学者 J.S.H.亨特(J.S.H.Hunter)声称:"自 1969 年财政大改革以来,分税制业已在一定程度上被用于在各州之间实现横向财政平衡之目的。当前 43% 的工资与个人所得税以及 50% 的其他所得税基于一定基础被分配给各成员州……自 1969 年始,联邦共和国的各州间财政平衡拥有四种来源:将各州分得增值税收入的 75% 按照人口基数平均分配、将剩余 25% 的增值税用于援助财政实力弱小的成员州、各州间财政援助的分配、由联邦政府补充分配以支援某些财税能力低于全国平均水平或者面临特殊预算困境的州。"②美国学者丹尼尔·F.蒂伯拉特(Daniel F.Ziblatt)指出:"德国高度复杂的公共财政体制——州际财政平衡通过重新分配财税实力高于平均值的州以及财税实力低于平均值的州之间的税收收入以实现均衡公共资源的目标。从富州流向穷州的直接资金转移自 1990 年后显著上涨,尤其在 1994 年至 1995 年期间,因此在两德统一之后的用于资助穷州预算的成本沉重地压在德国西部各州的身上。此外,由于东部地区的穷州在统一之后加入到平衡机制之中,导致巴伐利亚州逐渐从'受援方'变成了'资助方'。"③德国学者法尔可·尤森(Falko Jüßen)运用多重变量回归法检验了德国统一以来的区域间风险分担机制以及财政再分配政策的效果,作者坦承:"后续研究应进一步破解现有的联邦转移支付体系是否存在再分配力度过大或者过小的问题,并分析源于当前财政转移支付制度的消极刺激效果。"④德国学者贝阿特·约基姆森(Beate Jochimsen)谈论道:"政府间财政平衡体系的目的在于均衡各州之间每位公

① Ralf Hepp, Jürgen von Hagen, "Fiscal Federalism in Germany: Stabilization and Redistribution Before and After Unification", *Publius: The Journal of Federalism*, 2012, 42(2): pp. 237-238.

② J.S.H.Hunter, "Inter-State Fiscal Equalization in the Federal Republic of Germany and Comparisons with Australia and Canada", *Australian Economic Papers*, 1973, 12(20): pp. 42-43.

③ Daniel F.Ziblatt, "Recasting German Federalism? The Politics of Fiscal Decentralization in Post-Unification Germany", *Politische Vierteljahresschrift*, 2002, 43(4): pp. 631-632.

④ Falko Jüßen, "Interregional Risk Sharing and Fiscal Redistribution in Unified Germany", *Papers in Regional Science*, 2006, 85(2): pp. 235-255.

民的财政能力,然而其结果之一却是各州经济绩效同经过财政平衡之后的各州人均税负之间的弱相关……因此,无论富州还是穷州均不具有增加税收收入的强烈冲动。"①

(4)关于两德统一以及欧洲一体化背景下的德国政府间财政关系。

关于前者,德国学者乌尔利希·海勒曼(Ullrich Heilemann)等人强调:"自1990年始,德国西部每年向东部转移相当于其 GNP 5% 的大约1500亿德国马克(按照1∶1.5的美元兑德国马克之汇率约合1000亿美元)——这种资源输入直到20世纪末对德国东部地区来说都是必要的……因此,德国西部各州公共支出份额占 GNP 的比重从1989年的45.3%上升到1994年的51.6%,并且税收与社会保障的份额也从40.4%上升到44.5%。"②德国学者海因茨·缪尔德斯(Heinz Moelders)特别对两德统一后西部老州向东部新州所转让和调拨的财政救济款项、新加入的东部五州在结构转型中所获得的各项发展业绩、由于德国的过快统一所遗留的"财经后遗症"等问题进行了深入研究。③ 德国学者沃尔夫冈·伦奇详尽归纳了1969年财政宪法大改革、1990年两德统一前后的东部五州与西部十一州之间的经济情况对比、1990年至1994年过渡阶段的"德国统一基金"和《德国统一条约》的运行状况以及1995年之后政府间财政平衡体系的运转等诸多事项。他强调:"统一所导致的财政挑战不仅仅在于生成充足的财政资源以克服东西部之间的差异,它也需要在联邦州之间全面分配负担,并确保新州享受平等地位。问题的关键在于区域间不平等。虽然在西德时期富州与穷州之间的差异相对同质化,而统一后的德国明显分为两部分,一方是相对富裕的西部各州,一方是相对贫穷的东部各州。"④德国学者克里斯托弗·弗洛克通

① Beate Jochimsen,"Fiscal Federalism in Germany:Problems,Proposals and Chances for Fundamental Reforms",*German Politics*,2008,17(4):pp.545-546.
② Ullrich Heilemann,Wolfgang H.Reinicke,"Together Again:The Fiscal Cost of German Unity",*The Brookings Review*,1995,13(2):pp.42-43.
③ 参见姚先国等:《两德统一中的经济问题》,科学技术文献出版社1996年版。
④ Wolfgang Renzsch,"Financing German Unity:Fiscal Conflict Resolution in a Complex Federation",*Publius:The Journal of Federalism*,1998,28(4):pp.127-146.

（Christopher Flockton）总结道："联邦预算在 1989 年之时尚有盈余,然而在 1991 年至 1995 年期间的平均赤字率为 3.1%,在 1996 年达到 3.9%。这造成了同一时段国家负债的近乎翻番,从 1991 年的 35% 上升到 1997 年的 61%。公共支出占 GDP 的份额从统一前的 45.8% 增长到 1996 年的 50.5%……转移支付的规模极其庞大,即使当前它造成了些许令人惊奇之处。就总量而言,1991 年至 1997 年期间的公共转移支付总额达到了 11790 亿德国马克。联邦预算平均每年转移 1300 亿至 1400 亿德国马克,或者相当于 GDP 的 4% 至 5%。除此之外,联邦劳工署让渡 1990 亿马克,养老金保险基金让渡 800 亿马克,西部各州及市镇让渡 660 亿马克,德国统一基金让渡 1607 亿马克以及欧洲联盟拨付 410 亿马克。"[1]美国学者兰德尔·纽汉姆（Randall Newnham）全面系统地描述了西德政府为实现德国统一,进而与戈尔巴乔夫政府之间所展开的谈判过程以及科尔总理为博得苏联的让步而无偿赠与的大笔款项。[2] 德国学者阿什利·霍伊（Ashley Hoyer）考察了两德统一对德国福利国家所造成的挑战,并感慨道："1990 年的德国统一对现行的福利国家体制产生了显著压力,并导致失业人口的进一步上涨。同全德 8% 的失业率相比,东部地区持续面对超过 30% 的失业率……然而,西部政策的推行并未扮演唯一的负担。东部依赖于西部的制度框架以继续抽取福利国家结构的资源。在统一前夕的 1989 年,德国联邦政府预算处于盈余状态,但是到了 1996 年,联邦预算产生了相当于 GDP 3.9% 的赤字。州政府债务则近乎翻番,州支出占 GDP 的份额从 45.8% 递增到 50.5%。虽然德国在 2007 年经历了强劲增长,然而东部地区依然依赖每年近 800 亿欧元的源自西部地区的财政转移支付。在 20 年中,德国已经转移了大约 1.6 万亿

---

① Christopher Flockton, "Germany's Long-running Fiscal Strains: Unification Costs or Unsustainability of Welfare State Arrangements?", *Debatte: Review of Contemporary German Affairs*, 1998, 6(1): pp. 79-81.

② 参见 Randall Newnham, "The Price of German Unity: The Role of Economic Aid in the German-Soviet Negotiations", *German Studies Review*, 1999, 22(3): pp. 421-446。

欧元。"①德国学者格琳德·辛恩(Gerlinde Sinn)等人搜集大量原始数据,重现了建立在"财政车轮"基础上的统一:"1990 年春,联邦政府建立了'德国统一基金',而且在 1990—1994 年间,西部各州负担东部各州的预算赤字总量,高达 1150 亿西德马克,1990 年是 220 亿西德马克,1991 年是 350 亿西德马克……官方给新州支付的经费总量,在 1990 年是 640 亿西德马克,在 1991 年是 1130 亿西德马克,可以预见 1992 年给东德的转移支付将又增加 250 亿西德马克。"②

　　针对后者,德国学者贝尔哈德·赛德尔(Bernhard Seidel)经过分析阐明:"由欧洲共同体所倡导的税收协调对西德所产生的财政效果在于 1.5% 或者 70 亿德国马克的增收。但是针对税收协调的缺陷所进行的一项评估也支持由增值税所带来的积极效果……从长远来看,其效果是按照削减的税率来征收更大比重的增值税,因此尽管在同一时段所引入的评估基础不断膨胀,收入的下降幅度有可能少于 40 亿德国马克。"③德国学者阿尔弗雷德·格莱纳宣称:"自 1999 年始,欧洲货币联盟开始流通欧元这一单一货币。对加入货币联盟的相关国家而言,其前提条件是赤字率和债务率分别不得超过 3% 和 60%。设置上述规则的一大原因在于成员国过高的公共赤字有可能对联盟内的其他国家产生极其消极的外部性,而不论欧洲中央银行是否认为有义务援助相关国家。上述规定的另一理由在于某国政府的债务清偿能力必须得到保证。"④德国学者瓦德·雅各比(Wade Jacoby)概括道:"欧洲联盟提供结构性基金以援助共同财政(通常为 50%)项目,上述项目旨在促进成员国的区域经济重点。近年来,两种欧盟的中心性政策减少

① Ashley Hoyer, "German Resistance to Welfare State Reform: Voter Blockades, Coalitions, and U-nions", *LOGOS: A Journal of Undergraduate Research*, 2010, 3(3): p. 147.

② [德]格琳德·辛恩等:《冰冷的启动:从国民经济视角看德国统一》,晏扬译,上海三联书店 2012 年版,第 27—28 页。

③ Bernhard Seidel, "EC Tax Harmonization: Fiscal Impact on West Germany Will Be Modest", *Economic Bulletin*, 1988, 25(3): pp. 14-15.

④ Alfred Greiner, Willi Semmler, "The Maastricht Criteria and Sustainability of German Fiscal Policy", *Annals of Public and Cooperative Economics*, 2001, 72(2): p. 271.

了现有的区域间经济和社会不均等,并降低了欧盟贫困地区的失业率。欧盟用于区域政策的支出占到总支出的 1/3 以上,并且在预算重点方面只遵循共同农业政策。2000—2006 年间,欧盟地区基金的总规模达到同期欧盟 GDP 的 0.46%,大约为 2310 亿欧元。其中的大多数——1820 亿欧元——用于结构性基金。"①欧洲官方文件坦承:"今日惯常被称为'财政契约'的《欧洲经济与货币联盟稳定、协调与治理公约》即将由除英国和捷克之外的欧盟成员国政府的代表签署。财政契约旨在培养预算纪律,强化针对经济政策的协调,并改善欧元区的治理……2011 年 8 月,法德首次倡议,并且财政契约的首份草稿案或多或少地遵循了德国和西班牙在近期所实施的宪法修正。但是在德国和西班牙所能做到的并不是在任何地方都适用。从宪法的意义上来说,联盟的成员国在逻辑上难以准备'说德语'。"②德国学者阿尔弗雷德·霍恩(Alfred Höhn)深度研究了财政契约将给德国政府所施加的新规则:"除了《马斯特里赫特条约》所规定的 3%赤字率红线以及 60%债务率禁区以外,2012 年 3 月所签署的财政契约涵盖了下列债务规则:在通常情况下,政府预算应该是平衡的或者呈现盈余;年度结构性赤字不能超过 GDP 的 0.5%("非常情况"例外);设立成员国的具体中期巩固目标与趋同规划;债务刹车应锚定于成员国的宪法之中;违反规定的成员国将被欧洲议会、欧洲理事会与欧洲委员会共同追责,并接受三者的预算监督。"③

(二)国内研究综述

1.关于德国联邦制或者政府间关系的研究

中国社会科学界对德国政治的研究起步晚、底子薄、科研队伍小,就目

① Wade Jacoby, "Side Payments over Solidarity: Financing the Poor Cousins in Germany and the EU", *German Politics*, 2008, 17(4): p. 477.
② LB/JHR, "The Fiscal Compact and The European Constituions: 'Europe Speaking German'", *European Constitutional Law Review*, 2012, 8(1): pp. 1-2.
③ Alfred Höhn, Thorsten Schramm, Thomas Straubhaar, "A Model for a Fiscal Union? What Europe Can Learn from the German Experience", *Global Policy*, 2013, 4(Supplement. 1): p. 64.

前涉及德国政府间关系的学术成果而言,的确与德国在欧洲乃至国际舞台上的地位不相称,可供填补的研究空白召唤着后辈学者勇于攀登。

钱端升完稿于1933年的《德国的政府》一书是该领域的开山之作,该书涵盖德国宪法史、政党制度、国家元首体制、立法司法行政分权模式、联邦/各邦/地方政府简况等内容。[①] 受时局所限,此后在长达40余年中几乎未再出现相关专著。随着中国在"文化大革命"后期逐渐调整对外政策,这一僵局才被打破,截至20世纪末相关研究专著包括:复旦大学资本主义国家经济研究所编《德意志联邦共和国政府机构》(上海人民出版社1974年版)、吕耀坤著《德国政治制度》(时事出版社1997年版)、吴志成著《当代各国政治体制——联邦德国和瑞士》(兰州大学出版社1998年版)、顾俊礼著《德国政府与政治》(台湾扬智出版公司1998年版)等。论文包括:世平的《联邦德国的政府与政治》(《西欧研究》1984年第3期)、郑寅达的《纳粹德国政治体制初探》(《世界历史》1988年第1期)、草田的《中国社会科学院政治体制改革考察团出访民主德国、匈牙利》(《马克思主义研究》1988年第1期)、蔡庆芬的《民主德国完善政治体制问题的初探》(《科学社会主义》1988年第3期)、方立的《联邦德国中央与地方的关系——赴德国考察访问报告》(《党校科研信息》1994年第Z1期)等。

进入21世纪后,随着比较政治学研究在中国越来越受到重视,该领域的学术成果不断涌现。甘超英编著《德国议会》全面阐述了德国代议机构简史、议会的组织/职权/工作程序/各委员会状况、议员的选举制度及权限等内容。[②] 连玉如著《新世界政治与德国外交政策——"新德国问题"探索》深刻剖析了德国政党制度的演变与发展、政治制度的特点、行政权与立法权的"宪法冲突"问题、司法权和立法权的"宪法监督冲突"问题。[③] 徐健著《近代普鲁士官僚制度研究》深度诠释了普鲁士官僚阶层的成长和社会

---

① 参见钱端升:《德国的政府》,北京大学出版社2009年版。
② 参见甘超英:《德国议会》,华夏出版社2002年版。
③ 参见连玉如:《新世界政治与德国外交政策——"新德国问题"探索》,北京大学出版社2003年版。

构成、制度规范、官僚群体的等级意识和相对独立性、官僚统治思想的转变、官僚与经济自由主义的实践、官僚统治与政治制度的关系等内容。① 陈志斌著《德国政体教程》以战后德国问题作为切入点,先后对政党制度、选举制度、议会制度、政府制度、司法制度、联邦制以及被称为第四种权力的大众传媒加以介绍。② 蒋劲松著《德国代议制》详细描述了经由德意志第一帝国、德意志邦联、普鲁士邦国、俾斯麦帝国直到魏玛共和国时期议会权力的交相式微。③ 童建挺著《德国联邦制的演变:1949—2009》运用新制度主义研究方法,从德国联邦制的制度安排——主要是机构设置以及联邦与州在立法、执行及财税等领域的权力划分——的变化及其发生的背景和原因、联邦制怎样影响到联邦和州政府与政党的政治活动者,以及他们怎样在政治实践中运用联邦制的制度规定或者根据社会环境的变化从制度上改变联邦制的内容三个角度出发,详尽分析了从 1949 年到 2009 年 6 月期间德国联邦制的发展过程、原因及其影响,并对其发展动力加以深入探讨。④ 张千帆著《法国与德国宪政》以比较宪法学的视角,从联邦德国《基本法》与宪政法院、联邦国体、三权分立和议会政府、政党国体和自卫民主、社会国体下的经济自由、人格与权利保障、言论自由及其限制等角度全方位勾勒出德国宪政的基本形态。⑤ 同期论文数量与日俱增,选题呈现出多样化的势头,例如张世鹏的《从德国看欧洲政党政治制度的危机与改革前景》(《当代世界与社会主义》2002 年第 2 期)、朱贵昌的《一部研究德国政府与政治的力作——评〈德国政府与政治〉》(《德国研究》2002 年第 4 期)、辛蔷的《德国联邦制改革与欧洲一体化的深化——联邦与州面临创新挑战》(《德国研究》2006 年第 2 期)、唐虹的《战后德国政治体制转型因素分析》(《欧洲研究》2006 年第 4 期)、童建挺的《联邦制的分权功能——基于美国、瑞士、加拿大、德国、奥地利和澳大利亚的比较》(《经济社会体制比较》2009 年第 3 期)、谭

---

① 参见徐健:《近代普鲁士官僚制度研究》,北京大学出版社 2005 年版。
② 参见陈志斌:《德国政体教程》,华东师范大学出版社 2007 年版。
③ 参见蒋劲松:《德国代议制》,中国社会科学出版社 2009 年版。
④ 参见童建挺:《德国联邦制的演变:1949—2009》,中央编译出版社 2010 年版。
⑤ 参见张千帆:《法国与德国宪政》,法律出版社 2011 年版。

融等人的《论德国的政府间关系》(《汕头大学学报(人文社会科学版)》2009 年第 5 期)、童建挺的《德国联邦制的"欧洲化"——欧洲一体化对德国联邦制的影响》(《欧洲研究》2009 年第 6 期)、蔡和平的《行政地方化下的地方自治——德国行政层级改革与借鉴》(《行政管理改革》2010 年第 6 期)、陈承新的《德国行政区划与层级的现状与启示》(《政治学研究》2011 年第 1 期)、王佳的《分权、争议与解决:公法视野下的德国联邦制》(《云南行政学院学报》2011 年第 3 期)等。

近年来,德国地方政治(地方自治/地方治理/地方改革)逐渐进入中国学者的研究视野,并有进一步升温之势。目前相关文献聚焦于四大主题:

首先是地方自治的法律地位及其保障机制。郭冬梅谈道:"作为 19 世纪最著名行政学者和政治家的格奈斯特(Gneist,1816—1895)认为为了适应德国的现状,应该把地方绅士为了公共团体而服务的公民自治结合到团体自治中……因此在本国实行的团体自治中,要重视名誉职主义,对普鲁士的地方行政制度加以改革。"[①]田芳认为:"地方自治如同其他自治体系,如大学自治、职业团体自治,是国家民主政治的一环,是中央集权的防范机制。德国现行《基本法》在规定了联邦与州权力结构的同时,明确保障地方自治团体的自治权……德国地方自治宪法保障的基本内容包括地方自治主体的宪法保障、地方自治事务的宪法保障、地方自治权的宪法保障、地方自治团体诉权的宪法保障。"[②]她主张:"地方自治宪法保障应该遵循地方优先、比例、适当、信赖保护四大基本原则。"[③]

其次是地方治理的现实生态与启示借鉴。肖本明提到:"虽然联邦各州的经济发展水平、文化传统、政党政治以及地方法具有多样性,但地方政府行政管理具有诸如高度的地方自治、完善的公共管理、透明的行政运作、以人为本的行政理念等相同的鲜明特点……其发展呈现两个明显趋势,一

---

① 郭冬梅:《德国对日本近代地方自治的影响——以格奈斯特、莫塞和山县有朋的地方自治观为中心》,《日本学论坛》2007 年第 4 期。

② 田芳:《德国地方自治基本理论及其宪法保障制度》,《南京大学法律评论》2006 年秋季号。

③ 田芳:《地方自治的宪法保障——以德国基本法规范及宪法诉讼为考察对象》,《时代法学》2007 年第 5 期。

是全球化,在欧盟一体化进程中国家概念变得越来越开放;二是地方化,权力逐次下放令地方拥有越来越多的行政自主权。"①杨瑞梅将德国地方政府供给乡村公共物品的经验归纳为"地方政府有相当大的自治权、严格规范的法律体制、运行有序的财政支持体制、强有力的监督体制、发达的社会补充体制"②五项,它的良好运作满足了社区居民的要求,确保了农村社区的居民能够享受较好的公共服务。唐燕在研究德国大都市地区的区域治理与协作时,指出斯图加特、汉诺威、柏林-勃兰登堡、莱茵鲁尔四大地域分别借助区域联盟与区域议会、区域协作的水平结构、跨州联合区域规划机构、多元复合的多中心区域治理达成管理功效。③ 林纯洁将德国地方治理值得中国借鉴的经验归纳为四点,即自治传统、法治传统、监督机制完善、民众广泛参与。④

再次是对地方治理的经验与个案的深度解析。陈家刚根据在德国莱茵-法尔茨州 A 县的实地调研,发现当地公共品供给呈现三维结构:"联邦德国基本法、莱茵-法尔茨州宪法,以及其他相关法律明确规定了联邦、州和地方政府在地方公共品供给过程中的权力和责任;地方治理结构决定着不同行为主体在乡村公共品供给决策过程中的作用;乡村公共品供给的资金支持主要来自政府财政。"⑤与此同时,他将德国地方公共品供给的特点提炼为:"高度的法治化是德国乡村公共品供给规范化的前提;根据辅助性原则,乡村公共品供给更多的是由地方政府独立负责完成;强有力的财政支持是德国乡村公共品供给满足当地居民需要的重要基础;以公共利益为导向,实现政府与私人部门的互利合作,市场化程度高;健全的监督机制是完善乡村公共品供给的重要保证;良好的政府间关系,以及个人关系,能够有

---

① 肖本明:《浅论德国地方政府行政管理特点》,《唯实》2006 年第 2 期。
② 杨瑞梅:《德国地方政府供给乡村公共物品的经验和启示》,《海南大学学报(人文社会科学版)》2006 年第 3 期。
③ 参见唐燕:《德国大都市地区的区域治理与协作》,中国建筑工业出版社 2011 年版。
④ 参见林纯洁:《德国地方治理对中国改革的启示》,《学习月刊》2009 年第 2 期。
⑤ 陈家刚:《德国地方治理中的公共品供给——以德国莱茵-法尔茨州 A 县为例的分析》,《经济社会体制比较》2006 年第 1 期。

效地争取政府资金"①六条。袁方成、丁传宗考察了德国柏林市的利希滕贝格区实践以参与式预算为主体的地方治理创新,并指出公民参与公共财政预算决策的制定和执行提高了行政效能、公民生活质量,节省了财政资金,获得了德国社会民众的支持。②

　　最后是地方改革的前景及路径探讨。邰继红认为由于财政以及城市管理者对用传统方式管理地方政府越来越不满,致使"新的掌舵模式"(NSM)启动,其核心是"详细的产品描述;建立在特定产品和预算基础上的内部管理合同;对结果和资源的分散化责任进行整合;灵活的、基于产品基础上的预算;成本核算一般仍以商业化的核算模式作为基础;对结果和相关成本的稽查和评估;内部服务的市场化试验;赋予公民更多的参与权以及电子政府"③等。王勇兵将德国地方政府的改革与创新概括为"行政区划改革、地方政府组织结构变革、直接民主兴起、新的掌舵模式(NSM)德国版本的新公共管理运动、电子政府建设"④五点。靳永翥强调德国地方政府公共服务改革须遵循法治核心、政府能力提升目标、多价值平衡、公民间接参与为主直接参与为辅等原则,展开以机构精简与组织流程再造、地方政府区划改革为核心的地方公共服务体制改革,以及以地方公共服务提供系统的重新设计、公共物品生产方式的多样化为核心的地方公共服务提供机制创新。⑤ 李姗姗以德国地方政府改革为主线,结合其兴起背景、影响因素、发展历程、实践特征、阐发借鉴等内容加以系统研究。⑥

①　陈家刚:《法治框架下德国地方治理:权力、责任与财政——以德国莱茵-法尔茨州 A 县为例的分析》,《公共管理学报》2006 年第 2 期。

②　参见袁方成等:《地方治理的域外经验:德国 Berlin-Lichtenberg 区的参鉴》,《社会主义研究》2009 年第 4 期。

③　邰继红:《德国地方政府公共管理改革新方向——"新的掌舵模式"》,《经济社会体制比较》2005 年第 6 期。

④　王勇兵:《德国地方政府治理及其改革与创新》,《中国行政管理》2006 年第 10 期。

⑤　参见靳永翥:《德国地方政府公共服务体制改革与机制创新探微》,《中国行政管理》2008 年第 1 期。

⑥　参见李姗姗:《近年来德国地方政府改革研究》,天津师范大学硕士学位论文,2008 年。

2.关于德国政府间财政关系的研究

(1)国际比较视野下的德国政府间财政关系研究。

这一类研究聚焦于两方面:一是整体阐述德国府际财政关系的各大要素,二是截取特定突破口加以去粗取精、去伪存真,由此及彼、由表及里般的解析。

就前者而言,杨述明先后对事权划分法制化、根据事权划分确定支出负担范围、根据支出责任和收入特性划分三级政府的收入、转移支付与双向均衡以及1995年后政府间财政关系的新变化进行了详尽梳理,指出德国政府间财政关系是由1949年制定的国家宪法即《基本法》确立起来的,以后虽有调整,但其在联邦制下的中央政府较为集权的基本框架一直未变,它实行财权集中、共享税为主、横向均衡的分税制模式。① 田发通过对德国联邦、州、地方政府的事权与支出责任划分、各级政府的财权与税收收入配置、财政转移支付制度的全面描述,勾勒了德国财政制度的总体架构。② 王振宇按照政府间事权划分、政府间支出责任和支出范围的划分、政府间税种与收入分配、政府间转移支付制度的逻辑脉络,提出德国是一个联邦制国家,政治上联邦与州实行分权、自立,经济上实行社会市场经济,行政上分为联邦、州和地方(市、县、乡)三级政府。③ 王泽彩认为德国财政均衡制度兼顾纵向和横向均衡,而事权和财权的对称统一是其保证,这一体制具有"横向平衡制度更好地体现中央政府均衡各级政府财力,实现各地区公共服务均等化的目标""富裕州和贫困州通过科学方法测定以保证横向平衡制度的科学性""横向平衡制度"在各州之间进行财政转移支付,即"财力强的州拿出部分财政收入'捐给'财力弱的州"④等特点。周波汇总了有关德国宪法对联邦和州政府权力的界定、德国政府间事权划分、政府间财权(税种)划分、政府间转移支付等内容,明确德国府际财力与事权的匹配追求高度均衡的

① 参见杨述明:《论政府间财政关系》,武汉大学博士学位论文,2005年。
② 参见田发:《重构地方政府间财政关系——基于政府财政层级变革的分析》,中南财经政法大学博士学位论文,2005年。
③ 参见王振宇:《完善我国现行财政管理体制研究》,东北财经大学博士学位论文,2007年。
④ 王泽彩:《财政均富:中国财政体制目标模式研究》,吉林大学博士学位论文,2007年。

价值取向。①

　　就后者来说,周刚志嫁接公共财政与宪政国家的因果机理,指出"德国的内外环境阻碍了统一的步伐,而国家分裂的状况则又阻碍了德国社会经济的发展。这种形势为德国军国主义者所利用和操纵,他们通过王朝战争实现了统一,由此而暂时赢得德国的民心。但是,近现代公共财政模式与专制政体之不相容性也决定了统一之后的德国在市场经济条件之下必然走向民主与宪政"②。熊伟强调德国相互依存的政府间财政关系模式的特点是"通过适度集中、相对分散的原则确定各级政府的支出范围,并且赋予各级政府特定的税收权限以保证各级政府享有充足的财政收入;采用共享税与专享税共存,以共享税为主的税收分配模式,兼以横纵两向转移支付制度平衡德国各级政府间的财力布局。此外,政府间严格制定各级财政预算,辅以事中把关和事后审计制度,充分保证了政府间财政法律关系的平等、有序和高效运作"③。马海涛等人着重关注德国财政转移支付制度,在宏观财政体制的背景下,贯穿其转移支付的原则、各级政府的事权与财权、财政收入的横向再分配、财政收入的纵向再分配等内容,这归根于对于提供的公共服务,德国宪法强调整个国家的生存条件要一致,同时各级政府间有着很强的政策协作。④

　　第二类研究以多种选题穿插于各类著作之中,随后择其精要稍作探析。复旦大学世界经济研究所"90 年代以来美、日、欧发展模式"课题组仔细考察了 20 世纪 90 年代以来德国经济社会政策改革的背景和取向、税收制度改革及其对经济的影响、社会政策的改革与成效等主题。⑤ 韩喜平、邵彦

---

① 参见周波:《政府间财力与事权匹配问题研究》,东北财经大学出版社 2009 年版,第 116—120 页。

② 周刚志:《论公共财政与宪政国家——作为财政宪法学的一种理论前言》,北京大学出版社 2005 年版,第 84 页。

③ 熊伟:《政府间财政关系的法律调整》,法律出版社 2010 年版,第 222—253 页。

④ 参见马海涛等:《政府间财政转移支付制度》,经济科学出版社 2010 年版,第 164—185 页。

⑤ 参见复旦大学世界经济研究所"90 年代以来美、日、欧发展模式"课题组:《制度变迁与结构调整:90 年代以来大国经济发展轨迹》,山西出版集团、山西经济出版社 2006 年版,第 187—230 页。

敏、杨艺对德国自工业革命以来的城市化进程及其特点加以分析。① 刘骥
以德国养老金问题为"抓手"对德国社会联盟的变迁史、20 世纪 90 年代改
革之前的养老金体系、20 世纪 90 年代以来的养老金改革详加考察,阐明从
无主导联盟到代际联盟的过渡将成为德国养老金改革的核心瓶颈。② 丁纯
以德国社会医疗保障制度为案例,对其医疗保健制度的宏观基本架构、医疗
保健供给体制、医疗保健筹资及医疗保险制度、医疗保障体制的问题与改革
等进行研究。③ 陈昭、刘巍以历史、逻辑与实证分析为研究框架对德国消
费、投资与对外贸易展开科学论证,并简析德国财政支出状况。④

（2）国别视野下的德国政府间财政关系研究。

该领域的代表作有两本,其一是朱秋霞于 1999 年编著的《德国财政制
度》一书,该书全面阐述了德国政府与财政职能、预算制度与预算管理体
制、公共财政支出、国家财政收入、国债制度、社会福利保障制度、财政分配
和转移支付制度、国有财产管理制度、东德国有资产私有化和国家统一的财
政措施等内容。⑤ 随后,朱秋霞对其加以修订并于 2005 年再版,新版增加
了政府间事权和财权划分、财政政策和财政补贴两章内容。⑥ 到目前为止,
该书依然是国内聚焦德国财政问题的权威著作,填补了研究空白。

围绕这一领域的学术论文按照选题进行分类,主要集中在以下方面:

首先是全面描述与介绍德国财政制度、财政体制、财政政策以及府际财
政关系的学术论文。早期代表性成果有郭景仪的《联邦德国财政政策探

---

① 参见韩喜平等:《欧盟社会经济结构与制度变迁》,吉林大学出版社 2008 年版,第 152—
156 页。

② 参见刘骥:《阶级分化与代际分裂——欧洲福利国家养老金政治的比较分析》,北京大学出版
社 2008 年版,第 103—126 页。

③ 参见丁纯:《世界主要医疗保障制度模式绩效比较》,复旦大学出版社 2009 年版,第 176—
230 页。

④ 参见陈昭等:《欧洲主要国家宏观经济运行研究》,高等教育出版社 2011 年版,第 77—100、
189—207、314—345、433—466 页。

⑤ 参见财政部财政制度国际比较课题组:《德国财政制度》,中国财政经济出版社 1999 年版,第
10—157 页。

⑥ 参见朱秋霞:《德国财政制度》,中国财政经济出版社 2005 年版。

索》（《世界经济文汇》1985 年第 4 期）、肖捷的《联邦德国的财政体制》（《财政》1988 年第 11 期）、殷晓的《日本联邦德国分级财政体制几条值得借鉴的经验》（《浙江社会科学》1990 年第 5 期）、肖捷的《联邦德国财政体制的基本模式及其启示》（《管理世界》1991 年第 2 期）、陈武的《联邦德国的财政政策》（《改革与战略》1992 年第 6 期）、胡庄君的《德国财政预算制度》（《欧洲研究》1993 年第 5 期）、高爱贺等的《联邦德国中央与地方的财政关系》（《欧洲研究》1993 年第 6 期）、胡庄君的《德国财政制度及其借鉴意义》（《经济导刊》1994 年第 1 期）、裴元伦的《德国的财政体制是如何运转的？》（《德国研究》1994 年第 2 期）、孙开的《德国各级政府间的财政关系及启示》（《德国研究》1996 年第 2 期）、何成军的《德国小城市（镇）财政管理体系》（《中国财政》1997 年第 5 期）、董书慧的《联邦德国的财政政策与财政体系》（《南开经济研究》1998 年增刊）、财政部赴德"中级财政管理培训班"考察团的《德国财政管理考察报告》（《财政研究》1999 年第 1 期）等。

进入 21 世纪后，以中国加入 WTO 为契机，域外先进的财经管理经验愈发被中国学术界所看重，高水平的研究成果不断涌现。蔡玉文提出，德国各级政府间的财政关系"首先按照适度集中、相对分散的原则确定各级政府的支出范围，并且赋予各级政府一定的税收权限，采用共享税与专享税并存、以共享税为主的模式来划分税收收入，还实行纵向和横向转移支付制度，以实现财力布局纵向与横向的平衡"①。孙晓青将德国财政政策面临的两难境地归纳为："一方面德国财政赤字占 GDP 比重突破了 3% 的限度，不降低赤字会受到欧盟的警告制裁，为此必须紧缩财政；另一方面，德国经济增长率下降、企业投资缺乏刺激、政府减少失业的承诺亟待兑现，为此财政应该扩张。"②苑建华着重谈到，"德国反对'机械地'解释《稳定与增长公约》中关于赤字问题的相关条文，认为这一规定实际上是要求成员国即便在经济发展疲软时也要执行紧缩的财政政策，因而违反了经济发展的规律，

① 蔡玉文：《德国政府间财政关系简介》，《中国财政》2002 年第 3 期。
② 孙晓青：《欧盟的财政经济政策趋同与德国经济的政策调节》，《德国研究》2003 年第 1 期。

推迟了经济增长的到来,损害了持续稳定的成效"①。财政部条法司、干教中心赴德国培训考察团认为:"德国财政法律体系是以《基本法》为根本,由《税收通则》《财政平衡法》《经济稳定与增长促进法》等法律构成的;《基本法》对财政体制作了原则性规定,有关详细的财政法律规定分散在其他法典之中。"②谭融等指出:"在德国的政府间财政关系中,分税制和财政平衡体系是其核心要素,二者在实际的政府运行过程中发挥着重要作用,联邦政府财政计划委员会作为政府间财政关系的协调机制密切了各级政府间的关系,在政府财政制度的运行中起到了黏合剂的作用。"③张红梅提到,"目前正在德国进行的公共财政管理改革有三个主要的目标:首先,增加地方政府财政状况的透明性;其次,在财政资源分配上加大管理力度并加强对财政执行的监控力度;第三,鼓励地方政府在制定政策时,采用最新的同时更具有战略性的政策方案"④。许闲认为德国三级政府间事权划分与财政支出制度优势明显:"首先,政府分权得以优化,有效提高了政府效率;其次,通过立法形式确定各级政府事权的划分使得德国政府的整体运作形成有机整体;再次,立法形式在确定事权行使有机联系的同时又保证了各级政府的独立性;最后,事权划分与各级政府财政支出挂钩避免了政府间的相互责任推诿。"⑤刘兴华强调:"德国财政政策与货币政策的搭配实际上是一种分散决策的架构模式,其政策工具的分配符合'丁伯根法则';德国以让渡货币主权、货币政策自主性受损为代价换取欧元区的'通行证',未来的宏观调控有可能出现'强财政、弱货币'的政策搭配,德国将不得不面临严格遵守欧盟财政标准还是自由运用财政政策的艰难选择。"⑥他进一步指出,由于德国公共负债

---

① 苑建华:《德国近年来财政状况剖析》,《国际论坛》2005 年第 3 期。

② 财政部条法司等:《德国财政法律体系及财政立法制度考察报告》,《财政研究》2006 年第 2 期。

③ 谭融等:《论德国的政府间财政关系》,《南开学报(哲学社会科学版)》2007 年第 5 期。

④ 张红梅:《公共管理变化过程分析:德国地方政府财政改革案例研究》,《中央民族大学学报 (哲学社会科学版)》2008 年第 4 期。

⑤ 许闲:《德国政府间三级事权划分与财政支出》,《中国财政》2009 年第 17 期。

⑥ 刘兴华:《德国财政政策与货币政策的走向及其协调》,《德国研究》2009 年第 4 期。

过于庞大,短期内不可能彻底消化,联邦政府化解本国过度赤字的根本思路是流量调整,以流量变化带动存量变化。① 许闲将德国政府间财政关系的权力分立模式的构成要素归纳为财政立法权、财政行政权和财政司法权,运用经典的三权分立模式进行权力制约。② 张东明着重谈到,"在联邦财政部发布的 2009 年中期预算中,计划从 2011 年开始逐步削减净债务,2011 年比 2010 年减少 144 亿欧元,减少 16.7%;2012 年计划比 2011 年减少 130 亿欧元,减少 18.1%;2013 年比 2012 年又减少 128 亿欧元,减少 21.8%"③。

其次是德国的分税制及税收政策。廖明提出:"确定分税的基础是经济景气、经济结构调整、经济稳定增长、收入公平分配。三四十年前,实行以专享税为主的税收分割制,随着政治、经济、社会的不断发展,共享税占收入的比例越来越大,现已超过其税收总额的 2/3 以上,最重要的税种都列在共享税中,这样就保证了三级政府的财政都有较稳定的税源,同时使三级财政处于一个利益共同体中,有利于发挥各级政府的积极性。"④丁淼将德国的税种归纳为联邦独享税、联邦与州(或联邦、州)共享税、州独享税、地方税。⑤ 刘军着重谈到,"联邦独享税包括关税、资本往来税、保险税、货币兑换税以及除啤酒税之外的消费税(对烟草、咖啡、茶、糖、盐、泡沫酒、照明用品、矿物油等征收的税);州独享税有财产税、遗产与赠与税、卡车税、啤酒税、跑马税、彩票税、消防税、赌场税、地产税;地方税包括地皮税、地方性消费和开销税、狗税、娱乐税等"⑥。孙敏认为两德重新统一后,联邦政府为了协调东西部的经济发展速度,在财政税收方面采取了一系列的措施,试图通过对东部地区强有力的扶持政策来达到加快东部经济发展、提高人民收入水平的目的。⑦ 欧

---

① 参见刘兴华:《从德国赤字超标看欧盟财政约束规则面临的挑战》,《德国研究》2010 年第 4 期。
② 参见许闲:《德国权力制衡模式下的政府间财政关系》,《经济社会体制比较》2011 年第 5 期。
③ 张东明:《进入后经济危机时期联邦德国政府财政收支滚动预算趋势分析》,《财政研究》2011 年第 11 期。
④ 廖明:《联邦德国财政税收制度综述》,《经济社会体制比较》1993 年第 4 期。
⑤ 参见丁淼:《联邦德国的财政税收制度》,《欧洲》1996 年第 6 期。
⑥ 刘军:《德国分税制财政体制及其借鉴》,《涉外税务》1996 年第 7 期。
⑦ 参见孙敏:《促进东西部的平衡发展——德国重新统一后的财税政策对我国的借鉴意义》,《涉外税务》2001 年第 5 期。

文汉阐述道:"德国政府通过运用财税政策手段,直接支持循环经济的发展。包括政府通过预算拨款,对社区环保和循环经济项目给予支持;通过财政补贴,为环保型产品或循环经济技术提供资助;通过税收调节,鼓励节约和再利用资源、能源,鼓励开发新能源、替代资源,提高不可再生资源的成本以限制和减少使用量等。"①任运河总结到,德国发展循环经济的财税政策及其实践经验涵盖了废物收费政策、生态税政策、押金抵押返还政策、废物处理产业化、生产者责任扩大制度、注重实施的可行性等。②朱秋霞强调:"鉴于土地税收入在德国市镇财政中的作用,建议取消土地单元价值的评价方法,引入土地产出价值评价方法,对征税的价值基础进行重新评价,非农用地的产出价值评估依据应该为土地租金收入。"③许闲提出结合能源税的征管过程给予的财政政策考量和税收优惠政策表明,"德国能源税的征管以法律为依据,通过优惠政策引导和推动能源消费转型,保证本国产业发展的国际竞争力,依赖税收优惠政策保障民生"④。

再次是德国政府间财政平衡体系。高关中认为,"现行财政平衡体制存在以下突出问题:某些规则对城市州不利、过分突出了税收分配、只考虑了财政收入平衡问题却很少考虑各州财政支出、联邦辅助补贴的分配不能及时适应情况的变化"⑤。张人骥提到,"联邦德国财政体制的主要特征是把整个的公共财政平衡划分为垂直的与水平的两个部分,整个垂直的与水平的财政平衡体系就涉及四个方面的平衡,即联邦与各州的财政平衡、各州之间的财政平衡、各州与所属县市的财政平衡、各州内县市之间的财政平衡"⑥。河北省财政厅赴德考察团概括道:"联邦对州的财政平衡包括

① 欧文汉:《循环经济与财税政策——德国循环经济发展概况及启示》,《财政研究》2006年第3期。
② 参见任运河:《利用财税杠杆发展循环经济——德国的经验及启示》,《国家行政学院学报》2006年第4期。
③ 朱秋霞:《土地税收入在德国市镇财政中的作用》,《税务研究》2006年第7期。
④ 许闲:《财政视角下德国能源税收征管及其对我国的借鉴》,《德国研究》2011年第3期。
⑤ 高关中:《联邦德国各级财政之间的平衡问题》,《西欧研究》1990年第3期。
⑥ 张人骥:《联邦德国州财政平衡体制及对我国财政改革的启示》,《外国经济与管理》1991年第9期。

四个渠道,一是增值税分享比例调整,二是对财力特别薄弱、收支矛盾最突出的州,联邦从自己分享的增值税份额中再拿出一定比例予以资助,三是在完成联邦和州的共同任务时,联邦向州提供各种财政资助,四是对属于州和地方事权范围的一些重要投资项目,联邦财政根据宏观经济政策有时也给予适当补助。"①林晓主张德国财政平衡的原则集中体现在以下方面,财权与事权相统一、稳定与发展相统一、规范与灵活相统一。② 刘溶沧、杨之刚概括道:"州际间财政平衡的资金主要来自两个部分,一是增值税由州分享的1/4(其余的3/4按每个州人口数量直接分配给各个州支配),二是财政较富裕的州按相关计算结果直接划拨给较穷的州的资金。"③马颖阐明:"纵向与横向并举的机制,其目的在于使贫困州得到部分转移支付,进而使整体经济发展水平得以提高;同时也要避免消极地照顾贫困州的平均化倾向,注意充分考虑财力强的经济发达州的利益,承认差距,由此来实现效率原则。"④张通等人将德国转移支付制度的特点归纳为法制化水平较高、体系完整、计算方法较为简便、注重发挥税收在转移支付制度中的作用、创建"统一基金"作为原东德地区与西德地区财政均等化的过渡办法五方面。⑤赵永冰提到:"在德国各级政府之间的事权都是由宪法明确规定的,据此而划分的财政收入和财政支出范围也由法律形式确定下来。一般说来,政府间转移支付制度的基本原则由法律形式确定,不能轻易改动,但对具体的计算公式或补助标准,财政部或专门的工作委员会有权根据实际情况作出修改,这体现了法律性和灵活性的很好结合。"⑥葛筑英主张:"国家的利益、法定的义务是德国财政平衡政策的灵魂,贯穿于整个财政分配过程。作为联邦国家,德国的州具有相对的自主权,但在财政分配上没有自主权,必须听令于国家,必须服从于国家利益。国家的责任是法定义务,把各级政府紧紧

① 河北省财政厅赴德考察团:《德国的财政体制和转移支付》,《财政研究》1994年第10期。
② 参见林晓:《德国财政的平衡原则与方法》,《德国研究》1995年第1期。
③ 刘溶沧等:《德国政府间财政转移支付制度考察报告》,《财贸经济》1995年第12期。
④ 马颖:《德国的财政平衡与区域经济均衡发展》,《经济评论》1996年第6期。
⑤ 参见张通等:《德国政府间财政转移支付制度考察报告》,《财政研究》1997年第3期。
⑥ 赵永冰:《德国的财政转移支付制度及对我国的启示》,《财经论丛》2001年第1期。

地联系在一起,这就是德国财政平衡制度从战后实施到现在 50 余年没有变化的基础。"①张启春等人总结道:"德国财政平衡制度由于具备实现区域间财力和公共服务水平均等化的明确政策目标;以彻底的分税制为制度基础和前提,各级政府间事权财权十分清晰具体;在联邦政府的财力集中程度较低的前提下施行;实施过程综合应用了多种途径和方式;资金分配方式的公式化、规范化和法制化等特征",故而"为我国缓解和缩小东西部区域差距问题提供了思路和借鉴"②。祝小芳分析道:"在德国的'内在权力'模式下,联邦拥有主要的立法权,而州则拥有主要的行政权(包括执行联邦和州的法律),最高法院的主要职责是维护宪法。然而,在这种立法权高度集中、州行政权高度分散的模式下,德国的州并不处于被联邦立法牵着鼻子走、只有执行权而无'话语权'的地位,相反,各州实际上拥有比美、加、澳等国家对联邦立法更大的影响力,这是通过其实际的权力机构——联邦参议院来实现的,这对政府间财政平衡体系影响深远。"③梁志建依据德国联邦宪法法院 1999 年"财政平衡法"规范审查案判决,强调"由于德国财政平衡主要是用于各州之间公共财政支出能力的平衡,来维持整个德国国内生活条件的统一性,所以德文的'生活条件的统一性'就应当被理解为德国国民在其国土内(而不仅是那个州)都可以享受基本相仿的公共服务,如教育和环保,从国家行政管理角度来说,即国家的任务在全国各地要以相仿的质量来完成"④。罗湘衡提出自统一以来,在政府间财政平衡体系的作用下,德国府际关系呈现出联邦政府趋于强势、西东各州矛盾重重、均衡性(对称性)被打破等新动向。⑤

---

① 葛筑英:《联邦德国财政平衡制度及启示》,《财政研究》2002 年第 10 期。
② 张启春等:《缩小东西部差距:德国财政平衡制度及借鉴》,《国家行政学院学报》2004 年第 1 期。
③ 祝小芳:《分权模式下的横向财政均衡——德国的经验与启示》,《财政研究》2005 年第 9 期。
④ 梁志建:《德国联邦宪法法院 1999 年"财政平衡法"规范审查案判决述评——兼论德国宪法框架下的财政平衡法之借鉴》,《德国研究》2006 年第 1 期。
⑤ 参见罗湘衡:《政府间财政平衡体系与府际关系的调整——以统一后的德国为例》,《上海行政学院学报》2012 年第 2 期。

三、财政联邦主义理论体系

西方经济学界、政治学界在长期的学术研究中提炼出一套用于阐述政府间财政关系的理论,它回应了先前单一学科所难以回答的相关命题,巧妙地从经济学与政治学的"交集"来拓宽研究视域。但是需要注意以下方面:首先,它根植于西方的历史逻辑之上,依托后者悠久的联邦制传统、成熟的公民社会、健全的法律制度、发达的地方自治经验、完善的市场经济理念等"西方经验"而不断发展。然而任何基于特定环境的理论在移植"新大陆"之后所面临的最大困境就在于水土不服,应结合特定的政治、经济、社会、文化背景加以"权变性解读"。其次,"著名管理学家赫伯特·西蒙认为,不同层级政府的功能存在明显区别,政府层级越高,决策的重要性越突出;政府层级越低,执行的重要性越强"①。西方学界关注地方政府这一层面,由此可以得出结论:财政联邦主义理论侧重于响定行政(执行)环节如何实现资源的合理配置、收入的公平分配,并带动民主政治的发展,着重考察微观操作层面的政府间关系互动。实际上,财政联邦主义理论同地方政府学之间存在互补关系。最后,它源于多学科之间的相互借鉴、相互模仿,其方法论特征在于超越政治学、经济学、管理学的单一知识谱系,成功地将数理逻辑引入了对府际关系的探讨,厘清了一系列难点问题。在这一方面,公共产品理论的引入突破了传统对政府职能界定时的"无所适从"和"无的放矢",实现了政治——经济学研究的飞跃。②

（一）最优分权理论

1957 年,施蒂格勒正式发表了《地方政府功能的适当范围》③一文,他

---

① 周波:《政府间财力与事权匹配问题研究》,东北财经大学出版社 2009 年版,第 70 页。
② 参见罗湘衡:《财政联邦主义理论及政府间关系分析模式概述》,《天水行政学院学报》2010 年第 3 期。
③ 参见 George J.Stigler, "The Tenable Range of Functions of Local Government", U.S.Congress Joint Economic Committee, *Federal Expenditure Policy for Economic Growth and Stability*, Washington D. C.,1957,pp. 213-219。

从两方面对地方政府存在的必要性加以论证。第一,相对于中央政府,地方政府显然与辖区内居民的利益直接挂钩,它更了解本地居民的利益偏好与效用函数,防范由于信息不对称所导致的逆向选择、道德风险与信任危机。显然,地方政府更符合"帕累托最优"的经济理性,是区域性公共产品的有效供给者。第二,就社会契约论而言,"每个结合各自及其自身的一切权利全部都转让给整个集体,我们每个人都以自身及全部的力量共同置于公意的最高指导之下,并且我们在共同体中接纳每一个成员作为全体之不可分割的一部分"①。政府同选民达成了某种政治约定,公民有权要求享受符合其预期目标的公共物品,并通过基层民主选举将供给权赋予地方政府及其领导人。在施蒂格勒看来,地方政府旨在实现辖区内居民享受公共产品的愿望,选民成为地方领导人政治前途的"票决者",彼此之间结成利益共生关系。当然,如果选民对于当权者所提供的公共物品存在不满,在求得利益最大化的行政主体理性人动机的驱使下,在选举中将撤换执政者。

施蒂格勒在强调地方政府重要性的同时,并未质疑中央政府(联邦政府)所发挥的积极作用,这是因为"它对于全国性公共物品的有效供给、协调多元化社会利益集团之间的矛盾纷争、平息基层政权之间的职能摩擦、联动跨流域性治理事务等方面存在不可动摇的绝对优势"②。

(二)俱乐部理论

公共选择学派的领军人物、著名经济学家布坎南于 1965 年发表了《俱乐部的经济理论》③一文,他的核心假设是将拥有大量居民的社区视作"俱乐部",如何判断"俱乐部"的管理幅度、成员规模和基本公共服务的供给水

---

① 陈家刚:《社会契约论》,载俞可平主编:《西方政治学名著提要》,江西人民出版社 2000 年版,第 151 页。

② George J.Stigler, "TheTenable Range of Functions of Local Government", U.S.Congress, Joint Economic Committee, *Federal Expenditure Policy for Economic Growth and Stability*, Washington D.C., 1957, p. 214.

③ 参见 James M.Buchanan, "An Economic Theory of Clubs", *Economica*, *New Series*, 1965, 32(125): pp. 1-14。

平是否实现了最优经济理性呢？应该看到,这一命题显然难以通过田野调查来得出客观结论,只有借助经济学的"边际分析法"才能得以论证。

布坎南认为,在一个相对封闭的社区中,如果成员规模同公共产品之间的搭配处于均衡状态,那么"俱乐部"内每新增一名成员就意味着供给同等规模公共产品的"付费者"人数递增,从而导致边际成本下滑;然而与此同时,享受公共物品的"消费者"人数也在上升,导致"俱乐部"内产生挤压效应,居民享受公共服务的满意度和幸福指数也相应递减,引发边际成本上升,削弱原基数公共产品的可持久性,推升在未来添置公共服务的时间紧张度。实际上,布坎南的理论假设源自经济学中最为常见的"当边际成本等于边际收益时,总利润水平达到最大化"的原理,边际收益与边际成本的此消彼长成为研判"俱乐部"内的资源利用状态是否实现最佳化的核心指标。基于上述分析,布坎南指出:"一个俱乐部的最佳规模就停留在外来因素所产生的边际成本恰好等于由于新成员的进入而分担的运行成本及其所带来的边际收益这个点上。"[1]

俱乐部理论属于典型的跨学科产物,它将经济学中早已被科学化证伪方法所证明行之有效的原理应用于公共管理,从理想化的建模出发回应了如何判断在一个相对封闭的社区内,公共产品的供给水平和人口之间是否实现了"帕累托最优",并为调整和改进资源利用指明了方向。

(三)分权理论

经济学家奥茨在《财政联邦主义》一书中论证了公共物品供给的有效性,着重阐述了地方政府存在的重要性及其社会价值。他借助线性规划分析法以测量社会福利最大化水平的资源配置状况与政府职能。奥茨主张:"对于特定的公共产品来说——假设该公共产品的消费范畴被设定为遍及全国所有人口子集,同时供给每一单位的成本压力对于中央抑或地方政府来说完全均等,那么由地方政府配置每一'帕累托'有效产出量的公共产品

---

① 杨述明:《论政府间财政关系》,武汉大学博士学位论文,2005 年。

赋予其辖区内的选民,总是比由中央政府向全体国民提供相应的产出量更为有效。"①

奥茨的分权理论与施蒂格勒的最优分权理论具有一定相似性:彼此都认可地方政府相对于中央政府所具有的信息优势,前者更易于以较低的成本来掌握辖区内居民的利益偏好与效用函数。就防止信息不对称来说,地方政府在公共物品的供给中所具有的边际收益和边际节约使它具备中央政府难以企及的效率优势。更进一步来看,地方政府承担了"政治试验场"的功能,以基层为平台能够进行诸多政策试点工作,逐步摸索出适应地方治理的制度安排与政策法规,最终在政策试错以及纠偏中为合理的地方规制找到出路。此外,地方政府之间围绕政策创新不断进行府际竞争,导致留存与积累的制度知识得以凭借"扩散效应"在广阔的时空范畴内传播并发挥影响,从而为多元主体之间的"政策学习"指明出路。这样,"通过地方之间开展的各种制度创新实验,最终促进了公共政策制定上的'技术进步'。"②

分权理论的出发点在于地方政府较之中央政府的资源配置优势,但是它存在两方面纰漏:首先从方法论来说,它完全依托高度抽象化的数理模型,缺少对现实社会环境的观察和反馈。纯粹学理层面上的推演尽管保持了逻辑的严密性,但是也弱化了对现实的观照,难以从经验事实中提取论证自身合理性的依据。其次,分权理论本身的假设和条件过于苛刻,致使其理论解释力大打折扣。任何设定众多优选条件的理论固然保证了逻辑的严密,却难以捕捉到回应现实问题的立足点。分权理论假设"特定公共产品的消费领域必须涉及全国每一地域内的全部人口子集、供给的成本压力对多级政府而言务必相等、全国性政府必须为全体公民提供完全均等化的公共物品以作为参照系等",因此"被用来得出这个结果的理论框架具有极强的限制性,如果我们解除这个理想化的模型中的某些限制性条件,那么确定政府部门最优结构的问题就变得极其复杂"③。

---

① Wallance E.Oates, *Fiscal Federalism*, New York: Harcour Brace Jovanovich,1972,p. 35.
② 马海涛等:《政府间财政转移支付制度》,经济科学出版社 2010 年版,第 33 页。
③ [美]华莱士·E.奥茨:《财政联邦主义》,陆符嘉译,译林出版社 2012 年版,第 41 页。

（四）偏好误识理论

美国经济学家特里希在《公共财政：一种规范理论》[①]一书中借助理性选择制度主义中的基于信息不对称的"委托—代理关系"来诠释各级政府间公共产品的配置。特里希针对传统分权理论所主张的中央政府具备一切必要的信息沟通渠道，以完全获悉公民的利益偏好和效用函数，并对多元化的社会福利进行精确排序，进而实现"帕累托最优"的观点提出了质疑。特里希强调传统理论的硬伤在于未能预测到中央政府有可能错误地评估社会需求，最终导致社会资源的错配乃至激励机制的扭曲。特里希提出中央政府对于基层民众而言存在难以逾越的沟通瓶颈，防止信息不对称的交易成本极高，甚至根本无法避免。中央政府难以有效获悉基层选民的利益偏好与效用函数，即使它有意识地调整信息反馈机制以缩减由于过长的时空距离而导致的"信息衰减效应"，然而全国政府着重关注全国范围内公共服务供给的均等化和标准化，以实现整齐划一的公共服务供给。从上述事实出发，不难发现由中央政府提供的特定公共产品对于不同地域的居民来说，要么供给过剩、要么供给不足，无法实现"帕累托最优"，造成社会资源的闲置或者浪费。中央政府提供公共物品的不确定性将随着空间距离的延长而增大，因此需要引入地方政府以平衡社会福利的最大化。较之中央政府，地方政府的信息优势是毋庸置疑的，按照"就地就近"的原则，由它来供给区域性公共物品无疑是地方政府履行其法定职能的最佳表现，并符合地方自治与基层民主的要求。

被誉为现代财政学之父的美国著名经济学家马斯格雷夫明确指出财政应该具备的三大职能：资源配置、收入分配、经济稳定与增长。[②] 他认为地方政府一方面缺乏财政政策与货币政策等政策工具，另一方面不具备充分的行动意愿以及能力，鉴于经济主体的流动性，后两种职能唯有划归中央政

---

① 参见 Richard W.Tresh, *Public Finance：A Normative Theory*, Boston：Academic Press, 2002。

② 参见 Richard A.Musgrave, *Public Finance in Theory and Practice：A Study in Public Economy*, New York：McGraw-Hill Press, 1959, p. 45。

府才能有效履行。而地方政府能够掌握当地居民的利益偏好与效用函数,仅就资源配置职能而言,地方政府无疑是最理想的行动主体。特里希的偏好误识理论正中要害,直面资源配置的职能为什么应该由地方政府,而非中央政府来承担的核心命题,他从信息经济学的视角出发妥善对比了中央以及地方在公共物品供给中的优劣,并结合资源配置的有效性、成本分担的可接受性以及社会福利的可持续性等方面加以全面论证。

（五）"用脚投票"理论

"传统分权理论过于关注地方政府在公共物品供给方面较之中央政府的优势所在,但是它未能解析地方政府之间的关系状态究竟如何以及人们是否愿意聚居在某一特定的地方政府辖区内,并呼吁该政府为属地内居民提供最优水平的福利问题。"[1]为回应这一命题,美国经济学家蒂博特于1956年发表了《关于地方支出的纯理论》[2]一文,他提出的"用脚投票"理论在财政联邦主义思想发展史上具有划时代的意义,并将主流公共产品理论中针对全国性公共物品供需关系的分析延伸到地方性公共物品供求机制这一层面。

蒂博特假设不同区域的居民拥有100%的信息知情权和自由迁徙权,在求得利益最大化的社会主体理性人动机的驱使下,将自主地根据地方辖区所能提供的公共物品水准及其税款的组合而有目的地在全国范围内自由迁徙。这种迁徙将渐进推进,难以一气呵成,直到公民认为居住地所提供的公共产品及其税收的组合实现了自身利益的最大化时方才定居于该地,直到未来利益偏好与效用函数再次发生转换为止。地方政府将依据居民的流入与迁出量来调整、改进与创新所提供的公共产品及其税款之间的组合,以期提升当地在迁徙者中的受青睐程度,形成"企业家云集"的效应,实现本地综合竞争力的提升。在"用脚投票"的理论视域内,自由迁徙权迫使地方

---

① 刘银喜:《财政联邦主义视角下的政府间关系》,《中国行政管理》2008年第1期。

② 参见 Charles M. Tiebout, "A Pure Theory of Local Expenditures", *Journal of Political Economy*, 1956, 64(5):pp. 416-424。

政府之间展开激烈的府际关系竞争,其本源是以自由市场的逻辑来强化公共物品供给的效率。在政策学习的过程中,地方政府能够发挥"政治试验场"的功能,实际上为全体国民提供了越来越多的公共产品组合,扩大了居民的可选择余地并提高了人口的流动性,为实现社会福利的最大化奠定了基础。从长远来看,当特定社区产生了人口迁入量远超其迁出量的局面时,其公共服务与税款之间的组合将被众多"竞争者"所效仿。久而久之,多样化的组合间的差异将逐渐趋同,就成本分担机制来说这无疑是节约社会资本、提高行政效率的有效手段。另外,由于特定社区居民的利益偏好之间的同质性极强,因此目标导向的一致性将最大限度降低社会边际成本,符合"帕累托最优"。由此可见,众多地方政府极大扩充了居民的消费选择样式,为平衡多元社会主体之间的利益纠葛铺平了道路。

"用脚投票"理论具有众多前提条件。第一,居住在全国不同地域的国民应拥有完全的信息知情权,这可以从两方面加以贯彻:一方面,作为信息来源的地方政府应积极推动政务公开,建设"亲民型"公共服务政府,防止"暗箱操作"和"权力寻租"对公民核心利益的侵害;另一方面,作为消息受众的公民应掌握接近、获取并解码政务信息的能力,换言之,他们应实现从臣民到公民的转变。只有双管齐下,从政务信息来源和受众的两方面同时着力,方能相得益彰,将由于信息不对称所导致的逆向选择、道德风险和信任危机所带来的组织间交易成本降到最低水平。第二,居民在法律意义上必须具备不受约束的自由迁徙权,他们在本国领土内任何区域的合法居住权应受到完全的尊重。当前世界上绝大多数国家都将公民的自由迁徙权明确写入宪法,使它获得宪政保护,从司法实践角度来说其保障机制较为健全。第三,居民应具有新古典自由主义经济学派所倡导的"理性人"动机,追求自我成就与实现的动机始终压制其他需求,"理性人"作出判断的唯一依据是成本/收益核算关系。居民如果认为迁徙所带来的收益超过了成本的话,他们就有充分的动机迁出现居住地。第四,蒂博特所主张的"帕累托最优"以及社会福利总供给水平的最大化只能产生于全体居民都无一例外地定居于特定社区之内。换言之,应存在为数众多的地方政府,它们能够提供多样化的公共产品及税款组合。从逻辑来看,一方面,地方政府层级各异、数量庞大,客观上能够回应大量人口所提出的效用需求;另一方面,地方政府与人口间的对应关系在基层治理的实践中总是不理想的。第五,地方政府拥有参与府际关系竞争的动机,虽然彼此奉行大相径庭的城乡治理理念以及基础设施建设标准,通过社会治理领域的互相学习,这一举动有利于全面提升其在全球化时代的竞争力。遵照政治生态学的观点,"地方政府类似于有机体,它必然与外围环境进行物质和能量的交换,否则无法支持有机体的新陈代谢"①。地方政府不可能僵化地从事社会管理活动,随时面临调整、更新与强化的需要,行政任务的多样性、外围环境的异质性、社会需求的弹性都对地方政府的政策学习能力提出了挑战。

四、研究方法

"根据不同的研究目的,学术研究可分为三大类:开发性研究、描述性研究和解释性研究。"②面对快速发展的社会科学研究,当代学人务必借助多元化的研究方法和手段,以期全方位、多角度地对研究对象加以解析,摒弃单边思维的束缚。因此,打造开放、多元和包容的方法论体系已经成为学界的共识。就目前中国的研究状况来看,政治学研究的主要分析手段是定性分析,政治学本身的性质决定了定性分析在研究中的地位;但是,定量分析在政治学的某些领域中,比如公共行政和公共政策,却是十分重要的研究手段。③ 本书主要采用了历史主义的研究方法、制度主义的研究方法、文献分析法、比较分析法、规范性研究与经验性研究相结合的研究方法。

(一)历史主义的研究方法

在 19 世纪,历史主义是比较政治学的主流范式,"历史是过去的政治,

---

① Fred W. Riggs,"The Ecology and Context of Public Administration:A Comparative Perspective", *Public Administration Review*,1980,40(2):pp.107–115.
② [美]吴量福:《政治学研究方法与论文撰写》,天津人民出版社 2007 年版,第 1 页。
③ 参见[美]吴量福:《政治学研究方法与论文撰写》,天津人民出版社 2007 年版,第 1 页。

政治是现在的历史"①成为比较政治学界的共同信条。历史化研究有两种取向:"一种是对历史的事后合理化,它要求的是逻辑的缜密性,而不考虑历史真实性;一种是解释历史,它要求解释者回到历史之中,站在历史当事人的角度思考制度的取向。"②笔者主张以解释历史的认知来深入探究德国联邦制视野下的府际财政关系,解释的价值源自波普尔所说的"解释的丰富性和阐明历史事实的能力,解释的魅力和阐明当今问题的能力"③。

　　然而,历史主义的研究方法切忌深陷于浩如烟海的史料而难以自拔的死胡同,更不能停留在从资料到资料的认知水平,关键在于抽丝剥茧,以透过现象抓住问题的本质,深度揭示财政制度演进的历史机理,并探讨制度变迁对府际财政关系所施加的影响。此外,制度主义的研究方法使我们关注在纷繁复杂的社会现实中所产生的多元变量,如自然环境、地理条件、技术水平、人口结构、政治环境等。人类文明的演进深受上述结构性和非结构性因素的影响,就财政体制而言,它们规范了国家获得财政收入、规划财力支出以及运用财政平衡体系的可选项。变量的引入在全面提升研究信度的同时,也带来了操作层面的弱可控性。再者,历史主义的研究方法侧重于长时空维度下的社会变迁研究,正如布罗代尔所言,对经济世界的判断是要在长时段中作出的,"长时段具有非同寻常的价值,并非因为我感兴趣,而是因为它构成人类的深层,正是深层的历史决定着历史的结构"④。对历史进行长时段研究的价值在于规避某些偶发事件,抓住必然性背后的因果链条。诚然,历史表象呈现出高度的复杂性,然而透过光怪陆离的表象,我们一定能够提炼出历史的合理性所在。

　　在研究过程中,本书以 1949 年 5 月 23 日联邦德国建国为起点,截取

①　[美]霍华德·威亚尔达:《民主与民主化比较研究》,榕远译,北京大学出版社 2004 年版,译丛总序第 2 页。

②　刘志广:《新财政社会学研究:财政制度、分工与经济发展》,上海人民出版社 2012 年版,第71 页。

③　[英]波普尔:《开放社会及其敌人》(第一卷),郑一明等译,中国社会科学出版社 1999 年版,第 404 页。

④　[法]布罗代尔:《资本主义论丛》,顾良等译,中央编译出版社 1997 年版,第 44 页。

1990 年 10 月 3 日两德统一为中轴,将战后德国财政史划分为 1949—1990 年、1990 年至今两阶段。鉴于前者时间跨度较大,进一步截取 1956 年、1969 年两次宪政大改革以及 1982 年社会民主党下台为节点,细化为 1949—1956 年、1956—1969 年、1969—1982 年、1982—1990 年四小段。通过借助适当的时间点来驾驭长时段的历史研究,通过挖掘各时段的共性和个性来揭示背后所蕴藏的历史脉络。

(二)制度主义的研究方法

进入 19 世纪末 20 世纪初,制度主义成为比较政治学的主流范式。人们相信:"在宪政民主制已经巩固的前提下,由现行法律体系所确立的一系列正式制度规范,制约和决定着各种政治主体的实践活动;而现行法律体系是人们在关于国家与法的政治理念指导下构建起来的,因此,这种制度研究法又被叫作法律——制度主义。"[1]联系德国行政法制史,我们不难发现政府的任何管理行为都被严密的法律框架所束缚,行政主体的自由裁量空间和回旋余地较为狭窄,以至于难觅法理来支持其正当性的政府行为均可被视作违法行政、滥用职权。德国政府间财政关系依托其财政制度得以运转,后者绑定了财政收入和支出在各级政府间的划分,并构建了政府间转移支付体系的运行规则。深入追踪不难发现,财政制度是由一整套庞杂的法律体系(例如《基本法》中相关条款、《财政平衡法》、《经济稳定与增长促进法》、《联邦预算法》)来授予合法性的。

需要特别指出的是,传统制度主义已逐渐淡出学术舞台的中心,取而代之的是新制度主义。它由理性选择制度主义、社会学制度主义、历史制度主义三种分析路径构成。理性选择制度主义将制度和政治行动者的关系视为一种互相补充的关系:"政治行动者在构成制度的规则和规范的限制下行动,但这些规则和规范并没有完全剥夺它们在可供选择的行动方案中选择

---

① [美]霍华德·威亚尔达:《非西方发展理论——地区模式与全球趋势》,董正华等译,北京大学出版社 2006 年版,译丛总序第 2 页。

符合自身最大利益的方案的自由。"①"规则在一定程度上限制了政治主体的活动空间,却也给他们留下了灵活操控制度的'活动通道'。"②理性选择制度主义深受主流经济学所提倡的科学化诉求的影响,突出政治行动者的一切决定均取决于与生俱来的"理性人"动机,旨在实现利益最大化。在其理论视域中,以往被赋予行为人的诸如道德、公平、正义等规范性价值让位于对利益和代价的计算,所谓"上善若水"仅仅是一种美好的愿景而已,政治人的内在动机淋漓尽致地展现在公共选择理论的字里行间。但是由于分析方法的局限,"既往的历史经验和行为记录对当下决策的影响被弃之不顾"③,导致理性选择制度主义的解释力缺乏历史厚度。与理性选择制度主义形成对比的是,"社会学制度主义认为个体或组织以具有社会适宜的而非利益最大化的方式表达他们的身份认同"④。历史制度主义关注历史进程对制度演变的深层影响,阐述了路径依赖(path dependence)的普遍性。"在特定历史条件下形成的制度安排存在边际收益递增的特性,在学习效应、合作效应的作用下具有自我强化的趋势。"⑤因此,一种令人费解的现象不断上演——即使社会历史背景已时过境迁,但是低效制度并未退居历史幕后,高效制度甚至胎死腹中。推而广之,在历史制度主义的视野内,制度变迁源于历史存在的变化、各领域中的偶发事件、政治行动者的推波助澜等各种因素,绝非出于事先的理性设计。

(三)文献分析法

比较政治学作为政治学的支柱之一,其方法论偏好大致被政治学的总

① 童建挺:《德国联邦制的演变:1949—2009》,中央编译出版社 2010 年版,第 9 页。
② Gerhard Lehmbruch, *Parteienwettbewerb im Bundesstaat. Regelsysteme und Spannungslage im Institutionsgefüge der Bundesrepublik Deutschland*,Opladen,1998,S. 18.
③ Dennis Mueller,*Perspectives on Public Choice*,New York:Cambridge University Press,1997,p. 15.
④ Peter A. Hall, Rosemary C. R. Taylor, "Political Science and the Three New Institutionalisms", *Political Studies*,1996,44(5):p. 937.
⑤ 高春芽:《理性选择制度主义:历史、方法与逻辑》,载李路曲主编:《比较政治学研究》(第 3 辑),中央编译出版社 2012 年版,第 32 页。

体学术特色所左右。换言之,"人们无法完全从外部和用物理方法描述人的活动"①,"不是任何人的任何政治行为都是可计量或可经验观察的,也从来没有统一的、可靠有效的测量工具能够度量人类的政治行为"②。虽然行为主义方法论一度垄断美国政治学界的话语权,甚至某些传统研究路径长期绝迹于主流学术期刊。但是自 20 世纪 70—80 年代以来,经验性研究的弊端日益被人所批判,以致后行为主义范式方兴未艾。

　　文献分析法缺失了田野调查环节,其难度在于两点:如何有效、充分地获取资料? 如何辨识资料的权威性并提高其可信度? 在此主要通过两种手段:一方面广泛搜集纸质文献,如外文著作、外文刊物、中文译著、中文论著、中文刊物等;另一方面全方位查阅电子文献,如 Wiley-Blackwell、Ebsco、Jstor、Springlink、Sage 等外文数据库以及世界银行、国际货币基金组织、世界贸易组织、经济合作与发展组织、欧洲议会、欧洲理事会、欧洲委员会、欧洲统计局、欧洲中央银行、德国联邦统计局、德国中央银行、德国联邦财政部等专业性国际组织及政府部门的网站。在确保文献来源多样化和权威性的前提下,借助相关理论框架充当铺垫,以连贯的逻辑串联研究的全过程。

(四)比较分析法

　　阿尔蒙德指出:"比较分析在形成科学理论的过程中具有举足轻重的意义,因为比较分析为任何一个单独领域的专家提供了他所生疏的背景情况和各种关系。这样的分析,是防止我们对人类社会各种可能视而不见所能获得的最佳办法。"③以受控比较为例,"研究者对两个或更多案例中的现象进行配对考察,从而探究这些成对现象的值是否与被检验理论所作出的预测相一致"④。例如,假设 A 案例中的自变量值较之 B 案例中的自变量值

---

① 〔美〕罗伯特・A.达尔:《现代政治分析》,王沪宁等译,上海译文出版社 1987 年版,第 12 页。
② 叶娟丽:《行为主义政治学方法论研究》,武汉大学出版社 2005 年版,第 161 页。
③ 〔美〕加布里埃尔・A.阿尔蒙德等:《比较政治学:体系、过程和政策》,曹沛霖等译,上海译文出版社 1987 年版,第 22 页。
④ 〔美〕斯蒂芬・范埃弗拉:《政治学研究方法指南》,陈琪译,北京大学出版社 2006 年版,第 54 页。

要大,则因变量值在 A 案例中也应大于 B 案例,如若研究结果符合预期,那么待验证理论就获得通过。尤其需要阐明的是,如果 A 案例中的因变量值远大于 B 案例中的因变量值,则说明该理论极其重要;如果 A 案例中的因变量值略大于 B 案例中的因变量值,则表示该理论的重要性略打折扣。

比较研究法对于揭示同时受到多种变量制约的研究对象究竟在何种程度上与多元自变量产生影响,哪种因素的影响更显性,哪种因素的作用更隐性,它们之间的强弱配比关系如何等问题具有指导意义。关键在于选取合适的参照物,一般需遵循约翰·斯图亚特·密尔所说的"求异法"或者"求同法"。① "在求异法中,研究者应该选择基本特点相似但研究变量的值不同的案例;在求同法中,研究者要选择基本特点不同但研究变量的值相近的案例。"②在研究过程中,本书尝试超越德国内政,引入美、英、法等国的政治制度和财政体制充当参照物,并提炼出德国模式的优势所在。

(五)规范性研究与经验性研究相结合

现代政治科学在研究范式上经历了历史主义→制度主义→行为主义→后行为主义的路径,反思其发展轨迹不难发现,每一次主流范式的更替绝非对彼此学术价值的否定,相反应理解为一种扬弃的关系。主流方法论绝非压制其他范式的话语权,在多数情况下它们呈现出兼容并蓄的格局。因此,大量研究成果都重视从多元视角切入来展开研究,突出表现在规范性研究和经验性研究之间的相互结合。定性分析侧重于解释"应然"层面的问题,即应该是什么、应该怎么做。与此相对应,定量分析主张价值中立,侧重于解释"实然"层面的问题,即实际是什么、现实怎么做。美国社会学家默顿说:"非行为主义者认为,'我们不知道我们所说的对不对,但至少都十分重要';而行为主义政治学者却认为,'我不知道我所说的是否特别重要,但至

---

① 参见 John Stuart Mill, *A System of Logic*, Toronto: University of Toronto Press, 1973, pp. 388–406。
② [美]斯蒂芬·范埃弗拉:《政治学研究方法指南》,陈琪译,北京大学出版社 2006 年版,第54—55 页。

少是正确的'。"①借助以定量分析为代表的行为主义路径,政治学发展成为集描述、解释以及预测等功能于一体的科学体系,正如拉斯韦尔所说:"政治分析部分地涉及发现什么人在什么情况下以什么方式采取行动的问题。一定形势下的行动可以通过注意卷入这次行动的人们过去在类似形势下是如何反应的和取得什么样的成功来部分地进行预测。"②

本书将借鉴多种理论,并融入大量经验数据,通过定量见之于定性的总体思路,以揭开德国联邦制视野下的府际财政关系的全貌,并以德国经验为媒介对相关理论加以验证。

五、研究难点与创新点

(一)研究难点

1.语言方面的限制

德国是欧洲大陆的学术重镇,它在人文社会科学领域内学术成就斐然。本书在写作过程中采用了一些德文文献,但是笔者的德语功力尚存不足,导致德文资料的运用存在缺憾。作为弥补,笔者参考了大量英文文献,其中不乏德国学者的英文著述,并参阅了大量德文专著的中译本,以最大程度地扩充资料来源。

2.时间跨度大

本书所涵盖的时空跨度长达 60 年以上,在如此纵深绵延的历史中探寻德国政治制度、行政管理体制、地方治理结构、府际关系模式的脉络,无疑是一项极其繁琐却又细致入微的工作。在浩如烟海的各种文献中进行大跨度的学术研究,难度不可小觑。

3.研究方法论在实践运用时的多元平衡

正所谓"概念即方法,角度决定一切",目前学术界更青睐于借助经验研究来破解府际财政关系的奥秘,搭建自变量同因变量之间的数理模型。

---

① 王沪宁:《比较政治分析》,上海人民出版社 1987 年版,第 312 页。
② [美]哈罗德·D.拉斯韦尔:《政治学——谁得到什么? 何时和如何得到?》,杨昌裕译,商务印书馆 1992 年版,第 125 页。

笔者相对依赖规范性研究(定性研究、非行为主义研究)来统驭全书,这同主流范式有所抵牾,如何实现双方的内在平衡将给写作带来一定困扰。

(二)研究的创新点

本课题研究的创新点主要体现在以下三点:

一是以动态视角全面审视德国财政制度及其府际财政关系的变迁过程,有助于补充传统静态分析框架所内含的思维局限。在充分挖掘并尊重历史事实的前提下,将相对固化的研究对象及其相互间关系的发展轨迹予以全方位揭示,进而借助具有可信度的学术材料,并运用历史比较分析的视角来抽取德国府际财政关系变化过程中的共性和个性,提炼出隐藏在相关变化背后的逻辑脉络。

二是将研究视线拓宽至欧洲层面,梳理欧洲一体化进程和欧洲联合事业对德国联邦制,特别是府际财政关系所施加的影响。实际上,研究视野的延展意味着"欧洲事务民族国家化,民族国家内政欧洲化",是将传统国别研究的思维予以深化,渗入区域研究的系统观,以期多角度地诠释研究对象发生变迁的外在机理。

三是深度观察德国内政的最新动向,以近年来陆续铺开的联邦制大改革为纽带,运用历史主义和制度主义的路径加以解读。在联邦共和国早期的数十年中,"合作联邦主义"运转良好并得益于战后德国模式的成功,"它被视为鼓励了主要政治势力之间的政策共识,因此确保了公共政策的连贯性、一致性"[1]。然而,德国联邦制与日俱增的政治纠缠(共同决策交织)已严重威胁到联邦与州顺利履行其法定事权的能力,尤其是财经领域令人颇感棘手。因此,"联邦制改革被寄予厚望以解决共同决策的困境,便利联邦政府的施政"[2]。在联邦制大转型中,财政体制的调适将如何深化? 这对府

---

① Fritz W.Scharpf, "Community, Diversity and Autonomy:The Challenges of Reforming German Federalism", *German Politics*, 2008, 17(4):p. 511.

② Reimut Zolnhöfer, "An End to the Reform Logjam? The Reform of German Federalism and Economic Policy-Making", *German Politics*, 2008, 17(4):p. 457.

际财政关系将产生怎样的影响？其未来走向如何？推而广之,财政领域的制度创新将对德国联邦政治施以怎样的压力？本书尝试性地涉足上述问题,应该说具有一定的创新性内涵。

六、研究思路和框架

笔者在写作中将遵照以下思路和框架予以推进,以期实现研究目标。

导论部分是写作全书的相关前期工作的汇总,它奠定了写作的方向与目标,在此期间所进行的文献搜集、整理和汇总工作将极大地影响后续写作过程。

第一章"联邦制下府际关系的基本概念与分析模式",将阐明相关核心概念以及方法论源泉。第一章分为两节,前者为"联邦制与联邦主义概念辨析",后者为"府际关系的概念及分析模式"。作为国家结构形式的联邦制是探讨德国府际财政关系的总框架,只有搞清楚了联邦制的概念与功能以及由此所派生出的联邦主义思潮,方能深刻领会德国模式的真谛。府际财政关系作为府际关系的重要组成部分,对它进行研究不可能脱离府际关系的概念及其分析模式,二者之间势必保持一定程度的同步性。换句话说,一切适用于分析府际关系的范式都理所当然地能够运用于探索府际财政关系的过程中。

第二章"统一前西德联邦制与府际财政关系的演进(1949—1990年)",是全书的历史梳理和回顾部分。众所周知,两德统一是冷战终结的标志性事件之一,不仅对战后的欧洲格局以及世界局势产生了深远影响,同时也是德意志民族命运的又一次转折。笔者选择西德(即原德意志联邦共和国)而非东德(即原德意志民主共和国)作为分析对象预示着历史的传承和延续。总体而言,从1949年联邦德国建国到1990年两德统一,德国联邦制实际上沿着"单一化"与"合作化"的历史脉络予以变迁和发展。在这一趋势下,以1969年宪法大改革为节点拆分为1949—1969年和1969—1990年两大时间段,前者再以1956年宪法改革为节点,后者再以1982年执政党更替为节点。通过对上述"四小段"的德国府际财政关系加以简要的归纳和概述,从而全景式地重现德国政府间财政关系的"纠缠式路线"。

第三章"统一以来德国的府际财政关系(1990 年至今)",聚焦于德国统一至今,其府际财政关系的全貌。通过运用第一手的《德国统计年鉴》和《德国财政年鉴》等权威数据分别从政府间事权与支出划分、政府间财权与收入划分、政府间财政平衡体系三方面切入对适度集中、相对分散型府际财政关系的分析,并论述其对德国政府间关系所产生的影响。第三章在全书的写作中属于重中之重,将起到承上启下的作用。一者,它是统一之前德国府际财政关系的现实延伸;二者,它又集中反映了当前德国财政联邦主义的症结所在,为自 20 世纪 90 年代末以来所开启并延续至今的针对德国政府间财政关系的结构性大改革打下了铺垫、埋下了伏笔。

第四章"近年来德国的联邦制改革及府际财政关系的调整",是本书的转折点。首先分析德国联邦制在两德统一和欧洲一体化的共同激荡之下所面临的挑战,深刻阐明"政治纠缠"的游戏规则遭遇到了前所未有的双重压力,已难以确保德国联邦制的均衡性、对称性,导致倒逼德国政治精英不得不推动联邦制改革。随后分别聚焦于 2006 年、2009 年两次联邦制改革,通过对默克尔政府一系列改革措施的分析,从而发现德国联邦制改革所具有的妥协性、渐进性和周期性等特征,这也就意味着长期困扰联邦政治的"政治纠缠"现象难以彻底根除。与之相应的是,就目前迹象来说,"财政纠缠"仍将存在很长时间,适度集中、相对分散型府际财政关系尚不具备进行结构性变革的可能。

第五章"对德国联邦制下府际财政关系模式的分析评价",分为两节。第一节归纳了德国联邦制与府际财政关系的相互影响:一方面,本书主张前者塑造了后者,这主要表现在前者为后者奠定了组织基础与体制载体、框定了权力划分样式、圈定了发展形态与时段抉择;另一方面,研判后者同样对前者产生了不可小觑的影响,比如从根本上适应了"共同决策"的内在机理、有效保障了联邦政府的决策主导能力、照顾了州作为"行政中轴"的需要、有助于市镇改革试点与机制创新等。第二节从优势和劣势两方面对德国府际财政关系模式加以评价,其优势在于法律网络牢固、相对明确的事权与支出划分以及出资责任的"公式化"、成熟有效的"财税共同体"与"利益联盟"、严谨科学的专业化预算形成模式、充分借助"电子政务"为代表的现代化行政手段等；其劣势在于深受国内外多重因素的作用与干扰、围绕"违宪预算"的司法诉讼耗时耗力、政府间财政平衡体系密集引爆府际关系中的矛盾与争端、财政赤字与国债比率居高不下等。

结论旨在对全书的要旨予以凝练。通过对 60 余年来德国财政制度调整和变革的梳理，最后归纳出三点结论：**德国的财政制度规划基本追随着联邦制的发展步伐；德国府际财政关系的重心在于联邦及其成员州之间的关系状态，市县乡镇等地方政府尚无法左右"财政棋局"；德国的府际财政关系本质上是其政府间关系的"场景折射"与"微缩聚焦"。**

第一章 联邦制下府际关系的基本概念与分析模式

第一节 联邦制与联邦主义概念辨析

政治学对国家——这一基本分析单位加以研究之时,国家结构形式(即一国如何处理整体与部分、中央与地方之间的关系)往往成为突破口。换言之,国家结构形式的功能在于如何将其内部各大不同地域加以整合并形成统一国家,它涵盖了单一制和联邦制两种形态。需要说明的是,在单一制国家以外,学术界习惯于将联邦制国家和邦联统称为"复合制国家",一般将其定义为由几个国家或地区通过协议联合起来的国家联盟。① 之所以提出上述安排具有一定的合理性,无论是联邦制国家还是邦联的成员单位无疑具有权利和义务等方面的自主性,其职责与功能、权力与责任均存在一定程度的区分。但是就本源来说,将联邦制和邦联一并归入复合制存在致命漏洞:邦联(譬如 1781—1789 年的美国、1815—1848 年的瑞士、1815—1864 年的德国、1919 年之前的奥匈帝国等②)是主权国家之间的联合体,各成员单位有权自动退出,表现出极大的宽松度;但是联邦制国家属于法定的主权政治实体,各成员单位都承担着维系民族国家统一的义务,确保国家主

---

① 参见朱光磊:《政治学概要》,天津人民出版社 2008 年版,第 129 页。
② 参见 Ursula K. Hicks, *Federalism: Failure & Success*, The Macmillan Press Ltd., 1978, p. 45。

权、安全和领土完整的政治使命,它们无权以任何形式退出并谋求独立。①
严格来说,不妨将邦联视为某种特殊的国际政治现象,因此本章只关注联邦
制的国家结构形式。

一、联邦制的概念与功能

(一)联邦制的概念

法国著名政治学家孟德斯鸠曾说:"一个共和国,如果小的话,则亡于
外力;如果大的话,则亡于内部的不完善。"②怎么做才能使存在政治、经济、
社会、文化等众多差异的广袤地域得以有机协调,整合为对内以及对外均具
有最高法律效力的民族国家,这无疑是摆在政治家面前的一道难题。

联邦制——作为人类对上述问题的回应——无疑拥有历史和现实的双
重合理性。就历史而言,"追溯至公元前 5 世纪的雅典奴隶制城邦时代,再
到瑞士人、荷兰人、德意志人所缔造的各种联盟和神圣罗马帝国等"③,它们
都能够被视作早期的联邦制实践;从现实来看,阿根廷、澳大利亚、奥地利、
比利时、巴西、加拿大、科摩罗、德国、印度、伊拉克、马来西亚、墨西哥、密克
罗尼西亚、尼日利亚、巴基斯坦、俄罗斯、苏丹、瑞士、阿联酋、美国、委内瑞拉
等二十余个国家或自称奉行联邦制,或被公认为联邦制国家。④ 如果从占
全世界近 200 个国家和地区的比例来看也许并不突出,"但是它们却占据了
全球高达 50% 的陆地以及 1/3 以上的人口"⑤。具体来说,当今世界领土面
积最大的十个国家中除中国外均实行联邦制,人口位列前十的大国中有六
个属于联邦制国家,非洲以及欧洲人口最多的尼日利亚和德国都奉行联邦
制……甚至某些单一制国家为了平衡内部差异正酝酿改为联邦制。从历史
和现实的双重维度可以断定,对于地域面积极其广大,覆盖人口极其庞杂,

---

① 参见 Carl J.Friedrich, *Trends of Federalism in Theory and Practice*, New York: Praeger, 1968, p. 163。
② [法]孟德斯鸠:《论法的精神》,张雁深译,商务印书馆 1987 年版,第 130 页。
③ Ursula K.Hicks, *Federalism: Failure & Success*, The Macmillan Press Ltd., 1978, p. 15.
④ 参见[加]乔治·安德森:《联邦制导论》,田飞龙译,中国法制出版社 2009 年版,第 2 页。
⑤ Daniel J.Elazar, "From Statism to Federalism-A Paradigm Shift", *International Political Science Review*, 1996, 17(4): pp. 417–429.

并且国民在语言、文化、宗教信仰、价值观等方面存在显著差异的前提下，多中心治理模式几乎成为整合国家的唯一选择。换句话说，制度层面的联邦制以观念形态的联邦制为依托，而意识形态领域的联邦制的终极目标在于实现民族主义。

究竟何谓联邦制？目前尚不存在放之四海而皆准的联邦制概念。[1]人们已经习惯于采用列举法或者示例法来阐明单一制和联邦制之间的差别，实际上等于简明扼要地概述联邦制的特征。然而时过境迁，单一制和联邦制之间的界限正变得越来越模糊，单一制吸收联邦制的优势，联邦制借鉴单一制的长处。当代联邦制国家，彼此之间的同质性愈来愈少，"以至于有学者论述到现在这些联邦制国家除了名称之外，几乎毫无共通之处"[2]。客观来说，联邦制国家仍在经历变革，然而能否提炼出彼此间的共性和普遍规律呢？答案是肯定的。

研究认为，如果一个国家内部诸如权力、威望、声誉等政治资源被具有宪法保障的联邦及其成员单位所分享，进而将国家的统一性和地方的多样性成功地纳入一套政治体系之中的国家结构形式就可以被视为联邦制。例如，法国著名政治学家托克维尔认为，"美国实行的联邦制有效地将一个共和国的强大与一个小共和国的自由与幸福感有机结合"[3]。总体来说，联邦制较之单一制的显著特征在于：

（1）府际结构由上自下地划分为全国性政府和成员单位政府，并遵循迪隆法则——地方政府属于成员单位的创设物，其存在和废止完全取决于成员单位的政治意志，后者赋予其合法性；这也就意味着地方政府不同联邦政府发生直接的权力关系，它们被封堵于成员单位内部而难以获得向上晋级的"政治通道"。在直观上，这同单一制国家的两大类政府体系（即中央政府和地方政府）构成鲜明对比。

---

[1]　参见 Ivo D.Duchacek, *Comparative Federalism: The Territorial Dimension of Politics*, Lanham Md: University Press of America, 1987, p. 189。

[2]　［英］戴维·米勒等：《布莱克维尔政治学百科全书》，邓正来等译，中国政法大学出版社 1992 年版，第 255 页。

[3]　［法］托克维尔：《论美国的民主》上卷，董果良译，商务印书馆 1988 年版，第 332 页。

（2）联邦制国家的多层级政治单位均拥有相应的自治权限，①并实行法定分权。联邦政府依法设立从属于自身的立法、司法、行政机关，履行最高政治权力，并发挥排他性的最高政治权威；成员单位也设置了从属自身的立法、司法、行政部门，在不触及宪政权威的前提下按照相关法规得以运转，在本辖区内顺利履行其法定事权，发挥行政管理功效，并践诺其所承担的政治统治职能。

（3）法律制度呈现出"双轨制"。既存在享有最高法律地位，神圣而不可侵犯的联邦宪法及法律体系，又存在符合因地制宜的传统原则，能够充分调动成员单位积极性、主动性、创造性和自主性的法律体系。需要注意的是，联邦制国家在立法领域强调多样性应该让位于统一性，也就是说州级行政主体的立法行为必须严格遵循联邦宪法，成员单位的任何违规逾制行为都将被视作非法和无效，并受到联邦宪法法院的强力监督。

（4）联邦政府和成员单位之间的权力划分是纵向层面的第一次分权，经此所形成的权力格局将成为联邦制国家的"制度基石"，这一权力关系受到法律框架最为严密的保护。联邦宪法明文规定了最高层级政府和州政府之间的职权责利，除非经过条件极其严苛的法定程序，否则任何组织和个人不得擅自僭越。纵观世界通行的纵向分权原则大体可知，凡与最高权威难以割裂、与全国整体利益密不可分、所供给的公共产品具有严重的搭便车/外部性以及规模不经济等负面效应，基于"帕累托最优"，务必将上述职能划归联邦政府管辖。

（5）地方政府普遍奉行地方自治。在不违背联邦和州的相关法律的前提下，地方政府的运行体现"眼睛向下"的公民导向，在有效充当国家政治末梢以及行政终端的前提下，确保当地的社会发展需求。从历史和文化的角度来说，联邦制与地方自治之间的确存在内在关联，联邦制国家充当了实践地方自治的"政治试验场"。同样只有真正尊重地方自主权的民族国家

---

① 参见 William H. Ricker, *Federalism: Origin, Operation, Significance*, Boston: Little Brown, 1961, p. 11。

才有更强的动机来实施联邦制,以平衡内部的多样性和异质性,正如杰克逊和图士耐所主张的"对人民主权予以承认、让渡或保护程度越高的国家,权力体系越呈现分散化的趋势"①。

(6)公民具有双重政治身份。他们是理所当然的联邦国籍拥有者,效忠国家是其义不容辞的责任;他们也效忠于管理自身居住地的成员单位政府。但是,第二种身份随着民族国家的日趋成熟以及现代公民社会的崛起而日益被淡化。

(二)联邦制的功能

联邦制国家的横空出世与近现代民族主义思潮以及民族国家的兴起密切相关。近现代民族国家的发迹始终伴随着一对矛盾:一方面居住在不同地域的人们为了实现政治、经济、社会、文化等各种利益,产生了超越地域和族群以求实现政治整合并融合成一个统一国家的政治夙愿,因此横向联合成为时代发展的强音,并催生了国族认同和国家至上的理念。然而生活在广袤地域内的各族群所固有的政治文化、价值观念、意识形态、风俗习惯等"精神世界"不可能在短时间内彻底融合,多元文化的现实必须在一元政治的框架内予以解决。此外,如何缩小区域间由于经济社会发展水平不同所导致的贫富分化,填平财力鸿沟,弥合日渐扩张的财政收支裂痕成为当务之急,不同群体的利益分化以及地区差异成为横亘在国家建构面前的最大障碍,最终联邦制成为兼顾同质性和异质性、普遍性和多样性的最优选择。联邦制能够提供多种制度安排,作为一种将众多矛盾和悖论囊括于一体的政治制度,它对各级官员的素质和技能提出了较高要求,需要具备一系列"次级制度"与之配套运行,进而发挥协调、平衡和干预的功能。

长期以来,联邦制国家所具有的绩效优势得到了政治学家的高度认可,甚至早先实行单一制的比利时为了平衡多元文化冲突,于1993年修宪确立

---

① Vicki C.Jackson, Mark V.Tushnet, *Comparative Constitutional Law*, New York: Foundation Press, 1999, p. 790.

为立宪君主制之下的联邦制国家。综合来看,联邦制所具有的优越性主要表现在以下方面:

(1)有效兼容了多级政府所固有的利益瓜葛和权力冲突。联邦制顾全了联邦政府在涉及全局性、整体性利益的重大决策领域(如外交、国防、宏观调控)的话语权和政治威望,这对于妥善处理民族国家内部结构的异质性和不完整性,并有效应对潜在的分裂势力来说具有重要意义。同时,联邦制也赋予成员单位相应的立法、司法、行政权力,改变了传统专制政体下地方从属于中央的"代理结构"模式,次国家级行政单位具有明确的权力领地,它能够遵照自治原则来处理辖区内有关事务,履行行政管理权,并为区域性治理创新提供"实验室"。在联邦制国家,任何政府主体都受制于法律权力框架,钻制度漏洞的想法被扼杀到最低范畴。以联邦宪法法院为代表的司法系统使僭越行为的机会成本和政治代价极其高昂,确保了全国政府和成员单位、成员单位和地方政府两大"同心圆"得以有效运转。较之"零和博弈"的政治生态,联邦制下的政府间纵向关系发生了本质变化,成为各自独立与相互依赖共存,彼此竞争与相互合作共存的府际关系状态,有效根治了高层级政府对低层级政府的倾轧。正如英国学者惠尔所说,"联邦主义指的是利用分权的办法,进而使得中央政府与地方政府在各个范围内相互协调又各自独立"①。

(2)极大地推动了基层治理创新和体制改革。在联邦制下,地方政府实现了从中央政府的"代理人"到拥有自主法人意识的一级政治主体的转变,中央政府的命令和指示不再是一柄"达摩克利斯之剑"。随着基层自治和公民直选制度的日臻完善,地方领导人的政治生命操纵在基层选民手中,这导致前者将注意力转移到辖区内部事务上来。地方政府的施政越来越贴近基层选民,准确、客观地掌握基层社区的利益偏好和效用函数,为辖区居民提供均等化的公共服务。在宽松的政治气氛下,成员单位和地方政府能够因地制宜地选择符合社情民意的治理模式,探索多样化的政策创新,避免

---

① [英]惠尔:《联邦政府》,傅曾仁等译,商务印书馆1991年版,第13页。

了一味迎合高层的政治目标。源于地方经验的制度创新不仅减轻了在属地推广的阻力,并能够"由点到面"地加以展开,在更大空间内发挥政治效能。

(3)有利于民主法制环境的形成和公民社会的建构。在相互制衡的权力格局中,基层政府的一切行为均以民众的满意度为准绳。在地方自治的框架内,选民实质性地参与到了公共事务的治理之中,地方官员必得倾听他们的各种利益诉求,并给予有效的反馈,这将在根本上强化地方政府的民主法制意识,提升选民的政治参与能力,防止"民主赤字"的蔓延。英国学者戴雪曾说:"联邦主义实与法律主义无异。何谓法律主义? 分析言之,则有法院在宪法上之优越地位,又有法律精神之弥漫全国。"①在"契约伦理精神"指引下的联邦制府际关系能够借助以联邦宪法法院为主体的司法机制,通过法律手段调解各级各类政府之间的矛盾和冲突,它们的法律地位并不取决于政治地位的高低,做到了"法律面前政府平等"。同时也确保了公民在自身利益受到来自政府的侵害时,能够借助司法救济体系,捍卫其合法权益。

(4)它是一种适合大国治理的制度安排。联邦制保障了民族国家的统一局面,维系了国家主权、安全和领土完整,并兼顾了不同区域之间的利益诉求以及多元族群在政治、经济、社会、文化等领域的差异。在集权体制下,中央政府对地方事务往往大包大揽,这极大妨碍了府际关系的正常发展,浪费了宝贵的政治资源。中央政府事无巨细的治世风格难以适应基层千变万化的现实状况,如此这般事必躬亲不仅导致中央政府疲于应付,更加致命的是牺牲了基层政府的信息优势。地方政府失去了机动空间,难以放开手脚而有所作为,以致难以形成"百花齐放、百家争鸣"的基层社会。联邦制实现了政治资源的纵向归位,保证了联邦政府拥有强大的政策资源优势(如立法权、决策权等),专事涉及国家核心利益的大政方针,有利于实现国家内部的统一和完整。与此同时,基层辖区的多元利益诉求也获得了最大程度的尊重,这对于平抑民族国家建构进程中的地方民族主义至关重要。基

① 　[英]戴雪:《英宪精义》,雷宾南译,中国法制出版社 2001 年版,第 221—222 页。

层政府所具有的资源禀赋及其相对独立的功能事实上为差异性撑起了"保护伞",有利于公民文化的传播和扩散。托克维尔以美国为例提出:"由于联邦制的权力下放,美利坚合众国成为了一个如小国那般自由、幸福,如大国那般受到尊重的联盟,最终实现了普遍的幸福与个体的自由。在这一体制下,联邦权力的运用丝毫不构成对自由的威胁,物品与思想得以自由流通,积极进取的精神不会受到丝毫阻滞。"①

二、联邦主义概念辨析

随着联邦制国家的兴起,其身后的理论支撑——联邦主义思潮也逐渐为世人所知。在专业文献中,联邦制和联邦主义都表示为"federalism",但是二者之间绝不能画等号。联邦主义是一种价值观和意识形态,它建立在个人主义、自由主义的基调之上,其内在逻辑锁定在实现个人自由和自我实现。联邦制应该被视作联邦主义思想的制度映射,是在后者的指导下所建立起来的国家结构形式。作为制度的联邦制是作为观念的联邦主义的产物,前者反过来又进一步普及了联邦主义思想。

联邦主义强调在国家建构过程中的"自下而上"。在联邦主义者看来,正是由于基层政府和公民社会进行了权力和威望的上移,才最终树立起联邦政府的合法性。这种权力转移源于个人的自由和幸福、基层的多样性必须得到最高层政府的允诺,否则难免失之交臂。联邦主义观念同社会契约论在顶级政府的权力来源上可谓殊途同归,它们都主张高层级政府的责任和道义在于满足基层选民的个人主义和自由至上。因此,联邦主义将"天平"偏向处于权能劣势的政治单位,它成为自由主义思潮的"跟班"。就其理论溯源来说,它热衷于维护地方政治的多样性和自主性,保障民众追求个人主义、自由至上以及自我实现的价值观。联邦主义以"善治观"为先导,它并不刻意强调行政效率和绩效水准。联邦主义的外在表现形式首先是法定分

---

① 转引自[意]萨尔沃·马斯泰罗内:《欧洲政治思想史——从十五世纪到二十世纪》,黄华光译,社会科学文献出版社 2001 年版,第 308 页。

权,但是分权现象并非联邦制国家所独有,因为某些单一制国家的组成单位的权限自由度未必弱于联邦制国家。此外,联邦政府在相关职能领域也存在"集权化"倾向,这也和传统政治认识构成冲突。因此,判断联邦主义存在与否的关键在于某国政治权力的建构逻辑究竟是"自下而上"还是"自上而下"。

随着府际关系研究的兴起,人们误以为联邦主义等同于政府间纵向关系。客观来说,它们的确在研究对象的选取上存在契合之处。就共性来说,联邦主义作为联邦制国家建构政府间关系的指导方针,深刻影响了府际纵向关系的分权模式和路径选择,通过对宪政工具的理念渗透实际上规范了府际分权的走向。但是,联邦主义与政府间纵向关系之间在概念范畴、研究方法论、逻辑前提等方面都存在显著差异,双方不构成替代关系。

目前,学术界对"联邦主义"概念界定的不同主要表现在以下三个方面。

(一)概念范畴界定不同

联邦主义旨在协调联邦政府及其成员单位之间的法定权力与公共行政关系,因为就研究联邦制和联邦主义的学术兴趣来说,全国政府及其成员单位之间的关系最终决定了联邦制国家的历史合法性。这等于默认其为"二元双轨制":最具象征意义的标尺是上两级政府之间的宪政条款,鉴于地方政府的多样性、职能的二重性、迪隆规则等因素被置于下层予以考虑。这一点在府际财政关系的研究中颇为明显,涉及地方财政的州内自求平衡问题往往被学者所忽视,其学术重要性远逊于前者。而政府间纵向关系的研究对象绝不局限在联邦及其成员单位之间,除此之外,成员单位与地方政府、各地方政府之间以及联邦政府同地方政府之间的关系也全部涵盖在内。换言之,府际纵向关系涉及上下级政府之间所能产生的一切互动关系的总和。更加重要的是这种关系的发生机理包罗万象,无论是合法的或者非法的、常规的或者反常的、体制内的或者体制外的,可谓应有尽有。

(二)研究方法不同

联邦主义是否为一国政治制度建构的核心原则并不取决于政府过程中

各级各类政府之间是否存在政治交织、职能交叉、政策纠缠和议题缠绕,因为某些单一制国家的高级地方政府就其权限而言早已超过了联邦制国家的成员单位。因此,联邦主义的精髓在于以宪法为核心的法律制度所划定的权力分配样式,正所谓"在联邦制的框架内,所有的政府权力都由联邦宪法或议会通过的政府组织法予以划定和分配"①。故而研究联邦主义首推法律制度论。政府间纵向关系旨在探讨各层级政府之间在政治、经济、社会、文化等领域的现实互动关系,它并未预设任何价值前提,并未先入为主地将府际关系判定为理想状态。事实上,研究政府间纵向关系的方法多种多样,包括历史主义、制度(法律制度)主义、行为主义、后行为主义、世界体系论/依附论/法团主义/组合主义、新制度主义等,换句话说,它能够动用一切方法论工具来破解政府治理的困境及其解决之道。

(三)逻辑前提不同

联邦主义侧重于对全国政府及其成员单位之间如何运用法律途径来实现权力划分和责任配置,这绝非象征性地在法条中阐明其重要性,而是彼此之间的职能和权限要做到言之有据,并为可能出现的权力冲突提供司法仲裁的途径。换言之,联邦主义的精神要义在于法制伦理能否博得各级政府的实质性尊重,因此联邦主义与宪政法律主义并无二致。例如宪法中往往对"联邦专有权力、联邦与各州共享权力、各州专有权力、各州不得行使的权力以及剩余权力"②的归属作了详尽安排,以去除制度真空。只要法律契约精神未被遗弃,那么联邦主义也将历久弥新。然而,专注于权力划分而对权力运作"选择性失明"的联邦主义难以勾勒出政府间纵向关系的实际面貌。而政府间纵向关系侧重于解释现实的权力运行状态,其学术特色在于"偏离"。因为在研究者看来,任何现实运行之中的政府都是不理想的,突破口往往就是制度规范和实践环节不相匹配、相互冲突之处。

---

① N.N.Agarwal, *Principle of Political Science*, New Delhi: Ram Chand & Co., 1984, pp.97-98.
② 张千帆:《国家主权与地方自治——中央与地方关系的法治化》,中国民主法制出版社2012年版,第79—89页。

第二节　府际关系的概念及分析模式

一、府际关系的概念

府际关系的提法源自我国台湾地区,它与政府间关系本为一词,在英语中均翻译为"Intergovernmental Relations"(IGR)。府际关系这一学术用语属于"舶来品",其最早记录可见于 1868 年由美利坚合众国联邦宪法法院所作出的司法判决——迪隆规则(Dillon's Rule)。鉴于当时州与地方政府之间的现实关系存在权能僭越,彼此之间需要厘清"相处规则"。迪隆判例深刻地影响了对联邦制下的地方政府权力的理解和认知。除非经各州政府明确赋权赐予市镇政府以活动地域,或者在各州法律中对自身干预和影响基层市镇的限度设立了约束①的前提之下,州较之地方政府具备政治话语优先权。

进入 20 世纪后,由于公共生活日益分化、职业群体渐趋复杂、社会治理任务不断加重、政府职能愈发扩张,围绕府际关系所进行的学术探讨趋于高涨,最终在 20 世纪 30 年代经济大萧条的背景下迎来了突破。

这一时期,"府际关系"一词首次以专业术语的面目出现。1937 年,美国学者克莱德·F.施奈德(Clyde F.Snider)在权威学术刊物《美国政治科学评论》发表了题为《1935—1936 年的乡村与城镇政府》②一文。1940 年,在美国政治与社会科学院主办的《年鉴》杂志上陆续刊登了由美国学者布鲁克·格雷夫(Brook Grief)所撰写的 25 篇涉及联邦与州、州与地方、联邦与地方、州与州、地方与地方之间关系的学术论文。上述学者都在不约而同地强调政府间关系的学术重要性,"然而对于形似专业术语(诸如府际关系、联邦主义、二元联邦主义、合作联邦主义、新联邦主义)之间的概念与功能

---

① 参见张光:《美国地方政府的设置》,《政治学研究》2004 年第 1 期。
② 参见 Clyde F.Snider,"County and Township Government in 1935-36",*The American Political Science Review*,1937,31(5):pp. 884-913.

性区分事宜仍未能完善,有待进一步提升"①。

这一时期,由于"罗斯福新政"所推动的联邦与州之间的关系愈发密切。为修补根深蒂固的二元联邦主义思潮,引领州政府逐步舍弃"双层夹心蛋糕"式的纵向关系理念,促成府际合作的局面以共同应对严峻的经济形势。最终,罗斯福政府充分发挥财力资源转移、法律规范、技术性/业务性/专业性指导、人事权的委任和下派等各种政策工具,进而对州和市县乡镇产生示范性功能,从而为合作联邦主义打开通路。②

以此为节点,府际关系(IGR)在美国政治学界成为高频词汇。但是耐人寻味的是,府际关系最终确立其学术价值,即便在政治科学和公共行政学较为发达的欧美市场经济国家也是 20 世纪 60 年代晚些时候的事情。③1960 年,美国学者威廉·安德森(William Anderson)基于对美国联邦政治的长期研究,正式提出,"府际关系是指纵向各级与横向各类政府主体的一系列重要行为及其相互作用"④。通过上述针对府际关系的定义不难发现,安德森首次突破了联邦主义的思维定式,认为府际关系涵盖纵向维度(联邦与州、州与地方、联邦与地方、联邦→州→地方)和横向维度(州与州、地方与地方)的"蛛网式"关系发生机制。与此同时,赖特也总结了府际关系的三种范式——"分离模式、下位包含、相互依赖"⑤,这一分类的主要参照物是联邦制下的纵向府际关系的变迁历程。

美国学者戴尔·赖特(Deil S.Wright)提到了足以说明当前正处于"府际治理"新纪元的三项原因。"第一,计算量急剧增加,若需测度上级财力拨款的成本与获益、借助调整使得按公式分配资金的'既得利益者'发生更替、在违背监控规则的风险与遵约的代价之间作出取舍。第二,借助调包抑

---

① 谢庆奎等:《府际关系的理论与实践》,天津教育出版社 2007 年版,第 4 页。
② 参见谭融:《比较政治与比较公共行政》,南开大学出版社 2008 年版,第 19—29 页。
③ 参见[英]戴维·米勒等:《布莱克维尔政治学百科全书》,邓正来等译,中国政法大学出版社 1992 年版,第 365 页。
④ William Anderson, *Intergovernmental Relations in Review*, Minneapolis: University of Minnesota Press, 1960, p. 3.
⑤ 参见[日]松村歧夫:《地方自治》,孙新译,经济日报出版社 1989 年版,第 7 页。

或'偷梁换柱'的手法或权谋,从而将达成某一目标所需之资源用于其他目的。第三,因过度承载所引发的高额成本、效率沦丧以及管控失衡。"①

中国对府际关系的学术研究起步很晚,目前学术界公认这一领域的开山之作是林尚立教授于 1998 年所著的《国内政府间关系》一书。早先,中国政治学界深受单一制对"央地关系"所产生的决定性影响,更聚焦于中央和地方之间围绕集权、分权所上演的一幕幕"政治话剧"。传统思维等于将府际关系视为"央地关系"的代名词,这种"概念囚笼"映射在国内学者的成果之中——"连篇累牍地对中央权力的下放以及地方政府的反弹予以个案总结,忽略了府际关系的基础理论,而建模分析则更是匮乏。"②传统政治学主张"央地关系"属于国家结构形式的讨论范围,而后者常常被置于比较政治制度的研究领域,各种因素叠加导致中国学术界对府际关系的早期研究成果纷纷以"央地关系"或者"西方政治制度"为标题而面世。③

以 1998 年《国内政府间关系》一书的面世为"分水岭",府际关系研究在中国政治学界和公共行政学界的热度逐渐看涨,久而久之终成显学。然而,若就府际关系的概念来说,学术分歧主要集中在"府"的内涵和外延应该怎样界定、互动的主体究竟是谁。笔者综合各方观点,提炼出以下四种具有代表性的观点。④

（一）"各级各类政府"说

厦门大学陈振明教授主张:"政府间关系是指中央政府与各级地方政府之间的纵横交错的网络关系,它既包括中央政府与地方政府的关系、各级

---

① 张紧跟:《当代中国地方政府间横向关系协调研究》,中国社会科学出版社 2006 年版,第 14 页。

② 杨宏山:《府际关系论》,中国社会科学出版社 2005 年版,第 24 页。

③ 例如吴国庆的《当代法国政治制度研究》(1993)、吴大英的《西方国家政治制度剖析》(1996)、童之伟的《国家结构形式论》(1997)、吴志成的《当代各国政治体制——德国和瑞士》(1998)、吴国庆的《当代各国政治体制——法国》(1998)、董礼胜的《欧盟主要成员国中央与地方关系比较研究》(2000)、胡康大的《欧盟主要国家中央与地方关系》(2000)、黄建萍的《西方政治制度——传承与变革》(2002)等。

④ 参见张文江:《府际关系的理顺与跨域治理的实现》,《云南社会科学》2011 年第 3 期。

地方政府之间的关系,也包括同级地方政府之间以及不具有行政隶属关系的非同级地方政府之间的关系。"①中山大学张紧跟教授强调:"国内政府间关系是指一个主权国家内部各级各类政府之间旨在实现利益博弈与权力互动而结成的利益关系。"②北京大学谢庆奎教授提出:"府际关系就是政府间关系,它是指政府之间在垂直与水平上的纵横交错的关系以及不同地域政府之间的关系。它关注管理幅度、管理权力、管理收益等问题,事实上就是政府之间的权力配置与利益分配关系。"③

如果作细致区分的话,"各级各类政府"说包括两大阶段:第一阶段泛指不同层级政府之间的垂直关系。④ 府际关系的初始形态建立在基于"委托—代理关系"的央地关系的基础之上,这表明政治考量是优先选项,此时的府际关系等同于控制与被控制、命令与服从。随后,地方政府从一个抽象的概念性存在逐渐扩展为一个清晰的实体性存在,多层级地方政府进一步催生了新一轮"委托—代理关系",这意味着构建地方政府间纵向关系已势在必行。第二阶段泛指基于多层级政府之上的横向整合,其动机在于实现彼此的利益偏好和效用函数。这种水平联合造就了两种形态的横向府际关系,即不具有行政隶属关系的同级政府之间的水平架构以及不具有行政隶属关系的非同级政府之间的斜向交叉。

(二)"各级各类政府+政府部门"说

复旦大学林尚立教授指出:"任何国家的政府既要在政府部门内设立一定的职能部门体系,以履行政府的各项职能;也要依据全面管理社会的需要形成从中央到地方的政府层级体系,以实现政府对全局和局部的有效治理。所以,府际关系包括两个方面:一是政府职能部门之间的纵横关系;二

---

① 陈振明:《公共管理学——一种不同于传统行政学的研究途径》,中国人民大学出版社 2003 年版,第 144—145 页。

② 张紧跟:《当代中国政府间关系导论》,社会科学文献出版社 2009 年版,第 10 页。

③ 谢庆奎:《中国政府的府际关系研究》,《北京大学学报(哲学社会科学版)》2000 年第 1 期。

④ 参见颜德如等:《中国府际关系的现状及发展趋向》,《学习与探索》2012 年第 4 期。

是作为一级政权的中央与地方、地方与地方之间的纵横关系。"①

对于政府部门能否进入府际关系的研究视线,学术界存在分歧。谢庆奎、杨宏山对此深以为然,表示赞同;陈振明却指出:"考虑到政府部门并非一个完整的政府实体,仅仅是各级政府的构成部分,在地位上是次于'政府'的行政主体,因此不应涵盖在府际关系的视域以内。"②

本书权衡了各方的论点、论据和论证,并参考中国国情,倾向于有条件地接受"各级各类政府+政府部门"说。在不同的话语条件下,"政府部门"大体归为两类——各平行的具体职能机构以及"条块关系"。前者通行于任何政治制度,具有很强的普遍性和适应性,这意味着各平行的具体职能机构能够灵活地运用于府际关系的研究中。就"条块关系"来说,它具有浓厚的中国元素。"条块关系"形成于传统计划经济体制下,随着中国政治、经济体制的转轨而遗留至今,它不可避免地对中国政府的运转施加一定的塑造力。"考虑到条条的性质及功能的差异,与块块结合之后就形成了复杂多变的条块关系网络,鉴于条条作为中央的代理性机关,执掌着涉及国计民生的各项重要资源、机会的分配权,进而在现实中足以有力地发挥割裂块块的功用,使得表面上铁板一块的、逐级排列的块块被条条有机切割开来。"③数十年的条块分割对中国府际关系的运行产生了负面影响:一是行政效率较低;二是地方保护主义和重复建设,削弱了市场对各种生产要素的统一配置;三是条条坐大助长了部门本位主义。时至今日,条块关系仍然是中国各级政府必须应对却又颇感棘手的老大难问题,因此将其纳入中国政府与政治的研究之中是顺理成章的。

(三)"各级各类政府+政府部门+民间社会"说

台湾赵永茂、孙同文、江大树等人总结道:"府际关系主要指各级政府

---

① 林尚立:《重构府际关系与国家治理》,《探索与争鸣》2011年第1期。
② 申斌:《当前我国政府间关系的研究:概念与视角》,《思想战线》2013年第2期。
③ 朱光磊等:《超越税务:乌海联合办税对中国"府际关系"发展的启示》,《北京行政学院学报》2010年第6期。

间之垂直互动关系,同时也涵盖了同级政府间的水平互动关系、特定政府内部各部门之间的协调管理以及政府机构对外同民间社会的公共关系。"①

毋庸置疑,NGO,或被称为非政府组织、第三部门等的社会元素在后现代社会中发挥着"正能量",社会自治浪潮导致政府难以自行其是了。社会势力的成长对府际关系产生了特殊影响。首先,它成为培育公民文化的温床,这有利于扩大地方分权。其次,它迎合了市场经济由表及里的发展脉络,众所周知"市场经济的确立必定将造成社会结构的不断分化乃至利益取向的多元化,各利益群体在逐利驱动的诱使下将逐步通向联合之路,以强化同国家运筹帷幄的资本,寻求源自政府的妥协与让步,以更好地捍卫并促进自身的利益"②。最后,国家—市场—社会的三维架构极大促进了纵向府际关系的重心下移,在中央和上级政府有限的鼓励下,地方政府之间的横向联合以及跨区域的地方政府之间的协作被提上议事日程。这一举措旨在发挥地区间比较优势,实现区域间资源的互补,按照各司其职、各尽所能的原则实现强强联合、强弱搭配,并带动当地社会经济的全面发展。

本书暂不将民间社会视为府际关系的要素,原因有二:第一,就本源来说,社会性要素相对于国家和政府保持了一定距离,它是非官方结构的集合,这就决定了民间社会在国家—市场—社会中的地位不同于政府。第二,民间社会的前景存在一定变数,其未来形态难以捕捉,一个更加复杂和缺乏稳定性的民间社会需要加以长期观察。

(四)"各级各类政府+政府部门+民间社会+民族国家政府"说

中国人民大学杨宏山教授强调:"狭义的府际关系仅指不同层级政府之间的纵向关系网络;而广义的府际关系不仅涵盖了中央与地方政府之间、各级地方政府之间的垂直网络,还包括互不统属的地方政府之间的水平关系,以及政府内部各大权力机关之间的关系结构;更宽泛地讲,府际关系不

---

① 赵永茂等:《府际关系》,台湾元照出版公司2001年版,第6页。
② 孔德元:《政治社会学导论》,人民出版社2001年版,第161—162页。

仅涉及国内政府间关系,还囊括了主权国家政府之间的关系。"①

这一观点的确颇具新意,但是经过推敲却发现它存在概念和操作层面的困难。首先,它与国际政治、国际关系、外交学的界限较为模糊,交集较多弱化了概念的特殊性。其次,不同国家之间的国情差异明显,例如国家结构形式、国体和政体、政治文化传统、法律制度、政府结构的设置等方面都需要细致推敲。最后,主权国家间政府间关系的礼仪性和程序性色彩较浓,以致立足于强化管理绩效的府际关系研究尚难以将其涵盖在内。

综观府际关系的学术脉络,我们可以归纳出一些规律和特征:

第一,概念的外延呈现出不断扩大之势。府际关系研究的学术定位取决于世人对"府"的定义。最初,人们着眼于"小政府"——即单纯的行政部门之间,随后受到三权分立的影响开始关注"中政府"——即立法、司法、行政部门之间的互动,再后来随着全球化时代的到来开启了"大政府"——即足以影响政府施政的近乎所有元素。时至今日,府际关系研究的主题涉及立法、司法、行政、决策、管理、执行、信息、能源、交通、公共安全、环境保护、基础设施建设、财政金融等极其庞杂浩繁的领域。这一趋势在根本上适应了从传统公共行政→新公共行政→新公共管理的现代化要求,更契合了后现代社会以及新经济时代的发展导向。值得一提的是,研究概念的多元化也在一定程度上造成了碎片化的倾向,对此英国学者希克斯抛出了整体性治理的理念,即"以求得府际关系从冲突迈向协调,从竞争走向合作,从碎片化跃向整体化"②。

第二,研究方法呈现出体系化变迁的势头。府际关系研究的每次跃升都暗含着方法论体系的推进。早先,学术界运用历史主义、制度主义(法律制度主义)的研究工具,这种研究思路着力于描述结构功能,而非解释因果关系。聚焦于制度的静态研究显然使府际关系研究停留在赞叹理想状态之中,丧失了以问题为导向的学术关怀,难以发挥对策建言的功能。飞跃产生

① 杨宏山:《府际关系论》,中国社会科学出版社 2005 年版,第 2 页。
② 韦彬:《整体性治理分析框架下的府际关系建构研究》,《学术论坛》2013 年第 6 期。

在以实证主义为导向,大量运用数理工具的行为主义的崛起,进而府际关系研究摆脱了历史和哲学般的宏大叙事,转而凸显问题意识和对策导向。行为主义浪潮使得府际关系研究有如"脱胎换骨"一般,开始运用案例分析、问卷调查、深度访谈、数学建模等科学化手段,从更加微观的视角来寻找因果关系。这就确立了宏观—中观—微观于一体的方法论系统,适应了由方法论→研究法→研究技术所组成的府际关系研究范式。① 从 20 世纪 70、80 年代以来,府际关系研究借助后行为主义的契机,对唯量化之命是从、唯科学之风是举的观念加以修正,这突出表现在引入新制度主义的研究范式。

第三,学科领域呈现出日益膨胀之势。时至今日,从事府际关系研究的学者主要集中在政治学界、公共行政学界,然而不容否认的事实是历史学界、经济学界、社会学界、法学界都产生了一批高水平的研究成果。众所周知,任何社会科学领域都存在多元知识体系的嫁接,这导致新兴学科、综合学科、交叉学科如雨后春笋般崛起,某一主题被多学科共同关注也就顺理成章了。多学科视角的引入极大地推动了府际关系研究。第一,它打开了以往彼此隔膜的话语体系,为构建连续的知识谱系奠定了坚实的基础;第二,它引入了各方所不熟悉的科研方法论,有助于克服传统思维定式对创新的扼杀;第三,它更易于捕捉和追踪学术前沿问题,单一学科视野下常见的"灯下黑效应"被多元学科的众多交集和分支有效扼制;第四,它极大地平衡了针对府际关系现状所提出的政策建议的局限性,使解决方案的可接受度和可操作性更强。

二、府际关系分析模式

从学术史来说,先前概念笼统、视野狭隘的央地关系早已不能适应高度动态性的府际关系的学术发展。英国学者格林伍德指出:"正因为没有明文规定,府际关系才逐渐改变,并且表现为一点一点地发生变化,中央和地

---

① 参见周振超:《基于"中国故事"的政府间关系研究:方法论层次的反思》,《政治学研究》2010 年第 4 期。

方以及各个地方之间,在政治、经济、社会等方面应当优先考虑的问题可能大不相同,而且随时都会改变。"①随着在政治生活领域内府际关系实践的深刻变化,学术界突破了以往片面地聚焦于立法、司法、行政或者决策、管理、执行的传统思路,形成以理论假设为前提,借鉴不同学科的理论模型和分析框架,并不断得以修正和完善的府际关系分析模式。

　　林尚立教授将国内政府间关系的理论与实践概括为四种主要类型:集权主义、地方分权主义、均权主义和联邦主义。② 台湾学者江大树参考前人的学术成果,提炼出四种分析模式:宪政舞台上的权力互动、新制度主义的理性选择制度主义、转移支付的资源依赖、政策执行的网络管理。③ 张紧跟教授结合国内外相关研究,将研究模式概括为法律制度、理性选择、相互依赖三种。④ 美国学者怀特针对美国府际关系的现状,提出可以运用多维分析框架予以解释,譬如总统的看法、州级官员的看法、地方官员的看法、普通民众的看法等,而不同的研究框架之间却观点各异。⑤ 英国学者施托克针对本国府际关系的现状,提出了传统公共行政语境下历史的和制度的分析路径、基于组织理论的权力依赖观、新制度主义中的理性选择制度主义、国家理论四种研究路径。⑥

　　江泽民同志说过:"实践基础上的理论创新是社会发展和变革的先导,通过理论创新推动制度创新,才能不断在实践中探索前进。"⑦德国学者柏伊姆认为,"一种理论如果不能从方法上检验与发展,则永远是一种没有用处的理论;反过来,一种方法如果离开了理论只具有使用价值的方法,永远

---

① 　[英]约翰·格林伍德等:《英国行政管理》,汪淑钧译,商务印书馆1991年版,第160—164页。

② 　参见林尚立:《国内政府间关系》,浙江人民出版社1998年版,第25页。

③ 　参见赵永茂等:《府际关系》,台湾元照出版公司2001年版,第25—33页。

④ 　参见张紧跟:《当代中国政府间关系导论》,社会科学文献出版社2009年版,第45—49页。

⑤ 　参见 Deil S. Wright, *Understanding Intergovernmental Relations*, Belmont: Wadsworth Inc, 1988, pp. 3-12。

⑥ 　参见 Gerry Stoker, "Intergovernmental Relations", *Public Administration*, 1995, 73 (1): pp. 101-122。

⑦ 　江泽民:《全面建设小康社会　开创有中国特色社会主义事业新局面》,人民出版社2002年版,第12—13页。

是一种不结果实的方法。"①当前,府际关系分析模式的研究具有两项特征。第一,"从权力关系、财政关系与公共行政关系的视角发展到利益关系、政治经济关系以及区域公共治理等新视角"②。按照公共选择理论,在"政治场"中纵横捭阖的行动者并非简单遵循传统公共行政的规范化路径行事,他们的行为逻辑和市场经济体制下的经济主体并无二致,核心动机都是实现利益最大化,实现自身的利益偏好和效用函数。因此,在现实社会中存在政治和经济两类市场。利益分析无疑是研判府际关系走向的关键视角,较之传统聚焦于法律规范、政策条款的规范性研究路径无疑是一大进步。再者,区域公共治理的引入不仅明确了政府组织之间进行谈判、沟通和协商的必要性,也开启了利用统合性思维来应对跨域治理难题的新思路。这一点对于克服府际治理中的传统"零和博弈"思想可谓意义重大,尤其值得广大发展中国家学习,以终结地方保护主义、重复建设、市场壁垒等恶性竞争现象,最终打造互利共赢的伙伴型府际关系。第二,从以往的规范性、静态性研究逐步走向经验性、动态性研究。前者对研究对象加以描述,直观解析难以提炼出隐藏在现象背后的逻辑链条;后者侧重于通过实证化手段来探寻因果关系,科学化的经验分析法实现了府际治理研究的一大跨越。

本书提出以下四种政府间关系分析模式。

(一)代理结构模式

从时间先后来看,任何国家的中央政府(联邦政府)必然最早出现,此时谈论政府间关系纯属子虚乌有。府际关系存在的前提必然是在纵向层级出现了独立于中央政府的地方政府,后者存在与否取决于两大先天要素。第一,中央政府得以在不受外力干扰的情况下,自主决定地方政府的行政区划;第二,中央政府对地方领导人的任命享有完全决定权。因此,中国古代对少数民族地区所实施的羁縻统治不能视作中央政府对地方政府的管辖,

---

① [德]克劳斯·冯·柏伊姆:《当代政治理论》,李黎译,商务印书馆1990年版,第61页。
② 李瑞昌:《政府间网络治理:垂直管理部门与地方政府间关系研究》,复旦大学出版社2012年版,第48页。

后者此起彼伏的反叛更是与地方政府的属性相悖。因此,地方政府从诞生之日起就是中央政府的附属,时刻受到中央政府的严密监管,以防止地方滋生"悖逆之心"。就政治生态观来说,代理结构模式曾经占据了学术舞台的中心,一度属于主流分析框架。

就本质来说,代理结构模式与中央集权理论殊途同归,后者为前者提供了理论依据。代理结构模式主张,中央政府是国家主权的唯一合法代表,其权力神圣而不可侵犯;而地方政府的权力100%源于中央政府的政治授权,是中央权力在地方层面的延伸,这意味着地方权力不具有任何制度稳定性,它与中央政府之间并未形成强有力的契约伦理。地方在日常运行中必须严格听命于中央,不能随意谋求扩大权力范围,一切政令皆出于上。地方领导人的仕途与当地社情民意并无关联,前者并非民众利益的"代理人",与之相反,他们是中央权威的末梢。在履行权力的过程中,地方政府难以灵活地、自主地行使权力,丧失了"街头官僚"所应有的自由裁量权。就调控府际关系的法律制度而言,地方在未获中央授权的前提下不得擅自更改中央法令。地方政府难以同中央进行讨价还价和利益博弈,彻底沦为中央的派出机构,其存在不仅取决于中央,而且在财政上也完全依附于中央。[①] 就监督权来说,即使在官僚科层制下,充当"监督人"的各种政府组织不过是最高权力的分支而已,若论权力归属,只有中央政府才是一切监督权的来源。从权力关系来说,地方主要履行由中央政府委托和交办的各种事项,它们不具有法人意识,只是中央政府的微缩版本。这导致地方政府的职能较为繁琐,既需要服务当地居民,又需要完成某些毫不相干的事务,造成了行政资源的浪费。

毋庸置疑,代理结构模式对于评价初始状态的府际关系具有压倒性解释力,在奴隶制和封建社会时期,府际关系的样式相对僵化,其弹性空间明显不足。但是当跨入资本主义社会后,随着社会领域的不断分化、行政环境的日益复杂,导致政府职能愈发膨胀,使得代理结构模式同现实之间难以兼

---

① 参见[日]松村歧夫:《地方自治》,孙新译,经济日报出版社1989年版,第2—3页。

容。代理结构模式存在三大硬伤。首先,它从成文的制度出发,认为府际关系的实质将取决于条例本身,这就决定了它作为一种静态化思维必然对动态变化熟视无睹。实际上,任何运行中的政府都存在或多或少的"偏离",静态的规范与动态的环境之间不可能 100%吻合,进而对制度的机械套用必然导致行政权力的错配。其次,代理结构模式对中央政府的政治资源优势和战略洞察力作了一定程度的夸大,它主张中央政府运用法律规范和行政命令就能主宰府际关系的运转。然而随着信息时代和公民社会的兴起,任何期待上下级政府之间延续命令和服从关系的传统思路都显得不合时宜。"现代社会治理通常需要各级行政主体采用调和方略,如此才能有效地完成既定目标。"①更加重要的是,政府职能将随着社会的发展而不断膨胀,令出一端的中央政策越来越难以畅通无阻。再次,代理结构模式完全无视了地方政府所具备的反制能力。自从地方政府诞生后,它就具有"成长"的观念,逐渐滋生出自我利益取向,它注定将与中央政府迎面碰撞。

政治学家也认识到了代理结构模式的致命漏洞,一方面坚持在府际关系中仍然存在一定程度的代理结构关系,一方面进行理论修正以适应社会发展。

(二)法律制度模式

若以民族国家来分类,那么府际关系的研究对象大致归于国内政府间关系和主权国家政府间关系。就本质来说,它们都是利益相关方之间的博弈和互动,但是以法律制度的约束力而言,前者更易于受到本国法制环境的约束,这意味着各级各类政府部门被调控府际关系的法律所捆绑。建设法治国家的关键在于以宪法为核心的法律体系。国家首先是通过一个最高权力而区别于其他所有集合体,这个权力源自国家,适用于特定区域及所属人民,这就是国家权力,宪法就是国家最高权力组成和设立的规则。② 在法律

---

① [澳]布莱恩·R.奥帕斯金:《联邦制下的政府间关系机制》,黄觉译,《国际社会科学杂志(中文版)》2002 年第 1 期。

② 参见[德]奥托·迈耶:《德国行政法》,刘飞译,商务印书馆 2013 年版,第 1 页。

效力方面,宪法具有"万法之源"的强势地位,民族国家内部的所有法律法规必须在立法原则和法制精神等方面完全尊奉宪法,否则将被视为非法和无效。我们不妨从三个层面来理解行政法文化。首先,它是一整套限制权力的制度架构;其次,它是关于政体的描述,即表现社会整体利益并致力于社会福利最大化的组织架构;再次,它是作为民主代议的载体,即为实现宪政所创立的为全体公民所接受的规则体系。① 宪法的功能在于缩小行政组织的交易成本,避免过多的内部震荡,确保府际关系的动态平衡,维持协调府际关系的法律框架的大体稳定。宪政文化下的府际关系存在多头"玩家"和多重否决点,任一政府部门对于结构性变迁都无能为力,必须依靠合纵连横才能满足极其苛刻的修宪动议。因为任何政府的否决都足以令其他政府主体的动议付诸东流,以达到相互牵制和掣肘的目的。

法律制度模式属于制度主义流派,后者曾长期主导比较政治学的学术研究,因此它仍然是规范性和非生态性的静态研究。这一领域的学者将府际关系的状态视作法律制度所塑造的结果,公共组织及其成员将完全照章行事,排斥制度外因素对府际关系的干扰,不考虑任何经验性的和生态性的动态情境。作为国内政府间关系研究基本范式的法律制度模式关注政治制度本身,着眼于从各级各类政府部门的权责配置和行政关系、组织结构及其功能划分等视角切入。从法律制度模式对府际关系进行研究的典型思路表现为对国家结构形式的探究,无论单一制还是联邦制都明确地呈现在法律条文的字里行间,二者在政治过程中的行为偏差在很大程度上要归因于制度层面的差异。

随着科学化诉求的行为主义政治学的兴起,一股崇尚数理量化和经验证伪的实证主义之风大行其道,这导致传统法律模式的渐趋衰落。然而随着对科学化经验研究的严厉批判以及后行为主义浪潮的兴起,"钟摆效应"再次显现,法律制度模式开始复兴并取得了一系列研究成果。

---

① 参见 Fritz Nicklisch, *Die Bindung der Gerichte an Gestaltende Gerichtsentscheidungen und Verwaltungsakte*, Nomos, 1965, S. 161。

（三）理性选择模式

新制度主义学派的横空出世为后行为主义增添了浓墨重彩的一笔,它涵盖历史制度主义、社会学制度主义和理性选择制度主义三大流派,[1]而理性选择制度主义原本属于政府经济学的研究范畴。正如罗伯特·吉尔平所说,当代"国家"以及"市场"的并存与相互作用造就了政治经济学,没有"国家"与"市场"就不可能存在政治经济学。因为一旦缺少国家,则经济活动将彻底取决于市场制度与价格机制,这是纯粹经济学领域;而如果没有市场,则经济活动将由国家予以包办,这是纯粹政治学的学术范畴。[2]

理性选择制度主义建立在"理性的经济人"以及"制度"之上,这表明它移植了新古典自由主义经济学派以及新制度经济学的理论。新古典自由主义经济学派认可经济主体在作出抉择之前,关键在于排斥非理性因素的干扰,为实现自身的目标函数而不遗余力。"理性的经济人"假设将传统视域中代表公共利益的政府组织及其官员视为市场中的经济主体,他们致力于实现自身利益的"最大公约数"。政府官员既是公共利益的代言人,也是政府以及"政治人"的利益代表,这种"三重代表"身份将促使各级各类政府不约而同地追求自我实现。[3] 理性选择制度主义者强调:"个体在私人选择与公共选择的过程中具有大致均等的行为动机与内在激励。"[4]这等于区分了两种市场体制:一为供给私人消费品的经济市场,它是私人选择的平台,广大消费者为获取个人物品在经济市场中与生产者进行利益交换;二是提供公共物品的政治市场,它遵循公共选择理论,广大选民和利益集团以之为媒介同政治家进行利益交换。新制度经济学以"制度"作为分析核心,它纠正

---

① 参见 Peter A.Hall,Rosemary C.R.Taylor,"Political Science and the Three New Institutionalisms",*Political Studies*,1996,44(5):pp.936-957。

② 参见[美]罗伯特·吉尔平:《国际关系政治经济学》,杨宇光等译,经济科学出版社 1992 年版,第 13 页。

③ 参见谢庆奎等:《府际关系的理论与实践》,天津教育出版社 2007 年版,第 23 页。

④ [澳]杰佛瑞·布伦南等:《宪政经济学》,冯克利等译,中国社会科学出版社 2004 年版,第 5 页。

了传统经济学视制度为常量的观点,虽然规范性研究能够诠释宏观层面的经济行为,然而其局限性也很明显,事实上丧失了对微观社会变迁的解释力。① 新制度经济学一方面坚持"制度决定论",主张制度决定了个人的目标,并迫使后者同他人建立合作关系,并充分化解利益纠纷。② 另一方面,它突出强调了制度变迁对社会发展所具有的决定性作用。它认为制度对一个交易费用为"正"的世界发挥显著作用,"只要产权框架与保护机制得以确立,市场就能够有效地实现国内的资源配置,由此经济决策得以由市场自主权衡与定夺"③。新制度经济学具有两大特征。一方面它改变了将制度视为政治学附庸的传统思维,通过引入以经济学为代表的多元视角,最终将制度研究打造为综合学术话题。另一方面它拓展了狭隘的制度观,在新制度经济学看来,不仅法律法规、行为准则、命令条文应归属制度;与此同时,道德规范、风土人情、习惯伦理等"非正式约束"也不能忽视。广义制度概念的确立拓宽了学者的视野,将那些并不存在于书面文档,然而却实实在在、潜移默化地影响了社会成员的政治文化、价值观念、意识形态的非正式要素纳入进来,无疑解决了静态的制度难以有效解释社会现实的困境。新制度经济学对广义制度概念的摸索充分肯定了历史主义、制度主义(法律制度主义)等传统研究范式的价值,也强调了行为主义的应用。国内外部分学者主张理性选择制度主义和行为主义都侧重于从相对微观的视角来解读政治现象,④进而超越了宏观思路对某些偶然事件的忽略,而后者往往对政治变迁具有显著影响。

理性选择制度主义具有三大内在逻辑。第一,公共选择的关键在于集体抉择,它并非是对个体或私人组织利益观的简单叠加,形成集体决策的关键在于个人的理性选择以及融利益表达、利益综合、决策以及施政于一体的

① 参见杨龙:《新制度主义理论与中国的政治经济学》,《教学与研究》2005 年第 7 期。
② 参见 B. Guy Peters, *Institutional Theory in Political Science: The New Institutionalism*, London and New York: Wellington House, 1999, p.71。
③ 高飞等:《国外关于经济增长的政治学研究综述》,《北京行政学院学报》2012 年第 4 期。
④ 参见[英]大卫·马什等:《政治科学的理论与方法》,景跃进等译,中国人民大学出版社 2006 年版,第 62 页。

政府过程。第二,产权框架的核心在于明确制度,缺少合理制度的管理行为就是无能的。制度的最大功能在于减轻用于协调组织间各部分关系以及获取信息并解码信息的组织间交易成本,遏制搭便车、规模不经济和外部性,缓解由于信息不对称所导致的逆向选择、道德风险与信任危机,最终实现资源的合理配置。通过对发展中国家经济增长的政治学思考,有学者指出拥有制度话语权的人或社会集团之所以构建制度体系绝非不由自主地以经济增长为己任,其行为立足于自身利益的"帕累托最优",并力图永久垄断权力,经济增长只是附属物而已。因此,制度有助于权衡哪种经济利益能够成为政治领域的有效标的物,最终决定了何人的财产能够在社会秩序中获得制度化的庇护,关键在于哪些个人和团体在政治上能够被有效地组织起来以接近和获得制定制度的权力。[1] 第三,它具有方法论层面的工具主义理性,其理论绝非源自对事实的简单堆砌。换句话说,理性选择制度主义所构建的话语体系都能用于对经验事实和个案事例的论证,正所谓"概念即方法,角度决定一切"。理性选择制度主义的常见分析工具包括组织间交易成本、基于信息不对称的"委托—代理关系"、产权分析框架、博弈论等,而在府际关系研究中最常用的是前两者。[2] 理性选择制度主义摆脱了从概念到概念、由学理到学理的"形而上学"思维,对现实情况的关注使理论能够回归社会情境,有效地提高了其解释力。

理性选择制度主义在政治学领域的成功运用将"利益政治观"推向了新高峰,有助于改变传统对府际关系认知中的单向思维,正视纵横衔接的政府结构中所蕴含的利益博弈,换句话说,等于承认了多元政府之间的互动关系并非零和博弈。理性选择制度主义将各级各类政府视作永不停歇的利益单位,无论其管理权力大小、治理幅员宽窄、统辖人口多寡,它们都具有竞争意识和利益冲动。这一点在地方政府身上表现得尤其突出,传统的代理结构模式对于拥有特定利益取向的地方政府失去了解释力。就本质来说,央

---

① 参见 Roberts H.Bates, *Beyond the Miracle of the Market:The Political Economy of Agrarian Development in Kenya*, Cambridge and New York:Cambridge University Press,1989,p. 9。

② 参见孙柏英:《新政治经济学与当代公共行政》,《北京行政学院学报》2002 年第 3 期。

地关系属于合作与竞争并存的特殊利益关系,地方政府与生俱来的自主意识对府际关系的调适提出了新的挑战。但是中央政府(联邦政府)毕竟位于国家政治架构的顶端,拥有法律所赋予的强大政策资源优势、"金色的缰绳"所赋予的财税资源优势以及一以贯之的政策执行力,这有利于它们因势利导、见缝插针地改变府际关系的运转实际,并不遗余力地抢夺府际关系的制高点和话语权。全国政府的政治地位和资源优势使其在府际关系的博弈中频频居于主动,甚至当它预见到潜在收益与交易成本之间的对比极其可观之时,不惜铤而走险。它足以借助行政力量来强制性地进行政策试验,并通过设置改革的"进入壁垒"以期削弱外部性和不确定性,减少组织间交易成本。①

理性选择制度主义作为多元学科相互借鉴的产物,纠正了传统支配府际关系研究的单一线性思维,使广大研究者的目光聚焦于节点应接不暇、梯度鳞次栉比、关系盘根错节的利益网之中。它告诉世人,府际关系研究的重心在于每时每刻都在发生的利弊权衡和权谋算计,这也就决定了府际关系波澜不惊的外表下实则"暗流涌动"。

(四)相互依赖模式

1988 年,英国学者罗兹通过对本国府际关系的长期研究,正式提出相互依赖的府际关系模式。② 这是政府学研究的一次重大飞跃,在学理上彻底摆脱了传统视野的局限,开始运用带有行为主义和多元主义方法论特征的动态观。罗兹以英国为背景提炼出六种相互依赖机制,即区域性共同体、政策性共同体、地方政府的全国层面组织、职业性组织、行业性协会、城市内部的伙伴关系。③ 同时指出相互依赖关系主要发生在一系列的独立领域、公共服务体系以及令地方政府感兴趣的利益攸关领域,并且这种关系还将

---

① 参见杨瑞龙:《渐进改革与供给主导型制度变迁方式》,载吴敬琏等主编:《渐进与激进》,经济科学出版社 1996 年版,第 75—88 页。

② 参见沈荣华:《中国地方政府学》,社会科学文献出版社 2006 年版,第 24 页。

③ 参见 Rhodes. R. A. W., *Beyond Westminister and Whitehall: the Sub-Central Government of Britain*, London: Unwin Hyman, 1988, pp. 123-136。

对其他一些互动组织产生吸引力。①

与美国学者文森特·赖特所提出的"分离模式"不同,罗兹强调英国中央与地方政府之间围绕资源配置形成了极其复杂的博弈关系,这直接表现在组织间网络结构和政策领域的高度分化。各级各类政府在这场"资源锦标赛"中扮演着"运动员"的角色,同时上级政府也是下级政府的"裁判员",其战略目标在于全面提升自身的权力和地位,扩大话语权。一方面,各级各类政府都试图凭借财政补助、法律规范、人事安排、政务技术、道德伦理等资源来强化自身在制度内的竞争能力,最终实现影响力的大幅提升。另一方面,各级各类政府所具备的"政治动能"也千差万别,以致任何公共或私人组织在信息化和后工业化时代都无法独善其身,彼此之间或多或少地存在资源禀赋的依赖,换句话说,相互之间都握有"命脉"。罗兹主张在政治生活中,相互依赖的府际关系拥有多种形态,这表明政府组织之间的关系归根到底取决于彼此对建立相互依赖关系的迫切程度。这一现象反映出在网状结构中的政府所面临的两难处境。一方面,政府组织如果各行其是无异于将愿景寄托在"海市蜃楼"之上。另一方面,建立相互依赖关系存在一定的风险。首先,彼此之间由于信息不对称所导致的不信任感总是不可断绝,相关政府主体必须做好承担不确定性以及组织间交易成本的心理准备;其次,创建相互依赖关系等于在事实上宣告自身的"无能",削弱了其顺利履行法定事权、发挥行政管理功效并践诺所承担的政治统治职能的能力。相互依赖关系之所以最终成为主流,并非基于政府的远见卓识,不过是两害相权取其轻而已。这也就不难理解在谋求"自我实现"的过程中,绝大多数行政主体在被卷入相互依赖关系之时总是带有一定程度的被迫感,其犹豫迟疑心态不言而喻。

从第二次世界大战后西方公共行政的发展历程不难看出,网络状的府际关系结构以及高度分化的政策体系实际上推动着西方公共政策的创新。其本质在于中央逼迫地方政府签订"城下之盟"的想法彻底破产,传统的中

---

① 参见张志红:《当代中国政府间纵向关系研究》,天津人民出版社 2005 年版,第 53 页。

央集权理论将研究范畴局限于中央政府及其内部关系,进而忽略了地方政府在政策创新中的重要价值,最终丧失了解释现实政治行为的能力。新公共行政和新公共管理将其修正为全国政府及其官员的内在规定性源于法律制度及其在立法、决策领域的垄断权,其外部约束源自非服务的特性,它需要建立同基层政府的合作文化与政策共识才能贯穿从中央到地方(联邦→州→地方)的行政程序。中央政府同基层民众之间的距离较远,全国政府并不直接面向“顾客”,需要借助低层次政府组织才能实现其统治目标,这导致中央政府不得不变更传统“代理结构型”的治理策略。

就实用性来说,相互依赖的府际关系模式更容易被政治学家和行政学家所接受和认可,这源自相互依赖模式的六大特征:

(1)它摆脱了早先静态的、理想化的基于成文法律而搭建起来的规范性府际关系模式,开创了动态的、过程化的行为主义研究视角,从而深度探索隐匿在表象之下的动态利益关系和行为发生逻辑。

(2)府际关系虽然是高度变迁的,但是其支柱依然建立在宪法法律、行政法规、部门规章、契约条款等正式制度之上,相对稳定的“体制自变量”对于府际关系的形塑成为研究的起点。以此为出发点,得以按照具体问题具体分析的思路,并结合财政资源补助、行政技术手段、人事管理关系、政务信息情报等客观要素的变化进行合理解读。换言之,动态视角并不绝对排斥制度规范、组织架构、职责功能等静态要素,从而巧妙地将稳定与变迁有机结合起来。

(3)府际关系每时每刻都处于变化和调整之中,换言之,政府间关系的变迁是绝对的和无条件的,稳定则是相对的和有条件的。能够影响府际关系状态的变量纷繁复杂,诸如组织结构的改革、人事关系的变动、政策目标的调整、行政能力的演化、机构间职权责利的变化等要素都可能影响府际关系的发展方向和前景。

(4)各级政府之间的关系仿佛一场资源配置的“锦标赛”,相互施加作用力和反作用力,各方都在寻找制度真空以突破法定的“规范性制度供给”所划定的权力格局,最终实现自我的利益最大化。中央政府或者联邦政府通过财政援助、人事下派、技术支持、政策咨询等多种方式来拓宽权力的"运作空间",在不违反正式制度规定的前提下,迫使地方屈从于自身的战略意图和宏观统筹,并采取合作的姿态以达成统治目的。与此同时,对地方政府而言,如果自身的利益偏好未能如愿也能够采取相应的反制手段来约束中央政府。

(5)相互依赖模式的成型在很大程度上取决于各级各类政府之间的政治交织和职能交叉,这意味着彼此之间的兴趣点和利益关切务必聚焦,只有广泛的"职能交集"才能掩盖政府部门之间的矛盾和分歧,转而将注意力集中于特定的利益关注点。因此,相互依赖关系的产生和发展是有条件的、有限制的,它不可能涵盖特定时间点的所有府际关系状态,对某些特殊领域的政府间关系状态需要另作考虑。

(6)相互依赖关系的本质是"互补型利益共生关系"。它得以形成的核心动机在于各级各类政府都难以独自获得所有赖以生存和发展的资源要素,为弥补资源的稀缺性故而采取"合纵连横"的政治策略。换言之,利益分析法是评判相互依赖关系发展程度的核心标杆。从更深层次来看,高度同质性的政府部门之间往往缺失合作动力,彼此之间资源的相似度太高,导致难以取长补短。更有甚者有可能走向反面,引发地方之间的"战国经济"和恶性竞争,造成市场分割、重复建设、地方保护主义等"发展陷阱"。匹克文森等人指出:"每当中央政府获得了成功并将延续该势态的时候,往往是中央规制触及到了体制性变更和委任立法,比如调降预算规模、大伦敦郡议会与其他城市议会的废止、政府资产的私有化售卖等等。"①

相互依赖模式顺应了当代公共行政发展的两大趋势:社会事务的分权化和财政实力的集中化。进行信息化时代的社会治理客观上对提升政府回应公众需求的速度提出了前所未见的挑战,与之相应的是中央政府将重心转移到重大战略决策、对市场的宏观调控、区域规划和结构调整等方面,而地方政府专事具体的行政和执行功能,逐渐表现出"单一职能化"的发展趋

① C.Pickvance,E.Preteceille,*State Restructuring and Local Power*,London:Printer,1991,pp. 34-36.

势。行政性分权和行政权转让的发展一方面使得纵向层次政府的"领地意识"日趋明朗化,分工的日益纵深化不可逆转。另一方面迫使中央政府或者联邦政府听取来自下层政府的声音,导致"在缺少地方有效声援的背景下,任何希望行政流程顺畅化的想法只是平添笑料而已,且不说执行成本是何其的高昂,甚至连决议的形成都将胎死腹中"①。更加值得注意的是,分权化改革所遵循的公民文化导向在于消减政治过程中的官僚主义作风,提倡服务理念的深入发展。② 而财权的集中化预示着在金融危机和主权债务危机纷至沓来的 21 世纪,由于地方政府不断刷新财政赤字和债务总额,唯有将自身捆绑在中央政府精心编织的"金色的缰绳"之内——一方面,借助财政转移支付和救助资金以保障自身的顺利运转;另一方面,囊中羞涩的财政困境也暴露在中央政府面前,这导致受援方将事权领域相关的法定强制性义务、共同任务、委任事项以及立法权领域相关的专有立法权、原则性/框架性/总体性立法权、竞争/竞合立法权等与援助方分享。

相互依赖模式能够勾勒出央地关系的多样性和复杂性,利用构建类型学的知识谱系对相互依赖关系所作出的分类能够为辨别不同形态的府际关系提供参照系,这无疑将增强其说服力和适用性。同时,相互依赖模式抛弃了将政府体系视为铁板一块的思路,它告诉广大学者务必深刻洞察各级各类政府组织所暗藏的目标函数同需求函数之间是否一致,二者之间的鸿沟决定了公共主体能否顺利履行其法定事权、发挥行政管理功效,并践诺其所承担的政治统治职能。

但是,相互依赖模式的缺陷也是明显的。首先,它将分析的重心不自觉地向地方政府倾斜,从某种意义上来说似乎是对代理结构模式的矫枉过正。夸大基层政府的主观能动性和资源动员能力等于变相贬低了中央政府的宏观战略构建力,低估依然在政治地位、法制权威、财力资源以及国际话语权等领域占据绝对优势的中央政府或者联邦政府将造成极其严重的后果。这

---

① Hans-Ulrich Derlien,"German Unification and Bureaucratic Transformation",*International Political Science Review*,1993,14(4):pp. 326–327.

② 参见 Grunow Dieter,*Bürgernahe Verwaltung*,Frankfurt/New York:Campus,1988,S. 56。

等于在体制内播下了滋生矛盾和冲突的种子,久而久之,最高政府的反制将不可避免。其次,过度聚焦于宏观层面的组织行为分析造成了一系列"自变量"的遗漏,例如宏观环境的变化、组织内部的人际关系、结构中包含的利益纠葛、政治文化/价值观念/意识形态等文化要素,这导致相互依赖模式在某些场合的失灵。更进一步来看,相互依赖模式得以成立的前提在于将各级各类政府视为不可分离的单位,但是有资料表明行政部门在面临来自内外部环境的各种压力之时,有可能形成离心力,甚至最终碎片化。[1] 最后,相互依赖模式限于其多元主义、行为主义的方法论特质,在一定程度上难以及时、迅速、敏锐地捕捉府际关系的微观变化,导致该模型的解释力出现了时滞效应。即便意识到政府间关系的变动,在何种时机介入并运用何种分析工具来解析发展趋势尚不明朗的府际关系也对政治学家提出了挑战。

---

[1]　参见 Jörg Bogumil, *Modernisierung Lokaler Politik*, Baden-Baden: Nomos, 2001, S. 47。

第二章　统一前西德联邦制与府际财政
关系的演进(1949—1990 年)

本章重点阐述 1949—1990 年期间西德联邦制与府际财政关系的历史演变。自 1949 年联邦德国建国伊始,德国逐步向合作联邦主义和职能型联邦制发展,这一过程又分为联邦制度的"单一化"和"合作化"两大阶段。在 41 年的历史进程中,1969 年宪法大改革成为转折点,之前的 1949—1969 年又以 1956 年宪法改革为节点,之后的 1969—1990 年又以 1982 年施密特总理被罢免为节点。本章将对上述四小段的德国府际财政关系加以归纳和梳理,以期勾勒出德国府际财政关系的"财政纠缠"。

第一节　统一前西德联邦制的发展

一、合作联邦主义

就历史来说,德国具有悠久的联邦制传统。在欧洲中世纪的封建枷锁中徘徊的德意志神圣罗马帝国是一个没有任何事实上的中央权威存在的松散大邦联,当时的德国由大约 300 个大大小小的诸侯国构成,当时在德国旅行就相当于一场跨国冒险,每个诸侯国都有自己的法律、货币和关税。① 为

---

① 参见[德]伊诺斯·赫尔特:《德国联邦制的历史、基础和发展》,任雪丽译,《中德法学论坛》2008 年第 1 期。

实现德意志民族国家政治生存空间的定型,完成统一的历史使命,一种基于地方分权和自治理念的联盟应运而生,从德意志关税同盟、北德意志联盟直到 1871 年德意志第二帝国的诞生,联邦制理念深深地烙印在德国的政治生活之中。此后,无论是大力强化联邦权力的魏玛共和国,还是彻底抹杀分权精神的纳粹德国,国家治理中的联邦主义情结却从未失传。第二次世界大战后,由于受到美、英、法等西方战胜国的影响,覆盖西部 11 个州的德意志联邦共和国宣告成立,联邦制成为德国的立国原则之一。1990 年 10 月 3 日,原德意志民主共和国的 5 个州整体并入西德,至此德国的成员州扩展到 16 个。

然而审慎地比较美、德联邦制之间的准则不难发现,前者属于竞争联邦主义,后者属于合作联邦主义。与美国各成员州之间的"战国式"竞争格局截然不同,在德国联邦制的分权理念支配下得以运转的各州的机动空间较为狭窄,一旦丧失了联邦政府的支持和帮助,其社会公共事务管理职能将难以履行,彼此之间处于强烈的相互依赖和政治交织之中。联邦制度存在某种追求政策同质化的强烈愿望,在自由主义原则下进行的分权给予成员州追求自主的愿望,但是它们的制度性自治权并没有太大的施展空间,往往被联邦政府所编织的立体化、网络状协商机制所缠绕,不得不屈从于国家统一意志下的制度构想和政策创新。

当我们深入研读德国历史,大致可以提炼出现代德国在联邦主义发展过程中的两条轨迹——集权化和一元化。① "集权化战略"意味着联邦政府必须在国家政治框架中占据先机,借助《基本法》所授予的强大的政策资源优势,得以集中立法权和决策权,进而在战略管理和宏观调控中大体引领各级各类政府的行动方向。当然,这一战略并不排斥在政策过程中听取和吸纳成员单位的意见和建议,鉴于后者在执行环节的"政治行动者"身份,适度考虑其利益偏好有助于减少施政过程中的阻力,降低交易费用,在维持政策刚性的前提下,适度增强执行过程中的弹性。"一元化战略"旨在通过建

① 参见 Abromeit H.,*Der Verkappte Einheitsstaat*,Opladen:Leske+Budrich,1992,S. 78。

立各州之间的平行合作或者州政府与州议会的合作来实现实质上和过程上的和谐一致。① 彼得·卡岑斯坦曾经将联邦德国视为"半主权国家",这是因为"一方面是国家权力的分散,另一方面是大社会群体中民间权力的集中"②。各州之间的水平合作以及"合纵连横"有助于强化彼此之间的利益链条,扩大相互之间的事权交集,打造一张顺畅贯通的府际关系网。水平维度利益的同质化具有两项重要意义:一者,防止单个成员州利用自身的资源禀赋和资源优势侵入到原属于同级兄弟单位的事权之中,避免横向关系的失重,保护事实上的平等地位;二者,当面对联邦政府扩充其权力的野心时,成员单位能够以一个声音说话,或者遵循奥尔森所谓的"集体行动"的逻辑来对抗联邦政府因势利导、见缝插针地谋求改变府际关系的运转状态。

随着合作联邦主义的运行,德国的府际关系网呈现出日益织密的局面,没有任何政府主体能够孤立在这一体系之外,否则将无法实现自身的理性人目标,一种颇为复杂的"连锁政治"浮出水面。有学者指出德国的政治制度,"一方面设定了多元主体之间广泛的利益交叉和相互依赖,另一方面也蕴含了各方在府际关系中保持协商与合作的必要"③。在制度内,各种利益主体通过谈判、沟通和妥协来实现利益最大化,进而在政策过程中浑然一体。但是,合作联邦主义也存在一定程度的逻辑矛盾,既然广泛的政治依赖和政策交织难以避免,那么如何确保德国双向府际关系中的独立性得以兑现? 必要的组织自治和部门自控怎样实现?

集权化战略等于宣告将国家立法权的天平向联邦政府全面倾斜,德国的立法权分为专有立法权、原则性/框架性/总体性立法权、竞争/竞合立法权,而最后一项为联邦政府扩充立法能力打下了铺垫,埋下了伏笔。《基本

---

① 参见[德]约哈特·莱姆布鲁克:《德国的制度框架:联邦主义和分权》,载[德]赫尔穆特·沃尔曼等主编:《比较英德公共部门改革——主要传统与现代化的趋势》,王锋等译,北京大学出版社 2004 年版,第 86 页。

② Katzenstein P.J.,*Policy and Politics in West Germany:The Growth of a Semi-Sovereign State*,Philadelphia:Temple University Press,1987,p. 15.

③ Joachim Jens Hesse,"The Federal Republic of Germany:From Cooperative Federalism to Joint Policy- Making",*West European Politics*,1987,10(4):pp. 70–87.

法》第 72 条第 1 款规定,关于竞争/竞合立法权领域的事项,各州只有在联邦未行使其立法权的情况下,并在此范围内享有立法权。① 甚至在成员州已经先行立法的领域,联邦政府基于保障全体国民的整体利益而尾随立法之后,先行立法州的法律必须根据联邦法令的精神予以修改或者废止。这样做无疑是现实而明智的,同核心利益生死攸关的战略政策理所当然地被联邦政府所执掌,这一做法可以有效防止成员州利用公共物品供给过程中的道德风险和搭便车,进而制造规模不经济和外部性。问题的另一面在于集权化战略势必削弱州议会的立法权,以致剥夺后者在政治制度中的话语权,从长远来看有可能动摇成员州的自我意志,破坏现阶段府际关系的稳定局面,招致体系内的冲突和动荡。然而,为什么这一明显不利于成员州的集权战略并未遭到后者的强力抵制呢? 为什么各州心甘情愿地让渡了如此之多的"自留地"呢? 原因很简单,政治上的利益交换。各州针对联邦基金转让了自身的自治权力,换来的却是所有决策必须通过一个各州政府拥有否决权的组织方能作出。② 换言之,德国在推动"连锁政治"的实践中,联邦和成员州之间形成了可控的权力让渡关系。成员州的确做好了随时向联邦政府进行妥协和让步的准备,然而它们擅长提出附加条件,迫使联邦对自身权力的流失予以补偿,最典型的表现就是以联邦参议院为核心的"内在权力"。这也就意味着,州层面立法权的萎缩不等于其在国家政治决策体制内的声音被彻底遮盖,转而寄希望于提升在联邦参议院的"活动能量"以约束联邦政府逐渐强势的立法权和决策权优势。

作为立法与行政、决策与执行的权力置换,州议会的退却最终成就了自身在行政和执行过程中的特殊地位。"一元化战略"有效地调和了各州之间在政治、经济、社会、文化等领域的分歧,利益趋同的执行者出现在德国政治舞台上,迫使联邦的"集权化战略"无法忽视在后续执行环节可能遭遇到

---

① 参见王佳:《分权、争议与解决:公法视野下的德国联邦制》,《云南行政学院学报》2011 年第 3 期。

② 参见[德]约哈特·莱姆布鲁克:《德国的制度框架:联邦主义和分权》,载[德]赫尔穆特·沃尔曼等主编:《比较英德公共部门改革——主要传统与现代化的趋势》,王锋等译,北京大学出版社 2004 年版,第 92 页。

的障碍,进而形成了在公共政策过程中集权和分权并重的局面。成员州在政策执行环节的地位造成了三方面问题。第一,在当代社会中任何人都不能否认行政权正变得越来越强势,从长远来看"一元化战略"有可能压制"集权化战略",甚至在立法和决策环节引入各州的开放式参与。第二,决策和执行阶段的分立导致了财政出资主体的模糊,这一点在德国联邦制中备受指责。毫无疑问,地方在一定程度上扮演了联邦政府的"买单人",最终不得不尊崇"关联性原则"①予以补救。第三,广泛的职能交叉侵蚀了各州的自主决策能力,致使权力和责任主体的"影子化"和"重叠化"愈加明显。"与之相伴随的是行政收支流向的不明朗,权责监管体系的不健全,决策样式的效率缺失,行为人之间的利益纠缠千丝万缕,诸多不经济的现象难以纠正。"②

　　合作联邦主义具有历史合理性,"回溯到 1871 年德意志第二帝国初创之时,俾斯麦便立宪将绝大多数的决策权赋予全国政府,同时将执行联邦决策的义务归于成员州"③。久而久之,形成了联邦政府肩负立法和决策功能,而州和地方政府则囊括了绝大多数的行政和执行任务的局面。政策流程的纵向贯通导致德国各层级政府之间的"功能分区"日益成型,这就缔造了一种不同于传统的按照具体政策领域而实施的分权模式。联邦政府为协调与成员单位之间的关系,创造出同众多政策项目相关的法定强制性义务、共同任务、委任事项,从法律层面着手,以密切政府间关系、保持府际关系的动态平衡。各州在不断丧失自主决策意识的同时,也内生出以联邦参议院为平台的制约联邦政府进行战略谋划的最关键要素。《基本法》第 84 条明文规定:"规制各州对联邦法律的行政执行程序的议案需征得联邦参议院的同意。"④正是这一条款解释了为什么在大多数的事例中联邦参议院的同

---

① Horst Dreier, Art. 28 Rn. 162; *Edzard Schmidt-Jotzig/ Jürgen Makswit*, Handbuch des kummunalen Finanz-und Haushaltesrechts, 1990, Rn. 274.

② Roland Sturm, *Die Föderalismus-Reform Ⅰ : Erfolgreiche Verfassungspolitik?*, Ralf Th. Baus/Thomas Fischer/ Rudolf Hrbek(Hrsg.), 2007, S. 34.

③ Arthur B. Gunlicks, "Constitutional Law and the Protection of Subnational Governments in the United States and West Germany", *Publius: The Journal of Federalism*, 1988, 18(1): p. 143.

④ Reimut Zolnhöfer, "An End to the Reform Logjam? The Reform of German Federalism and Economic Policy-Making", *German Politics*, 2008, 17(4): p. 459.

意是必不可少的。① 各级各类政府之间的政治纠缠和职能交叉无疑极大地削弱了联邦制的分权能力，弱化了相关行政主体的法定独立权限，特别是削弱了各州间的竞争以及各地政策的多样性。② 然而从另一方面来看，它塑造出德国府际网络中特有的合作精神、共治伦理以及妥协意识，对于克服类似竞争联邦主义框架下的零和博弈状态大有裨益，并超越了市场经济和官僚科层制等传统的府际关系调节机制。为了实现利益最大化，通过长期交互而形成的组织间网络联盟，既避免了完全竞争市场下的不稳定和高额交易成本，又由于尚无纵向官僚科层制而节约了组织费用。③

二、职能型联邦制

"联邦制使人民感到快乐，并更具创造力。"④然而对学者来说，如何确定符合社会福利最大化需要的政府层级数，并为各层次最优化地分配任务是一大难题。⑤ 威廉·H.瑞克提出如果一国的宪政体制具备以下特征就可以被称为联邦制：全国政府及其成员单位都统治着土地和人民；各层级政府都具备不取决于他人而独立存在的权力领地；政府主体间的分权模式哪怕存在只是一个宪法声明般的保护方式。⑥ 纵观全球实行联邦制的 20 多个国家，纵向的功能划分一般依靠宪法，运用法条明确各级政府之间的独立施政空间，以致在府际关系的运行中呈现出同单一制国家大相径庭的"松散"

---

① 参见 Christian Dästner，"Zur Entwicklung der Zustimmungsbedürftigkeit von Bundesgesetzen seit 1949"，*Zeitschrift für Parlamentsfragen*，2001，32(2)：S. 296。

② 参见 Hesse Konrad，"Aspekte des Kooperativen Föderalismus in der Bundesrepublik"，Theodor Rittersprach，Willi Geiger，*Festschrift für Gebhard Müller zum 70. Geburtstag*，Tübingen，1970，SS. 144-146。

③ 参见张明军等：《论和谐地方政府间关系的构建：基于府际治理的新视角》，《中国行政管理》2007 年第 11 期。

④ Bruno S.Frey，Alois Stutzer，"Happiness，Economy and Institutions"，*The Economic Journal*，2000，110(466)：p. 918.

⑤ 参见 Beate Jochimsen，"Fiscal Federalism in Germany：Problems，Proposals and Chances for Fundamental Reforms"，*German Politics*，2008，17(4)：p. 541。

⑥ 参见 William H. Ricker，*Federalism：Origin，Operation，Significance*，Boston：Little Brown，1961，p. 11。

局面。但是,德国却与众不同,《基本法》在划分纵向权力的归属关系时,遵照政策过程的时间先后顺序来梯度设置垂直维度的权责,形成了"职能型联邦制"。

职能型联邦制下的德国府际关系网络100%不同于中国的"职责同构"模式,在单一制国家中常见的从中央到地方的纵贯式权力运行机制在德国销声匿迹。换句话说,在制宪者的战略视野中,过分消耗行政资源的"纵条型"权责体系是难以接受的。"除由联邦政府专属管辖的例如外交、国防、联邦财政、联邦铁路、联邦邮政、航空、联邦水道航运、联邦银行、边防以及联邦调查局、刑警等事项设有一套行政管理机关及其派出机构之外"①,联邦无法通过派驻分支机构和行政代表等方式来对州和地方政府所承担的绝大部分行政和执行功能施加影响。职能型联邦制在无形中提升了各州和地方政府在国家权力格局中的能量,由于政策执行的网络管理导致德国府际关系结构的"宪法超越","在一个联邦州的内部还存在着区行政的行政中间级(行政区),甚至可以称之为五个行政层面,即联邦、州、行政区、地方、市镇"②。

开放式的权力共享所带来的正面价值不必讳言,但是其负面效应也不可忽视。一方面,由于联邦政府专司立法和决策事项,导致同基层社会的民情民意的距离过长,难以在第一时间及时处置,时滞效应使得组织间交易成本大幅膨胀,效费比降低,决策失误的发生概率陡增;另一方面,联邦政府缺乏伸向基层的"触角",这样一来如何对州和地方政府加以监管呢? 各级政府之间形成了"委托—代理关系",相互之间都存在一定程度的信息壁垒,信息不对称的现象大量地存在于委托人和代理人之间。同时州和地方政府兼具多重角色,由此而同时附加了多重目标,这就为"代理人"有意识地以角色冲突为由,进而有选择地执行公共政策提供了借口,导致其断章取义地实施那些符合自身利益偏好的政策。对于联邦政府来说,如何制止执行者

---

① 杨宏山:《府际关系论》,中国社会科学出版社2005年版,第193页。
② [德]沃尔夫冈·鲁茨欧:《德国政府与政治》,熊炜等译,北京大学出版社2010年版,第271页。

的机会主义情节,维护最高政府的权威,并确保那些对全局利益至关重要的政策较少地发生偏离,设计出适当的激励机制来约束委托人和代理人的行为就成为关键所在。

就德国府际关系的发展趋势来说,由于上下级政府之间存在着职能交叉,往往需要共同承担特定的支出项目,"进而造成各级财政通过上级政府直接给予下级政府资助或补贴下级政府的建设事项,以表现出纵向转移支付"①。财政制度与生俱来的利益纠缠无疑对制衡州和地方政府不断扩张的"过程性分权"意义重大。不可否认的是,在行政和执行环节常态性受制于资源要素和政策工具的匮乏,而联邦政府日益增多的职能使得它在财政方面发挥的作用越来越显著,"以致联邦制国家也呈现出财政集中化的势头"②,这一现象导致财政转移支付和联邦补充拨款显著地影响了府际关系的调控。当前,德国州和地方所承担的事权大致归为法定强制性义务、共同任务、委任事项等三类,按照权利和义务对等的原则,联邦财政对上述行政领域的拨款将获得"回报"。"在第一种情况下,州以自身的财政支出执行联邦法律,联邦对州执行的监督仅限于合法性监督(法律监督);在第二种情况下,由联邦承担执行所需的费用,州的行政分支需要接受联邦行政分支的指令,并受联邦对州执法的合目的性监督(职能监督)。"③

随着职能型联邦制的运行,"各州的立法范畴主要不在于拥有哪些正式的立法权,而在于拥有执行联邦法律的相关职能"④。但是,不能将各州在政策流程中所扮演的角色等同于"代理结构模式"下的受体,与之截然相反,各州能够凭借《基本法》所赋予的"弹性空间"来对联邦政府施加反作用力。几乎所有的联邦制国家都实行两院制——众议院以人口为基础,依据

---

① 王丽萍:《联邦制与世界秩序》,北京大学出版社 2000 年版,第 128 页。

② Sam Egite Oyovbaire, *Federalism in Nigeria: A Study in the Development of the Nigerian State*, St. Martin's Press, 1985, p. 82.

③ 郭殊:《中央与地方关系的司法调控研究》,北京师范大学出版社集团、北京师范大学出版社 2010 年版,第 143 页。

④ Gordan Smith, *Democracy in West Germany: Parties and Politics in the Federal Republic*, London: Heinemann, 1979, p. 156.

一定比例选出,以确保立法维护全体国民的利益;参议院由各成员单位任命或委派的等额代表所组成(德国联邦参议院除外),进而使各州无论大小贫富,都可以在决策中拥有同等话语权,保障其合法权益。①"德国联邦参议院(Bundesrat)由各联邦州指派的69名成员所组成,其席位数大致按照各州的人口比例予以分摊,从人口最少的3席到人口最多的6席。"②通常各州委派具有执政资格的内阁成员或相应政治地位的人士来出任参议员,进而在立法过程中发挥各州代言人的功能。德国之所以并未在各州之间平均分配议席主要基于地区间发展的不均衡,这也是对德国历史中根深蒂固的地域主义和普鲁士邦独大现象的某种妥协。参议员作为成员州意志和利益的代表,必须严格遵从其指令行事。有学者针对联邦参议院提出了如下观点:"州一级竞选中的选民决非仅仅对本级的政党政治产生影响,他们必须始终牢记,其在州选举中的投票通过改变联邦参议院的内部政治态势,最终改变了国家权力的分布和排序。"③

第二节　单一联邦制时期西德的府际财政关系(1949—1969年)

本节以1956年、1969年两次宪法改革为节点,这一阶段是德国财经体制的形塑期,它有两大主轴。第一,其税制由分离向完全共享演变,最终呈现出专项税和共享税并存、以共享税为主体的面貌。第二,州际财政平衡、增值税预先平衡、联邦补充拨款以时间为逻辑完善了横向财政平衡体制。这两大趋势在1956年、1969年宪法改革中展现得淋漓尽致。同时1949—1963年、1963—1966年、1966—1969年先后由阿登纳、艾哈德、基辛格出任

① 参见王丽萍:《联邦制与世界秩序》,北京大学出版社2000年版,第22页。
② [美]加布里埃尔·A.阿尔蒙德等:《当代比较政治学:世界视野》,杨红伟等译,世纪出版集团、上海人民出版社2010年版,第305页。
③ Bruce Ackerman,"The New Separation of Powers",*Harvard Law Review*,2000,113(3):p. 681.

联邦总理,其执政党联盟依次为联盟党+自民党、联盟党+自民党、联盟党+社民党,且前者始终起决定性作用,因此政党更替对这一阶段西德的府际财政关系的干扰较轻。

一、1949—1956 年西德的府际财政关系

"1947 年,美国、英国将各自在德国的占领区合并,组成经济、行政共同体;1948 年法国也加入进来,1949 年 5 月 8 日在美、英、法三国操纵下通过了《基本法》,同年 5 月 23 日建立了德意志联邦共和国,实行资本主义制度"。① 此后,德意志民主共和国在苏联的操纵下宣告成立,这标志着德国的正式分裂。

《基本法》在开篇就确定了以联邦制作为德国的国家结构形式,强调通过联邦分权来保证自由民主政体的运行,同时满足了邻国的安全利益和需要。② 根据经济委员会的建议,联邦着手制定《联邦财政法》以明晰各级政府管理自身财权、履行公共服务职能等事项。鉴于联邦、州和地方政府的相继建立,《联邦财政法》规定给三级政府配置对应的财政部门,实行纵向财政分权。尽管在 1956 年、1969 年宪法改革中对相关规定作出过重大变更,但是德国实行分权型财政的原则一直沿用至今。

(一)实行分离型税制

西德首部《联邦财政法》采用分离型税制,"联邦的主要税种为增值税和关税,州的主要税种为工资所得税和公司所得税,市镇拥有土地税和营业税"③。这一模式同当前德国的共享型财税模式大相径庭,首先未设置共享税系统,其次财政平衡体系也遭到排斥。这意味着同联邦制的国家结构形式相匹配的财政联邦主义精神尚处于空白。回顾历史,阿登纳政府究竟因

---

① 沈亚平等:《当代西方公共行政》,天津大学出版社 2004 年版,第 136 页。
② 参见连玉如:《新世界政治与德国外交政策——"新德国问题"探索》,北京大学出版社 2003 年版,第 58 页。
③ 朱秋霞:《德国财政制度》,中国财政经济出版社 2005 年版,第 187 页。

何制定了上述政策呢?

　　首先,联邦制属于全新的制度创设。尽管自俾斯麦帝国建立伊始,邦国间的政治协商传统得以延续,而地方政府更是从中世纪开始就具有强烈的地域主义传统。[1] 但是德国与生俱来的国家主义义化束缚了法定分权和宪政民主思想的普及,加之魏玛共和国的崩溃以及希特勒独裁政治的历史惯性,致使德国政治家被迫屈从于战胜国的压力而奉行联邦主义,同时却对相关配套制度知之甚少。按照新制度主义经济学的观点,“当一个新制度的潜在净收益大于现行制度的净收益,既能够产生制度需求和创新动机,又能够产生制度供给和创新能力时,制度创新便会发生”[2]。反之,若新制度的潜在净收益不甚明了,其成本收益比难以被各方接受时,制度创新将难以发生。

　　其次,国家秩序尚未稳定。第二次世界大战使德国深受重创,战后德意志的社会秩序彻底崩溃,出现了经济衰退、难民潮和失业激增等现象。据统计,“1946年美占领区的工业生产只相当于1936年的33%,其中钢的生产为21%,有色金属工业为18%,汽车制造业为17%,纺织业为20%,采煤和化学工业高一些,也分别只有51%和43%。同年,西德采煤量只有1.6亿吨,钢256万吨,发电220亿度,分别为1938年的27.8%、11.3%和39.8%”[3]。“同期1000万以上东德意志难民涌入西部,占西德意志人口的20%。”[4]失业问题则更为突出:“1949年3月西德失业人数为116.8万,至6月上升到128.3万,9、10月又膨胀至131.4万、131.6万。”[5]市、县、乡、镇等地方辖区内遍布难民、失业者和战俘,庞大的未定居人口导致以人口为基数提取的税种难以征收。

---

① 参见[德]库特·宗特海默尔:《联邦德国政府与政治》,孙克武等译,复旦大学出版社1985年版,第145页。

② 庞明礼:《“省管县”:我国地方行政体制改革的趋势?》,《中国行政管理》2007年第6期。

③ 刘光耀:《德国社会市场经济理论、发展与比较》,中共中央党校出版社2006年版,第42—43页。

④ 穆陵:《德国地方政府区划改革》,《中国县域经济报》2007年7月2日。

⑤ Walter W. Heller, “The Role of Fiscal-Monetary Policy in German Economic Recovery”, *The American Economic Review*, 1950, 40(2):p. 533.

（二）联邦政府占据财力优势地位

《基本法》赋予联邦政府以"专有立法权、共同立法权、框架性的总体立法权"①为代表的大多数决策权；州囊括大部分行政事务，负责执行《基本法》和州宪法的有关规定。凭借强势的立法资源，联邦得以在建国之初拥有大量资金，1950 年联邦税入占总税收的 40.2%，此后持续上升，至 1955年已达总税收的 45.3%。②

此时，联邦政府相对集权，利用多种手段向州和地方政府施加压力，进而将权力触角伸向某些法律真空地带。这突出地表现在 20 世纪 50 年代初，"联邦政府向州和地方政府提供用于廉价住宅、地方工业政策和农业政策的特殊用途赠款；而对大学建设和地方运输投资的其他联邦赠款计划也随之而来"③。赠款机制成为联邦诱导州和地方政府保持政治忠诚的政策工具，它有助于扭转州间横向贫富鸿沟逐渐扩大的困境，对于维系均衡型的合作联邦主义，并实现各州居民生活水平的一致性具有积极功效。到 20 世纪 60 年代末的近 20 年中，联邦政府始终以"金色的缰绳"来控制各州，在几乎所有的重要地方投资项目上，都加大了拨款和出资，以致一些较小的州几乎完全依赖联邦政府，地方自治也相对减少了。④

（三）确立州际财政平衡体系

自 1951 年始，联邦州开始实行以"富"帮"穷"为特征的转移支付机制，通过由联邦宪法法院承认的财经指标实现资金流转。州际财政平衡体系选取全国人均税收额为基数，若某州人均税收额超过这一基数则有义务提供

① 周振超：《联邦制国家政府间纵向关系的主要模式分析》，《黑龙江社会科学》2008 年第 4 期。
② 参见 Ronald L. Watts, Paul Hobson, "Fiscal Federalism in Germany", http://www.aucc.ca/_pdf/english/programs/cepra/watts_hobson.pdf。
③ ［德］贝尔恩德·赖塞尔特京等：《德意志联邦共和国的中央和地方的关系》，载［英］伊夫·梅尼等主编：《西欧国家中央与地方的关系》，朱建军等译，春秋出版社 1989 年版，第 121 页。
④ 参见董礼胜：《欧盟主要成员国中央与地方关系比较研究》，中国政法大学出版社 2000 年版，第 369 页。

资金扶助未达标的州,实现后者的人均财力达到全国平均值的 95%。① 鉴于各州围绕州际财政平衡体系出现大量矛盾,95%的均衡目标历经 18 年才最终实现。20 世纪 50 年代初,同级转让体系将最穷州的税收提高到平均值的 88.75%,1959 年这一数字增加到 91%,1969 年又增加到 95%。② 州际财政平衡体系是德国政府间横向转移支付制度的雏形,它被视为在合作联邦主义模式下最为复杂的政治任务,并享有世界声誉,特别是在两德统一后为协调东西部地区间关系、促使国家由政治统一向社会统一转变发挥了不可替代的作用。

州际财政平衡体系的产生折射出各州对联邦日益集权深感忧虑。州希望利用一套符合自身利益诉求、促进地方自治的民主实践,并践行各州之间相互模仿、相互学习的对称型府际关系,这是德国合作联邦主义的必然要求。州政府的"合纵连横"同联邦扩大权力运行空间的想法构成了矛盾,为政府间纵向关系埋下了隐患。伴随德国财政体制的不断变迁,时至 20 世纪60 年代,纷争终于开始凸显。

(四)最高司法机关充当府际财政关系的协调机构

《基本法》明确规定设置仿效美利坚合众国联邦最高法院的德国最高司法机关——联邦宪法法院,它依法享有广泛的职权,诸如"负责裁决联邦与州或州与州之间出现的分歧与争执;负责裁决最高联邦机构之间权利与义务方面的争执;负责实施法律规范监督;有权对违宪申诉进行裁决"③。

联邦州就州际财政平衡体系的运行规则进行了长期辩论。"富州"热衷于建立均等化指数较低的转移支付机制,以减轻自身的财力负担、维护社会市场经济体制所倡导的效率准则;"穷州"力主实行高度平均化的财政平

---

① 参见"The Fiscal Equalization and Public Service System in Germany",http://www.kas.de/wf/doc/kas_8811-544-2-30.pdf。

② 参见 Ralf Hepp,Jürgen von Hagen,"Fiscal Federalism in Germany:Stabilization and Redistribution Before and After Unification",http://economics.Ca/2009/papers/0430.pdf。

③ 连玉如:《浅论德意志联邦共和国政治体制特点》,《国际政治研究》1998 年第 1 期。

衡体系,并因地制宜地核算人口密度、城市化水平、工业生产能力、财力系数等指标,以兼顾多样性。由于各州的分歧难以调和,久拖不决势必影响横向府际关系,此案最终被上诉到联邦宪法法院以争取司法解决。"1952年2月20日,宪法法院判决从《基本法》第20条第一段、第79条、第109条中引出联邦国家原则,并且将联邦国家原则与上述三段条文一道作为经济强州对经济弱州负有的宪法扶助义务的适用基础。"①国家最高司法机关凭借至高无上的法律效力迫使各州屈从于平等化的联邦国家原则,从此州际财政平衡体系获得了法律地位。

特别需要指出的是,由于联邦宪法法院奉行不告不理的司法原则,因此未经相关行政单位起诉则难以施加干预措施,极易延误遏制冲突的最佳时机。实践证明由最高司法机关充当府际财政关系的协调机构不仅成本高、效率低,而且难以达到预期效果,这预示着建立专门的府际财政关系协调机制已势在必行。

(五)1956年实行财政改革

建国初期,德国由联盟党(基督教民主联盟/基督教社会联盟)和自由民主党共同执政,阿登纳任联邦总理。得益于由阿登纳、艾哈德、阿尔弗雷德·米勒-阿尔马克等人一手缔造的社会市场经济模式,德国迅速地医治了第二次世界大战创伤,创造出令世人瞩目的经济奇迹。"1949年西部的工业产值比1948年提高了42.3%。"②1951年至1956年,德国的GDP实现了高速增长,依次为10.4%、8.9%、8.2%、7.4%、12%、7.3%。③ 与此同时,联邦财政支出受到战后重建、社会保障、国防等大宗开支的影响而逐渐膨胀。由于负担日益繁重,联邦债务的总规模也与日俱增,从1950年到1955

① 梁志建:《德国联邦宪法法院1999年"财政平衡法"规范审查案判决述评——兼论德国宪法框架下的财政平衡法之借鉴》,《德国研究》2006年第1期。
② 顾俊礼:《欧洲政党执政经验研究》,经济管理出版社2005年版,第135页。
③ 参见罗湘衡:《德国政府间财政关系:危机与前景》,《当代世界》2010年第6期。

年,联邦占三级政府债务的比例由 35.4%飙升至 50.7%。[①] 为缓解开支压力,联邦内阁自 1951 年始便多次向州政府表达了分享工资所得税和企业利润税,并适当对州加以补偿的愿望。在 1956 年财政改革中,联邦政府依靠立法权优势、决策主导力和战略预见力终于开创了共享型税收模式。

1956 年宪法修正案授予联邦政府增值税(即销售税)、保险税、货物税(烟草税、咖啡税、酒精税、矿物油税)等税种的专有权,授予州政府遗产税、财产税、机动车辆税、啤酒税等税种的专有权,授予地方政府贸易税、房地产税、营业税等税种的专有权。作为补充,个人所得税、公司利润税归入共享税,其划拨比例依照年度政府间协商确立。协议划分的基础是政府的实际财政状况——若联邦财政需应对突发公共事件以及重大基础设施投资需要,则酌情予以倾斜;若州出现经济不景气和结构性调整,可酌情提升份额。

共享型税制的推行标志着德国财政制度发生了根本转折,以此为契机,联邦与成员州之间的利益取向更趋一致,双方采取集体行动的几率大增。为提高税收,两级政府都积极完善个人所得税制度,关于起征点和累进税率的政策方案得到了联邦参议院的实质性支持。同时双方对维护社会市场经济的良性竞争环境、鼓励出口、打击垄断等立法动议都给予了高度重视,大量有利于企业长期发展的扶持政策陆续出台。然而,初始的共享税体系仍很不健全,决策者对具体细节和未来可能遭遇到的困难估计不足,以致在纵向政府框架内播下了不和谐的种子。

二、1956—1969 年西德的府际财政关系

20 世纪 50 年代至 60 年代中期,德国成为仅次于美、日两国的资本主义第三经济强国,其国内生产总值、对外贸易总额、工业化水平、投资总量、财政收入等指标均得以快速增长,创造了令世人惊叹的经济奇迹。在此期间,德国沿用 1956 年财政改革的制度规定来协调政府间财政关系,但是纵

---

① 参见朱秋霞:《论中国政府间财政分配制度理论依据之缺失——以德国和美国制度比较为角度》,《经济社会体制比较》2007 年第 5 期。

向财政系统却呈现出矛盾和冲突迭起的局面。

（一）共享税机制失灵

1956 年财政改革并未就共享税的划拨比例作出硬性规定,联邦和州之间经年累月的谈判令双方陷入无休止的辩论和争执。州政府自恃掌管共享税,同时依靠联邦参议院制衡最高行政机关,展开了一场"拉锯战"。联邦政府的决策主导力受到了各州"合纵连横"效应的抵制,前者希望利用法律来实现"理性人"冲动的想法一败再败。一方面,"20 世纪 60 年代德国经济增速放缓,其年均 GDP 增长率只有 4.4%"[①],在此期间于 1967 年遭遇战后首次经济危机。另一方面,联邦财政对共享税的提成比例过低。以 1965 年为例,在联邦税收中共享税占 27.1%,专享税占 72.9%。[②] 共享税提成的比重过低难以保证财政收入的适度增长,也不利于联邦以更加积极的姿态促进商业和对外贸易的发展。

成员州的集体行动固然收效显著,但是在其他领域必然付出代价。各州于 20 世纪 60 年代迈入黄金发展阶段,为提升综合实力兴建大批公共基础设施,这对其财政能力提出了全新挑战。鉴于各州的财力有限,且差距颇大,联邦内阁针锋相对地大幅度削减可供州支配的赠款数额。作为回应,利益流出州以联邦政府违反《基本法》第 106 条第 3 款"保证联邦内各个地域生活水平一致"[③]的规定,并上诉到联邦宪法法院。内阁在强调自身财力有限的同时,也暗示州政府愿意通过利益交换来实现双赢。

虽然各州经历了长期发展,并具备了一定的同联邦展开博弈的筹码,但是面对联邦财力的显著优势也不得不调整策略。基于各级税收的主体来自专享税的现实,即使联邦在分配共享税方面居于劣势却难以撼动其对政府间财政关系的统治地位。1956 年到 1969 年期间,联邦税收占政府总税入

---

① Raymond J.Ahearn,Paul Belkin,"The German Economy and U.S.-German Economic Relations",http://fas.or g/sgp/crs/row/R40961.pdf.

② 参见朱秋霞:《德国财政制度》,中国财政经济出版社 2005 年版,第 188 页。

③ Arthur B. Gunlicks, "Financing the German Federal System: Problems and Prospects", *German Studies Review*,2000,23(3):p.534.

的比重持续上扬,最高竟突破了 50% 大关(1965 年达到 56.7%)。[①] 同期政府税收占 GDP 的比重稳定在 23% 左右,"1960 至 1969 年依次为 23%、23.1%、23.5%、23.5%、23.4%、23.5%、22.8%、22.9%、22.6%、24.6%"[②]。各州企图突破联邦自建国以来支配府际财政关系的"雄心壮志"被成功地遏制了。

德国政界和学界广大人士对共享税的失灵进行了深刻反思。黑森州前任财长于 1964 年写道:"1950 年至今联邦税入增长了 515%,而同期州和地方财力涨幅仅为 438%、437%。因此各州坚决反对将联邦对工资所得税、公司利润税的提成增至 40% 或 41% 也是顺理成章的。"[③]时任内阁总理艾哈德强调,共享税体系变成了将州的收入用来供联邦政府分享的变相剥夺机制,因此遭到州的强烈反对也理所当然。[④] 道格拉斯·C.诺斯曾说:"制度构造了人们在政治、社会或经济方面发生交换的激励结构,制度变迁决定了社会演进的方式,因此它是理解历史变迁的关键。"[⑤]归根到底,制度设置存在漏洞直接导致了共享税机制未能实现预期目标。为缓和府际争端,理顺管理流程,联邦和州两级领导人频繁进行会晤和磋商,逐渐演变为结构完善、功能衔接的非正式政府间关系协调机制。共享税的关键变化源自 1969 年财政改革,此次调整使德国政府间财政关系总体定型,历经 40 余年未再发生体制性变迁。

(二)州建立对地方的拨款制度

德国实行三级独立政府的原则,《基本法》授权联邦政府、州政府、地方

---

① 参见朱秋霞:《德国财政制度》,中国财政经济出版社 2005 年版,第 188 页。
② Wolfgang Streeck,"Endgame? The Fiscal Crisis of the German State",http://federation.ens.fr/ydepot/semin/te xte0809/str2009end.pdf.
③ Robert L.Rothweiler,"Revenue Sharing in the Federal Republic of Germany",*Publius*:*The Journal of Federalism*,1972,2(1):p.7.
④ 参见[德]康拉德·阿登纳:《阿登纳回忆录》第一卷,上海外国语学院德法语系德语组译,上海人民出版社 1976 年版,第 115 页。
⑤ [美]道格拉斯·C.诺斯:《制度、制度变迁与经济绩效》,刘守英译,上海三联书店 1994 年版,第 3 页。

政府 100%节制所辖政治、经济、社会和文化事务,地方政府能够拒绝执行联邦或州越轨对其下达的行政命令和指示。

20 世纪 60 年代,地方财政面临收入两极分化以至于严重地干扰了均质化生活水平的达成,州政府以此为突破口希望对地方施加更大的影响力。联邦主义理论认为地方政府属于州的创设物,确保基层的可持续发展是州的法定职责。《基本法》规定,"州须将其收入的一部分以赠款的形式分配给地方政府,拨款数额多寡及其分配方式由州负责"。20 世纪 60 年代,州财政管理部门通过赠款接济经济困难的地方,在一定程度上弥补了受援地的公共服务资金缺口。西德 11 州均以专有立法权的名义对赠款体系加以控制,虽然宪法允许成员州享有较高的行政管理自由度,但是经过数十年的发展,该机制已呈现出标准化的趋势。州对贫困地的拨款分为一般性赠款和专项赠款两类,出于维护地方治理多样性的考虑,当前地方政府更青睐州下拨一般性赠款以供其自由支配,而不被过问详细用途。

州对地方的赠款反映出德国政府间关系的新变化。首先,州政府无意放弃对地方政府的作用力。早在 20 世纪 50 年代,联邦政府凭借雄厚的财力设置了纵向赠款机制,"金色的缰绳"对于实现法律规范的统一和促成公共政策的一致贡献甚大。考虑到地方财权处于劣势的事实,其主要税种相对零星和分散,同时事权压力导致开支需求居高不下,财权与事权相统一的原则发生了偏离。"地方债务总额由 1960 年的 111.69 亿马克猛增到 1965 年的 258.44 亿马克,翻了一番还多。"[1]截至 20 世纪 60 年代晚期,众多地方政府面临债务危机。联邦赠款机制是单边行动逻辑的产物,由于缺乏法律制度的硬性约束,在实践中赠款的额度、使用方向和监督机制都取决于联邦政府的意志。经济落后、财力吃紧的基层更容易被纳入联邦的视野之中,因为让渡的资金越多,那么受援地在政治上将对联邦表现出更高程度的忠诚和服从。迁延日久,某些地方在涉及国家大政方针的制定和实施方面屈从

---

[1] Lars P. Feld, Thushyanthan Baskaran, "Federalism Commission Ⅱ-Recent Reforms of Federal-Länder Financial Relationships in Germany", http://www.forumfed.org/en/pubs/2009 - 10 - 26 - feld.pdf.

于联邦,进而突破了受到法律强有力约束的政府间权力关系,在一定程度上形成了直接干预基层事务的"代理结构模式"。当时,诸多的地方基础设施、公共工程、社会福利项目深受联邦政府的意志左右,在它们背后隐藏着联邦对全国建设的整齐划一的理念以及忽视地方特色、唯"长官意志"的官僚主义作风。

州作为地方政府的担保人,越来越难以容忍地方被联邦所"俘虏"的现实,它们在等待时机以便实施干预。赠款体系迫使地方政府重新正视成员州的价值。一部分赠款资金以配套项目的实施作为附加条件,这样一来各州将自身的理念融入地方建设之中。

其次,各州在给予赠款的同时也能够对地方政府施加监控措施。"德国联邦与州对地方进行的监控分为对地方自治事务的法律监控以及对委任事项、共同任务的职能监督。"①前者也被称为合法性监督,它专注于自治职能在履行过程中是否符合《基本法》、联邦法律、州宪法的相关规定。若地方施政与法定义务相吻合,那么上级政府对该项行政事务的其他方面均不再过问,换句话说,法律监控只针对行为是否合法。地方政府受到德国行政法制传统的强烈影响,其执行手段严格遵照法律条文,因此合法性监督对基层所产生的影响力极其有限。职能监督也被称为合目的性监督,它不仅关注地方的行政手段是否合法,更看重行政手段是否合乎目的,进而对地方施加实质性监督。对于委任事项,即"上级有指令性权力之事务",在付诸实践时应与州对该项目的要求保持一致,各州往往先行发布绩效指标体系以供地方参考,并以之为蓝本建立监督机制。此外,一部分赠款伴随着委任事项,因此州得以向地方派驻监察机关及其官员,并提供政策咨询。

(三)地方财力差距拉大

德国推崇地方自治的民主政治实践,并切实保障基层选民的法律权利。地方政府自建国以来就遵照习惯性分界线以稳定管辖范畴、履行管理职能,

---

① 许崇德:《各国地方制度》,中国检察出版社 1993 年版,第 119 页。

随着社会秩序的好转,房地产税(包括土地税、土地交易税和房产税①)和营业税占据了地方税收的主体。《基本法》赋予地方政府三大职权:"一个是拥有颁布地方法令的权力,另一个则是实行地方行政管理,再一个便是公民的参与。"②房地产税反映出地区差距主要是由于建筑用地、农业用地所附含的不同市场价值和单元价值,上述差异不可能通过财政措施加以消除。加上这一税种弹性较小,致使政界和学界广大人士将其忽略了。20 世纪 50年代中期至 60 年代晚期,地方财力差距不断拉大的关键在于营业税收入分布的参差不齐。

营业税依托工商业部门加以征收,从而导致人口密集、城市化水平高、工业生产强劲的地方辖区在财力方面遥遥领先于那些以农业生产为主的非工业化地区。在数万个城镇中,"人均 GDP 从多特蒙德的 15050 马克、埃森的 15850 马克和杜伊斯堡的 18520 马克到法兰克福的 31680 马克、杜塞尔多夫的 26100 马克和斯图加特的 25700 马克;人均税收潜力从多特蒙德的389 马克到法兰克福的 730 马克"③。通过人口密度也可以体现出地区间的分化,"工业发达的北莱茵-威斯特法伦州乡镇平均人口为 45000 人,黑森为 14000 人;而农业区域集中的石勒苏益格-荷尔斯泰因、莱茵兰-普法尔茨分别为 2400 人、1700 人。"④富裕的市镇一方面为居民提供满足其效用的公共产品,一方面维持较低的征税基准,以诱导公民迁入该地进而强化当地竞争力。与之相反,某些经济贫弱的市镇却遭遇到了常住人口不断下滑和竞争力持续衰退的困境。

面对基层在财力上的显著差异,有关人士指出实行财政均等化措施已迫在眉睫。众多切身权益受损的地方政府为了形成舆论压力,相继结成政府间协会和政治联盟,希望通过集体施压的方式来表达自身的利益诉求。

---

① 参见朱秋霞:《土地税收入在德国市镇财政中的作用》,《税务研究》2006 年第 7 期。

② 胡康大:《欧盟主要国家中央与地方的关系》,中国社会科学出版社 2000 年版,第 219 页。

③ [德]韦·阿贝尔斯豪泽:《德意志联邦共和国经济史:1945—1980 年》,张连根等译,商务印书馆 1988 年版,第 167 页。

④ [德]赫尔穆特·沃尔曼:《德国地方政府》,陈伟等译,北京大学出版社 2005 年版,第 39 页。

德国横向政府间关系凭借"政府间协议"、"谅解备忘录"、"地方政府协
会"、"市自治团体协会"、"县议会协会"、"地区议会协会"等合作机制加以
保证,①相关组织对于促成联邦、州同地方政府进行对话和协商发挥了重要
作用。

(四)1969 年财政改革

1956 年通过的财政管理模式历经 13 年实践,其缺陷逐渐暴露出来。
基于长期以来共享税运转失灵、地方财力差距拉大、成员州建立起对地方的
拨款机制,三级政府围绕变革财政法律框架、缓和政府间纵向财政关系的摩
擦、降低过高的交易费用等事项取得了一致意见。1969 年,联邦议院、联邦
参议院先后通过了德国宪法修正案,自此制约政府间财政关系的法律框架
已整体定型。

1.全面整合共享税系统

宪法修正案决定将由联邦政府专享的增值税(即销售税)以及由地方
政府专享的营业税纳入共享税之中,并重新调整分配关系。增值税改由联
邦和州共享,按照年度政府间财税谈判所商定的比例进行分配。作为回报,
联邦对个人所得税和公司利润税的提成分别上升到43%、50%,州财政对两
税享受同等份额,地方政府出让 40%的营业税,以换取辖区内居民所缴纳
个人所得税的 14%。②

2.创设增值税预先平衡

联邦认为在州即将共同分享增值税的背景下,一方面要权衡各州增值
税的入账总额,另一方面要审慎决定其分配方式,这是 1969 年财政改革能
否成功的关键。当代财政学主张税收划分应遵循归属地原则,将货币返还
其来源之地域、行业和部门。然而受限于州间横向财力鸿沟日益扩大的事
实,两级政府达成妥协,决定采纳兼顾公平与效率的折中方案。州财政应得

①　参见林尚立:《国内政府间关系》,浙江人民出版社 1998 年版,第 253 页。
②　参见 Wolfgang Renzsch,"Financing German Unity:Fiscal Conflict Resolution in a Complex Federa-tion",*Publius:The Journal of Federalism*,1998,28(4):p.129。

增值税的 75% 按照人均税入均等加以平摊,25% 则由联邦政府主导用于创设增值税预先平衡。① 自 1951 年州际财政平衡体系建立以来,又一协调政府间横向财政关系的平衡机制正式确立,这标志着德国政府间横向转移支付机制最终得以健全。

3.实行与联邦赠款相伴随的协商办法

至 20 世纪 60 年代末,州政府对联邦任意向地方财政下拨赠款已极为反感,州认为即使赠款是不可或缺的,然而联邦无视州作为中枢层级的态度违背了合作联邦主义精神。由于长期以来各州无力节制联邦赠款的额度和流向,而相关州以越权为由向联邦宪法法院所提出的诉讼全部被驳回,以致联邦制下的"中央集权化"日益固化。州对于丧失部分财政制衡能力深感恼火,忧虑假以时日德国政府间纵向关系将演变为名副其实的代理结构模式。以 1969 年财政改革为契机,各州强烈呼吁以法律形式规制联邦赠款,并将其纳入统一的财政管理体系之中。为促使成员州出让更大比例的工资所得税、公司利润税以实现利益交换,联邦政府承诺有关赠款之事项将奉行两级政府协商一致的原则。联邦给予州和地方政府的赠款得到了各州认可,联邦和州将制定使用这些赠款的共同计划。② 根据新立法,联邦给予州和地方政府的赠款只能用于农业和地方基础设施建设、大学、地方运输、城市维修、廉价住宅和医院建设等领域,或用在短期稳定计划方面,联邦政府为经常性开支提供无条件转让或赠款的权力遭到了坚决抵制。③ 改革后联邦财政部不再向市镇的行政管理账户和财产账户划拨资金。为体现对联邦州作为国家执行枢纽的尊重,各种名目赠款一并归入州财政账户,继而听凭其裁定资金数额和用途。自此,联邦政府丧失了对地方政府最为重要的约

---

① 参见 Sven Jari Stehn, Annalisa Fedelino, "Fiscal Incentive Effects of the German Equalization System", http://www.imf.org/external/pubs/ft/wp/2009/wp09124.pdf, 2009。

② 参见[德]贝尔恩德·赖塞尔特京等:《德意志联邦共和国的中央和地方的关系》,载[英]伊夫·梅尼等主编:《西欧国家中央与地方的关系》,朱建军等译,春秋出版社 1989 年版,第122 页。

③ 参见[德]贝尔恩德·赖塞尔特京等:《德意志联邦共和国的中央和地方的关系》,载[英]伊夫·梅尼等主编:《西欧国家中央与地方的关系》,朱建军等译,春秋出版社 1989 年版,第122 页。

束手段,代理结构模式诱发的政府职能危机被化解。

4.完善法制机器

尽管《基本法》提供了若干调控府际财政关系的专门条款,《联邦财政法》也对密切政府间纵向关系、保持府际关系的动态平衡意义甚大。然而截至1969年,其法律体系已难以适应多元行政主体互动的要求,亟须完善。"除了先前制定的《经济稳定与增长促进法》外,1969年宪法修正案引入了平衡预算并允许旨在投资目的的借款,这一规定适用于联邦政府及其所有预算项目。"

5.财政计划委员会充当府际财政关系协调机构

慑于最高司法机关在处理各级财政机构间关系方面所表现出的不适应,德国政界逐渐形成了共识,应设置全新的府际财政关系协调机构。在广泛听取政界和学界人士所提出的建议的基础上,财政计划委员会横空出世。"财政计划委员会以联邦财政部长作为主席,成员包括11名州财政部长和4名经联邦参议院选择的地方代表,此外1名来自德意志联邦银行的代表以顾问身份参会。"①国家中央银行的代表进入政府间财政关系协调机构的做法在欧洲各国较为罕见,这主要基于在德国社会市场经济模式下,联邦银行有权独立制定国家的货币和汇率政策的事实,央行对财政状况所提出的意见和建议具有毋庸置疑的权威性。同时,财政状况与宏观经济政策存在难以割舍的联系,平日忙于具体行政事务的政府官僚很难掌握相关背景知识,然而央行代表的与会弥补了这一缺憾。该机构的主要功能是,"为市镇制定一个使地方财政计划有可能充分比较和统计的统一体制,确定适应国民经济和社会发展需要的预算计划,为市镇制定财政计划创造条件,投票通过各地方政府符合景气政策的预算,为各项公共任务做中期计划,并确定符合宏观经济需要的公共任务之内容与时间的重点,讨论与联邦、州和市镇有关的财政经济问题。"

---

① Jan Werner, Anwar Shah, "Fiscal Equalization in Germany", http://info. worldbank. org/etools/docs/library/2411 16/FiscalEqualisationInGermany.pdf.

第三节　合作联邦制时期西德的府际
财政关系（1969—1990 年）

本节参考西德政党政治的发展，以 1982 年为节点将其分为前后两个时段。1969 年至 1982 年由社会民主党和自由民主党联合执政，勃兰特、施密特先后任内阁总理；1982 年至 1990 年由联盟党（基督教民主联盟、基督教社会联盟）和自由民主党共同执政，科尔任政府总理。

一、1969—1982 年西德的府际财政关系

1969 年联邦议院选举以社会民主党取代掌权 20 年之久的联盟党并组建"红黄同盟"而告终，勃兰特、施密特先后任总理期间推行了一系列改革措施：推行凯恩斯主义的干预型经济政策，建立联邦卡特尔局以强力反垄断，实施劳资合议以扩大职工参与经济管理的民主权利，倡导"新东方外交政策"以缓和东西德之间和两大阵营之间的敌对关系。其显赫政绩在于创建社会福利国家，正是这种社会福利国家建设保障了国内和平与政治稳定，为经济发展创造了宽松有利的条件。"这种凯恩斯主义国家——社会福利国家模式被人们称为'莱茵资本主义模式'"[1]，它使得"社会福利国家政党"的形象成为社会民主党的标志所在。[2]

社民党在政党光谱中属于左翼，其施政重点在于充分发挥"看得见的手"对国民经济的干预和调控，以克服遵从个人自由、市场竞争、经济效率的自由放任型模式所导致的社会不公正现象，并着力强化社会保障体系。社民党自 20 世纪 60 年代末至 80 年代初推行了例如退休年龄弹性规定、企业雇员养老和独立经营者的养老保险、农民法定医疗保险、新的青年劳动保

---

[1]　张世鹏：《历史比较中的欧洲"第三条道路"》，《欧洲》1999 年第 2 期。

[2]　参见[德]托马斯·迈尔：《社会民主主义的转型——走向 21 世纪的社会民主党》，殷叙彝译，北京大学出版社 2001 年版，第 38 页。

护法、重新调整家庭子女补助金、提高战争受害者的抚恤金、严重残废者的康复措施和就业优先权等诸多政策以保护社会中下阶层的利益。

(一)共享税系统有效运转

1969年宪法修正案成为继1956年财政改革之后的又一次重大制度变革,自此将三级行政主体纳入利益统合体的共享税机制日益促成了各级政府围绕财政事务进行沟通、协商和合作。1969年至今,共享税成为德国各级各类政府税入的主要来源。需要阐明的是联邦、州两级财政收入的主体取决于税收,因此共享税划拨的资源占其可支配财力的比重偏高;而地方政府的财力构成相对多元,税入仅占4成左右,导致其对共享税系统的依赖程度稍低一些。

保持和谐的府际财政关系的关键在于联邦、州能否彼此尊重对方的利益,"现代治理不是简单的事情,经常需要各级政府采取协调战略,以便有效达到政策目标"①。换句话说,应摒弃零和博弈,代之以双赢战略。分歧出现在如何分配增值税——"联邦声称在1970年应得到75%,州宣称至少获得31%或32%,并且各州对于多大比例的增值税用于弥合财力差距尚存在矛盾。"直到联邦政府同意提供无条件拨款以换取各州同意削减增值税的分成份额才打破僵局。1970年、1971年联邦、州两级财政按70%:30%分账;1972年、1973年联邦与州各得65%、35%;1974年联邦降至63%,州增至37%;1975年、1976年、1977年双方大致以68%:32%达成妥协;1978年、1979年、1980年、1981年、1982年,联邦、州各获得67%:33%的比重,在此期间略有微调。② 综观本阶段增值税的分配,两级政府基于降低府际关系的交易费用竭尽全力避免无休止的资源争夺战,双方本着互谅互让、利益均沾的关系准则妥善地处理了各种争端。就现实的可支配财力来说,尽管从1975年到1980年间州的收益率仅仅提高了1%,但其并无额外负担因

---

① [澳]布莱恩·R.奥帕斯金:《联邦制下的政府间关系机制》,黄觉译,《国际社会科学杂志(中文版)》2002年第1期。

② 参见Thomas Lenk, "Reform of the Financial Equalization Scheme in Germany:A Never-Ending Story?",http://www.africa.fnst-freiheit.org/publications/liberal-institute/56-lenk-foed.korr.pdf.

此属于纯增长。联邦政府除了支付名目繁多的赠款外,还承担着上缴欧盟财政的国际货币职能,其资金来自联邦政府所分得的增值税,进而对其组织经常性收入的能力构成了挤占效应。而对工资所得税、公司利润税的划分就简单多了,采取100%刚性制度规范,无须通过年度谈判和协商。在此期间唯一的变动发生在1980年(见表2-1)。

表2-1　工资所得税、公司利润税的分成比例

	1970—1979 年		1980—1982 年	
	工资所得税	公司利润税	工资所得税	公司利润税
联邦	43%	50%	42.5%	50%
州	43%	50%	42.5%	50%
地方	14%	——	15%	——

数据来源:Benno Torgler,Jan Werner,"Tax Morale and Fiscal Autonomy:Evidence from Germany",*Public Finance and Management*,2005,5(4):p. 463.

市镇政府成为1969年改革的最大受益者,让渡营业税的40%来交换工资所得税的14%似乎不利于地方财政,然而后者的征收额高居德国所有税种的榜首,其规模远在营业税之上。自此,地方税收打破了长期依赖营业税和房地产税的局面,逐渐建立起了地方储备的雄厚基础,并有效地填补了日益加剧的区域间资源鸿沟,增强了市镇进行区域竞争的实力。例如"1970年营业税、所得税各占地方年度税入的42.7%、37.8%,随后前者的重要地位日益被后者所取代,截至1981年双方对比为39.7%、44.8%"[1]。显然地方税收的构成已经产生了转折,工资所得税和营业税的搭配取代了早先的营业税和房地产税组合。为提升所得税的征收量,市镇唯有积极主动地参与政府间横向竞争以吸引更多公民定居本地,大力优化生活质量、改善环保水平、加强基础设施建设、提高公共服务能力以强化地方治理绩效。

共享税将制度的刚性和灵活性融为一体。"制度是人之行动的结果

---

① Robert Bennett,Günter Krebs,"Local Government Finance in Germany",John Gibson,Richard Batley,*Financing European Local Governments*,London:Routledge,1993,p. 43.

(博弈的结果),其内涵包括有形组织、集体共享的行为方式、消极标准和约束三个方面。"①共享税的设计初衷在于扩展各级政府利益的交集,以密切府际关系、保持政治资源分布的动态平衡。为达到这一目标,绝对不能将所有税种置于周期性谈判的框架之内,应对工资所得税、公司利润税、营业税的划分作出确切规定,以免于因制度真空所引发的政府间争端。量化提成比例使利益相关方的注意力集中在尽可能使相关税种最大化,这同"大饼原理"相吻合。自 1969 年形成标准的共享税机制以来,一共只发生了三次局部变动(1980 年、1984 年、1998 年),这就保证了财政结构的总体稳定。"制度化是组织和程序获取价值观和稳定性的一种进程"②,生成稳定的制度是特定结构获取合法性的理想路径,也有助于缩减因组织动荡而引发的交易成本。刚性的对立面是灵活性,在此不妨逆向思维,为何不实施完全刚性的共享税体系呢?若将增值税的划分设计为恒定比例,那么共享税体系实质上蜕变为分离型模式。该体制的最严重弊病在于难以有效地在各级政府之间配置和调拨财政资金,不能真正体现财权与事权相匹配的原则。一方面必使交易成本最小化,另一方面须留存适度弹性,解决方案唯有将增值税纳入协议划分体系。

(二)联邦财政赤字急剧膨胀

首先,受社民党执政时期推进莱茵资本主义模式建设的影响,联邦开支逐年攀升,带动其在政府总支出中的系数迅速上涨。其次,因勃兰特为应对战后第一次经济衰退、施密特为回应第四次中东战争引发的石油危机以及 20 世纪 80 年代初弥漫资本主义世界的最大经济灾难而制定的反危机政策进一步恶化了联邦收支形势。

全国财政支出占 GDP 的比重在这一阶段猛增,"1970 年尚为 38.4%,其中联邦、州、地方各占 13.8%、11.2%、7.1%;时至 1980 年已达 48.0%,其

---

① 杨龙等:《论制度的结构、功能与绩效》,《理论与改革》2006 年第 2 期。
② [美]亨廷顿:《变化社会中的政治秩序》,王冠华译,生活·读书·新知三联书店 1989 年版,第 12 页。

中联邦、州、地方各占 16.3%、14.0%、7.9%"①。与繁重的开支形成鲜明对比的是,在此期间国家税收增速缓慢,"德国年度税收占 GDP 的比重仅仅从 1969 年的 34% 提升至 1982 年的 37%,其涨幅甚至低于 OECD 成员国的平均值"②。开支的增长速度超过了政府提取资源的能力,迁延日久由于入不敷出所导致的赤字也愈演愈烈。"财政赤字率自 1970 年开始缓慢上升,虽然 1972—1973 财年有所下降,但是随后一路飙升,1975 年突破 6% 峰值。"施密特内阁虽大力推动社会福利国家的改革,然而截至 1980 年、1981 年其赤字率仍然高达 4.9%③、3.8%④,未能满足欧盟财政委员会设立的 3% 达标线。面对赤字财政的窘境,社民党既无意削减政府经常性开支项目,也不愿意增加社会各阶层的税负,因此借债成为唯一可行的政策方案。值得注意的是,战后西欧国家排解赤字险境的方案均殊途同归,高额国债和高赤字率形成了正比例关系。德国国债率曾经在相当长的历史时期内处于低水平,"1970 年仅有 17.88%,其中联邦、州、地方各占 6.94%、3.98%、5.79%,此后呈现出快速增长之势,至 1975 年达到 24.11%,其中联邦、州、地方各占 10.22%、6.32%、6.96%,至 1980 年已达 30.87%,其中联邦、州、地方各占 15.34%、9.07%、6.25%"⑤。

联邦财政赤字居高不下对德国的经济和社会发展造成了压力,削弱了国家的正常储备水平,降低了联邦宏观调控公共危机的能力,剥夺了政府有效运用财政和货币工具来支持长期经济增长的潜力。更为重要的是,联邦财政

---

① Dieter Vesper, "Fiscal Policy Stabilisation in a Federal State: Germany's Experiences in the 1990s", *Economic Bulletin*, 2000, 37(12): p. 396.

② Christian Lammert, "Modern Welfare States under Pressure: Determinants of Tax Policy in a Globalizing World", http://www.trpp.org/wp/archive/wp2004-01.pdf, 2004, p. 3.

③ 参见 W. Franz, "Fiscal Policy in the Federal Republic of Germany", *Empirical Economics*, 1990, 15(2): p. 25。

④ 参见 Ullrich Heilemann, Wolfgang H. Reinicke, "Together Again: The Fiscal Cost of German Unity", *The Brookings Review*, 1995, 13(2): p. 42。

⑤ Florian Hoppner, Christian Kastrop, "Fiscal Institutions and Sustainability of Public Debt in Germany", http://www. bancaditalia. it/studiricerche/convegni/atti/publ_debt/session3/575 - 594_Hoppner_and_kastrop.pdf.

金融形势的恶化导致它面临政策资源不足和战略信心收缩的不利局面。

(三)各州围绕联邦赠款体系冲突频发

虽然联邦赠款必须经联邦政府与州合议其具体运用事项,但是在20世纪70年代,联邦的政策蓝图与各州的远景规划之间的对峙却并行不悖。在现行援助机制下联邦难以对市镇直接发号施令,却又难以容忍只扮演捐资者的身份。

由于作为市镇第二大税源的营业税较之工资所得税、房地产税更容易受到宏观经济周期波动的干扰,以致表现出显著的非均衡起落,因此地方财政应对1973年石油危机和1980年经济衰退的抵抗力要远逊于联邦和州。地方财政联合会在面对1980年的战后最大经济衰退之时,希望唤起全国舆论对市镇的关注和同情,呼吁再次修宪以让渡更高比例的工资所得税,同时建议联邦和州加大赠款和纵向财力平衡的下拨力度,旨在挽救濒临崩溃的地方财政。最终联邦、州给予的回应却出人意料——工资所得税的配额仅仅上调了1%,营业税的自留却上涨了15%。地方领导人早先希望通过高额所得税以弥补财政亏空的愿望落空,相反受到商业环境循环影响的营业税的提留额竟大比例上涨,从此经济危机对德国地方政府所造成的影响远比联邦和州显著,这一趋势深刻左右着20世纪90年代乃至21世纪初的市镇发展和变迁。

"地方负债占国债总额的比重由1950年的1%跃升至1973年的37%"[①],捉襟见肘且债台高筑的市镇亟须依赖联邦赠款系统输血,联邦政府洞悉了这一千载难逢的变更联邦主义府际关系进而建构"单一联邦制"的机遇,明确表达了愿意对困难市镇解囊相助。州议会既为各地收支现状日益恶化而心急如焚,也对联邦妄图故伎重演"金色的缰绳"套牢各地而忧心忡忡。成员州一方面对财政部加大援助力度表示赞赏,一方面反复强调

---

① "Government Debt and Interest Payment Burden in Germany", http://www.bundesbank.de/download/volkswirt schaft/mba/2010/201004mba_en_government.pdf.

联邦赠款的使用决定权在于各州。联邦认同州所具备的行政管理能力和监管权,前提是州只能唯联邦之命是从,必须围绕其制定的具体政策(例如各种亚计划、调适性规划目标)行事。这意味着内阁的战略理念以职能型联邦制为底线,州沦为了高效率的纯粹执行工具。该议案遭到了 11 个州立场强硬的反对,1969 年财政改革引入的"协作联邦主义"固然给德国联邦制带来了重大变化,然而它加剧了类似"单—联邦制"的体系发展①,本质上依然是将各市镇同州相隔离开来。联邦政府迫于成员单位把持联邦参议院的"内在权力",不得不暂时放缓了将权力触角伸向地方的企图。时值 20 世纪 80 年代的经济大萧条背景下,内阁察觉到现行赠款机制严重违背了国家政策的一致性和决策过程的连贯性,转而演变为联邦对州的无偿转让,并服务于州对地方的控制和干预。20 世纪 80 年代,随着联邦财政景气指标频繁告警,其赤字率、国债率逐年攀升,为集中资源应对经常性大宗开支项目以维护行政机器的正常运转,主管部门决心在法律空当内有计划、有目的地削减拨款,并为来日经济向好之时全面补偿市镇留有余地。值得重视的是,联邦从未彻底废止赠款机制,因为上述举动牵涉重大的体制变迁,极易导致成员州在其他关键领域迁怒于联邦。更为关键的是,内阁只是期望以此为政治工具迫使各州让步而已。

(四)财政困境下地方行政区划发生变革

截至 20 世纪 60 年代晚期,县、市镇的区域边界仍在持续增长,"累计由24000 个平均人口规模约 2000 左右的市镇和 425 个平均居民人数在 60000上下的县所构成"②。保留众多的基层政权固然体现了尊重地方自治的法制传统和维持地方多样性的政治承诺,但是明显不利于优化社会管理、提升公共服务绩效。某些市镇的划界取决于历史传统和风俗习惯,这一既定事

---

① 参见 Carolyn Moore, Wade Jacoby, Arthur B. Gunlicks, "Introduction: German Federalism in Transition?", *German Politics*, 2008, 17(4): p. 396。

② Hellmut Wollmann, "The Two Waves of Territorial Reforms of Local Government in Germany", http://amor.cms.hu-berlin.de/~h0598bce/docs/hw2004-two-waves.pdf。

实往往与现代管理学所提倡的科学准则形成冲突。某些市镇受限于地域、人口、生产力水平等因素,以致围绕公共物品的供给衍生了规模不经济和外部性等问题,况且相邻地区间诱发机构重叠、职能交叉的几率大增。基于政府间纵向权力配置受到《基本法》的强有力约束,以致未经体制内协商难以变革的事实,适当地对政区边界加以整合是实现资源有效配置、平衡地区差距的必由之路。德国与同时期其他进行行政改革的欧洲国家相仿,其主导目标在于将破碎的基层社区整合为既有利于高效行政又便利于地方民主的市镇单位。"德国于 20 世纪 60 年代末酝酿,并延伸至 80 年代初的地方行政区划改革使市镇总数由 24000 个骤减为 8400 个左右,县由 425 个降为 237 个。"①

　　各地结合实际,秉承因地制宜的原则,逐渐打破了思维定式局限,开创出全新的区域行政模式。首选方式在于合并重组,即在原多个地方辖区内重开议会选举,推举出新的地方行政领导,其对议会负总责,执行属地自治事务以及继承联邦、州政府所委任的相关事项。该议会遵照直接民主制的规则,通过向全体选民开放以实现完全竞争。其次是联合的形式,即保留议会、兼职市长等原有政治单位,同时成立由成员市镇议会任命的委员会所领导的市镇联合会,并下设配备高素质人才的专门机构。②

　　这场耗时十余年的政区边界调整对德国府际关系的走向影响极深。首先,它构建了功能日益健全的基层行政单位,为实现公共产品供给的规模效应扫清了障碍。其次,市镇政府间横向关系得到了实质性发展,市镇合作体、县乡联合会、城市协会、乡镇圆桌谈话等府际关系协调机构如雨后春笋般涌现,为地方政府在国家政治舞台上进行"合纵连横"奠定了组织基础。时至 20 世纪 80 年代初,德国建立了纵横交错、绵延有序的政府间协商和对话网络,纵向权力分割被频繁、有效的横向磋商和谈判机制所屏蔽。"这是

---

① Hellmut Wollmann,"German Local Government under the Impact of NPM Modernization and New Direct Democratic Citizen Rights", http://www.uni–stuttgart.de/soz/avps/rlg/papers/Germany–Wollmann.pdf.

② 参见王勇兵:《德国地方政府治理及其改革与创新》,《中国行政管理》2006 年第 10 期。

一种受竞争和协商的动力支配的对等权力的分割体系,是一种我们一起来商讨的关系。"①其目标就是"扩大地方自主权,提高地方政府的地位,于是政府间横向合作就成为了政府联合行动的新型机制"②。

政区地理版图的变化呈现出明显的差异。工业发达、人口密集的中心城市、县更关注以合并的方式重定地方疆界;农业集中、幅员疏松的偏远乡镇更看重联合机制。县级改革较之在联邦州之间表现出多样性的乡镇改革体现出趋同化,县的数目从 425 个剧减为 237 个,总量大致减半。③

二、1982—1990 年西德的府际财政关系

20 世纪 80 年代初席卷资本主义世界的战后最严重经济衰退使德国的财政状况雪上加霜。"1980 年政府总债务仅占 GDP 的 31.7%"④,"1982 年财政赤字突破 GDP 的 4.5%,负债水平占 GDP 的近 40%"⑤。为挽救急剧恶化的财经形势,执政联盟内部展开了激烈论战。社民党力主在不触动福利国家的前提下采取借债、提高富裕阶层税率等手段填补亏空;自民党则反其道而行之,强调继续建设社会福利国家是不合时宜的,唯有大幅削减经常性开支方能缓解联邦财政的窘境。由于两党存在根本立场的分歧,导致最终分道扬镳。1982 年 9 月 17 日,"红黄同盟"宣告破裂。1982 年 10 月 1日,联盟党会同自民党一并递交对施密特内阁的建设性不信任案,最终基民盟主席科尔凭借联邦议院 496 票中的 256 票多数取代施密特组阁,以非正常方式终结了社民党的任期。⑥

---

① [美]理查德·D.宾厄姆:《美国地方政府的管理——实践中的公共行政》,九洲译,北京大学出版社 1997 年版,第 68 页。

② [澳]布莱恩·R.奥帕斯金:《联邦制下的政府间关系机制》,黄觉译,《国际社会科学杂志(中文版)》2002 年第 1 期。

③ 参见靳永翥:《德国地方政府公共服务体制改革与机制创新探微》,《中国行政管理》2008 年第 1 期。

④ "Gross Government Debt in the EU Countries, 1980–2003", http://www.lrz.de/~ces/Fiskal/Stabilitaetspakt%20 EEAG.pdf.

⑤ "Germany-the next Japan?", *Economic Outlook*, 2002, 27(1): p. 17.

⑥ 参见 Jeremy Leaman, *The Political Economy of Germany under Chancellors Kohl and Schröder: Decline of the German Model?*, New York: Berghahn Books, 2009, p. 30。

科尔政府于1990年10月3日两德统一前商定了卓有成效的大政方针,以应对财政危机,并恢复社会市场经济模式的活力,这一政策转型对府际财政关系的影响不容小觑。

(一)联邦紧缩预算以平抑高额赤字和国债

科尔上任后立刻调整了左翼社会民主主义的经济政策,启用收紧银根、严控信贷、打压预算基准等紧缩型财政政策以保证联邦政府的宏观经济调控能力和微观市场监管能力免受侵害。上述举动收到了立竿见影的效果。首先,近年来近乎停滞的GDP增速迅速反弹,1983年到1990年依次为1.9%、3.3%、1.9%、2.3%、1.7%、3.7%、4%、4.5%。① 虽然这一成绩较之德国的经济奇迹时期相去甚远,但仍然为世人所称道。其次,国家财力支出涨幅过快的趋势被扭转,直接体现在其占GDP的比重逐年下滑,1982年位于35.2%的峰值,1983年、1984年、1985年依次跌至34.0%、33.1%、32.7%,② 截至两德统一前更创下自20世纪70年代以来的最低纪录——31.2%。③ 再次,赤字率和国债率都被约束在理想的水平,国家在制定金融和货币政策时的回旋余地得以拓宽。1982年赤字率高达4.1%,1983年、1984年、1985年、1986年依次回落至3.4%、2.8%、2.0%、1.9%,④1987年、1988年、1989年、1990年仅为1.6%、1.7%、1.7%、1.8%,⑤1989年其绝对值仅为130亿马克,⑥几乎达到了同期发达国家的最佳水平。1982年国债率为37.6%,1983年、1984年、1985年、1986年、1989年、1990年依次为39.1%、39.9%、

---

① 参见朱忠武:《科尔政府时期德国经济稳定增长的原因探析》,《世界历史》1992年第4期。

② 参见 Gerhard Fels, Hans-Peter Froehlich, "Germany and the World Economy: a German View", Economic Policy, 1987, 2(4): p. 179。

③ 参见姚先国等:《两德统一中的经济问题》,科学技术文献出版社1996年版,第17页。

④ 参见 Martin Hellwig, Manfred J. M. Neumann, "Economic Policy in Germany: Was There a Turnaround?", Economic Policy, 1987, 2(2): p. 136。

⑤ 参见 Warwick J. Mckibbin, Jeffrey D. Sachs, Global Linkages: Macroeconomic Interdependence and Cooperation in the World Economy, Washington D.C.: Brookings Institution Press, 1991, p. 115。

⑥ 参见 Dieter Teichmann, Dieter Vesper, "The Budget 1993/94: The Change of Course Will Not Solve Germany's Fiscal Problems", Economic Bulletin, 1993, 30(9): p. 9。

40.5%、39.6%①、41.8%②、44%③,财政部门成功地兑现了 40% 的既定目标。同期 G7 成员国法国、美国、加拿大、日本的公债率约为 46%、53%、70%、70%,只有英国尝试将该指标由 1985 年的 53% 降至 1989 年的 37%。④在统一前,德国稳定地达到了《马斯特里赫特条约》趋同标准中关于成员国的赤字率和国债率不得超过年度 GDP 的 3% 和 60% 的财政稳定目标,⑤这在当时被欧洲各国视为不可思议的奇迹。

推行紧缩型预算表明德国扬弃了凯恩斯主义的经济发展战略。第二次世界大战后西欧各国深受罗斯福新政和马歇尔计划的影响,普遍采取了政府干预经济的方式来缓和经济波动对国内市场和民众生活所构成的压力,财政学界逐渐认可了政府的反周期职能。与此同时,扩张型财政政策的副作用也昭然于世。自 20 世纪 50 年代开始,相关国家的赤字率不断攀升,并屡创新高,国债规模迅速膨胀,在极端情况下甚至超过了某些国家当年的 GDP,以致某些国家处于破产边缘。德国一方面实行社会市场经济模式,一方面根深蒂固的国家主义思想导致国家应该大包大揽福利开支的观念深入人心,加上在社民党执政的 13 年间所奉行的左派经济政策更是加剧了上述倾向。最终,1982 年科尔政府上台后决心重拾自由主义的经济政策。

(二)州财权呈扩大之势

20 世纪 80 年代席卷欧美的新公共管理运动强烈地冲击了以官僚制为支柱的德国行政体制。正像奥斯本和盖布勒所说,"工业时代发展起来的

---

① 参见 Martin Hellwig, Manfred J. M. Neumann, "Economic Policy in Germany: Was There a Turn-around?", *Economic Policy*, 1987, 2(2): p. 136。

② 参见 Michael Münter, Roland Sturm, "Economic Consequences of German Unification", *German Politics*, 2002, 11(3): p. 184。

③ 参见 Alfred Greiner, Willi Semmler, "The Maastricht Criteria and Sustainability of German Fiscal Policy", *Annuals of Public and Cooperative Economics*, 2001, 72(2): p. 272。

④ 参见 Deutsche Bundesbank, *Entwicklung der Staatsverschuldung Seit Mitte der Achtziger Jahre*, Monatsbericht: Deutsche Bundesbank, 1991, SS. 32-42。

⑤ 参见 Helmut Seitz, "Fiscal Policy, Deficits and Politics of Subnational Governments: the Case of the German Länder", *Public Choice*, 2000, 102(3-4): p. 185。

政府机构,具有迟缓、中央集权的官僚体制,专注于各种规章制度及其层叠的指挥系统,这些机构变得臃肿不堪、浪费严重、效率低下……在变化迅速、信息丰富、知识密集的新经济时代已不能有效运转。"①由于国内外环境高度复杂,迫使联邦政府不得不正视在面对前所未遇的决策难题时单纯依靠扩大政府编制的方式将徒劳无功,只有将部分决策权和执行权一并下放给各州及其外围行政部门,才能使其从容应对府际治理的挑战。此外,经过近四十年的政治实践,联邦制结构业已根深蒂固,没有任何力量能够阻止联邦主义理念对政府的决定性影响。而纳粹的独裁统治和中央集权制的渐行渐远也让越来越多的年轻人在文化和心理层面与之疏远,一套真正符合民主政治要求的行政文化在全德境内广泛传播,扫除了封建专制势力的生存土壤。② 联邦遂将相关事权的决策、执行和监督职能及其责任机制以"打包"的形式转让给成员州,希望以此来改善管理绩效,培养领导人的战略规划能力。联邦财政部依据财权事权相匹配的原则,承诺进一步调整财政资源的分布以适应分权化改革的需要。

　　尽管"黑黄同盟"致力于通过大幅压缩政府支出来弥合赤字裂痕,但是仍然在一定程度上对州财政给予补贴。这一趋势直观地体现在税收的分配上,1985 年联邦、州、地方所得的比例为 51.1%、34.9%、14.0%,③1986 年三级政府的分享比重调整为 49.8%、36.0%、14.2%,④1987 年为 50.2%、37.0%、12.8%,1988 年为 49.9%、37.0%、13.1%,⑤1989 年各级财政的划分

① ［美］戴维·奥斯本等:《改革政府——企业精神如何改革着公营部门》,上海市政协编译组译,上海译文出版社 1996 年版,第 12—13 页。

② 参见［美］劳伦斯·迈耶等:《比较政治学——变化世界中的国家和理论》,罗飞等译,华夏出版社 2001 年版,第 204—222 页。

③ 参见裘元伦:《稳定发展的联邦德国经济》,载裘元伦主编:《裘元伦文集》,世纪出版集团、上海辞书出版社 2005 年版,第 65 页。

④ 参见 Rüdiger Voigt, "Financing the German Federal System in the 1980s", *Publius: The Journal of Federalism*, 1989, 19(4):pp. 103—109。

⑤ 参见财政部税收制度国际比较课题组:《德国税制》,中国财政经济出版社 2004 年版,第 42 页。

比例为 51.3%、36.2%、12.5%。① 州财权得以扩大的关键在于增值税配置向自身倾斜,科尔总理上任之初就赞同将州的份额上调 2%。② 1982 年联邦和州的分配比例为 67.5%：32.5%,1983 年变为 66.5%：33.5%,③1985 年双方按照 65.5%：34.5%提成,④1986 年州获得 35%的增值税并一直延续到 1992 年。⑤

在此需要阐释两点。第一,联邦放权让利的底线在于应确保对州财政实力的相对优势,这主要基于联邦所担负的职能无论在广度还是深度上都更加重要的事实。执掌国民经济的宏观走向,并协调区域间的利益纠纷都需要充实的联邦财力作为保证。第二,在经历分权化改革后,府际纵向支出结构大致变更为 45%、35%、20%⑥(如 1985—1990 年间为 44.0%、35.2%、20.8%⑦) 。该组数据同收入分配的横向对比不难发现,德国的财权下放略微滞后于事务性分权,绝非 100%的财权事权相对应。再者,转让事权有助于分散联邦相对集中的财政负担,从而专注于法律和政策的制定。

(三)州成为府际转移支付体系的重心

首先于 1951 年推行州际均衡体系,然后在 1969 年创设增值税预先平衡体系,这标志着德国横向财力均衡体系的最终成型。同时以联邦赠款为基础衍生出纵向转移支付制度,自此德国赖以维系相互依存型府际关系的

---

① 参见 Pantelis Capros,Daniele Meulders,*Budgetary Policy Modelling：Public Expenditures*,London：Routledge,1997,p. 187。

② 参见 Hartmut Klatt,Arthur B.Gunlicks,"Forty Years of German Federalism：Past Trends and New Developments",*Publius：The Journal of Federalism*,1989,19(4)：p. 194。

③ 参见财政部税收制度国际比较课题组:《德国税制》,中国财政经济出版社 2004 年版,第 41 页。

④ 参见 Rüdiger Voigt,"Financing the German Federal System in the 1980s",*Publius：The Journal of Federalism*,1989,19(4)：p. 105。

⑤ 参见 Arthur B. Gunlicks, "German Federalism After Unification：The Legal/ Constitutional Response",*Publius：The Journal of Federalism*,1994,24(2)：p. 85。

⑥ 参见陈志斌:《德国政体教程》,华东师范大学出版社 2007 年版,第 519 页。

⑦ 参见 Dan Stegarescu,*Decentralised Government in an Integrating World：Quantitative Studies for OECD Countries*,Heidelberg：Springer Science & Business,2006,p. 196。

核心制度得以健全。

"1986 年以前,各州间横向财政平衡的规模基本稳定在 11 亿—13 亿欧元,同期联邦对州的直接拨款却在 9 亿欧元以下。"[①]1986 年之后双方均有所涨幅,1987 年、1988 年、1989 年、1990 年前者约 16.36 亿、17.18 亿、17.97 亿、20.57 亿欧元,后者为 9.08 亿、12.32 亿、13.59 亿、15.33 亿欧元。[②] 横向转移支付相较于纵向财政平衡的地位更加重要,如何解释这一现象呢?首先,各州的财力差异较轻,以横向平衡体系为主并辅之以联邦补充拨款足以实现各州间生活水平的一致和区域的均衡发展。例如 1970—1981 年间,北莱茵-威斯特法伦、巴登-符腾堡、黑森、汉堡等州承担资金流出义务,先后拨付了 12.15 亿、12.89 亿、15.56 亿、16.26 亿、19.10 亿、18.44 亿、19.57 亿、22.92 亿、22.65 亿、24.86 亿、21.78 亿、24.77 亿马克;而巴伐利亚、下萨克森、莱茵兰-普法尔茨、石勒苏益格-荷尔斯泰因、萨尔、不来梅等州享受资金的转入,[③]其绝对值的确微乎其微。其次,成员州希望借助府际横向联动以巩固自身的法定地位。慑于联邦各部自 1949 年建国以来高度垄断决策和立法权,并数次借助财政危机干预和插手各州内部事务的前车之鉴,州为防止被"金色的缰绳"所套牢,以致对联邦下拨的赠款保持了高度警惕。再次,当时正值科尔政府倾全力确保"减肥疗法"的功效,进而紧缩型预算政策也在一定程度上弱化了纵向财政平衡机制的效用。时过境迁,1990 年10 月 3 日两德统一后,联邦政府为兑现之前对东德所作出的承诺,不得不投入巨额款项,全国财政支出屡创自第二次世界大战结束以来的新高。

(四)市镇在财政支持下稳定发展

在经历多次改革后,德国地方政府以税收、服务性收费、联邦或州的拨款和赠与、售卖资产所得等为主体的财政来源结构日益固化。1985—1990

---

① 王玮:《中国能引入横向财政平衡机制吗? ——兼论"对口支援"的改革》,《财贸研究》2010 年第 2 期。

② 参见朱秋霞:《德国财政制度》,中国财政经济出版社 2005 年版,第 205 页。

③ 参见 Klaus Von Beyme,"West Germany:Federalism", *International Political Science Review*,1984,5(4):p. 389。

年地方参与全国税收分配的格局稳定在 13.4% 左右,[1]同期市镇税收占本级行政管理账户的 39% 左右。[2] 由此可见,市镇税入在这一阶段的运行较为平稳。

区划改革所倡导的合并或者联合的路径对于拉近地区差距、促进和谐发展颇有成效。某些富裕地区同贫弱地区的合二为一本身就蕴含着追求平衡的属性,新建的基层单位频繁采用资源内部转移的方式来谋求各方利益的均等化。总量骤减的市县乡镇在提供公共物品方面更易于实现"帕累托最优",以此为契机,20 世纪 80 年代成为德国地方服务型政府建设的源起和发端。

环绕着大型工商业城市形成了众多环境优美、生活条件舒适的生活区,20 世纪 80 年代的基层社会迎来了发展的黄金阶段。这同 1969 年宪政改革之前的历史大相径庭。营业税占据乡镇税收的主体导致居民区的财政实力远远逊色于工业化城镇,倾全力建设社区的主张同公共选择理论相违背。峰回路转,所得税时代的乡镇竭力招揽居民从环境污染严重、生活质量堪忧的其他县市迁入本地居住,并提供优质的公共服务,导致大城市周边地带星罗棋布地分布着众多卫星城。所得税的多寡取决于辖区内的常住人口规模,由于国民的工作地和居住地往往不重合,造成公民在申报税收和登记财产时更愿意选择市镇而非大城市作为居住地,进而所得税收入被划归居住地的行政管理账户。"用脚投票"理论驱使各地争相开展吸引常住人口的府际竞争,这推动了基层政府之间的制度扩散和政策学习,有利于改善治理能力。

此外,作为市镇第二大税收来源的营业税历经 1980 年、1984 年的两次微调(地方所得从 1969 年的 60% 提升到 1980 年的 75%,并于 1984 年定格在 85%)。地方领导人虽然顾虑营业税受制于经济周期容易呈现出摇摆不定的状态,但是仍然"笑纳"了这笔联邦和州自主舍弃的税源。此时此刻尚

---

[1] 参见 Dan Stegarescu, *Decentralised Government in an Integrating World*: *Quantitative Studies for OECD Countries*, Heidelberg: Springer Science & Business, 2006, p. 196。

[2] 参见朱秋霞:《德国财政制度》,中国财政经济出版社 2005 年版,第 171 页。

无人能够准确预知两德统一的重大变故以及此后 10 余年急转直下的财政收支形势将把地方政府置于何等难堪的境地,但是不断积累的自治经验为东德地区进行制度革新储备了大批行政专家。在历史悠久的联邦制传统下,官员应该怎样进行决策和执行,相关经验需要前者向东部 5 州的官员加以传授,以实现后者由中央集权制下的官僚向议会民主制下的领导人成功转型。①

---

① 参见 Hellmut Wollmann,"Local Government and Politics in East Germany", *German Politics*,2002, 11(3):pp. 153-178。

第三章　统一以来德国的府际财政
关系(1990年至今)

　　20世纪80年代末、90年代初是人类历史的重大转折,战后历时40余年的美苏两极对峙和冷战格局轰然解体。随着东欧剧变、苏联解体,东西两个德国的命运再一次站到了"历史之窗"的面前,受到世人的密切关注。由于德国问题与欧洲大陆的和平、安全和福祉密切相关,[1]一个统一的德国对欧洲来说过于强大,以致周边国家不得不小心应对这个欧洲历史的大转折。[2] 1990年初,在东德举行的民主选举中,受到西德支持的基督教民主联盟上台执政,东西德正式举行统一谈判,"并签署了关于建立经济、货币与社会联盟的政府间官方协定"[3]。该条约标志着东德将在政治、经济、社会、文化等方面全方位地并入西德,这是在民族国家的历史上极其罕见的整体吞并型统一模式。1990年10月3日,东德遵照双方谈判所商定的结果,以西德宪法——《基本法》为总纲领整体并入了西德,顺利地完成了德国统一的"历史大戏"。从此,德国政府与政治进入了新的发展阶段,导致其府际财政关系也呈现出发展的新趋势。

---

① 参见 Glaessner Gert Joachim, *The Unification Process in Germany: From Dictatorship to Democracy*, London: Pinter Publishers, 1992, p. 18。

② 参见 George F. Kennan, "Disengagement Revisited", *Foreign Affairs*, 1959, 37(2): p. 196。

③ 夏路:《复合权力结构与国家统一模式——对越南、德国、也门的比较研究》,中国社会科学出版社2011年版,第59页。

第一节　适度集中、相对分散(财政纠缠)模式下的政府间事权与支出划分

在统一后,德国奉行以合作联邦主义、职能型联邦制为基本框架的制度模式。一方面,联邦政府需要积极地支持东部 5 州的重建运动。另一方面,德国政府需要适应地方自治和公民社会(如 NGO、绿色和平抗议、环境保护运动)的发展,积极打造"伙伴型"府际关系已显得迫在眉睫。多种合力导致德国的府际财政关系需要转型,建构"适度集中、相对分散"型的财政管理体制。首先,适度集中表明联邦政府在国家财力格局中应具有总量和比例的双重优势。以统一初期的增值税分配关系为例,在 1993、1994 财年,联邦均获得了 63%,1995 财年获得 56%,1996、1997 财年减为 50.5%。[①] 以联邦财力占全国财政的比例而言,德国处于 60%—69% 这一区间,大致与日本、丹麦和印度等国相当。[②] 其次,相对分散意味着基于政治互信的原则,赋予成员州和基层市镇以"财政大饼"的较大分块。

《基本法》明确规定德国实行三级政府体制,联邦、州和地方拥有独立的职权领域,为了履行以支定收、以收抵支、收支对应(即财权与事权相统一)的财政管理原则,各级政府都设置了职责与功能、权利与义务相对应的财政管理部门。在制宪者的视野中,府际财政关系应该兼顾各级政府的利益需求,确保宪法赋予它们的各项权力能够获得充分保障,并实现政府间协调机制的顺畅,最终为德国的相互依赖型府际关系模式"保驾护航"。"适度集中、相对分散型财政关系具体表现为管理权适度分散和控制权相对集中二者相结合的事权划分和财力支出模式。"[③]此外,德国联邦制的一大特

---

① 参见[德]莱蒙德·谢德曼:《德国政治概况》,学林出版社 1999 年版,第 82 页。

② 参见杨之刚:《公共财政学:理论与实践》,远东人民出版社 1999 年版,第 533 页。

③ Bertelsmann Stiftung, *Bürger und Föderalismus-Eine Umfrage zur Rolle der Bundesländer*, Gütersloh: Bertelsmann Stiftung, 2008, S. 19.

色在于为各级各类政府机构设置了众多事权领域相关的共同任务、委任事项以密切政府间关系,保持府际关系的动态平衡,贯穿从联邦到地方的政策流程,对此《基本法》载有明文。

一、联邦政府的事权与支出

《德意志联邦共和国基本法》第八章"联邦法律之执行与联邦行政"专门阐述了联邦政府的各项事权领域,具体包括:"外交事务、联邦财务行政、联邦水路与航运、涉及范畴超越一邦地域的社会保险事务(具体如医疗保险、护理保险、失业保险、养老保险、工伤保险)、为国防而建立的武装部队(联邦国防军)及其使用、空运行政、联邦铁路运输行政、联邦邮政与电讯勤务、主宰国内货币业务的联邦银行体系、国有水路与航道、国有高速汽车道路及国有公路、国家紧急状态下的各项行政事务等。"①此外,大型科学研究计划和科学发展事业,"主要包括核能源、外层空间、航天技术、海洋等方面的开发研究以及数据处理领域的技术和研究"②通常也由联邦财政负担。由于合作联邦主义和职能型联邦制的束缚,为了适应各级政府除专有立法权之外的立法愿望,《基本法》在第91a 条、第91b 条增设了政府间的纵向共同任务,即确保地区经济结构的完整、农业区域经济结构的完备、边境州/边境城市等边境地带的建设与维护、海港州/海港城市等沿海地带的海岸防护工程的修建与维护、(旨在争夺面向 21 世纪的核心竞争力以及构筑面向未来的可持续发展的)教育/科学/研发事业、高等院校及其校舍的建设与维护……对于相关特殊领域的支出应如何分配大致遵循下列原则:"如果州政府承接了由联邦转嫁的委任事项的话,那么后者须无条件地向前者支付全部开支所需;如果承担了共同任务的话,那么基于联邦制下的相互信任原则,由相关各方共同出资(通常对半分摊)加以应付。"③

---

① 《德意志联邦共和国基本法》中译版,http://gongfa.org/html/gongfawenxian/20090507/387.html。

② 财政部税收制度国际比较课题组:《德国税制》,中国财政经济出版社 2004 年版,第 29 页。

③ H. Scheller, J. Schmid, *Föderale Politikgestaltung im Deutschen Bundesstaat-Variable Verflechtungsmuster in Politikfeldern*, Baden-Baden:Nomos,2008,S. 158.

从上述事权架构中不难看出制宪者针对联邦政府的功能定位遵循了以下规律。第一,事关德意志民族国家的统一,保障国家主权、安全和领土完整的政治功能(如外交、国防事务)客观上只有联邦政府能够承担,相关功能的顺利履行需要国家最高权威的鼎力支持。此外,受益范畴遍及全国所有人口的公共产品理应由联邦财政支付。第二,具有跨区域治理特征的经济和社会事务容易引发外部性、搭便车和规模不经济等诸多问题,同时不具有行政隶属关系的同级政府部门之间容易政出多门,滋生推诿扯皮等现象。这些领域的管理活动费时费力,往往是各级各类政府部门不想管、不能管、不敢管的"公共池塘",它对公权力的介入提出了威望和效力的双重挑战。按照国际惯例,这副重担只能由最高级政府"一肩挑"。第三,同国家的政治、经济、社会、文化的长远发展存在密切关系,具有极其显著"正能量"的重大科学研究和技术探索方案。现代政治学揭示,随着科学技术的日新月异,政府内部的权力正逐渐由传统官僚向技术官僚的手中转移。事实上,科学技术的发展并非 100%地取决于科学家自身的知识创新活动,而逐渐由政府的权力和资源所主宰。为了推动前沿科学研究和高端技术创新所需要的人力、物力和财力绝非一般社会团体、企事业单位、非政府组织所能承担,这就为中央政府或者联邦政府提供了扩充"权能领地"的土壤。实践证明,它适应了新公共行政和新公共管理运动以来政府集权的需要。

表 3-1　德国联邦政府的财政支出结构(2008—2013 年)(单位:亿欧元)

年份	2008	2009	2010	2011	2012	2013 (预计)
一般性公共服务	503.94 (17.9%)	533.57 (18.3%)	542.27 (17.9%)	544.07 (18.4%)	665.42 (21.7%)	729.49 (23.5%)
经济合作与发展	49.93 (1.8%)	56.46 (1.9%)	58.87 (1.9%)	59.31 (2.0%)	62.43 (2.0%)	61.81 (2.0%)
国防	299.99 (10.6%)	313.20 (10.7%)	317.07 (10.4%)	317.10 (10.7%)	332.47 (10.8%)	328.07 (10.6%)
政府,中央行政	61.03 (2.2%)	63.56 (2.2%)	62.40 (2.1%)	63.69 (2.2%)	59.21 (1.9%)	133.29 (4.3%)
税入行政	33.07 (1.2%)	36.62 (1.3%)	37.27 (1.2%)	37.54 (1.3%)	39.25 (1.3%)	38.78 (1.3%)

年份	2008	2009	2010	2011	2012	2013（预计）
教育,科学,研究,文化事务	134.37（4.8%）	149.60（5.1%）	148.96（4.9%）	160.86（5.4%）	176.68（5.8%）	189.52（6.1%）
社会保障,与战争相关的社会责任,赔偿	1404.39（49.7%）	1477.16（50.5%）	1634.31（53.8%）	1552.55（52.4%）	1539.29（50.2%）	1451.24（46.8%）
健康,环境,体育与娱乐	10.58（0.4%）	12.51（0.4%）	12.55（0.4%）	13.35（0.5%）	13.98（0.5%）	17.40（0.6%）
房屋,区域规划与地方社区服务	16.07（0.6%）	18.08（0.6%）	21.14（0.7%）	20.33（0.7%）	20.89（0.7%）	23.15（0.7%）
食品,农业与林业,能源与水源供应,贸易,服务	57.78（2.0%）	55.84（1.9%）	56.78（1.9%）	56.56（1.9%）	50.89（1.7%）	55.64（1.8%）
交通与通信	112.31（4.0%）	124.26（4.3%）	117.35（3.9%）	116.45（3.9%）	121.10（3.9%）	167.07（5.4%）
商业企业,一般性房地产与资本项目	169.91（6.0%）	157.40（5.4%）	160.73（5.3%）	159.86（5.4%）	163.85（5.3%）	—
一般性金融管理	413.74（14.7%）	394.12（13.5%）	342.49（11.3%）	338.25（11.4%）	315.65（10.3%）	466.49（15.0%）
总支出	2823.08（100%）	2922.53（100%）	3036.58（100%）	2962.28（100%）	3067.75（100%）	3100.00（100%）

数据来源:Federal Ministry of Finance,"Abstract of the Federal Ministry of Finance's Monthly Report".

表 3-2　德国公共服务人员的结构　　　　（单位:万人）

功能领域	总计	联邦层面	州层面	地方层面	社会保险
共计	461.74	51.39	234.65	138.61	37.08
一般性服务	155.06	40.02	73.55	41.49	—
政治引导与中央行政	46.02	3.39	13.27	29.37	
外交事务	0.87	0.86	0.01	—	
国防	26.15	26.15	—	—	
公共安全,法律与秩序	45.06	4.89	28.11	12.05	
警察	31.00	4.42	26.58	—	
司法活动	18.05	0.48	17.57	—	
财政行政	18.90	4.25	14.59	0.07	
教育,科学,研究,文化事务	159.65	1.60	140.04	18.01	—
普通教育学校与职业学校	96.08	—	85.32	10.76	
高等教育机构	49.32	0.04	49.28	—	

续表

功能领域	总计	联邦层面	州层面	地方层面	社会保险
社会保障,家庭与青年,劳动力市场政策	73.67	0.39	2.96	33.25	37.08
儿童日常护理	17.86	—	0.77	17.09	—
健康,环境,体育与娱乐	24.62	0.76	5.14	18.72	—
医院与疗养院	13.75	—	2.44	11.31	—
房屋,城市发展,区域政策与共同地方服务	13.79	0.00	1.71	12.08	—
食品,农业与林业	4.77	0.16	3.68	0.93	—
能源与水源管理,贸易与工业,服务	14.46	1.47	2.46	10.53	—
交通与通信	14.63	6.34	4.89	3.40	—
公共财政	1.08	0.66	0.22	0.20	—

数据来源:Federal Ministry of Finance,"Public Service Personnel".

表3-1详细阐述了2008—2013财年,德国联邦政府的财政支出及其相应比重。表3-2详细列举了截至2012年6月30日,德国公共服务人员的结构情况。

从联邦财政2008年以来的支出情况以及德国公务人员的构成不难发现下列特征。首先,作为专属于联邦法定强制性义务和专有立法权的外交事务的支出压力并不显著,甚至在"一般性公共服务"的栏目中并未予以单列,其"账面价值"远远小于国防和社会保障。但是其政治效用和国际影响力却不容小觑,这直观地体现在联邦政府近乎囊括了德国所有外交人员这一点上。而各州所拥有的极少数外事人员主要是它们在欧洲议会、欧洲理事会、欧洲委员会中的代言人。

其次,涉及联邦国防军的建设和战备的国防职能无论在支出规模还是人事安排等方面的确实至名归。战后,德国被迫在战胜国的强力监督之下实施了非军事化、非纳粹化、民主化和非集权化①的社会大改造。通过对冷战、北约和华约两大军事集团之间的对峙,欧洲一体化等国际环境的仔细观

———————

① 参见殷桐生:《德国外交通论》,外语教学与研究出版社2010年版,第94页。

察,德国确立了以联邦主义理论为依托的欧洲联合(欧罗巴合众国)之路。与此同时,德国奉行"never again"(和平主义)以及"never alone"(地区主义)的全面皈依西方的融合政策,积极谋求在北约和欧洲一体化的框架内实现国家和民族的复兴。然而在 1990 年 10 月 3 日,局势再次发生了逆转,一个统一的"德意志民族国家"重新出现在欧洲大陆的中心地带,随之而来的是对"德国问题"(欧洲的德国还是德国的欧洲)的大讨论。科尔政府深知饱受德国欺凌的周边邻国对德国统一是何等的恐惧,因此在国防领域既要实现德国外交政策的"正常化",[1]也要进一步发扬"文明力量"和"克制文化"的历史传统,以打消国际社会对德国是否将继续扮演文明世界的秩序建构者的疑虑。

图 3-1 依次对应了统一后的德国在 4 次重大的地区和国际安全危机时所采取的财政安排。1990 年,由于需要对东德国防军进行对接北约防务标准的结构性改造,同时为海湾战争中的盟国提供军费援助,致使国防开支占联邦支出的比例一度接近 15%。1999 年,施罗德内阁派德军参与了对南联盟科索沃地区的军事行动导致经费有所回升。2001 年,为了响应盟国的号

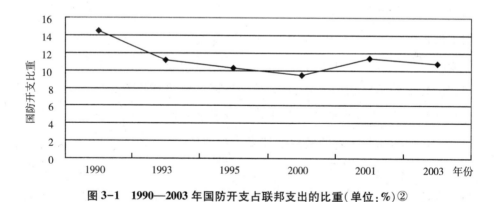

图 3-1　1990—2003 年国防开支占联邦支出的比重(单位:%)[2]

---

①　参见 Hans Kundnani,"The Concept of 'Normality' in German Foreign Policy since Unification", *German Politics and Society*,2012,30(2):pp.38–58。

②　朱秋霞:《论中国政府间财政分配制度理论依据之缺失——以德国和美国制度比较为角度》,《经济社会体制比较》2007 年第 5 期。

召而直接派兵参加阿富汗战争导致国防开支再次飙升至 11% 以上。2003
年,由于德国政府拒绝派兵参加伊拉克战争,使得军事支出稳定在 10% 左
右。① 近年来德国军费大体保持均衡,从长远来看尚无发生结构性变动的
可能。

　　再次,在具有显著的跨域治理特征和容易产生搭便车效应的交通以及
通信领域,联邦政府发挥着不可替代的作用。州际远程高速公路和高等级
公路系统、联邦铁路系统、航空运输部门以及水运体系作为国内基础设施的
重要组成部分,发挥着实现公共服务的均等化、拉近区域间过于悬殊的经济
社会发展差距、打造均质化的生活条件等社会效益。除此之外,它们对于高
度重视实体经济的德国来说发挥着"奠基石"的作用。因此,出于社会效益
和经济利益的双重考量,自 1871 年德意志第二帝国统一始,历届德国政府
都致力于打造高起点、高标准、高水平的远程交通网络系统,时至今日,德国
的交通基础设施仍然位居世界前列。"除了联邦交通建设项目之外,根据
德国市镇交通筹资法,对于州范围内的交通,市镇提出的市镇地方公共交通
项目、地方铁路交通建设投资项目,可以得到 80% 的联邦投资补助。"②

　　最后,名目繁多、构成复杂的社会保障体系毋庸置疑地成为联邦财政的
最大负担,长期以来占据联邦财力消耗的三成左右。作为福利国家先驱的
德国在第二次世界大战后,尤其在坚持左翼意识形态的社会民主党执政时
期(1969—1982 年),进一步扩大了社会保障体系的覆盖范围和支付力度。
以上举动对国家财政构成了极大压力,这直观地体现在社会福利开支占
GDP 的比重节节攀升。20 世纪 50 年代初,大致占 GDP 的 10% 左右,20 世
纪 60 年代超过了 20%,而到了 20 世纪 70 年代初,已高于 25%,在 1975 年
竟然突破了 30% 大关,此后社会保障支出在 GDP 中的占比一直徘徊在 30%
上下。③ 应该承认在战后德国的重建过程中,健全的社会保障机制对于加
快国家经济的复苏进程、提高广大国民的生活水平、缓和日益突出的阶级矛

---

① 参见武正弯:《德国外交战略:1989—2009》,中国青年出版社 2010 年版,第 167—179 页。
② 朱秋霞:《德国财政制度》,中国财政经济出版社 2005 年版,第 157 页。
③ 参见杨解朴:《德国福利国家的自我校正》,《欧洲研究》2008 年第 4 期。

盾、实现德国的经济奇迹发挥了关键作用,并内嵌为社会市场经济模式的有机成分。但是,随着经济全球化和区域一体化的快速发展,传统的福利国家正面临着越来越多的挑战,例如金融资本流动过快、税收基础不稳定。这导致福利国家赖以生存的基础开始发生变化,负面效应逐渐显现。就德国来说,曾经风光无限、影响深远的德国奇迹开始转变为"德国病",其国民经济陷入了高福利、高税收、高附加工资、高劳动力成本、高通货膨胀、高失业、高老龄化率、低投资、低经济增长、低人口出生率等"陷阱"之中,①已经成为拖累全球化时代德国的国际竞争力的桎梏。福利国家需要进行改革业已成为德国朝野的共识,但是这需要极大的政治勇气和政治技巧,因为决策者将不得不面对一个与自身的政治前途密切相关的问题——选举政治和福利刚性。实际上,西方现代民主已经沦为政治家和选民之间取悦彼此的利益共生关系。换句话说,选民期待政治家为自己提供优厚的福利待遇,同时在选举中以投票进行回报;政治家为了掌权,也对选民许以慷慨的社会福利承诺,以换取选票。久而久之,日积月累造成代议制民主走进了路径依赖之中。在以民意带动选票、以选票驱动政治的逻辑作用下,旨在改革社会福利制度的举动在政治上是十分危险的。谁改革谁倒霉、谁改革谁下台的现实迫使当权者对社会领域的大改革往往投鼠忌器,顾虑重重,不敢越雷池一步。因此,国家财政入不敷出的局面势必难以扭转,反过来这又会加重进行结构性改革的时间成本,从长远来看将得不偿失。

对德国来说,进行东部地区重建的历史重担早已使联邦财政不堪重负、疲于应付。但是,科尔出于维护自身"统一总理"的美誉,加上年事已高,导致改革议程始终悬而未决,这一不利局面一直延续到了 1998 年"红绿同盟"上台。施罗德上台之初所面临的财政形势极其严峻,如图 3-2 所示,德国的社会福利开支长期居高不下,对国家财政构成了严峻挑战。针对德国劳动力和社会就业体系的结构性大改革已刻不容缓。

---

① 参见 Ashley Hoyer, "German Resistance to Welfare State Reform: Voter Blockades, Coalitions, and Unions", *LOGOS: A Journal of Undergraduate Research*, 2010, 3(3): pp. 146–148。

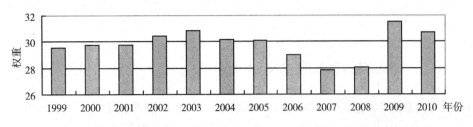

图 3-2　德国社会福利开支占 GDP 的权重（1999—2010 年）（单位：%）

资料来源：Eurostat，"Expenditure on social protection".

　　经过长期酝酿，施罗德政府于第二届任期内（2002—2005 年）开始推行名为"哈茨改革Ⅰ—Ⅳ"和"2010 议程"的国家劳动力和社会就业机制的结构性改革。2002 年 8 月 16 日，"哈茨委员会"正式向联邦议院和联邦参议院递交了改革草案，旨在通过三年的努力将失业人数减少 200 万，将推荐新工作的耗时由 33 周减为 22 周，将联邦劳工局对失业者的援助从 400 亿欧元减为 130 亿欧元。[①]　具体政策包括：1.全面调整原有的失业金、失业救济体系，大幅下调失业金的发放期限和额度，并将其与失业救济合二为一，最后融合于社会救济体系之中。2.大刀阔斧地改革疾病、工伤、医疗系统的付费方式，强调市场化导向，以实现消费者、政府机构、医疗部门之间的三角互动。3.弹性地延迟法定退休年龄，缩短养老金的领取年限，甚至暂时冻结养老金支付额的上浮力度。4.着力打造面向 21 世纪的核心竞争力以及构筑面向未来的可持续发展的教育、科学和研发事业。5.倾力打造就业服务支撑体系，强化对失业者和待业者的职业技能培训，力争缓解日益恶化的"结构性失业"现象。同时做好就业信息的发布工作，消除用人单位与求职者之间的信息壁垒。

　　虽然施罗德个人付出了沉重代价，被迫于 2005 年下台，提前结束了自己的政治生涯。但是，"哈茨改革"和"2010 议程"并未被继任的默克尔总理所否定。在坚持改革总方向的前提下，默克尔政府创造性地发明了短时工作、微型工作、迷你工作等新途径来创新德国的就业体系。上述举动不仅

---

① 参见杨伟国等：《德国"哈茨改革"及其绩效评估》，《欧洲研究》2007 年第 3 期。

巩固了财政的收支形势,而且在欧洲主权债务危机中创造了德国的就业奇迹。

二、州政府的事权与支出

《德意志联邦共和国基本法》明确规定了各州的职能范围,包括"州级行政事务、财政管理;维护社会秩序和司法管理;教育和社会文化事业;医疗卫生;环境保护"①。此外,《基本法》第74条还设定了各州能够共同参与联邦立法的事务。例如"民法/刑法的判决与执行、法院组织、司法程序、律师、公证与法律咨询;人口情况;集会与结社之自由;外侨居留与居住权;难民与被驱逐人的相关议题;公共福利;战争伤害及其恢复;战争伤残与遗孤之扶助、以往战俘之照顾;军人墓地、其他战争与暴政受害者之墓地;有关经济之法律事项;为和平目的之核能的生产与利用;与劳动法相关之事务;学术补助之整顿以及科学研究之促进;土地、矿产、天然资源以及生产工具之转移公有或其他形式之公营经济;防止经济权力的滥用;农林业生产之促进、粮食供应之保障、农林产品的输入与输出、远洋渔业及海岸防御;地产交易、土地法与农地租佃制度、住宅制度、政府给予垦殖与家园之制度;医院的经济保障以及病人看护规则之整肃;食品、刺激性饮料、生活必需品、饲料以及农林苗种交易的保护,植物病害之防治与动物保护;沿海与远洋航运、航业补助、内陆航运、气象服务、海洋航路以及用于一般运输之内陆水道;陆路交通、汽车运输与长途运输公路的修建与保养;非专属联邦之铁路;垃圾处理、防止空气污染以及噪音;国家责任;人工授精,遗传讯息之研究以及人为改变器官与组织之移植"②。

在合作联邦主义与职能型联邦制下,成员州事实上拥有"夹层饼"的双重身份。首先,在联邦政府的视野中,各州是代表特定地域利益的"法人单位",这就注定了它们具有独立于联邦政府的利益偏好。就成员州的内部

---

① 孙开:《德国各级政府间的财政关系及启示》,《德国研究》1996年第2期。

② 《德意志联邦共和国基本法》中译版,http://gongfa.org/html/gongfawenxian/20090507/387.html。

治理来说,尽管地方自治在一定程度上限制了各州将"权力触角"伸向市县乡镇的企图,但是地方政府不可能完全摆脱州的政治影响力。在某种意义上,州和地方政府之间结成了"二次权力发包"的关系,事权领域相关的法定强制性义务、共同任务、委任事项,立法权领域相关的各级政府专有立法权、原则性/框架性/总体性立法权、竞争/竞合立法权成为各州进行制度学习的产物。德国联邦制的一大特色在于成员州如何将"委托人"和"代理人"的双重身份加以组合,一方面要保障各州的同质性和均质化,一方面要将其打造为联邦制的"路由器"。这对各州的适应能力提出了严峻挑战。一者,日益强化的协作挑战了国家主权及其行动能力;二者,协作影响了政治结构的内部权力平衡。对德国这样的联邦制国家来说,联邦与州乃至各州之间都受到了影响。[1] "上述关系需要进行调整以适应外部经济、社会领域的变化。"[2]

表 3-3 州级财政支出结构　　　　　　（单位:亿欧元）

年份	总支出	人事性开支		对市县乡镇等基层的拨款		投资性活动		流动性支出		利息支出	
		总额	占比	总额	占比	总额	占比	总额	占比	总额	占比
1997	2416	905	37.5%	505	20.9%	383	15.9%	228	9.4%	180	7.5%
1998	2432	914	37.6%	499	20.5%	377	15.5%	232	9.5%	187	7.7%
1999	2452	930	37.9%	504	20.6%	359	14.6%	237	9.6%	191	7.8%
2000	2493	938	37.6%	523	21.0%	366	14.7%	242	9.7%	191	7.6%
2001	2551	945	37.0%	509	20.0%	376	14.7%	245	9.6%	196	7.7%
2002	2560	969	37.8%	509	19.9%	332	13.0%	222	8.7%	201	7.8%
2007	2648	954	36.0%	594	22.4%	307	11.6%	231	8.7%	211	8.0%
2008	2751	960	34.9%	612	22.2%	341	12.4%	245	8.9%	211	7.7%
2009	2865	993	34.7%	638	22.3%	389	13.6%	247	8.6%	200	7.0%

---

[1] 参见 Dominic Heinz, "Varieties of Joint Decision Making: The Second Federal Reform", *German Politics*, 2012, 21(1): p. 129。

[2] A. Benz, *Politik im Mehrebenensystem*, Wiesbaden: VS Verlag, 2009, S. 57.

续表

年份	总支出	人事性开支		对市县乡镇等基层的拨款		投资性活动		流动性支出		利息支出	
		总额	占比	总额	占比	总额	占比	总额	占比	总额	占比
2010	2867	1021	35.6%	642	22.4%	347	12.1%	256	8.9%	197	6.9%
2011	2967	1046	35.3%	671	22.6%	348	11.7%	262	8.8%	194	6.5%
2012	2993	1073	35.9%	685	22.9%	306	10.2%	267	8.9%	187	6.2%

数据来源:朱秋霞:《德国财政制度》,中国财政经济出版社 2005 年版,第 161 页;Bundesministerium der Finanzen, *Finanzbericht 2014*。

联邦州实际上承担着"内政国家"的功能,按照决策→管理→执行的三阶段法,州应该更多地偏向行政和执行功能。"中间人"一词是对各州所发挥的"行政中转站"的准确定位,承上启下的作用形成了与众不同的公职人员纵向分布。"只有不到 10% 的公共部门工作人员属于联邦,大约 50% 的工作人员属于联邦州,而地方政府工作人员所占的比例却达到约 40%。"[1]人员规模的相对优势进一步提升了各州搭建伙伴型府际关系的主观能动性,并致力于打造拥有较强政治能量的功能区,这也有利于建构"适度集中、相对分散"型的府际财政关系模式。如表 3-3 所示,目前各州财政支出主要用于人事开支、拨付给市县乡镇等自治地方的财政转移支付和救助款、投资活动三方面。

首先,在讨论人事开支时,务必考虑到德国特殊的公务员概念。在美国官僚制下存在政务官和文官的区分,前者通过选举、政治任命等途径上位,具有明确的政治身份,随政党共进退;后者通过考试择优选拔,奉行政治中立,不随政党共进退。德国现代公务员制度建立在近代普鲁士官僚机构之上,后者是"普鲁士君主剥夺周围那些自主的、'私人'拥有执行权以及行政、战争和金融工具,拥有一切可用作政治资本的人的结果"[2]。其覆盖范

---

① [德]赫尔穆特·沃尔曼:《在连贯和变革之间实现地方政府现代化——基于英国、瑞典、法国、德国、西班牙和匈牙利六国的跨国比较》,杨大群译,《经济社会体制比较》2008 年第 6 期。
② [德]马克斯·韦伯:《学术与政治》,冯克利译,生活·读书·新知三联书店 1998 年版,第 60 页。

围较为广泛,包括政府机关的公职人员和公共雇员、大中小等各类学校的教师及其行政管理人员、公立医院/疗养院/敬老院等医疗服务机构的医生和工作人员等,可谓门类繁多、包罗万象。

表 3-4　统一前后德国公共部门的纵向分布状况①

年份	1980		1990		2001	
	数量	比例	数量	比例	数量	比例
联邦	553	18.2%	554	17.9%	448	15.0%
州	1568	51.6%	1536	49.7%	1583	53.1%
市县乡镇	920	30.2%	1002	32.4%	951	31.9%
总计	3041	100.0%	3092	100.0%	2982	100.0%

从表 3-4 可以看出,就公共部门在纵向上的分布而言,即使在行政现代化的改革中有所收缩,但是德国统一并未撼动州作为国家"行政中枢"的地位。然而通过表 3-2 不难发现,直到今天,各州在一般性服务领域所拥有的公职人员和雇员人数都分别超过了联邦和地方,如果就公共安全/法律与秩序、警察、司法活动、财政行政等职能领域来说,州更是拥有绝对话语权。政府作为天下最大的"雇主"历来耗费甚靡,即使在德国推行新公共行政和新公共管理运动的氛围下,仍然难以摆脱"新韦伯式"官僚体制的束缚。根本原因在于德国适用"依法治国"(Rule of Law)的原则,这意味着无论在形式上还是在实体上,法治国家原则都是至关重要的。政府在履行职责时,必须在法治国家所规定的范围内进行,"法律秩序"优先于"目的秩序"。② 如果德国联邦法制的总基调保持稳定,那么无论以何种形式所进行的行政领导方式革新都不过是隔靴搔痒而已。

---

① 参见［德］赫尔穆特·沃尔曼等:《居于"地域性"和"功能性"之间的国家组织——基于法国和德国的比较研究》,杨大群编译,《经济社会体制比较》2010 年第 5 期。

② 参见［德］莱纳·皮恰斯:《德国、欧盟和英美国家行政改革的介绍和比较》,郑春荣译,《上海行政学院学报》2004 年第 4 期。

联邦州作为德国各类学校和教育事业的主要出资人背负着沉重的教育支出压力。自普鲁士时期开始,国民教育始终被视作事关德意志民族兴衰的头等大事。德国著名教育家威廉·冯·洪堡先生坦言:"大学是一种最高的手段,只有借助它普鲁士才能为自己赢得在德意志世界以及全世界的尊重,最终取得真正的启蒙以及在精神教育上的领导地位。"[1]正是凭借宽口径、高水准、广覆盖的国民义务教育体系,以往被英、法等国远远甩在身后,直到 1871 年才姗姗来迟的德意志民族国家最终得以赶超甚至引领了第二次工业革命。站在当时世界科学技术发展前沿的德意志第二帝国,从统一到第一次世界大战爆发,工业生产增加了 4.6 倍,而同期英国只增加了1.3 倍,法国只增加了 1.9 倍;德国的国民生产总值以年均 2.9% 的速度增长,也超过了同期英国 2.2% 和法国 1.6% 的年均增速。[2] 正规大学属于各州所有,其人员经费、设备添置、校园建筑及其维护、日常教学和科研活动均来自各州财政拨款。同时鉴于洪堡大学的办学理念,研究所和科研机构基本上附属于大学,导致各州在很大程度上需要为国家高新技术的发展和科技创新提供物质支持。由于大学招生名额的分配并不取决于地域因素,这导致州学校的生源构成相对多元。与此同时,不存在全德统一的名额分配机制,选择权完全由学生掌握,这就迫使各州需要不断为州立大学聘请高水平师资,添置现代化教学设备,改善学习和生活环境,提高管理效率,这对州财政构成极大冲击。大学阶段的学费 100% 免除,此外学生还将得到足额的生活补贴,这体现出教育制度改革具有鲜明的"顾客"导向。地域差异将在一定程度上左右教育质量的高低,而后者又直接影响到了各州的竞争力。追求均质化的心态同样存在于教育领域,这直观地表现在由州财政供养的人员中,一半甚至更大比例属于教育系统。

从表 3-5 可以得出下列结论。第一,联邦、州和地方政府在人事开支方面表现出以中间层为主体的出资结构,这取决于"法治国就是经过理性

---

[1] Nipperdey Thomas, *Nachdenken über die Deutsche Geschichte*, München, 1986, S. 141.

[2] 参见吴友法:《德国现当代史》,武汉大学出版社 2007 年版,第 15 页。

规范的行政法国家"(Der Rechtsstaat ist der Staat des wohlgeordneten Verwaltungsrechts)①的理念,在其指导下,德国的一切行政决定皆出自法律,非经繁琐的法律程序不得随意变动。第二,人事开支的总量在较长时间内保持了相对稳定,这取决于两大因素。一者,以全球金融危机和欧洲主权债务危机为背景的国际经济形势;二者,德国旨在改善赤字和债务状况的"债务刹车"(Debt Brake)计划。根据默克尔政府的方案,联邦政府在2016年后应该将结构性赤字率降到0.35%以下,各州在经济转型期结束之后的2020年不得继续负债,这意味着各级财政在未来数年内须年均节支100亿欧元左右。② 就行政开支来说,如果公务人员加薪,那么增加的成本将通过机构裁员来予以平衡。总而言之,行政费用要保持大体稳定。

其次,对市县乡镇的财政转移支付和救援款成为各州财政的第二大负担。就历史来说,在1969年财政大改革之后,成员州通过政治手段迫使联邦在赠款问题上作出了全面让步,自1949年以来长期存在的联邦直接干预市镇财政的局面宣告终结。这意味着州开始强化内部的同质性和均质化,自20世纪70年代开始,德国对基层社区的整合力度不断强化,各州的执行效率获得了极大提升。地方间差异的淡化有利于进一步消融基层社区之间的"身份壁垒",使得基层政权逐渐以一个声音说话,扩大了德国的网络状府际关系协商机制的生存空间。

长期以来,对市县乡镇的拨款占州财政支出的20%—23%,呈现出小幅震荡的稳定格局。鉴于德国统一以来,东西部之间在基础设施建设力度、国民经济发展水平、人民群众的生活质量、社会福利/社会保障机制的衔接程度、环境治理能力等方面存在根本差异,这导致各州的财政拨款对地方政府的重要性的确存在地域差异。总体来说,东部新州的市镇较之西部老州的市镇更依赖于救助款来兑现自身的公共服务承诺。这也预示着新老联邦州之间在如何回应来自基层的政治呼声方面,将会有所区别。

---

① ［德］奥托·迈耶:《德国行政法》,刘飞译,商务印书馆2013年版,第61页。
② 参见［德］沃纳·伊伯特:《欧洲经济财政政策协调、"退出"战略及德国的作用》,熊厚译,《欧洲研究》2010年第4期。

表 3-5　德国用于供养人员的公共财政支出结构 　（单位:亿欧元）

年份	联邦		州		市县乡镇等基层地方		ERP		总计	
1997	14.25%		53.41%		27.98%		4.36%		100.0%	
2000	15.74%		56.17%		23.47%		4.62%		100.0%	
2002	15.72%		56.45%		23.35%		4.47%		100.0%	
年份	数额	占比	数额	占比	数额	占比	数额	占比	数额	占比
2005	263.72	15.39%	970.96	56.68%	407.46	23.78%	71.00	4.14%	1713.13	100.0%
2006	261.10	15.46%	953.34	56.43%	406.73	24.08%	68.17	4.04%	1689.34	100.0%
2007	260.38	14.82%	961.74	54.73%	405.98	23.10%	129.27	7.36%	1757.38	100.0%
2008	270.12	15.06%	966.91	53.89%	423.60	23.61%	133.48	7.44%	1794.11	100.0%
2009	279.39	15.00%	1002.30	53.82%	444.41	23.86%	136.29	7.32%	1862.40	100.0%
2010	281.96	14.85%	1029.60	54.23%	451.02	23.76%	135.88	7.16%	1898.45	100.0%
2011	420.66	18.37%	1190.88	51.99%	507.30	22.15%	171.70	7.50%	2290.54	100.0%
2012	427.25	18.11%	1224.54	51.90%	526.95	22.33%	180.75	7.66%	2359.49	100.0%

数据来源:朱秋霞:《德国财政制度》,中国财政经济出版社 2005 年版,第 160 页;Bundesministerium der Finanzen, *Finanzbericht 2014*;Statistisches Bundesamt, *Statistisches Jahrbuch 2013*, S.252。

州财政对地方的拨款替代了联邦向市镇的直接拨款,然而它同样存在问题,这就是各州的拨款是否危害了地方自治的生存空间。毫无疑问的是自统一以来,成员州对下属地域的控制力随着拨款的上升而不断强化。长期以来,鉴于州援助对稳定自身财政所具有的重要意义,市镇纷纷有意识、有目的地在公共政策的执行中同所属州保持高度一致,各种涉及政治、经济、社会、文化等领域的战略方针得以顺利履行。为争取有利于强化自身实力的发展环境,市镇对各州立法和决策行为的"渗透"也愈演愈烈,这导致先前发生在联邦与州之间的政治纠缠现象向基层蔓延,久而久之,势必影响地方的分权功能。这一现象难以契合 21 世纪以来的新一轮全球性地方分权和自治浪潮,也同德国联邦制的价值观相悖,不符合地方政府的长远利益。事实上,德国行政任务的分散化和地方化从未间断,"例如巴登-符腾堡州从 2005 年伊始,通过撤销、合并或联合以及职能下放等形式使得 450 个州属行政机关降至 100 个,原有的行政事务及其人员被分解到了 4 个行政专区、35 个县以及 9 个非县属市"①。完成分解的责任并不意味着市镇得以同步共享决策权,事权和财权的分离让本已雪上加霜的地方财政再次蒙上了阴影。"行政双轨制"所暗含的政治伎俩是不言而喻的,那就是要进一步将市镇捆绑在由州所编织的"金色的缰绳"上。可以断言,德国各州同所辖市镇之间的财政博弈仍然将持续地进行下去,它的本质是一场名副其实的控制与反控制、支配与反支配的较量。

最后,州财政支出的第三大项目是投资活动。遵照联邦制原则,各州务必对执行联邦和州的法律、履行事权领域相关的法定强制性义务、共同任务、委任事项以及立法权领域相关的各级政府专有立法权、原则性/框架性/总体性立法权、竞争/竞合立法权负有不可推卸的投资之责。投资活动主要集中在交通基础设施、住房建设和维护、大中小等各类学校的发展、前沿科学技术的研发、工农业装备的购置与维护等生产扩容性领域。投资活动同样存在东西部之间的区域差异,东部 5 州在投资领域的支出占比是西部 11 州的 2 倍以上。由此可见,如果没有东部地区的高额开支,实际上投资活动的比重将会大幅萎缩。

三、地方政府的事权与支出

德国地方政府的核心运行原则是地方自治。但是,德国学者认为合作联邦主义和职能型联邦制与生俱来地同《基本法》赋予市镇的自治权力存在冲突,以致制度层面的自治权与过程层面的自治权存在众多难以契合之处。"这是因为德国地方政府不仅受制于当地议会,还处于各州的监管之下。"②二者间的不相匹配直接催生了自治权和管理权之争。前者预示着自

---

① 蔡和平:《行政地方化下的地方自治——德国行政层级改革与借鉴》,《行政管理改革》2010 年第 6 期。

② Lorenz Blume,Thomas Döring,Stefan Voigt,"Fiscal Effects of Reforming Local Constitutions:Recent German Experiences",*Urban Studies*,2011,48(10):p. 2127.

治体具备有效的立法权,这就打下了政治性分权的根基;后者将地方政府视为联邦和州的"代理人",其生存空间取决于上级政府的"委托",近乎行政性分权或者行政权转让。① 虽然学理意义上的自治权从未被100%地落实过,但是德国政治家和政治学家依然有充分的自信来宣誓地方自治的真实存在,这是因为《基本法》只要在字里行间确认了地方自主权(local autonomy)的法律效力,那么地方自治就不会消亡。

《基本法》规定市镇政府的职能包括"本地的一切行政事务及其相应活动、以地方道路之建设与维护为代表的公共交通基础设施、涉及成人教育/幼儿园/博物馆/影剧院/游泳池等在内的地方性文化教育娱乐部门、自来水/电力/暖气等生活必需之能源供给、地域性住宅规划以及城市建设发展之要务、本地诸如警察/法院/侦查机关等旨在保护公共安全秩序之事项、基础性疾病/工伤/医疗等卫生保健栏目、社会福利体系的本地化义务"等领域。在实际的政治生态中,基层政府还承担了组织选民参加联邦/州和地方的竞选活动、人口普查和公民户籍登记、涵盖金融/保险/证券等内容的社会调查工作、环境保护以及违法行为的监督和查处、驾驶执照的发放及其年检等。根据统计,"联邦和州两级(甚至包括欧洲一体化进程中的欧盟立法)所制定法律的70%—85%都由地方政府予以贯彻落实"②。

德国地方政府的功能看似复杂,实则沿着一个逻辑、两条主线予以展开。一个逻辑为遵照德奥宪法的精髓以及地方政府特定历史轨迹的双重功能。③ 两条主线包括:第一,地方作为国家治理体系的"终端"和行政流程的末梢,需要履行其事权领域相关的法定强制性义务、共同任务、委任事项,以及立法权领域相关的各级政府专有立法权、原则性/框架性/总体性立法权、竞争/竞合立法权;第二,市镇需要尊重地方自治的政治传统,维护辖区内居民的合法权益。有学者将德国地方政府的功能划分为自治事务和委托事务

---

① 参见 C.B.Blankart,*Öffentliche Finanzen in der Demokratie*,München:Franz Vahlen,1994,S.503。

② Gerd Schmidt-Eichstaedt,"Autonomie und Regelung Von Oben",Wollmann Hellmut,Roth Roland,*Kommunal politik*,Opladen:Leske+Budrich,1999,S.330.

③ 参见[德]赫尔穆特·沃尔曼:《德国地方政府》,陈伟等译,北京大学出版社2005年版,第98页。

两类。"前者是市镇自己的事,等同于源自地方共同体或者与地方共同体有关的事项,它又可以进一步区别为自愿性以及有义务办理但上级无指令性之事务。第一类表明法律对该类事务不作规定,也没有任何必要性予以立法,地方市镇对其具有自由裁量权,可自行抉择是否以及如何进行办理,任何行政主体无权干涉;第二类是指联邦或州法律明文规定,并且地方自治机关有法定义务从事执行之事务,然而该领域内的上级立法通常为原则性术语,地方得以在法律规定的范围内权衡具体执行的途径。委托事务往往由上级行政部门予以专门立法,自治单位有义务照章办理。"①作者认为深受"行政法治国"理念支配的市镇,其压力来自上级政府、地方选民及其代议机构、同级市镇三方面。与此同时,基于蒂博特"用脚投票"理论的居民跨界迁徙迫使地方政府积极改善和优化所征收的税收和提供的公共产品之间的组合,以打造良好的投资和生活环境。在府际关系中与生俱来的利益博弈以及由此而产生的竞争动机助推了竞争型联邦主义,不具有行政隶属关系的同级市镇之间的"锦标赛"使得彼此间的制度学习和政策参照愈发明显。

就占据首位的人事支出来说(见表3-6),多年来浮动于地方总支出的30%左右,目前呈现出略微下调之势。

从表3-7可以发现,德国将保证经济稳定与增长、收入分配等职能划归联邦和州政府,至于资源配置则充分尊重市镇在信息源上的"接近地优势",在社会保障和劳动力市场政策、健康和环境、房屋修建及其维护、城市发展和区域政策、能源与水源管理、贸易和服务等方面占据了绝对优势地位。越是贴近基层、越是需要因地制宜、越是同广大居民的切身利益相关的公共服务领域,就越需要发挥地方的自主性和能动性。此外,在"政治引导与中央行政"一栏,考虑到德国公务员的执行特色,按照"韦伯式科层组织"所搭建的"金字塔"的底座最为庞大,这也显示出合作联邦主义和职能型联邦制对公职人员的影响。此外,德国拥有发达的NGO和公民自治团体,这

---

① 申海平:《通过基层自治发展基层民主——来自德国的启示》,《法学》2007年第12期。

些自愿服务组织在一定程度上缓解了国家抑制不断攀升的行政开支同政府职能不断扩充之间的结构性矛盾,适应了 21 世纪的社会分权和自治运动不断深入发展的大环境。

表 3-6　市县乡镇等地方政府的人事性支出　　　(单位:亿欧元)

年份	2003	2004	2005	2006	2007
全德总计					
人事性支出	405	405	407	406	406
占总支出的比重	32.8%	32.2%	31.4%	30.5%	29.7%
西部老州					
人事性支出	332	333	338	337	338
占总支出的比重	32.0%	31.4%	31.1%	30.2%	29.3%
东部新州					
人事性支出	73	72	69	69	68
占总支出的比重	37.2%	36.2%	33.3%	32.3%	31.7%
年份	2008	2009	2010	2011	2012
全德总计					
人事性支出	424	444	451	464	481
占总支出的比重	29.6%	29.9%	29.3%	29.5%	29.7%
西部老州					
人事性支出	351	367	374	385	399
占总支出的比重	29.0%	29.3%	28.7%	28.9%	29.2%
东部新州					
人事性支出	73	77	77	79	81
占总支出的比重	32.8%	33.3%	33.1%	32.7%	32.6%

数据来源:Bundesministerium der Finanzen,*Finanzbericht 2014.*

表 3-7　市县乡镇等地方政府的公共服务人员结构情况　（单位:万人）

功能领域	全德总计	市县乡镇等地方政府	占比
共计	461.74	138.61	30.02%
一般性服务	155.06	41.49	26.76%
政治引导与中央行政	46.02	29.37	63.82%
外交事务	0.87	——	——
国防	26.15	——	——
公共安全,法律与秩序	45.06	12.05	26.74%
警察	31.00	——	——
司法活动	18.05	——	——
财政行政	18.90	0.07	0.37%
教育,科学,研究,文化事务	159.65	18.01	11.28%
普通教育学校与职业学校	96.08	10.76	11.20%
高等教育机构	49.32	——	——
社会保障,家庭与青年,劳动力市场政策	73.67	33.25	45.13%
儿童日常护理	17.86	17.09	95.69%
健康,环境,体育与娱乐	24.62	18.72	76.04%
医院与疗养院	13.75	11.31	82.25%
房屋,城市发展,区域政策与共同地方服务	13.79	12.08	87.60%
食品,农业与林业	4.77	0.93	19.50%
能源与水源管理,贸易与工业,服务	14.46	10.53	72.82%
交通与通信	14.63	3.40	23.24%
公共财政	1.08	0.20	18.52%

数据来源:Federal Ministry of Finance,"Public Service Personnel".

德国地方公共服务人员结构的显著特色是直接从事教育和科学研究的人员比例较低,这是由于大中小等各类学校的支出责任主要在成员州,这体现了德国教育制度的一大特色——将统一性和地域性有机结合,并找到最佳平衡点。毫无疑问的是,完全将教育交给市镇势必导致学校的属地化,造成极其严重的区域间教育差距。教育具有很强的普适性,正所谓知识无国界,为了保证国民素质的大体均衡,教育内容需要保持统一,而市镇政府确实难以有效履行上述功能。仅有幼儿园、属地性基础教育以及职业技术教育等领域由地方财政供养。

在交通与通信、公共财政等领域,市镇也需要尽相应义务,履行管理职能。鉴于公共物品受益范围的层次性,在以上领域按照"谁受益谁付费"的原则,将易于产生外部性和搭便车效应的部分基础设施交由市镇提供。遵照"各司其职、各负其责"的总方针,市镇财政机关负责征管专享税。

表 3-8　市县乡镇等地方政府的流动性实物支出　　（单位:亿欧元）

年份	2003	2004	2005	2006	2007
全德总计					
流动性实物支出	294	297	302	321	333
占总支出的比重	23.8%	23.6%	23.3%	24.1%	24.3%
西部老州					
流动性实物支出	245	250	255	273	284
占总支出的比重	23.6%	23.5%	23.5%	24.4%	24.7%
东部新州					
流动性实物支出	48	47	47	48	48
占总支出的比重	24.5%	23.8%	22.6%	22.5%	22.5%
年份	2008	2009	2010	2011	2012
全德总计					
流动性实物支出	355	367	386	392	393
占总支出的比重	24.8%	24.7%	25.1%	24.9%	24.3%
西部老州					
流动性实物支出	305	315	333	336	334
占总支出的比重	25.2%	25.0%	25.5%	25.2%	24.4%
东部新州					
流动性实物支出	50	52	53	57	59
占总支出的比重	22.6%	22.7%	22.8%	23.5%	23.7%

数据来源:Bundesministerium der Finanzen,*Finanzbericht 2014*,2013,S. 167.

地方事权的重心在于改进当地的生产生活条件,强化基础设施的建设力度,完善环境保护和治理能力,提升辖区内居民的生活幸福指数,上述目标能否达成取决于市镇财政的支持。换句话说,地方政府扮演了该地的"最大雇主"和"资本家"的角色,它们对地方公路、铁路、码头、桥梁、机场等交通设施,市镇医院、疗养院、养老院、福利院等医疗设施,自来水、电力、煤气、采暖等能源设施,对各种废弃物、污水、垃圾进行无害化处理的环保设施,体育馆、博物馆、动物园、影剧院等文化设施负总责。从表3-8、表3-9可以看到,流动性实物和实物投资长期占据着地方总支出的35%—40%,涉及市镇投资项目的联邦和州的赠款以及财政转移支付共计也不超过地方自我负担所消耗的财源。实际上,由基层财政承担相关投资义务的"大头"也折射出某种政治算计。如果要保持在上级政府面前的自主性,并实现资源配置的合理性和最佳经济效率,那么无论如何要秉持因地制宜的原则,这意味着不能过度依赖各种财政救助款和转移支付,以防被"卡脖子"。但是,自力更生的愿望在无形中推高了市镇财政的紧张度,不利于缓解自21世纪以来愈演愈烈的收支困境,甚至在一定程度上导致地方公共服务的品质难以保证,呈现出显著的异质性。

表3-9　市县乡镇等地方政府的实物投资支出　　(单位:亿欧元)

年份	2003	2004	2005	2006	2007
全德总计					
实物投资支出	215	198	187	194	200
占总支出的比重	14.3%	13.2%	12.2%	12.3%	12.4%
西部老州					
实物投资支出	166	153	148	155	162
占总支出的比重	13.4%	12.3%	11.6%	11.8%	12.0%
东部新州					
实物投资支出	48	45	39	39	38
占总支出的比重	18.9%	17.9%	15.3%	15.0%	14.6%

续表

年份	2008	2009	2010	2011	2012
全德总计					
实物投资支出	206	219	232	220	197
占总支出的比重	12.3%	12.3%	12.7%	11.9%	10.5%
西部老州					
实物投资支出	169	178	187	181	164
占总支出的比重	11.9%	11.8%	12.2%	11.6%	10.4%
东部新州					
实物投资支出	38	41	44	39	32
占总支出的比重	14.1%	14.7%	15.5%	13.5%	11.2%

数据来源:Bundesministerium der Finanzen, *Finanzbericht 2014*.

　　市镇财政支出的另一大头是名目繁多的社会支出领域(见表3-10),大致包括了社会救济、福利性住宅补贴、社区图书资料中心、社区老年/青少年/妇女活动中心、社区心理诊疗与康复中心、妇女/儿童/老人等弱势群体救助站点等。社会救济是其中的最大"切块",在德国人的传统观念中,领取社会救济被视作身份卑微和地位低下。经过"哈茨改革Ⅰ—Ⅳ"和"2010议程"等国家劳动力和社会就业体系的结构性改革,目前失业金、失业救济和社会救济已经合并。

表 3-10　市县乡镇等地方政府的社会支出　　　(单位:亿欧元)

年份	2003	2004	2005	2006	2007
全德总计					
社会性总支出	304	322	352	368	379
社会性净支出	161	169	122	121	133
社会性净支出占比	13.0%	13.4%	9.4%	9.1%	9.7%
西部老州					
社会性总支出	261	276	294	307	316
社会性净支出	144	148	111	109	117
社会性净支出占比	13.9%	14.0%	10.2%	9.7%	10.2%
东部新州					
社会性总支出	42	46	58	61	63
社会性净支出	16	20	12	12	16
社会性净支出占比	8.3%	10.4%	5.6%	5.8%	7.4%

年份	2008	2009	2010	2011	2012
全德总计					
社会性总支出	386	405	419	433	444
社会性净支出	138	149	149	—	—
社会性净支出占比	9.6%	10.0%	9.7%	—	—
西部老州					
社会性总支出	324	342	356	368	380
社会性净支出	121	131	134	—	—
社会性净支出占比	10.0%	10.4%	10.3%	—	—
东部新州					
社会性总支出	62	63	63	65	65
社会性净支出	17	18	15	—	—
社会性净支出占比	7.6%	7.7%	6.4%	—	—

数据来源:Bundesministerium der Finanzen,*Finanzbericht 2014*.

此外,表3-11显示有2%—4%的地方财政支出将用于对利息款的付费。近年来,它在总支出中的占比呈现出日益下滑的趋势。

表3-11 市县乡镇等地方政府的利息支出 （单位:亿欧元）

年份	2003	2004	2005	2006	2007
全德总计					
利息支出	50	48	47	49	52
占总支出的比重	4.0%	3.8%	3.6%	3.7%	3.8%
西部老州					
利息支出	42	40	40	41	44
占总支出的比重	4.0%	3.8%	3.6%	3.7%	3.9%
东部新州					
利息支出	8	8	8	7	7
占总支出的比重	4.2%	3.9%	3.6%	3.5%	3.3%

续表

年份	2008	2009	2010	2011	2012
全德总计					
利息支出	53	45	43	42	40
占总支出的比重	3.7%	3.0%	2.8%	2.7%	2.5%
西部老州					
利息支出	46	39	38	38	36
占总支出的比重	3.8%	3.1%	2.9%	2.8%	2.6%
东部新州					
利息支出	7	6	5	5	4
占总支出的比重	3.1%	2.5%	2.2%	2.0%	1.7%

数据来源：Bundesministerium der Finanzen，*Finanzbericht 2014*.

第二节　适度集中、相对分散（财政纠缠）模式下的政府间财权与收入划分

德国实行的适度集中、相对分散型府际财政模式最直观地体现在纵向财权的分配上，"每一层级的行政主体只做自己最擅长的事，尽可能完美无缺地解决政府所存在的诸多经济难题"①。一切政府行为都能从财政收支的安排中获得合理解释，各级政府有效地履行事权和职能的前提是财权能否匹配事权。如果某级政府所拥有的财力较之其职能形成了漏斗效应的话，则意味着相关政府机构将难有作为，甚至导致其合法性的缺失。反之，如果某级政府所拥有的财力大于履行其职能所需之时，容易越权行事。政府时刻都在同外部环境进行能量交换，一旦资源过剩，行政机关势必无孔不入，谋求强有力的政治控制力。通过对政府过程的考察不难发现，涉及旨在顺利履行法定事权，发挥行政管理功效，践诺所承担的政治统治职能的财政

---

① Wallace E. Oates，"An Essay on Fiscal Federalism"，*Journal of Economic Literature*，1999，37（3）：pp. 1121−1122.

支出的决策、管理和执行相对简便,这是由于关于事权的法律制度使得履行责任不存在"制度性阻滞"。但是,组织财政收入的过程却大相径庭,这是因为各级政府出于理性人动机,往往倾向于多揽权力以扩大自主空间,并推卸责任以减少出资义务,①这导致在财政链条中容易滋生职能缺位的现象。实际上,现代财政学主张的事权和责任相匹配的本质在于通过一系列有效的制度来实现社会公共事务治理中的事权和出资责任的匹配,最终将府际博弈引入制度轨道。

适度集中、相对分散模式的收入划分的核心逻辑是以支定收、以收抵支、收支对应。如果深入挖掘制度背后的情境要素的话,那么不难得出新的感悟。首先,德国社会市场经济模式扎根在资本主义生产资料私有制的基础上,强调自由竞争。然而,竞争要有限度,这就要求联邦政府以法律形式规范竞争秩序,以实现完全竞争。艾哈德曾经将社会市场经济中的国家比作足球裁判,认为裁判的责任不是直接参与竞争,也不必提示运动员,他们只需要制定游戏规则,并确保相关规则得以切实遵守。② 秩序框架只是表面文章,博弈的实质在于"裁判员"是否具备制衡"运动员"的能力。其次,旨在实现经济总体稳健的伦理。"它内生于经济学及其逻辑之中,属于神学和经济学交叉作用的结果。"③较之时刻铭记着经济大萧条(1929—1933年)这一痛苦记忆的美国,德国政坛更纠结于 20 世纪 20 年代的恶性通货膨胀,确保币值稳定、汇率坚挺、物价平衡,反对通货膨胀,维护宏观经济运行环境的稳定成为德国精英阶层的压倒性共识。"通货的稳健应该属于基本人权之列,每一位公民都可以向联邦提出上述意愿"④,这对联邦政府驾驭国民经济,实施宏观调控的能力提出了艰巨的挑战。"适度集中"给予了联邦履行上述功能所必需的资源工具。最后,联邦制旨在实现联邦及其成员单位之间的协调,这也要求在财政上获得保证,因为府际财政关系实际上是

① 参见张晋武:《中国政府间收支权责配置原则的再认识》,《财贸经济》2010 年第 6 期。
② 参见谢汪送:《社会市场经济:德国模式的解读与借鉴》,《经济社会体制比较》2007 年第 2 期。
③ Arthur Rich, *Wirtschaftsethik*, Band Ⅱ: *Marktwirtschaft, Planwirtschaft, Weltwirtschaft aus Sozialethischer Sicht*, Gütersloh, 1990, S. 140.
④ [德]路德维希·艾哈德:《来自竞争的繁荣》,祝世康等译,商务印书馆 1983 年版,第 17 页。

府际关系的"映射"。适度集中、相对分散模式致力于维护两个积极性:弱势的联邦政府无疑将导致地方利益的坐大,最终妨碍国家整体意志的实现;拮据的州和市镇政府势必有损于多元化的达成。

一、联邦政府的财权与收入

《基本法》最终决定了德国政府间财政关系的面貌,按照宪法条文,各级政府都拥有组织财政资源的权力,以顺利履行其法定职能,并通过财政联邦主义加以兑现。在德国财政制度的设计中,贯彻了各级政府完全平等和相互独立的精神,在制宪者眼中,任何妨碍权力与责任、权利与义务对等的制度都应该被否定。随着现代财政学研究的深入,有必要对财权和财力加以区分。前者是指各级政府为了满足一定的支出需求而筹集财政收入的权力,主要包括税权、费权和债权;后者是指一级政府所拥有的可支配的货币形式的财政资源。[1] 通常影响某地财力的因素大致包括该地财权的大小、辖区内实际可动用的财政资源、源自上级政府的财政转移支付。从常识来说,政府所拥有的财权与其财力之间呈正比例关系,但是受到当地经济发展水平的限制,以致某些财税资源难以提取,甚至酿成财力缺位的现象。同时,拥有特定财力的一级政府大体上也获得了与之相应的财权,当然这也在一定程度上取决于它对财政转移支付的依赖程度。

表 3-12　德国联邦政府 2012 年、2013 年财政收入结构（单位:亿欧元）

	2012 年	2013 年	2013 年相对于 2012 年的变动	
			具体值	百分比
收入总计	2839.56	2845.90	+6.34	+0.2%
税收总计	2560.86	2606.11	+45.25	+1.8%
联邦政府从共享税中的提取额	2066.44	2143.91	+77.47	+3.7%
工资税	631.36	667.68	+36.32	+5.8%

---

[1]　参见马海涛:《政府间事权与财力、财权划分的研究》,《理论视野》2009 年第 10 期。

	2012 年	2013 年	2013 年相对于 2012 年的变动	
			具体值	百分比
所得税 1	158.38	169.15	+10.77	+6.8%
所得税 2	100.28	72.43	−27.85	−27.8%
利息税	36.23	36.41	+0.18	+0.5%
公司利润税	84.67	102.85	+18.18	+21.5%
增值税	1039.65	1079.35	+39.70	+3.8%
进口增值税	15.87	16.06	+0.19	+1.2%
联邦专享税	**997.94**	**999.97**	**+2.03**	**+0.2%**
能源税	393.05	396.50	+3.45	+0.9%
烟草税	141.43	144.50	+3.07	+2.2%
团结税附加	136.24	140.50	+4.26	+3.1%
保险税	111.38	111.50	+0.12	+0.1%
电税	69.73	64.00	−5.73	−8.2%
汽酒税	21.23	21.01	−0.22	−1.1%
机动车辆税	84.43	83.05	−1.38	−1.6%
咖啡税	10.54	10.45	−0.09	−0.8%
烈酒税	4.64	4.74	+0.10	+2.1%
航空业税	9.48	9.70	+0.22	+2.3%
核燃料税	15.77	14.00	−1.77	−11.2%
其他联邦专享税	0.02	0.02	—	—
其他收入	**278.70**	**239.79**	**−38.91**	**−14.0%**

数据来源:Bundesministerium der Finanzen, *Finanzbericht 2014.*

从表 3-12 不难发现,在德国联邦政府 2012 年、2013 年的财政收入结构中,税收占九成左右,这表明专享税和共享税并存,并以共享税为主体的分税制承担了联邦可支配收入的"大头"。在其他收入中,主要是私有化、变卖政府公共财产和资本借贷融资等名目,它们受行政现代化改革的影响较大,规模不太稳定。德国以税收为主体来组织财力,进而对接联邦政府所承担的诸多职能,这具有以下优势。首先,税收较之资本项目来说具有无与伦比的稳定性,将来源稳定、税收规模大、征收成本低的大宗税收划归联邦执掌符合国际惯例。这对于稳健宏观经济调控、保障市场经济的顺利运行、打造均等化的生活水平来说意义重大。其次,"财大气粗"在根本上支持了联邦政府在合作联邦主义和职能型联邦制的框架中把握政策方向,争夺立法和决策的制高点。联邦政府凭借财政优势,创造出共同任务和委任事项。在"金色的缰绳"的引诱下,各州和市镇政府不得不在联邦制的框架内寻找着力点,推动了国家结构形式的"单一化"。这与德国联邦制从创立之日起就被打造为"复合联邦制",而非"分立联邦制"①的战略规划不谋而合。

表3-13　近年来联邦政府税收规模与财政收入总额　(单位:亿欧元)

年份	2008	2009	2010	2011	2012	2013(估计值)
财政收入总额	2705	2577	2593	2785	2840	2840.5
税收规模	2392	2278	2262	2481	2561	2600.5

数据来源:Bundesministerium der Finanzen,*Finanzbericht 2014.*

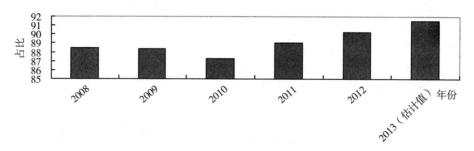

图3-3　近年来联邦政府税收规模占其财政收入的比重(单位:%)

数据来源:Bundesministerium der Finanzen,*Finanzbericht 2014.*

从表3-13、图3-3能够发现,近年来税收占联邦财政收入的比重略有上升。当然,这一波动是随机的、无规律的,并非联邦政府有意为之。这一变化源于两点:1.财产变卖、私有化和炒作资本的收入具有较大的随机性。与此同时,东部地区的转型进一步削弱了联邦的可支配财力,加剧了财政收

① 参见 Steffani Winfried,"Bund und Länder in der Bundesrepublik Deutschland",Falk Esche,Jürgen Hartmann,*Handbuch der deutschen Bundesländer*,Frankfurt/M.und New York,1990,SS.44-46。

入的波动。2.在次贷危机和欧洲主权债务危机的国际背景下,德国经济表现抢眼,保持了较高增速,成为欧元区的"良币",这从源头上确保了收入来源的稳定。

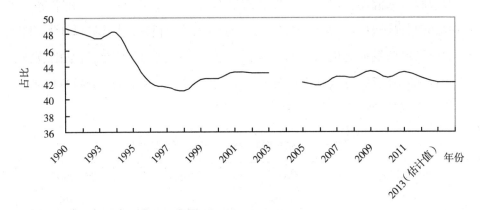

图 3-4 统一以来联邦税收占全德税入的比重(单位:%)

资料来源:朱秋霞:《德国财政制度》,中国财政经济出版社 2005 年版,第 187 页;Bundesministerium der Finanzen, *Finanzbericht 2014*。

从图 3-4 中不难发现 1996 年是联邦税收的一大拐点。此前,联邦在德国税收大盘中的份额从未低于 45%,此后,一直稳定在 42%上下,再也没有回升到统一之初的水平。这一现象可以归于两点:1.由于统一负担过于沉重,以致西部老州不堪重负,难有喘息之机。"统一枷锁"牢牢地勒住了老联邦州的命脉,为了维系来之不易的"花团锦簇"般的繁荣局面,联邦被迫在税收资源,特别是在共享税的分配中对州加以妥协和让步,这直接导致联邦在国家税收中的"分块"有所收缩。2.联邦财政被迫直接出资支援东部地区的结构转型和基础设施重建,这一政治任务严重妨碍了联邦税收的集中,导致相当数量的财源最终流散。

联邦德国财政收入的主体是税收,因此,专享税与共享税并存,以共享税为主体的分税制成为各级政府财力对比的关键因素,如何分配税收是德国府际财政关系的"命门"所在。首先,就共享税来说,从表 3-14、表 3-15可以发现,联邦集中了个人所得税的 42.5%,公司利润税的 50.0%,增值税的 53.2%,利息税的 44.0%和进口增值税的 41.4%。通过上述比例不难看出,联邦的财力优势始终得到了尊重和贯彻,这是"适度集中"的生动写照。德国共享税制度的奥妙在于把刚性和弹性、规范性和灵活性紧密地衔接了起来。除增值税外,其余税种的分配关系长期保持稳定,以确保各级政府基本财政收入来源的完整。基于在联邦制下各级政府组织的独立和平等,增值税如何分配取决于"部际圆桌会议"的年度财经谈判,它由联邦和各州官员构成。增值税作为机动要素,它在很大程度上填平了由于经济基础、财政金融状况以及应急行政开支所导致的政府间财力波动,适应了与生俱来的资源不均现象,成为德国财政体制的"中轴"。

表3-14　德国共享税在联邦、州及市镇政府之间的配置方式

具体税种	联邦政府	州政府	市镇政府
个人所得税	42.5%	42.5%	15.0%
公司利润税	50.0%	50.0%	——
增值税	53.2%	44.8%	2.0%
利息税	44.0%	44.0%	12.0%
进口增值税	41.4%	58.6%	——

数据来源:Bundesministerium der Finanzen, *Finanzbericht 2014*.

表3-15　德国近年来所征收共享税的构成及其规模　（单位:亿欧元）

年份	共享税	工资税	所得税1	所得税2	利息税	公司利润税	增值税	进口增值税
2010	3728.57	1279.04	311.79	129.82	87.09	120.41	1364.59	435.82
2011	4035.67	1397.49	319.96	181.36	80.20	156.34	1389.57	510.76
2012	4261.90	1490.65	372.62	200.59	82.34	169.34	1424.39	521.96

数据来源:Statistisches Bundesamt, "Statistics on tax revenue".

　　除共享税以外,联邦专享税的规模相对有限。通过表3-16可以看出,它包括保险税、烟草税、咖啡税、汽酒税、中度酒税、烈酒税、中间产品税、能源税、电税、机动车辆税、航空业税、核燃料税、团结税附加、进口上交等名目。按照权责对等的准则,联邦专享税大体上由联邦行使立法权、征管权和归属权,以防止因政出多门所导致的效率缺失和交易成本的上升。"只有

团结税附加和保险税因其性质特殊,目前由各州代为管理。"

表 3-16　德国近年来联邦专享税的成分及其规模　(单位:亿欧元)

年份	专享税总额	保险税	烟草税	咖啡税	汽酒税	中度酒税
2010	934.26	102.84	134.92	10.02	19.90	0.02
2011	991.34	107.55	144.14	10.28	21.49	0.02
2012	997.94	111.38	141.43	10.54	21.21	0.02
年份	烈酒税	中间产品税	能源税	电税	机动车辆税	航空业税
2010	4.22	0.22	398.38	61.71	84.88	—
2011	4.54	0.16	400.36	72.47	84.22	9.05
2012	4.50	0.14	393.05	69.73	84.43	9.48

年份	核燃料税	团结税附加	进口上交	其他联邦税
2010	—	117.13	0.02	−0
2011	9.22	127.81	0.03	0
2012	15.77	136.24	0.02	0

数据来源:Statistisches Bundesamt,"Statistics on tax revenue"。

二、州政府的财权与收入

联邦和州的预算建立在怎样划分收入和支出的基础上,具体写于《基本法》第109—115条以及《联邦预算法》之中。[1] 德国财政制度尝试将两种看似矛盾的宪法原则融为一体。[2] 一方面,各州与联邦以及各州之间在预算方面是完全独立的,它们各司其职、各负其责;另一方面,《基本法》要求各州致力于联邦地域内生活水平的一致性。[3] 上述两种原则实际上对成员州进一步强化在德国政治体系内的地位提供了依据,我们不妨认为州在府

[1] 参见 Astrid Lübke,"Fiscal Discipline between Levels of Government in Germany",*OECD Journal on Budgeting*,2005,5(2):p.25。

[2] 参见 Wolfgang Renzsch,*Finanzverfassung und Finanzausgleich:Die Auseinandersetzung um ihre politische Gestaltung in der Bundesrepublik Deutschland zwischen Währungsreform und deutscher Vereinigung(1948-1990)*,Bonn:Dietz,1991,S.67。

[3] 参见 Ralf Hepp,Jürgen von Hagen,"Fiscal Federalism in Germany:Stabilization and Redistribution Before and After Unification",*Publius:The Journal of Federalism*,2012,42(2):pp.237-238。

际财政关系中的话语权得到了来自政府过程层面的坚决维护。需要说明的是,成员州历来不享有组织收入的立法权,它们只能行使对税收的征管权和归属权。[①] 简单来说,州专享税除立法权归属联邦政府外,其他权限完全由各州执掌;共享税由州代为征管,并按照年度财经谈判的结果划归各级各类政府;绝大多数的市镇专享税由各州行使立法权。这一做法体现了实施地方自治的市镇是各州的创设物,有利于各州引领市镇的发展。

表3-17   近年来州政府税收规模与财政收入总额   (单位:亿欧元)

年份	2005	2006	2007	2008	2009
财政收入总额	2372	2501	2731	2762	2601
税收规模	1654	1809	1990	2068	1884
年份	2010	2011	2012	2013(估计值)	
财政收入总额	2668	2864	2935	3040	
税收规模	1884	2023	2150	2210.5	

资料来源:史世伟等:《德国经济数字地图2011》,科学出版社2012年版,第29页;Bundesministerium der Finanzen, *Finanzbericht 2014*。

各州财政收入的构成较之联邦政府来说,呈现出趋同的特征。值得注意的是,源自上级和同级政府的财政转移支付对于"富州"和"穷州"来说,其重要性存在天壤之别。从表3-17、图3-5可知,在默克尔总理执政的"大联合政府(2005—2009年)"和"黑黄同盟(2009—2013年)"两大阶段,税收在各州财政收入中的比重大约稳定在七成,即使最高年份也未超过75%的门槛。这一现象表明成员州大体上具备了跨越经济的周期性波动的能力,并有效地扼制了由于政治时局的变化所导致的各种纷扰。此外,自科尔总理、施罗德政府和默克尔内阁以来,德国联邦政府一直致力于扩张成员州的政治功能和管理幅度,使得行政现代化改革得到了来自财税维度的切实保障。

从图3-6可知,自1990年起,各州税收的地位明显上升,其中以1995

---

① 参见 Heidrun Abromeit, *Der verkappte Einheitsstaat*, Opladen, 1992, S. 130。

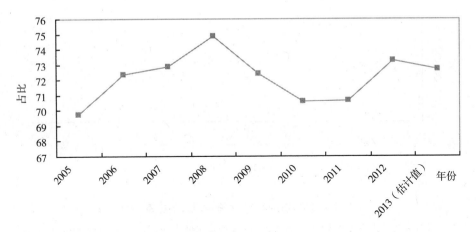

图 3-5　近年来州政府税收占其财政收入的比重(单位:%)

资料来源:史世伟等:《德国经济数字地图 2011》,科学出版社 2012 年版,第 29 页;Bundesministerium der Finanzen, *Finanzbericht 2014*。

年为节点可以大致划分为"35%纪元"和"40%时代"。同时,这两个时段都呈现出高度的均衡性和稳定性,并未出现缓升和缓降的现象。换句话说,各州在德国财政博弈中的"势能"是在很短的时间内完成的,深究其原因可以归结为三点。第一,由于统一前的历史逻辑的进一步延伸所带来的路径依赖。第二,考虑到各州在横向转移支付制度中的作用将进一步放大,因此只能采取利益交换的形式来换取成员州同意分解一定的联邦财政负担。第三,州凭借作为"内在权力"的联邦参议院得以深度影响联邦政府的财政政策,合作联邦主义和职能型联邦制所秉持的共同参与和互助原则赋予了各州在国家决策环节难能可贵的"政治纠缠力"。鉴于一旦不听取成员州的意见和建议,势必造成行政和执行阶段的梗阻现象,最终不利于立法和决策功能的落实。因此,联邦政府决心采取一定程度的政策议题前置,通过将各州实质性地引入立法和决策阶段,以换取它们在行政和执行环节的合作。

各州税收的主体来自对共享税的提取,其次是征收专享税。按照《基本法》的规定,州级财政分享了个人所得税和工资收入税的 42.5%,公司利润税的 50%,利息税的 44%和少量的进口增值税,以上税种的分配比例未经修宪不得调整,这体现了规范性和稳定性的特点。作为德国第一大税收

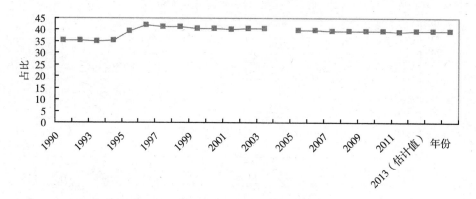

图 3-6 统一以来成员州税收占全德税入的比重（单位：%）

资料来源：朱秋霞：《德国财政制度》，中国财政经济出版社 2005 年版，第 187 页；Bundesministerium der Finanzen, *Finanzbericht 2014*。

的增值税需要按照年度财税谈判的结果进行分配，自统一以来，各州的提留份额持续上升，目前已接近 45%。从表 3-18 可以看出，各州在 1990—1995 年所获得的增值税总额不断攀升，屡创新高，成为仅次于个人所得税的第二大税种；然而，自 1996 年至今，增值税反超个人所得税，位居第一大税种，其征收额相较于前一时段逐渐放缓。将增值税作为联邦和州税收的第一大来源具有标志性特色，这有助于缓解各级政府对存在周期性波动的某些税种的依赖，消解因税基的变动对财税共同体的冲击，并消除因税收的不均等而引发府际关系产生结构性变动的可能。①

表 3-18 德国统一以来各州分得共享税的构成及其规模（单位：亿欧元）

年份	1990	1991	1992	1993	1994
个人所得税	465.26	555.65	627.68	632.82	634.58
公司利润税	104.61	110.17	108.54	101.79	95.40
利息税	—	—	—	24.18	30.84
增值税	264.11	321.53	353.81	409.20	445.89
进口增值税	14.24	14.76	16.17	7.66	11.57

---

① 参见 Jürgen W. Hidien, *Der bundesstaatliche Finanzausgleich in Deutschland*, Baden-Baden, 1998, SS. 264-304。

续表

年份	1995	1996	1997	1998	1999
个人所得税	644.73	571.26	552.88	585.39	614.96
公司利润税	89.60	109.43	122.61	150.70	168.34
利息税	28.81	27.24	25.64	26.75	26.60
增值税	527.83	600.35	609.69	596.79	626.60
进口增值税	10.91	11.66	11.09	16.57	17.88
年份	2000	2001	2002	2003	2004
个人所得税	628.82	600.94	593.86	585.04	549.48
公司利润税	185.44	102.29	84.44	86.38	115.21
利息税	32.27	39.43	37.30	33.58	29.80
增值税	646.83	637.94	642.83	637.25	665.47
进口增值税	18.15	18.94	21.07	26.97	18.93
年份	2005	2006	2007	2008	2009
个人所得税	546.91	595.76	666.40	741.97	686.78
公司利润税	131.42	174.01	183.60	162.22	98.24
利息税	30.76	33.59	49.18	59.22	54.75
增值税	626.66	659.11	734.50	766.97	780.59
进口增值税	20.37	22.24	22.30	20.13	15.27
年份	2010	2011	2012	2013(预测值)	2014(预测值)
个人所得税	676.10	729.91	791.89	839.59	888.04
公司利润税	125.12	168.85	184.97	173.48	185.75
利息税	38.32	35.29	36.23	36.78	37.66
增值税	805.88	838.07	867.85	884.36	913.86
进口增值税	18.22	21.49	22.43	22.61	23.37

数据来源：Bundesministerium der Finanzen, *Finanzbericht 2014*.

从表3-19可知，各州专享税的构成并不复杂，主要包括财产税、遗产与赠与税、土地交易税、博彩税、消防税、啤酒税等，除了遗产与赠与税、土地交易税之外，其他税种属于来源较为分散、税基易于迁移、征管成本较高的小额收入。德国分税制的一大特色是"下管一级"和"异构立法"，例如各州无法对自身的专享税行使立法权，它必须听命于联邦政府。这一做法旨在防止各州的利己主义动机破坏国家税法的统一性,防范财力悬殊的"富州"和"穷州"之间形成双轨法制,进而威胁公民的平等生存和发展权。

表 3-19　德国近年来各州专享税的构成及其规模　（单位:亿欧元）

年份	州专享税总额	财产税	遗产与赠与税	土地交易税	博彩税	消防税	啤酒税
2010	121.46	0.01	44.04	52.90	14.12	3.26	7.13
2011	130.95	-0.04	42.46	63.66	14.20	3.65	7.02
2012	142.01	-0.01	43.05	73.89	14.32	3.80	6.97

数据来源:Statistisches Bundesamt,"Statistics on tax revenue".

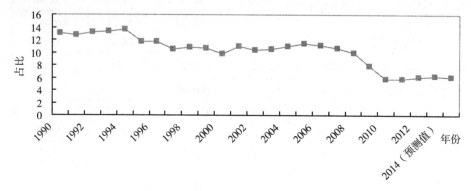

图 3-7　德国统一以来各州专享税占其税收总额的比重(单位:%)

数据来源:Bundesministerium der Finanzen,*Finanzbericht 2014*.

　　从图 3-7、表 3-20 可以看到,自统一以来,州专享税的征收额及其重要性都呈现出疲软之势,这表明共享税的地位正越来越突出。首先,州专享税的提取额呈现出大起大落和无章可循之势,这反映出各州的经济形势总体不景气。其次,就专享税在税收中的比重来看,毋庸置疑的是它的"切块"日益萎缩,其颓势可谓积重难返。

表 3-20　德国统一以来各州专享税及其税收总额　（单位:亿欧元）

年份	1990	1991	1992	1993	1994
州专享税	129.71	148.86	168.54	177.52	186.88
州税收总额	993.28	1164.99	1284.97	1331.39	1376.36

续表

年份	1995	1996	1997	1998	1999
州专享税	187.14	197.05	177.33	190.71	195.64
州税收总额	1601.65	1678.15	1677.21	1759.52	1840.03
年份	2000	2001	2002	2003	2004
州专享税	184.44	196.28	185.76	187.13	197.74
州税收总额	1894.93	1786.90	1785.52	1775.77	1798.65
年份	2005	2006	2007	2008	2009
州专享税	205.79	217.29	228.36	219.37	163.75
州税收总额	1804.57	1951.16	2132.01	2219.21	2071.19
年份	2010	2011	2012	2013(预测值)	2014(预测值)
州专享税	121.46	130.95	142.01	151.02	153.34
州税收总额	2100.52	2242.91	2363.44	2419.17	2510.83

数据来源:Bundesministerium der Finanzen,*Finanzbericht 2014*.

三、市镇政府的财权与收入

德国地方政府的财权实际上相当有限,只涵盖了较少比例的共享税提成、微乎其微的专享税、面向公共设施(如游泳池、成人教育、幼儿园、影剧院等)和公用事业(如公共交通、污水排放、垃圾清运、墓地等)[1]受益者的收费、源自上级的纵向财政转移支付(例如成人教育、博物馆、影剧院等文化服务领域将获得相应的政府津贴)[2]、出售和变卖部分资产所得以及借贷性收入。

不难看出,市镇的财政收入存在以下特色。第一,来源多样,构成复杂,这充分体现了市镇贴近公共服务受益者的"近地"特色。第二,不存在具有压倒性优势的支柱性收入,具体来说,无论是各项税收、财政转移支付,还是

---

[1]　参见[德]赫尔穆特·沃尔曼:《德国地方政府》,陈伟等译,北京大学出版社2005年版,第143页。

[2]　参见 Norton A.,*International Handbook of Local and Regional Government*,Aldershot:Edward Elgar,Hants,1994,p. 272。

行政性收费、信贷款,它们都难以撑起"半壁江山"。第三,私有化和民营化等现代融资手段得以广泛应用,这表明基层对于现代金融具有极佳的敏锐性,易于捕捉社会发展的最新动态。

通过对表 3-21、图 3-8 的解析可知,税收大体上占到了财政收入的四成,期间虽有波动,但是并未出现大起大落和陡增陡降。该现象要归功于《基本法》、《地方自治法》、《经济稳定与增长促进法》所致力于实践的宏观景气目标,它有效地改善了组织绩效水平,提高了社会治理能力,节约了获取和解码信息以及协调组织间各部分关系的交易成本。

表 3-21　近年来市镇税收规模及其财政收入总额　（单位:亿欧元）

年份	2008	2009	2010	2011	2012	2013（估计值）
财政收入总额	1764	1708	1754	1836	1888	1990
税收规模	706	622	638	697	743	760.5

数据来源:Bundesministerium der Finanzen, *Finanzbericht 2014.*

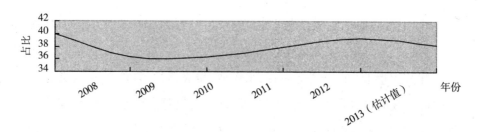

图 3-8　近年来市镇税收规模占其财政收入的比重(单位:%)

资料来源:Bundesministerium der Finanzen, *Finanzbericht 2014.*

由表 3-22 可知,自统一以来,税收在市镇行政管理账户总收入中的比重大致围绕"四成等比例线"做不规则的上下波动。当然,其绝对值始终保持着适度增长,一方面,这表明各州财政分享了德国"魔力四角"(即经济增长、有效就业、国内外贸易收支平衡、物价稳定)所带来的好处;另一方面,这也意味着市镇税收随着德国税收格局做均匀的"正比例"运动。

表3-22 统一以来市镇税收占其行政管理账户总收入的比重

（单位:1992年之前为亿马克,1993年伊始为亿欧元）

年份	市镇税收	占比
1990	692	38.1%
1991	757	38.6%
1992	816	38.4%
1993	446	37.0%
1994	448	36.4%
1995	441	35.5%
1996	441	35.9%
1997	448	37.5%
1998	486	39.6%
1999	510	40.7%
2000	519	40.6%
2001	491	39.2%
2002	475	37.9%
2003	469	38.2%
2004	514	40.0%
2005	543	40.5%
2006	610	42.7%
2007	661	43.1%
2008	706	43.8%
2009	622	40.1%
2010	639	40.6%
2011(预测值)	697	41.9%
2012(预测值)	744	42.7%

资料来源:朱秋霞:《德国财政制度》,中国财政经济出版社2005年版,第171页;Bundesministerium der Finanzen, *Finanzbericht 2014*, 2013, S. 171。

进一步审视图3-9不难发现,即使市镇税收在国家"财税大饼"中的份额始终处于绝对劣势,却并未发生类似各州谋求不断扩权的现象,原因究竟何在? 第一,市镇在财政转移支付中的作用从来就不突出,强化财力客观上难以找到突破口。第二,自20世纪六七十年代以来,循序渐进推开的基层行政现代化改革在两德统一后仍在持续,并全面移植到了5个新联邦州,这进一步放缓了强化市镇财政实力的必要性。第三,根深蒂固的路径依赖导致地方政府难以突破联邦制下的权威分散和话语权流失,市镇从未具备动摇府际权力关系架构的能量。

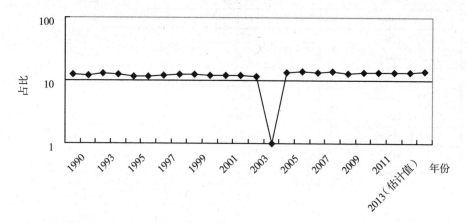

图3-9 统一以来市镇税收占全德税入的比重(单位:%)

资料来源:朱秋霞:《德国财政制度》,中国财政经济出版社 2005 年版,第 187 页;Bundesministerium der Finanzen,*Finanzbericht 2014*。

通过对德国东西部地区的市镇税收情况进行对比(见表3-23),可以看到,就规模来说,东部市镇税收大致为西部市镇税收的 1/9 到 1/10,这表明东部市镇追赶西部市镇的使命仍然任重而道远。就比重来说,东部市镇税收在其行政管理账户中的占比确实在提升,但始终在三成以内,仅为同期西部的 1/2 到 2/3。这意味着东部市镇不得不更加依赖联邦和州的拨款以及财政转移支付,这进一步侵蚀了东部本已受到削弱的"政治动能",不利于实现"合纵连横"的权谋术。

表3-23 德国近年来东西部之间市镇税收情况对比 (单位:亿欧元)

年份	西部老州(老联邦州)		东部新州(新联邦州)	
	税收总额	在行政管理账户收入中的占比	税收总额	在行政管理账户收入中的占比
2003	428	41.7%	41	20.4%
2004	468	43.3%	46	22.4%
2005	491	43.8%	52	23.6%

续表

年份	西部老州(老联邦州)		东部新州(新联邦州)	
	税收总额	在行政管理账户收入中的占比	税收总额	在行政管理账户收入中的占比
2006	554	46.1%	56	24.8%
2007	599	46.1%	62	26.2%
2008	635	46.7%	71	28.4%
2009	558	42.8%	64	25.8%
2010	572	43.1%	67	27.0%
2011(预测值)	625	44.4%	73	28.4%
2012(预测值)	667	45.0%	76	29.5%

数据来源:Bundesministerium der Finanzen, *Finanzbericht 2014*.

从表 3-24 可以看出,自统一至今,市镇共享税涵盖了个人所得税与工资收入税的 15%、利息税的 12%、按照年度财经谈判所划定的增值税提成(2%左右)。尽管较之联邦和州政府,市镇得到的个人所得税比例很低,但是鉴于该税种的庞大基数,它因此成为市镇的第一大税收,并呈现出不断增长之势。1998 年,德国取消了营业资本税,为了弥补基层财政所遭受的损失,联邦和州划拨一小部分增值税给市镇以缓解后者的困境,这在一定程度上改善了地方极为严峻的赤字和债务状况。尽管税收并非市镇的主干财源,但是共享税对于地方政府来说仍然是重要议题。实际上,直到 1998 年市镇加入对增值税的分配为止,财税共同体方才最终定型。因为个人所得税的征收额有赖于定居该地的常住人口,这就提升了"用脚投票"理论的适用范围,强化了市镇的公共服务意识,有利于构建现代服务型政府,有助于克服官僚主义作风。以此为契机,一大批环绕中心城市的宜居型、花园式城镇如雨后春笋般崛起,这极大推动了德国新区域主义的发展。[①]

① 参见唐燕:《德国大都市地区的区域治理与协作》,中国建筑工业出版社 2011 年版,第 20—23 页。

表 3-24　德国统一以来市镇分得共享税的来源及其规模(单位:亿欧元)

年份	1990	1991	1992	1993	1994
个人所得税	164.21	196.11	221.53	223.35	223.97
利息税	—	—	—	6.60	8.41
增值税	—	—	—	—	—
年份	1995	1996	1997	1998	1999
个人所得税	227.55	201.62	195.14	206.61	217.04
利息税	7.86	7.43	6.99	7.30	7.25
增值税	—	—	—	27.12	28.48
年份	2000	2001	2002	2003	2004
个人所得税	221.94	212.10	209.59	206.49	193.93
利息税	8.80	10.75	10.17	9.16	8.13
增值税	29.25	28.84	28.69	28.44	28.52
年份	2005	2006	2007	2008	2009
个人所得税	193.03	210.27	235.20	261.87	242.39
利息税	8.39	9.16	13.41	16.15	14.93
增值税	29.01	30.45	34.02	35.14	35.33
年份	2010	2011	2012	2013(预测值)	2014(预测值)
个人所得税	238.63	257.61	279.49	296.33	313.43
利息税	10.45	9.62	9.88	10.03	10.27
增值税	35.94	37.93	38.85	39.56	40.88

数据来源:Bundesministerium der Finanzen,*Finanzbericht 2014*.

　　通过表 3-25 可知,德国的市镇专享税大致包括了土地税、娱乐税、养狗税、打猎与钓鱼税、营业税、消遣品税、第二套房的房产税、饮料税等。市镇虽然不具备对以上税种的立法权,但是凭借征管权和归属权,使得地方能够相对自主地确定税率和计征比例。除了土地税和营业税之外,其他税种基本上可以忽略不计。以土地税为例,它分为事关农林业用地的 A 类和非农林业用地的 B 类,考虑到第一产业在德国国民经济中的贡献率极小,因此,多年来土地税的上涨几乎都源于非农林业用地(B 类)的高速增长。但是,德国长期以来对房地产价格实行严厉打压的国策,高度警惕"虚拟经济泡沫"的形成,以防止"日本悲剧"(即日本在签订《广场协议》后,其国民经济陷入长期停滞)的重演,因此从长远来看土地税 B 不会无限上涨。

表 3-25 德国近年来市镇专享税的成分及其规模 （单位:亿欧元）

年份	地方专享税总额	土地税 A（农林业用地）	土地税 B（非农林业用地）	营业税	其他税种
2010	477.80	3.61	109.54	357.11	7.54
2011	529.84	3.68	113.06	404.24	8.86
2012	553.98	3.75	116.42	423.45	10.37

数据来源:Statistisches Bundesamt,"Statistics on tax revenue".

通过表 3-26 不难看出,一方面,市镇专享税的征收额与市镇税收总额都保持了逐年递增之势;一方面,二者的增长基本保持同步,这突出地表现在专享税的占比始终处于可控的状态。在 1993 年之前,它位于 14%以下,此后不断提高,截至 1997 年已达 17.64%。此后虽然略微下滑,但是在 2001—2005 年期间,该数值再次超过 18%,随后连续三年下滑,到了 2009、2010 年又一次增高,从 2011 年至今再次出现衰退迹象。

表 3-26 德国统一以来市镇专享税的规模及其在同期市镇税入中的比重
（单位:亿欧元）

年份	1990	1991	1992	1993	1994
市镇专享税	50.33	56.76	61.68	66.70	72.14
市镇税收总额	384.41	433.42	477.12	491.37	497.87
占比	13.09%	13.10%	12.93%	13.57%	14.49%
年份	1995	1996	1997	1998	1999
市镇专享税	77.57	82.60	86.98	90.81	94.60
市镇税收总额	485.48	480.39	492.96	537.49	563.34
占比	15.98%	17.19%	17.64%	16.90%	16.79%
年份	2000	2001	2002	2003	2004
市镇专享税	96.33	98.66	99.58	103.39	106.08
市镇税收总额	571.36	540.59	525.42	518.01	563.79
占比	16.86%	18.25%	18.95%	19.96%	18.82%

续表

年份	2005	2006	2007	2008	2009
市镇专享税	108.13	109.49	112.84	114.31	116.07
市镇税收总额	597.65	672.94	726.89	770.00	683.86
占比	18.09%	16.27%	15.52%	14.85%	16.97%
年份	2010	2011	2012	2013(预测值)	2014(预测值)
市镇专享税	120.69	125.60	130.54	133.23	135.38
市镇税收总额	703.57	766.13	810.83	839.26	872.15
占比	17.15%	16.39%	16.10%	15.87%	15.52%

数据来源：Bundesministerium der Finanzen, *Finanzbericht 2014*.

第三节　适度集中、相对分散（财政纠缠）模式下的政府间财政平衡体系

林尚立教授指出："财政关系是国内政府间关系的核心，它直接决定政府间关系的现实状况……"[1]财政资源在各级政府间的分布情况决定了它们能否顺利履行法定事权、发挥行政管理功效、践诺所承担的政治统治职能，最终奠定了它们在政府过程和社会公共事务管理中的地位和权威。全球实行市场经济体制的国家基本上都运用财政联邦主义来进行制度建构。[2] 起源于西方的财政联邦主义，指的是在市场经济条件下，各级政府怎样通过财政分权的制度安排才能有效地提高政府的管理效能、强化其管理效率、优化其政治统治职能，其核心是财政分权。这一体制的构成要件主要有三——联邦、州和市镇政府的事权划分、分税制、财政平衡机制。[3] 财政平衡的概念在推崇完全竞争的"盎格鲁-撒克逊式"自由主义市场经济中难

---

① 林尚立：《国内政府间关系》，浙江人民出版社 1998 年版，第 71—72 页。
② 参见罗湘衡：《德国政府间财政关系研究》，南开大学硕士学位论文，2009 年。
③ 参见申亮等：《德国的财政平衡机制及对我国的启示》，《山东财政学院学报》2002 年第 5 期。

觅踪迹，它是指在德国的社会市场经济模式下所存在的一种兼具财税调节、行政权力配置和政治统治职能的财政管理制度。在德国，为了保证不同地域的居民能够享受到均等化的公共服务，缩小区域间由于经济社会发展水平不同所导致的贫富分化，填平财力鸿沟，弥合日渐扩张的财政收支裂痕，以实现国民经济在长时段内的可持续协调发展，强化宏观调控，联邦政府专门制定了《财政平衡法》，依法设置纵向和横向并存的财政平衡制度，以实现对财税资源的二次分配。

1990 年 10 月 3 日，德国再次统一。此后，德国向东部地区提供的近乎天文数字的财政转移支付被国际社会视为以金钱实现政治目的的经典案例。[1] 据统计，截至 1995 年，财政转移支付占到西部 GDP 的 5%，东部 GDP 的 41%。[2] 其中的 50%用于公共和私人部门的消费，50%用于基础设施建设、固定资产再投资等生产性扩容活动。因此，笔者认为以政府间财政平衡机制为切入点，毫无疑问，对于评价统一后德国府际关系的调整和变迁可谓大有裨益。

一、设置政府间财政平衡体系的原因

首先，坚持财权和事权相统一。实践财政联邦主义的首要是明确各级政府的职能领域，实施事权分立。事权分立的目的在于明确各级政府应该干什么、其使命是什么，常见的分配原则包括市场基础、效率优先、范围幅度、分级管理、历史传统和法律规范。各级政府只有在事权清晰的情况下，才能有效编制财政收支预算、安排财力支出、汇总决算，以对应所肩负的社会管理职能，为辖区内居民提供均等化的公共产品和公共服务。按照贾康先生所主张的"一级政权、一级事权、一级财权、一级税基、一级预算、一级产权、一级举债权"[3]的原则，各级政府以分税制和财政转移支付机制为支柱来组织资金，并遵循"以支定收、以收抵支、收支对应"的原则，以确保它

---

① 参见王绍光：《中国财政转移支付的政治逻辑》，《战略与管理》2002 年第 3 期。

② 参见杜智刚：《德国东部 10 年建设对我国西部开发的启示》，《经济学家》2000 年第 5 期。

③ 贾康：《正确把握大思路，配套推进分税制——兼与"纵向分两段，横向分两块"的自主商榷》，《中央财经大学学报》2005 年第 12 期。

们拥有顺利履行法定事权,发挥行政管理功效、践诺所承担的政治统治职能的财力。应该指出的是,政府间财政平衡体系发挥了密切府际关系、保持政府间关系的动态平衡、贯穿从联邦到地方的政策流程、建构全国统一市场的显著功效。但是,政府过程告诉世人100%的财政收支平衡并不存在。现代西方财政理论强调,当一级政府面临财政赤字,而其他层级政府却出现盈余时,就表明纵向财政失衡的存在;当某些州和市镇出现财政结余,某些州和市镇面临财政拮据之时,就表明横向财政失衡的存在。[①] 这一事实从学理上论证了建立双向财政平衡机制的必要性。在德国的财税收入中,联邦约占49%,州约占37%,市镇约占14%;在财政支出中,联邦约占43%,州约占34%,地方约占23%。[②] 鉴于近年来德国的财政状况不佳,因此,维持政府间纵向平衡的压力主要集中在州和市镇。特别是地方赤字的不断膨胀导致其债台高筑,负债累累,这引起了德国政界和学界的广泛关注。如何缩小区域间由于经济社会发展水平不同所导致的贫富分化,填平财力鸿沟,弥合日渐扩张的财政收支裂痕,以确保各级政府的行政管理能力的完整,这一任务已经成为德国合作联邦主义和职能型联邦制之下的一个关键区域政策议题。

其次,贯彻《基本法》中"创造和保障德意志联邦共和国国土内生活条件和生活水平的一致性,均衡不同地域经济实力"的原则。在德国的制度框架下,联邦和州之间、各州之间的关系以对称性为准则,它是指将整个国家的政治、经济、社会、文化资源(即政治文化、价值观念、意识形态和其他政治资源)大致均匀地分布于各成员单位,[③]从而使各州之间不至于产生严重的资源倾斜。这一举措有两大好处:一是能够有效地防止单个州利用自身的资源优势侵入同级州的事权领域,保护各州之间的相互平等,维护府际横向关系的平衡。二是当面对联邦政府扩充权力的野心时,各州能够以一个声音说话,采取奥尔森所谓的"集体行动"理论,以对抗联邦政府因势利

---

① 参见孙开:《德国各级政府间的财政关系及启示》,《德国研究》1996年第2期。

② 参见顾俊礼:《德国》,社会科学文献出版社2007年版,第201—202页。

③ 参见王丽萍:《论联邦制国家的特征与类型》,《北京大学学报(哲学社会科学版)》1997年第1期。

导、见缝插针地谋求改变府际关系运转的战略视野。由此所引发的怎样填补各州之间的财力差距成为德国区域战略的核心。自 1951 年起，甚至要早于联邦政府创设纵向转移支付，成员州就开始实施以"富"帮"穷"为特征的转移支付体系，借助由联邦宪法法院所允许的一整套财经指标来实现资金的转移。州际财政平衡以德国人均税收为基数，将各州划分为"富"与"穷"两组，如果某州的人均税收超过这一基数，那么它就有责任提供资金来帮助"穷州"，以实现后者的人均值达到全国均值的 95%。该制度延续至今，成为享誉全球的德国政府间横向财政平衡的雏形。就德国的意识形态来说，联邦国家、社会（福利）国家、民主国家和法治国家成为建国四原则，在此之下建立了社会市场经济模式。就本质来说，它仍然属于以生产资料的资本主义私有制为基石的市场经济体系，然而不同于尊重完全竞争的"盎格鲁-撒克逊式"自由主义市场经济，也迥异于苏联模式的高度集中的、中央指令性、管制性计划经济，它的特色在于"社会"和"市场"的结合，坚持效率优先和社会公平、正义、多元价值观的内在均衡，社会认同感的培育和形成。① 政府间财政平衡体系以社会市场经济作为制度外壳，它必然坚持社会与市场、公平与效率的平衡。就西部各州来说，主要奉行效率原则。确保它们作为德国经济增长引擎的地位，尊重其在德国区域经济中所享有的强势地位及其先发优势，避免妨碍其实现可持续发展的积极性、主动性、创造性和自主性，保证其博得优质发展前景和光明发展前途的夙愿。就东部各州来说，主要奉行公平原则。确保当地居民能够享受均等化的公共服务，拉近悬殊的区域间经济社会发展差距，带动落后地区的发展，强化"造血"能力，探索一条以输血求造血、变他助为自助的发展道路。

二、政府间财政平衡体系的构成和运行

（一）政府间纵向财政平衡

纵向财政平衡，指的是"上下级政府间的财政转移支付"②。德国秉持

---

① 参见 Werner Rittershofer，*Wirtschaftslexikon*，München，2000，S. 834。
② 财政部税收制度国际比较课题组：《德国税制》，中国财政经济出版社 2004 年版，第 47 页。

各司其职、各负其责、相互独立的原则,自上而下地划分为联邦、州和地方三级。因此,纵向平衡发生在联邦、州和地方之间。它具体分为两层,即联邦对经济发展落后的州提供财政转移支付和应急款项,以及各州向管辖范围内财政窘迫的市镇提供财政转移支付。

就联邦制和联邦主义的学术视野来说,学术界基本聚焦于联邦和州的关系,因为从历史发展来说,二者的关系直接决定了联邦制的合法性及其兴衰荣辱。而涉及市镇的州内财政平衡一般不纳入联邦制问题的视野,其学术价值远逊于前者,究其成因有三。第一,地方政府类型多样,数量庞杂。第二,援引美国迪隆规则的司法判例,[①]地方政府属于州政府的创设物,无论设置还是废止,都取决于州政府的意志。市镇同联邦政府不发生任何直接的权力让渡或者授予关系,它们被封堵于成员单位内部而难以获得向上晋级的政治通道。第三,地方政府具有双重职能。一方面,它们是国家行政体系的终端,是政策流程的末梢,需要履行与事权领域相关的法定强制性义务、共同任务、委任事项以及与立法权领域相关的专有立法权、原则性/框架性/总体性立法权、竞争/竞合立法权。另一方面,它们需要秉持地方自治的传统理念,维护辖区内居民的切身利益。

1990年10月3日两德统一,当时东德的领土面积相当于西德的44%,人口约为后者的24%,人均GDP为西部的26.3%。[②]虽然在冷战期间,东德号称"世界第十大工业国",其综合国力在华约内部仅次于苏联。但是,通过经济测算后发现,东部地区的经济实力仅相当于西部地区的10%左右。[③]鉴于东西部之间的政治经济体制、环境保护能力、基础设施建设水准、经济社会发展水平、人民生活的幸福指数、社会福利和社会保障制度差异悬殊,为了兑现科尔向东部居民作出的政治承诺,联邦财政部借助纵向平

---

① 参见张光:《美国地方政府的设置》,《政治学研究》2004年第1期。

② 参见 Jagadeesh Gokhale,Bernd Raffelhüschen,Jan Walliser,"The Burden of German Unification:A Generational Accounting Approach",http://clevelandfed.org/research/workpaper/1994/wp9412.pdf。

③ 参见[德]格琳德·辛恩等:《冰冷的启动:从国民经济视角看德国统一》,晏扬译,上海三联书店2012年版,第21—26页。

衡体系向5个新州不断注资。对此,国内外学者给予了高度评价。"1990年以来,西德每年向东部地区转移相当于GNP5%的1500亿马克资金。"①"而新德国一次性地对不过10.81万平方公里的原东部地区投入了10000亿马克,它无疑是人类历史上最大的一次性投资,也无疑是人类历史上投资密度最高的一次性投资。"②纵向财政平衡的名目繁多,大致可以分类如下:

1.增设德国统一基金。根据协定,原德意志民主共和国的赤字将由东德、西德联邦政府、老联邦州三方均摊。"因此,联邦和西部各州于1990年5月16日创设了德国统一基金,截至1994年,西德需拿出1150亿马克。"③在具体操作中,由于对统一后所面临的困境估计不足,这一基金的支付规模远远超出了预期。1990—1994年,分别支付了220亿、350亿、339亿、315亿、239亿马克,筹集资金高达1463亿马克。④

2.调整原有的返还性转移支付的适用范围。1995年,新《财政平衡法》将梅克伦堡-前波莫瑞州的罗斯托克港纳入进来,对4州5港的返还性转移支付规模达到了3亿马克。⑤

3.设置推进东部地区基础设施建设的专项基金。由于东西德长期实行大相径庭的社会治理模式,以致双方的基础设施建设水平差距较大,因此德国政府在对东部进行改造时必须承担庞大的财政负担。"1991年,一项总额为120亿马克的额外基金被用于东部的投资和就业项目。"⑥"1993年,一

① Ullrich Heilemann, Wolfgang H.Reinicke, "Together Again: The Fiscal Cost of German Unity", *The Brookings Review*, 1995,13(2):p.42.

② 李工真:《德意志道路——现代化进程研究》,武汉大学出版社2005年版,第501页。

③ Wolfgang Renzsch, "Financing German Unity: Fiscal Conflict Resolution in a Complex Federation", *Publius: The Journal of Federalism*, 1998,28(4):p.132.

④ 参见孙敏:《促进东西部的平衡发展——德国重新统一后的财税政策对我国的借鉴意义》,《财政研究》2001年第11期。

⑤ 参见[德]胡梅尔等:《在增长目标与分配目标冲突区中的联邦州财政平衡新秩序》,《信息快速服务》1994年第3期。

⑥ Arthur B.Gunlicks, "German Federalism After Unification: The Legal/ Constitutional Response", *Publius: The Journal of Federalism*, 1994,24(2):p.86.

项始于 1995 年、止于 2004 年的投资项目正式启动,每年向新州支付 66 亿马克。"①"同样于 1995 年生效的团结公约计划在十年内以年均 560 亿马克的规模向东部输出资金,用于住房、基础设施、环境保护、市场强化等领域,并提供 400 亿马克用于偿还债务。"②据统计,在转移至东部的资金中,用于基础设施投资的只占 1/4,主体部分用于公共和私人消费。③

4.调整对与州事权相关的法定强制性义务、共同任务、委任事项以及与州立法权相关的专有立法权、原则性/框架性/总体性立法权、竞争/竞合立法权的资助力度。"1992 年联邦向东部几个比较落后的州共拨款 11 亿多马克,以改善地区结构;1993—1996 年间,联邦计划每年向州政府支付 16 亿马克,用于扩建和新建高等学校;1991—2000 年,联邦需向州政府资助 24 亿马克来促进科研计划。"④

5.分阶段实施《团结公约》。在 1990—1994 年期间,东部为了缓冲统一所带来的结构转型压力,尚未加入横向平衡体系,大体依赖纵向转移支付"输血"。"1991—1994 年,联邦政府赠予东部的资金分别为 1429 亿、1726 亿、1920 亿、1940 亿马克"⑤,"其中至少一半资金用于消费,而非投资领域"⑥。为了进一步支援东部,并缓解联邦政府的财政负担,1995 年,德国开始推行持续到 2005 年的《团结公约 I 》,自此,新老联邦州都被纳入财政平衡机制。⑦ 截至《团结公约 I 》终止,由联邦政府输出的资金高达 1.5 万亿

① Arthur B. Gunlicks, "Financing the German Federal System: Problems and Prospects", *German Studies Review*, 2000, 23(3): p. 539.

② Arthur B. Gunlicks, "The Impact of Unification on German Federalism", *German Politics*, 2002, 11 (3): p. 140.

③ 参见 Horst Seibert, *The German Economy*, Princeton University Press, 2005, p. 42。

④ 林晓:《德国财政的平衡原则与方法》,《德国研究》1995 年第 1 期。

⑤ Michael Münter, Roland Sturm, "Economic Consequences of German Unification", *German Politics*, 2002, 11(3): p. 182.

⑥ Herbert Giersch, Hans-Werner Sinn, "Zusammen Waschen Heißt Zusamnen Waschen", *Frankfurter Allgemeine Zeitung*, 29 Sept. 2000, p. 15.

⑦ 参见 Carolyn Moore, Wade Jacoby, Arthur B. Gunlicks, "Introduction: German Federalism in Transition?", *German Politics*, 2008, 17(4): p. 396.

马克。① "随后，《团结公约Ⅱ》正式生效，并将持续到 2019 年，联邦政府同意支付原定于 2005 年至 2019 年期间提供给东部的 3060 亿马克中的 2/3，并从 2009 年开始逐步削减。"②具体数额见表 3-27：

表 3-27　联邦针对《团结公约Ⅱ》的年度允诺支付额　（单位：亿欧元）

年份	2005	2006	2007	2008	2009	2010	2011	2012
额度	105.3	104.8	103.8	102.3	95.1	87.4	80.3	72.6
年份	2013	2014	2015	2016	2017	2018	2019	2020
额度	65.4	57.8	50.6	42.9	35.8	28.1	21.0	0.0

数据来源：Jan Werner，"Fiscal Equalisation among the States in Germany"，2008，pp. 17-18.

6.准纵向转移支付。目前，学术界对相关款项的归属存在一定分歧。本书认为，它们虽然未经财政部划拨至各州，但是其动机在于消除统一的外部阻力，以利于东部地区的融入，因此，不妨将其命名为"准纵向转移支付"。苏联对德国统一的态度极其关键，西德洞悉了苏联在解体前罕见的财政困境，决心以经济援助迫使戈尔巴乔夫让步。根据《关于某些过渡性措施的协定》，德国应该为苏军的驻留和撤出拨款 150 亿马克，其中 80% 为无偿拨付，20% 为五年后偿还的无息贷款。③ "最终由德国提供的经济援助高达 875 亿马克……据统计，这项援助占同期世界各国给予苏联及其继承者援助的 55%。"④为了扫荡东德统一社会党内的顽固分子，西德马克再次起到了决定性作用。"1989 年，西德贸易顺差为 810 亿美元。"⑤"同年，东

① 参见罗湘衡：《德国政府间财政关系：危机与前景》，《当代世界》2010 年第 6 期。

② Arthur Gunlicks，"A Major Operation or an Aspirin for a Serious Illness? The Recent Agreement between the Federation and the Länder on Financing the Länder"，http://www.aicgs.org/analysis/at-issue/ai-gunlicks.aspx.

③ 参见［俄］米·谢·戈尔巴乔夫：《我与东西德统一》，王尊贤译，中央编译出版社 2006 年版，第 127 页。

④ Randall Newnham，"The Price of German Unity：The Role of Economic Aid in the German-Soviet Negotiations"，*German Studies Review*，1999，22（3）：p. 437.

⑤ Manfred Görtemaker，*Unifying Germany 1989-1990*，New York：St Martin's Press，1994，p. 232.

德的财政赤字高达 700 亿美元,失业和半失业人口分别达到了 76 万和 186 万。"①严峻的社会和经济现实迫使东德领导人求助于科尔,后者乘机成立了经济、货币和社会联盟,自此,西德马克和社会市场经济模式畅通全德。与此同时,为了吸引东德人对统一的拥护,西德同意东德 14 岁以下儿童可以按照 1∶1 的比价兑换 2000 西德马克,15 岁至 59 岁每人兑换 4000 西德马克,60 岁以上每人兑换 6000 西德马克,超出以上限额的存款按照 2∶1 的比例兑换。②

综上所述,规模空前的德国纵向财政平衡由于在快速拉近地区差距、巩固统一等方面所起到的作用而为全球政治家和政治学家所瞩目。

(二)政府间横向财政平衡

政府间横向财政平衡是德国联邦制的一大创举,具有显赫的声誉。德国成为唯一一个通过联邦政府和"富州"一道出资来资助"穷州",以改善各州间财政不均衡的联邦制国家。横向财政平衡存在广义和狭义之分。前者是指各州之间以及各市镇之间所进行的同级财政转移,后者是指"富州"向"穷州"的财政转让。③ 无论广义还是狭义,其主旨都是相同的,那就是缩小区域间由于经济社会发展差异所导致的贫富分化、填平财力鸿沟、弥合财政收支裂痕,以确保各级政府能够顺利履行法定事权,发挥行政管理功效,兑现所承担的政治统治职能。顾名思义,它存在于不具有行政隶属关系的同级政府之间,属于一种水平的平行线结构,但不包括那些不具有行政隶属关系的非同级政府之间的斜向交叉关系。横向财政平衡旨在调剂各州的财力缺口、保持横向关系的动态平衡、维护同级单位的平等地位。其资金来源主体为各州自求平衡,即"富州"向"穷州"所转移的财政资金和利益让渡,并辅之以联邦政府的纵向结构基金、联邦补充拨款和追加赠款。

---

① Treuhandanstalt, *The Chance of the 90's : Investing in Eastern Germany* , Berlin, 1991, p. 7.
② 参见梅兆荣:《德国统一后东部地区的转轨情况》,《德国研究》2003 年第 3 期。
③ 参见戴启秀:《德国模式解读——建构对社会和生态负责任的经济秩序》,同济大学出版社 2008 年版,第 76 页。

1.增值税预先平衡。1969年宪法改革决定将原属于联邦专享的增值税划归联邦和州共享,以其作为交换,迫使州政府让渡个人所得税和公司利润税。增值税的分配方式相对机动,需要按照政府间年度财税谈判的结果来进行分配,在谈判中主要参考它们的经济基础、财政金融状况、有无紧急行政开支项目等。1990年至2010年增值税在各级政府间的分配情况见表3-28。联邦政府认为,通过改革可能对府际财政关系产生了以下影响:首先,各州通过分享德国最大的税收来源,其实力将更加雄厚,纵向财政的天平逐渐向成员州倾斜,强化了州政府在府际关系中的话语权;其次,"马太效应"愈加明显,不利于打造均质化的生活条件。因此,联邦政府预感到需要将增值税预先平衡设定为政府间横向财政平衡的第一步。在联邦政府的强力监督之下,实现部分增值税由"富州"向"穷州"的流转,这体现了联邦政府因势利导、见缝插针地谋求改变府际关系的运转,并不遗余力地抢夺府际关系的制高点和话语权。

表3-28 增值税在德国联邦、州、地方政府间的分配份额 (单位:%)

年份	联邦政府	州政府	地方政府
1990	65	35	0
1991	65	35	0
1992	65	35	0
1993	63	37	0
1994	63	37	0
1995	56	44	0
1996	50.5	49.5	0
1997	50.5	49.5	0
1998	51.3	46.6	2.1
1999	52.2	45.7	2.1
2000	52	45.9	2.1
2001	52	45.9	2.1
2002	51.6	46.3	2.1
2003	51.4	46.5	2.1

续表

年份	联邦政府	州政府	地方政府
2004	51.4	46.5	2.1
2005	≈54	≈44	2
2006	≈54	≈44	2
2007	54.7	43.3	2
2008	≈54	≈44	2
2009	54	44	2
2010	≈54	≈44	2

数据来源:Ralf Hepp,Jürgen von Hagen,"Fiscal Federalism in Germany:Stabilization and Redistribution Before and After Unification";朱秋霞:《德国财政制度》,中国财政经济出版社2005年版,第199页;Frank Zipfel,"German Finances:Federal Level masks Importance of Länder";Thomas Lenk,"Reform of the Financial Equalization Scheme in Germany:A Never-Ending Story";Bundesministerium der Finanzen,"The Federal Financial Equalisation System in Germany"。

　　首先,将各州应得增值税的75%按照人口进行分摊。即(州应得的增值税总额×75%)÷德国人口数,可得人均增值税额;再将其乘以各州的法定居民数就得到了该州应配享的增值税规模。这一具有"马太效应"的分配方式表明,地理条件越好、人口基数和人口密度越大、城市化水平越高、工农业生产指数越强、商业景气指数越发达的地域在国家财税中的贡献也越大,根据"多取多补"的原理,理应获得与其贡献相应的返还。只有这样做,才能正向激励"富州",促使它们竭尽全力扩大自身税基,截取更高财政收入,实现国民经济在长时段内的可持续发展,强化全球化时代的竞争力。

　　随后,利用剩余的25%增值税来支援财力窘困的州,保证后者的税收指数达到德国平均值的92%。上文提到的在联邦政府的强力监督下,实现部分增值税由"富州"向"穷州"的流转即指这一部分。增值税预先平衡属于横向财政平衡,而后者属于纵向和横向相结合的政府间财政平衡体系,它必定符合社会市场经济模式的内核,即坚持社会与市场、公平与效率的内在均衡。既满足"富州"扩充财力以博得优质发展前景和光明发展前途的夙愿,又照顾"穷州"打造均等化生活水平的构想,兼顾二者利益的确存在难度。

　　2.州际财政平衡。增值税预先平衡将各州的税收潜力至少提升到德国均值的 92%,为了进一步创造和保障德意志联邦共和国国土内生活条件的一致性,均衡不同地域经济实力和社会发展的原则,通过州际财政平衡至少将各州财力提升到德国均值的 95%。

关键在于对 16 个州的税收能力和资源需求进行准确测算。前者取决于某州税收的 100%加上该州所辖市镇税收的 50%(2005 年后为 64%)。[①]在测算各州税收时,对法律明确规定的某些特殊负担,例如维持区域经济结构的稳定、保证地区农业经济结构的稳定、边境地带的边境建设和维护费用、近海地域的港口建设和海岸防护工程费用、争夺面向 21 世纪的核心竞争力以及构筑面向未来的可持续发展的教育科学研发支出、高等院校的校舍建设和维护费用可以在其税收中予以扣除。[②]后者等于全国人均财政支出额乘以各州加权人数。之所以引入加权人数,主要基于下列事实。在地理形制、人口基数、人口密度、城市化水平、工农业生产发展指数、商业景气指数存在差距的地区之间,提供均等化公共产品的成本压力可谓大相径庭,理应区别对待。加权系数分为州和地方两类。就前者来说,除了柏林、汉堡、不来梅三大城市州以 135%计算外,剩余 13 个州取 100%。就后者来说,主要参考该地的人口规模,并且在人口基数≥50 万的情况下,则参考其人口密度进行二次加权。具体情况见表 3-29:

表 3-29　地方人口加权系数

地方人口规模	加权系数
人口≤5000	100%
5000≤人口≤15000	110%
15000≤人口≤80000	115%
80000≤人口≤400000	120%

---

① 参见 Ralf Hepp,Jürgen von Hagen,"Fiscal Federalism in Germany:Stabilization and Redistribution Before and After Unification", http://faculty.fordham.edu/hepp/vHH_MZ02_Paper_2010_0830_web.pdf。

② 参见 Rüdiger Voigt,"Financing the German Federal System in the 1980s",*Publius:The Journal of Federalism*,1989,19(4):p.101。

续表

地方人口规模	加权系数
400000≤人口≤500000	125%
人口≥500000	130%
在人口≥500000条件下的人口密度	修正系数
1500≤人口密度≤2000	102%
2000≤人口密度≤3000	104%
3000≤人口密度	106%

数据来源:Ronald L.Watts,Paul Hobson,"Fiscal Federalism in Germany".

最后,根据先前计算的各州税收能力和资源需求换算平衡指数,并根据表3-30和表3-31所列的标准实现资金调拨、资源流转和财政收入的再分配。

表3-30　州际财政平衡调拨标准(1949—1995年)

平衡指数 I	I<92%	92%≤I<100%	100%≤I<102%	102%≤I<110%	I≥110%
调拨标准	补齐缺额至平均指数的92%	补齐差额的37.5%	自求平衡	提取超额部分的70%	提取超额部分的100%

资料来源:财政部财政科学研究所:《德国的财政体制及财政平衡机制》。

表3-31　州际财政平衡调拨标准(1995—　　)

平衡指数 I	I<92%	92%≤I<100%	100%≤I<101%	101%≤I<110%	I≥110%
调拨标准	补齐缺额至平均指数的92%	补齐差额的37.5%	提取超额部分的15%	提取超额部分的66%	提取超额部分的80%

资料来源:Ralf Hepp,Jürgen von Hagen,"Fiscal Federalism in Germany:Stabilization and Redistribution Before and After Unification".

三、德国府际关系的调整

(一)统一以来联邦政府趋于强势

自1995年以来,财政平衡体系清晰地反映出联邦和州之间关系的新动向,具体资金规模见表3-32。

表3-32　资金规模对比 (单位:亿欧元)

年份	州际财政平衡	联邦补充拨款	年份	州际财政平衡	联邦补充拨款
1990	40.24(亿马克)	15.33	2001	75.89	126.32
1991	39.18(亿马克)	18.06	2002	73.99	157.67
1992	33.53(亿马克)	20.17	2003	66.10	152.15
1993	31.65(亿马克)	21.97	2004	68.05	150.49
1994	29.06(亿马克)	37.05	2005	69.48	146.29
1995	57.24	128.19	2006	73.23	146.80
1996	62.53	128.59	2007	79.18	148.24
1997	61.35	129.02	2008	82.63	148.06
1998	69.20	131.17	2009	68.48	—
1999	74.65	132.12	2010	—	—
2000	82.73	133.39			

数据来源:Daniel F.Ziblatt,"Recasting German Federalism? The Politics of Fiscal Decentralization in Post-U-nification Germany",*Politische Vierteljahresschrift*,2002,43(4):p.632;朱秋霞:《德国财政制度》,中国财政经济出版社2005年版,第205页;Bundesministerium der Finanzen,*Bund-Länder Finanzbeziehungen auf der Grundlage der geltenden Finanzverfassungsordnung*,OKt,2003,S.45,45a;Federal Ministry of Finance,"Federation/Länder Financial Relations on the Basis of Constitutional Financial Provisions"。

　　联邦政府一举扭转了原西德时期由各州主导政府间财政平衡体系的运行以自求平衡的趋势,成功地回归了1969年之前"单一联邦制"时期所呈现出的各州对联邦高度的政治忠诚,"金色的缰绳"再次捆绑住各州的发展命脉,这衬托出联邦强大的财力。联邦政府高居联邦制的顶端,拥有《基本法》所赋予的强大政策资源优势(例如立法权和决策权),"金色的缰绳"所允诺的强大财力以及一以贯之的政策执行力表现出联邦无与伦比的战略视野。两德统一以来,科尔、施罗德、默克尔等历届政府都将实现德国内部空间的真正统一作为头等大事,积极打造在联邦政府主导之下的"部际关系委员会"来清除援助东部地区建设的政治障碍,还增设了主管和协调东部新州建设的国务部长职位。[①] 此外,联邦凭借《基本法》中关于社会(福利)

---

① 参见肖辉英等:《德国:世纪末的抉择》,当代世界出版社2000年版,第526页。

国家、联邦国家、民主国家、法治国家的总原则,积极地将东部5州纳入横向财政平衡。一者,迫使西部老州服从于区域规划和结构调整的需要,提供大量资金用以支援东部,并缓解联邦日益沉重的负担。再者,联邦希望破坏老州自求平衡的能力,使其不堪重负而最终求助联邦以让渡更高比例的增值税。耐人寻味的是,联邦政府一方面让渡10%—15%的增值税,一方面始终保持了50%以上的增值税份额以确保财源的集中度,这是"适度集中、相对分散"型府际财政关系的生动写照。联邦政府的拨款种类繁多,大体上分为一般性转移支付(无条件转移支付、无条件拨款)和专项转移支付(有条件转移支付、有条件拨款)两类。联邦运用多样化的转移支付,进而对受援对象事权领域相关的法定强制性义务、共同任务、委任事项以及立法权领域的专有立法权、原则性/框架性/总体性立法权、竞争/竞合立法权等施以影响,同时采取"合法性监督"(法律监督)和"合目的性监督"(职能监督)来扩大自身的政治能量。两德统一以来,东部地区利用上述款项兴建了大量的基础设施、公共工程、社会福利和社会保障项目,它们被联邦政府的意志所左右,打上了联邦决策的烙印,在它们背后隐藏着联邦政府对全国建设的整齐划一的指导思想,以及忽视地方特色、唯长官意志的官僚主义作风。

(二)西东各州围绕州际财政平衡矛盾重重

从两德统一到1995年期间,新老联邦州分别运转着不同的财政平衡体系。东部各州依赖于纵向转移支付,并未迅速加入横向平衡机制;西部各州遵照原西德时期的惯例运行双向平衡体系。之所以作出上述制度安排,主要基于东西部之间的经济差距过大。1989年,原西德人均GNP达到35856马克,原东德仅为11829马克;1991年,西部各州人均GNP为37910马克,东部各州竟然下降到9480马克。① 东部5州亟须在短时间内强化基础设施建设力度,实现政治经济体制转型,构建全新的社会保障项目,提高人民群众的生活水平,优化环境保护能力,最终对接西德模式。此外,"如果东

———————————

① 参见姚先国等:《两德统一中的经济问题》,科学技术文献出版社1996年版,第67页。

部地区按照现行规则立即加入州际财政平衡,那么用以填补东德财力真空的金额将从35亿马克/年跃升至200亿马克/年"①,西部认为切身利益可能受到侵害,最终发出了质疑之声。首先,这将超出老联邦州财政的可承受上限;其次,就公共物品供给的层次来说,创造和维系德意志联邦共和国的统一,保障国家主权、安全和领土完整理当归属联邦政府,这也是科尔作为"统一总理"的政治筹码;再次,在人类历史上还鲜有类似东西德这般,在如此短暂的时间内要实现两种政治、经济制度的无缝对接。具体来说,新州需要由传统苏联模式的高度集中的、中央指令性、管制性计划经济向社会市场经济模式过渡,由一党专政下的威权政体向多党制下的议会制民主共和制过渡。联邦政府基于各方面的权衡,最终决定由自身来承担"统一负担"的大头,并为政治、经济领域的结构大转型预留缓冲期。在此期间,州际财政平衡仍然高于联邦转让给西部11州的纵向转移规模,这表明在双向财政平衡体系中,横向压制纵向、由成员州主导财力平衡以抵制联邦借助救援款扩充自身权力的"自求平衡"格局并未被撼动。为了配合1995年横向财政平衡体系的改革,德国对《财政平衡法》加以修订,于1993年6月通过了新的《财政平衡法》,自1995年1月1日起生效。②

　　但是,德国政府高估了仅次于美国、日本的资本主义世界第三大经济强国的自身实力,并且对东德进行政治、经济转轨的阻力和困难估计不足。更关键的是,科尔总理对东德人民作出的所谓"花三五年的时间将东部建设成为一片花团锦簇般的繁荣"的政治承诺属于只算政治账、不算经济账,只算政治收益、不算经济代价,牺牲效率、换取公平。截至1995年过渡期终结之时,东西部的财力鸿沟虽已大幅缩小,却未能如期缩小至理想状态。"东部五州的人均GDP仅为同期西部的54%,失业率几乎为西部的两倍;1996年东部人均GDP为25740马克,西部平均为47320马克;东部失业率高达

---

① Wade Jacoby,"Side Payments over Solidarity:Financing the Poor Cousins in Germany and the EU", *German Politics*,2008,17(4):p.474.

② 参见财政部条法司等:《德国财政法律体系及财政立法制度考察报告》,《财政研究》2006年第2期。

17%，西部仅为 9.6%。"①在西德时期，联邦希望将州际财政平衡建立在利益相关方都能接受的范围之内，其贫富分化应该是相对的，换言之，联邦绝不愿意将政府间横向财政平衡的逻辑建立在两极分化之上，其潜台词是"效率优先、兼顾公平"。然而在统一后，德国的区域间差距被拉大到史无前例的地步，其贫富分化在人类历史上也是罕见的。有统计表明，最富州财力是最穷州的 4 倍以上，②这导致由税收能力、资源需求来换算平衡指数时的离散度空前加大，最终改变了政府在纵向和横向上的财政实力分布，使得州际财政平衡的运行逻辑由"大马"拉"小车"向"大马"拉"大车"演变，转账金额急剧上升。通常，人们认为公平和效率必然表现出反方向的关系，这意味着损害效率必然带来公平的提升。殊不知在超越临界点的情况下，效率的缺失也会导致不公平感的上升，过度的无效率就是不公平。1995 年之前的峰值仅 20 亿欧元(约 40 亿马克)左右，通过表 3-32 可知平均转账资金上涨了 3—4 倍，目前，由"富州"转移给"穷州"的资金超过了 75 亿欧元，③甚至在某些年份越过了 100 亿欧元大关。通盘考察增值税预先平衡、州际财政平衡的话，效率缺损更加惊人。约 130 亿马克通过增值税预先平衡被让与"穷州"，这超过了州际财政平衡 120 亿马克的规模，二者共计达 250 亿马克/年。④

自从东部加入州际财政平衡以来，它从未成为过捐赠者，始终借助西部老州来输血，自此，州际平衡的内在逻辑由"劫富济贫"向"扶新啃老"的方向发展，并成为联邦制下府际关系矛盾的爆发点。总体来说，这种错综复杂的平衡机制会带来一些问题，例如通过财政平衡以后，"穷州"的人均财力甚至超过了"富州"；拉平政策不利于有效激励各州的税收政策；这种制度头绪混乱。⑤

---

① Helmut Seitz,"Fiscal Policy,Deficits and Politics of Subnational Governments:the Case of the German Länder",*Public Choice*,2000,102(3-4):pp.195-196.
② 参见李骏阳:《德国的统一:1989—1990》,上海大学出版社 2013 年版,第 148 页。
③ 参见 Simon Green, William E.Paterson, *Governance in Contemporary Germany: The Semisovereign State Revisited*,New York:Cambridge University Press,2005,p.81。
④ 参见 Bernhard Seidel, Dieter Vesper, "Fiscal Federalism-An International Comparison", http://www.diw.de/ documents/ publikationen/73/diw_01.c. 38628.de/dp183.pdf。
⑤ 参见 Thomas Fisher,*Föderalismusreform in Deutschland*,Gütersloh,2004,S. 14。

西部各州震惊于核心利益的受损和资源的流散,纷纷质疑庞大的财政援助是否会固化为东部依赖于西部的"寄生型"生存模式。更加致命的是,由于平衡指数的离散度加大,导致财政资源在纵向和横向上的分布发生了变化,某些州由受援者或自求平衡方转变为资金提供者,利益受损程度引发了学界的广泛关注。1995年之前,一般情况下有义务出钱的"富州"只有3个(巴登-符腾堡州、黑森州、汉堡州),[①]而目前巴登-符腾堡州、黑森州、汉堡州、北莱茵-威斯特法伦州、巴伐利亚州是提供者,其余各州是接受方。[②](见表3-33、表3-34)老州强调,沉重的"统一枷锁"属于只算政治账、不算经济账,只算政治收益、不算经济代价,牺牲效率、换取公平的典型,从长远来看,既不利于老州在经济全球化时代提升竞争力,也不利于新州强化造血能力。自统一以来,老州不断向联邦议院、联邦参议院提出议案,呼吁以财政平衡体系为突破口,实现对德国联邦制的改革。此外,它们还上诉到联邦宪法法院,希望借助最高司法机关对府际关系的法律仲裁权,来实现对政府间财政关系的有效干预。这一系列司法诉讼为自20世纪90年代末开启并延续至今的,针对德国政府间财政平衡体系的结构性改革,打下了铺垫,埋下了伏笔。

表3-33 1995年以来德国州际财政平衡的让渡方及其资金规模

(单位:亿欧元)

州名＼年份	1995	2000	2001	2002	2003	2004	2005
北莱茵-威斯特法伦	17.63	11.41	2.78	16.28	0.50	2.13	4.90
巴伐利亚	12.95	18.84	22.77	20.47	18.59	23.15	22.34
巴登-符腾堡	14.33	19.57	21.15	16.63	21.69	21.70	22.35
黑森	11.01	27.34	26.29	19.10	18.76	15.29	16.06
汉堡	0.60	5.56	2.68	1.97	6.56	5.78	3.83
石勒苏益格-荷尔斯泰因	0.72	——	——	——	——	——	——
总计	57.24	82.73	75.68	74.45	66.10	68.05	69.48

---

① 参见裴元伦:《稳定发展的联邦德国经济》,载裴元伦主编:《裴元伦文集》,世纪出版集团、上海辞书出版社2005年版,第73页。

② 参见[德]沃尔夫冈·鲁茨欧:《德国政府与政治》,熊炜等译,北京大学出版社2010年版,第274页。

续表

年份 州名	2006	2007	2008	2009	2010	2011	2012
北莱茵-威斯特法伦	1.32	0.38	—	0.59	—	—	
巴伐利亚	20.93	23.11	29.23	33.54	35.11	36.63	39.04
巴登-符腾堡	20.57	23.16	24.99	14.88	17.09	17.79	26.94
黑森	24.18	28.85	24.70	19.02	17.52	18.04	13.27
汉堡	6.23	3.68	3.71	0.45	0.66	0.62	
石勒苏益格-荷尔斯泰因	—	—	—	—	—	—	
总计	73.22	79.17	82.63	68.48	70.39	73.08	79.25

数据来源:Bundesministerium der Finanzen,*Finanzbericht 2014*.

表 3-34　1995 年以来德国州际财政平衡的接受方及其资金规模

（单位:亿欧元）

年份 州名	1995	2000	2001	2002	2003	2004	2005
下萨克森	2.31	5.68	9.52	4.87	3.92	4.46	3.63
北莱茵-威斯特法伦	—	—	—	—	—	—	—
莱茵兰-普法尔茨	1.17	3.92	2.29	4.19	2.59	1.90	2.94
石勒苏益格-荷尔斯泰因	—	1.85	0.60	1.12	0.16	1.02	1.46
萨尔	0.92	1.67	1.46	1.39	1.07	1.16	1.13
汉堡	—	—	—	—	—	—	—
不来梅	2.87	4.42	4.02	4.07	3.46	3.31	3.66
柏林	21.59	28.12	26.53	26.77	26.39	27.03	24.56
萨克森	9.07	11.82	10.31	10.47	9.36	9.30	10.20
萨克森-安哈尔特	5.74	7.11	5.91	6.07	5.20	5.32	5.87
图林根	5.21	6.70	5.73	5.71	5.00	5.17	5.81
勃兰登堡	4.42	6.44	4.98	5.41	5.02	5.34	5.88
梅克伦堡-前波莫瑞	3.94	5.00	4.34	4.39	3.93	4.03	4.33
总计	57.24	82.73	75.68	74.45	66.10	68.05	69.48

续表

年份 州名	2006	2007	2008	2009	2010	2011	2012
下萨克森	2.40	3.18	3.17	1.10	2.59	2.04	1.73
北莱茵-威斯特法伦	—	—	0.54	—	3.54	2.24	4.02
莱茵兰-普法尔茨	3.46	3.43	3.74	2.93	2.59	2.34	2.24
石勒苏益格-荷尔斯泰因	1.24	1.36	1.77	1.69	1.01	1.15	1.29
萨尔	1.15	1.25	1.16	0.93	0.89	1.20	0.92
汉堡	—	—	—	—	—	—	0.21
不来梅	4.17	4.71	5.05	4.33	4.45	5.16	5.17
柏林	27.09	29.00	31.40	28.77	29.00	30.43	33.23
萨克森	10.78	11.65	11.58	9.10	8.54	9.18	9.63
萨克森-安哈尔特	5.90	6.27	6.27	5.14	4.97	5.40	5.47
图林根	6.17	6.44	6.37	4.97	4.72	5.27	5.41
勃兰登堡	6.11	6.75	6.21	5.01	4.01	4.40	5.42
梅克伦堡-前波莫瑞	4.75	5.13	5.38	4.50	3.99	4.29	4.52
总计	73.22	79.17	82.63	68.48	70.39	73.08	79.25

数据来源:Bundesministerium der Finanzen,*Finanzbericht 2014*.

(三)均衡性(对称性)的府际结构被打破

统一以来,德国的联邦、西部老州、东部新州形成了三角形的关系网络。详加考察不难发现,其左右翼的运行模式(即联邦同西部、联邦同东部的关系)相差甚远,前者呈现出相互依赖结构,后者呈现出代理结构模式。

首先,假如东西两德在统一之前没有建立经济、货币和社会联盟,没有后者在特定阶段的大力帮扶,没有统一初期西部老州以1500亿马克/年的规模向东部进行财力转移的话,德国要想实现统一的历史重任,完成由形式统一到实质统一的转型是不可能成功的。① 然而,增值税预先平衡、州际财

---

① 参见 Lutz Leisering,"Der deutsche Nachkrie Gssozialstaat-Entfaltung und Krise eines Zentristischen Sozialmodells",Hans-Peter Schwarz,*Die Bundesrepublik Deutschland-Eine Bilanz nach 60 Jahren*,München,2008,S.430。

政平衡、联邦补充拨款、纵向转移支付已经成为东部维持正常运转的一根"救命稻草",这导致东部的"命脉"日益深陷于"金色的缰绳"之中而难以自拔,变相地削弱了新州在德国政坛的话语权。府际关系逐渐回归了1969年之前的"单一联邦制"时代,成员州表现出对联邦高度的政治忠诚。自统一以来,东部对联邦下放的涉及事权领域相关的法定强制性义务、共同任务、委任事项以及立法权领域相关的专有立法权、原则性/框架性/总体性立法权、竞争/竞合立法权表现出逆来顺受、毫无招架之力、被动服从和接受的局面,呈现出代理结构的关系特征。然而,如果以西部老州为参照系,境况却大相径庭。老州在增值税预先平衡、州际财政平衡中的贡献依然高于它们在联邦补充拨款和纵向转移支付中的所得,因此,在西德时期所固化的"自求平衡"(在双向财政平衡中,以横向压制纵向、由成员州主导政府间财政平衡体系)并未松动。这表明老联邦州具备相当充裕的财政实力,并且形成了一定的制度敏感性,防止联邦政府因势利导、见缝插针地谋求改变府际关系的运转以及不遗余力地抢夺府际关系的制高点和话语权的战略视野。西部拥有广阔的战略纵深和回旋余地就大量的政策议题同联邦进行谈判和沟通,久而久之、日积月累形成了一种路径依赖。实际上自统一以来,老州颇为擅长利用原西德时期所遗留的政治资源和制度惯性同联邦政府进行讨价还价,在行政主体理性人动机的驱使之下,借助自身的资源优势同联邦结成了极其复杂的政策执行的网络管理,并固化成为相互依赖的府际关系模式。

这一现象对德国联邦制产生了重大影响。由于各州在同联邦政府进行交互的过程中,其均衡性(对称性)被打破,使得社会(福利)国家、联邦国家、民主国家、法治国家在运行中的多样性和偶然性急剧上升。政治主体的多元化必然导致府际关系更加复杂和充满不确定性,其政治代价、隐含成本、系统危机和风险不断扩大并进行传递,导致用于协调组织间各部分关系、获取信息和解码信息的交易成本不断上升。这显然不符合当前德国各级政府竭力削减财政赤字和债务的政策初衷,二者构成了悖论。此外,之前各州在面对联邦时,由于它们所拥有的政治、经济、社会、文化资源大体均衡,因此采取"集体行动"的可能性较大,联邦主义的争端主要体现为二元一体(联邦和州各成一元)的政府间纵向关系的摩擦。随着均衡性(对称性)被打破,16 个成员州沿着东西两德的分界线再次断裂开来,从这个意义上来说,德国未能完成从形式统一到实质统一的过渡,实体的柏林墙被推到了,但是心理上的柏林墙却再次树立起来。以致二元一体的政府间纵向关系的摩擦向着联邦政府同两大相互独立的地缘板块基础之上的三维互动转变,德国的政府间纵向关系由直线形向三角形变迁。

第四章　近年来德国的联邦制改革及府际财政关系的调整

截至两德统一之际,德国联邦制的发展大致经历了单一化(1949—1969年)和合作联邦制(1969—1990年)两个阶段,长期的功能性变迁(从初创到快速发展,到大体成熟,到整体定型,到麻痹僵化,到改革解冻)生动地表明政治制度的变化较之经济、社会和文化领域的发展略显滞后。当时,德国联邦制可谓喜忧参半。喜的是基本实现了联邦和州关系的稳定化、各州之间政治资源的对称化、府际关系协调机制的顺畅化……忧的是"政治纠缠"逐渐固化、政策过程的"黑箱效应"愈加明显、州和市镇的立法和决策功能孱弱、政党政治深刻影响了联邦和州政府的政治整合能力、地域间的不均等破坏了联邦制的同质性和稳定性。

德国联邦制所面临的最致命问题在于能否通过制度革新来应对日新月异的社会环境,始终保持完成任务、解决问题的能力。[①] 这种转变取决于三项条件:1.对时空环境的有效把握。政府往往倾向于将改革所造成的利益损失减到最低,出于政治平衡的需要审慎地选择结盟者。2.敏锐的问题意识。由于"联邦制作为一种政治制度安排,被理解为一种解决问题的能力"[②],因此,

---

[①] 参见 Joachim Jens Hesse, Benz Arthur, "Staatliche Institutionenpolitik im internationalen Vergleich", Thomas Ellwein, Joachim Jens Hesse, Renate Mayntz, Fritz W. Scharpf, *Jahrbuch zur Staat-und Verwaltungswissenshcaft*, Baden-Baden, 1988, SS. 73–74。

[②] Jügen Fijalkowski, "Bermerkungen zur Eigenkompetenz der Politiologie angesichts einer immer unerläßlicher werdenden weiteren sozialwissenschaftlichen Kooperation sowie zum derzeit etwas defizitär gewordenen Zust and der Disziplin in diesem Bereich", Hans-Hermann Hartwich, *Macht und Ohnmacht politischer Institutionen*, Opladen, 1990, S. 160.

主动搜寻问题并予以回应成为获得合法性的重要途径。3.联邦、州和市镇政府,立法、司法、行政部门等"政治行为人"能否理顺切身利益和长远利益之间的关系。

第一节　德国联邦制面临的挑战

实际上,自1990年以来,德国联邦制的发展进入了功能再定位和关系重构的阶段,陷入了"被冲击→改革→再被冲击→再改革"的循环之中。换句话说,自1969年宪政改革以来,已经整体沉寂了20多年的"合作联邦制"再次走到了十字路口。早先的德国联邦制从未经历过"范式再造"一般的结构性嬗变,"联邦制度的单一化明显是战后大规模重建的一种必要,而合作联邦制、政治纠缠既是单一化的某种延续,也是伴随着德国向新自由主义福利国家的迈进在制度上对国家职能扩大的一种反映"①。之所以呈现出上述趋势主要基于三点:第一,"政治行动者"的固化和结盟方式的定式化导致变迁的主动性不足,由于立法和决策功能的上移造成州和市镇的"去议会化"现象,并催生了"行政官僚化"的倾向。第二,压制竞争、追求均等化的政治文化产生了压倒性影响。第三,国家职能的相对简明延缓了进行制度革新的必要性和紧迫性。因此,统一前的德国联邦制改革充其量只是一种程序性、过程性和功能性的调整而已。②

自统一以来,德国联邦制的确需要面对内部和外部环境的转变,这导致某些在理论上具有重要意义的事情在现实的政治生态中却难以实施。联邦共和国内部的差异决定了为达成均等化的生活水平所需要付出的代价必定极为高昂,长期以来,各级各类政府之所以尚且能够忍耐,主要是因为经济利益的让渡换来了在政治博弈中的回报。而且长期以来,欧洲事务并不被

---

① 童建挺:《德国联邦制的演变:1949—2009》,中央编译出版社2010年版,第261页。

② 参见 Joachim Jens Hesse, Benz Arthur, *Die Modernisierung der Staatsorganisation*, Baden-Baden, 1990, S. 225。

视为影响联邦制的外部元素,联邦和州之间的权力关系无需考虑超民族国家层面的因素。然而进入 21 世纪,这一切都在发生着改变。

一、两德统一的冲击

两德统一是冷战终结的标志性事件,这意味着横亘在欧洲大陆中央的铁幕终于撤去,一个迈向和解、繁荣、稳定、有序和安全的欧洲新秩序曙光乍现。就两个德意志民族国家的前途来说,当时摆在政治家面前的统一方案共有三个:1.考虑到过渡阶段所需,筹建由东西德所共组的暂时性邦联,它将保留彼此原有的权力机器。2.基于平等和自愿的原则,两德共同建立一个新联邦制国家,并重新制定宪法。3.东德遵照《基本法》的要求,整体并入西德,这意味着"将西德原有的政治架构和行政流程向东德全面扩散"①,实质上是西德"吞并"了东德。第一个方案不可能被世人接受,而联邦制又成为"新德国"的唯一制度形态,应该承认,将东西德合并为一个新联邦制国家与将西德模式整体移植到东部各州是存在天壤之别的。

最终是方案三胜出,实际上,它是由两步相互依赖的联邦化进程所组成。首先对实施中央集权制的民主德国进行联邦化改造,其次将东西两德重组为一个联邦制国家。② "1946 年 12 月至 1947 年初,德意志民主共和国先后创建了 5 个联邦州"③,对东德进行的联邦制大改造仿佛让历史又回到了原点。"自统一以来,德国联邦制最为显著的变化是复建了 5 个联邦州,合并了柏林市,使成员州的数量从 11 个增至 16 个。"④

德国以州作为行政中枢,其政治生态必须回应成员州的迅速增加以及各州的政治共谋行为。这也就不难理解,新州的加盟极大地撼动了联邦制

① Otto Singer,"Die neuen Verteilungskonflikte. Eine Herausforderung des Föderalismus",*Blätter für deutsche und internationale Politik*,1992,37(1):S. 688.
② 参见童建挺:《德国联邦制的演变:1949—2009》,中央编译出版社 2010 年版,第 157 页。
③ Arthur B.Gunlicks,"The Impact of Unification on German Federalism",*German Politics*,2002,11(3):p. 131.
④ Arthur B.Gunlicks,"Federalism and German Unification",*Politics and Society in Germany,Austria and Switzerland*,1992,4(2):pp. 52–66.

原有的分权功能,各州不断强化的行动能力和"话语势能"将进一步唤起世人对联邦制改革的关注程度。作为"执行者"的成员州有可能迫使联邦政府作出让步,承认一个不断得到强化的联邦制是德国政治的新生长点。这直观地表现在联邦参议院的有效表决票和否决票的大幅度增长,前者从 41 票(之前西柏林所拥有的 4 票为无法在联邦参议院内投出的非全权票,通常不计算在内)涨到 69 票,后者从 14 票升至 24 票。①

以上趋势令联邦政府深感不安,"政治纠缠"致使需要同各州加以协商才能解决的事务进一步增多,联邦参议院内"行动者"的激增的确有可能动摇传统的德国联邦制,这将极大地冲击和影响联邦政府的立法和决策功能。因为这意味着进行调解和达成妥协所需的资源进一步增加。

但是,很多观察家也注意到了一个不容置疑的事实,那就是自统一以来,差异性和失衡也在各州之间蔓延开来,这将导致下列矛盾:1.实质意义上的强与弱、富与穷将首次出现在历来讲究均衡性的德国,相比之下,原西德时期的贫富差距可谓微不足道。2.新老州之间的政治文化确实泾渭分明,爆发冲突和矛盾的可能性极大。3.幅员辽阔、人口众多、经济发达的"大州"同面积狭小、人口稀少、经济孱弱的"小州"之间的对立更加明显。4.柏林、汉堡、不来梅等城市州同内陆州之间的矛盾加剧。5.围绕东部 5 州何时以及如何加入财政平衡体系,新老州之间各执己见。② 其他特殊行政性开支(例如边境州、边境城市等边境地带的巡逻守备支出,海港州、海港城市等沿海地带用于海岸防护工程、护波堤的支出)尚未提上议事日程,否则各州之间的矛盾和冲突将更加激烈。

这就把一个关键问题摊到了桌面,那就是历经 40 多年的发展才最终成型的德国府际横向关系能否继续保持均衡状态,能否经受住统一以来各州悬殊的贫富差距。德国联邦制陷入了"平衡化陷阱"之中,为了保住统一这一诱人的"果实"不从指间滑落,科尔政府向东部地区的居民承诺将西德境

① 参见 Roland Sturm, *Föderalismus in Deutschland*, Opladen:Leske+Budrich,2001, S. 31。
② 参见童建挺:《德国联邦制的演变:1949—2009》,中央编译出版社 2010 年版,第 166 页。

内均等化的生活水平纹丝不动地搬到东部地区。但是,残酷的真相摆在人们面前,维系原西德时期同质化生活标准和社会福利的"土壤"早已时过境迁,成员州之间的合作局面能否维持下去呢?

德国的政治、经济、社会和文化结构在统一之后可谓"功过参半"。"功"在于相对单一的民族成分,无论各州之间存在何等严重的贫富差距和阶层分化,都不会引发在多民族国家常见的民族分裂问题,德意志民族国家的完整性得以保留。"过"在于致力于合作化的德国联邦制遭遇了自1949年以来的罕见挑战,使得在"殊途"上奔跑了40余年的东西两德实现"同归"的压力陡增,《基本法》中关于"各州发展机遇等同"的规则已隐约感受到了竞争联邦制的"脉搏"。对此,有学者指出,随着东部新州接受了联邦制的国家结构形式,虽然在名义上重申了对合作文化的尊重,联邦始终反对将各州区别对待,但是,谁也不能否认东西部之间所存在的鸿沟,绝非原西德时期可比,同时政治文化的冰山尚未消融,人们不禁要问均衡化还能坚持多久?[1]

这首先对政治表决权的分配造成了冲击。就新州来说,的确应该适当照顾和优待。这是因为,第一,东部还难以适应从一党制下的威权政治转变为多党制下的议会制民主共和制。要熟悉游戏规则,以防止自身被联邦参议院的那些老谋深算的政客所算计,东部尚需"预热"。第二,新州的人口和面积之和甚至少于西部的北莱茵-威斯特法伦州,只有开启"特殊程序"才能抵挡企图侵害东部重建和结构转型的举动。因此,"五大新州以占德国18%的人口,拥有了投票权的28%。如果将柏林算上,它们以22%的人口获得了33%的表决票"[2]。但是,东部梦寐以求的修宪否决权(最少24票)被束之高阁,这显然是为了平衡制度内利益的分配。

最坚决的推动者来自四大老州,即北莱茵-威斯特法伦、巴伐利亚、巴登-符腾堡、下萨克森。它们试图将自身在联邦参议院的投票数从5票增至

---

[1]　参见 Roland Sturm, *Föderalismus in Deutschland*, Opladen: Leske+Budrich, 2001, S. 32。

[2]　Arthur B. Gunlicks, "The Impact of Unification on German Federalism", *German Politics*, 2002, 11 (3): p. 132.

6票,这24票意味着它们能够掌握上院有效票总数(69票)的1/3以上。换句话说,如果未能同四大州达成谅解,实现妥协的话,任何重大的改革动议都将无法迈入修宪所需的2/3多数(46票)门槛,这一否决权赋予了强州"成事不足败事有余"的政治潜力。上述制度安排可谓皆大欢喜。一方面,在统一后,德国联邦制内生出了对大州和强州的某种依赖。围绕东部重建和制度转型,联邦、老州和新州之间的"三角形"愈加稳固,相互依赖的府际关系呼之欲出。另一方面,强州在财政事务上的"大出血"令它们心有余悸,修宪否决权无疑极大地安抚了强州的情绪。

德国联邦制始终处于"结盟—抗结盟"的博弈过程之中。随着东部5州的加盟,原西德时期相对明了的"对抗阵型"产生了令人眼花缭乱、目不暇接的新组合,致使德国政府与政治的"纠缠"更加错综复杂。

第一组是联邦政府+东部新州 vs 西部老州。它们的核心矛盾是政府间横向财政平衡体系的"东进",前者希望尽快落实,后者希望延缓兑现。

第二组是东部各州+西部"穷州" vs 西部"富州"。这一组合实际上拆散了老州的"营垒"。东部新州的加盟进一步增加了处于"弱势地位"的成员数量,原本在西德时期并不擅长"哭穷"的西部弱州似乎在一夜之间找到了联邦制内的"合作伙伴"。由于税收能力、资源需求和平衡指数的离散度较之统一前迅速扩张,这直接导致更多的州加入到"出资人"的行列中来,让渡额也呈井喷之势。这样一来形成了"倒桩型"结构,东部5州顺理成章地接受了大部分的"输血",而财力更胜一筹的西部"穷州"也分得一杯羹。有趣的是,西部"穷州"并不在意横向对比,因为以自身为参照物进行纵向对比可知其所得大于西德时期。

第三组是联邦政府 vs 各州政府。统一是一项涉及宏观战略思维的顶层设计,联邦政府希望以此为契机重新掌控府际关系。联邦政府凭借高居联邦制的顶端和建国以来所形成的立法权、决策权优势,特别是"金色的缰绳"的诱惑力,导致大量涉及各州事权领域的法定强制性义务、共同任务、委任事项,以及立法权领域的专有立法权、原则性/框架性/总体性立法权、竞争/竞合立法权的提案被递交至联邦参议院。这是"政治纠缠"的新一轮高潮,原本拒绝仿效竞争联邦主义的德国政治家突然意识到联邦和州之间的共治是有限度的,日复一日的"政治纠缠"导致德国联邦制的效率难以提升。政治责任的模糊容易导致相互推诿,对外部环境的适应性较差。虽然各州难以形成100%的合力,然而从长远来看,不断强化它们的问题搜索和决策能力也是大势所趋。实际上,财政领域的依赖和对抗只是被统一初期的某些过程性/功能性因素所激化而已,隐居其后的联邦制改革问题才是症结所在。

统一使得曾经"偃旗息鼓"的联邦国土的再造和重组问题再次凸显。长期以来,人们将注意力集中在联邦和州之间的权力与责任能否以及如何调整上来,对于联邦国土的合理安排却"言简意赅"。合作联邦制所强调的均等化被赋予生活水平,而非地理空间,这在西德时期尚能勉力维持。但是,两德合并导致严重的地域撕裂,最终引燃了调整行政区划的导火索。然而现实是,曾经被寄予厚望的柏林与勃兰登堡州之间的合并在全民公决中未获通过。从此,调整地理疆界由一个联邦制改革中的操作性问题回归到学理层面,其原因是显而易见的。1.行政区划的调整是一种变相的权力分配,必将遭到西部"富州"的强烈反对。而统一能否最终实现在很大程度上取决于它们的利益输出,现在还不能激怒它们。2.各州版图的调整必然强化"穷州"的主体意识和谋生能力,旨在促进公平发展和平等生活的特殊救助款将转向以自筹为主。实际上,长期依赖外部"输血"的"穷州"对于竞争的强化深感忧虑。3.长期以来所形成的政党政治拉锯格局(即联邦政府中的多数派和联邦参议院中的多数派)增大了将党派纠纷送入行政事务的可能性。

两德统一的冲击力导致联邦、州和市镇关于联邦制改革的立场逐渐接近,最终为1994年的联邦制改革扫清了障碍。这次改革主要针对联邦和州之间围绕原则性/框架性/总体性立法权、竞争/竞合立法权的"纠缠"。第一,为应对欧洲一体化的加速以及各州对介入欧洲事务的强烈愿望,《基本法》修正案明确承认了各州通过联邦参议院扩大对欧洲事务的表决权。第二,将国家责任的分担、人类人工授精、遗传信息解码以及人体器官、组织移植等高级医学事务纳入竞争/竞合立法权,开采税、州籍和一般性电影法被纳入各州专有立法权,保护德国文化遗产不流向海外的职能从联邦的竞争/竞合立法权变为原则性/框架性/总体性立法权。① 上述调整在很大程度上属于权宜之计,试探联邦和州对于化解"政治纠缠"的态度。第三,重新规范了联邦和州的原则性/框架性/总体性立法权以及竞争/竞合立法权。一方面,各州行使竞争/竞合立法权的条件被放宽;另一方面,针对《基本法》第72条"为了实现统一(uniformity)的生活条件,授予联邦在相关领域的共同立法权"的修改极为重要。在1994年10月之后,联邦政府只能在维持同等化生活条件之时,才能动用上述权力。② 但令人意外的是,联邦宪法法院在2002年、2004年、2005年分别引用"1994年宪法修正案"抵制了联邦政府不恰当地运用竞争/竞合立法权,这一司法实践影响了联邦政府运用原则性/框架性/总体性立法权的积极性。

二、欧洲一体化的冲击

从20世纪50年代至今,欧洲一体化已经走过了60多年的历程。但是,直到《马斯特里赫特条约》生效、欧共体升格为欧洲联盟为止,世人才强烈地感受到民族国家的内政同区域一体化之间的张力竟如此之大,德国联邦制的治理理念和运转方式开始受到欧洲事务的强有力影响。

欧洲一体化的本质是将民族国家的内政权逐步让渡给一台超国家治理机器,无论从短期还是长期来看,主权国家的权力空间都将不断萎缩。问题的关键在于将谁的权力以及哪些权力上收到欧洲层面,并怎样实现国内权力结构的再平衡。这对于某些集权制国家来说可谓易如反掌,但是这对于实行联邦制的德国来说却是难上加难。因为这涉及多元"政治行动者"之间的信任和善意,权力让渡的方式及其补偿机制,监督、反馈和奖惩机制。

《基本法》将外交事务设定为联邦政府的专有立法权,这导致同欧洲一

① 参见童建挺:《德国联邦制的演变:1949—2009》,中央编译出版社2010年版,第182—183页。
② 参见Carolyn Moore,Wade Jacoby,Arthur B.Gunlicks,"Introduction:German Federalism in Transition?",*German Politics*,2008,17(4):p.396。

体化相关的决策都可以进行"暗箱操作",联邦囊括了截取向布鲁塞尔上交权力以换取欧洲事务发言权的职能。各州却处于"信息屏障"之中,难以通过"政治纠缠"来抗衡联邦对自身权力范畴的渗透,作为联邦制的侧翼,①它们很难避免被边缘化。更加值得关注的是,由于长期以来的"政治纠缠",形成了在内政中令人难以启齿的功能混乱和责任模糊。除专有立法权之外,所有的原则性/框架性/总体性立法权、竞争/竞合立法权都在酝酿着联邦和州之间无穷无尽的行政瓜葛。因此,联邦行使对欧洲一体化的表决权造成各州心绪不宁,因为各州从事立法和决策之时,不得不面临双重困境——"政治纠缠"和欧洲一体化。

各州的代价主要集中在三方面:第一,它侵蚀了各州本来就有限的专属立法权;第二,州也受到了联邦让渡权力的间接影响,这主要涉及联邦立法需要经过联邦参议院审批的事项;第三,联邦通过迂回方式赢得了对各州事务的影响力。② 欧洲一体化进程的主体是民族国家,欧洲制宪的始作俑者一直对欧盟及其成员国以外的权力结构选择性失明。德国联邦政府在欧洲议会、欧洲理事会、欧洲委员会中所拥有的代表权和表决权弥补了国家层面的权力流失,而各州对获得欧洲事务中的提案权显得热情不足。

联邦和州权力的不对称流失引发了如何平衡联邦制和一体化的政治辩论。一方面,联邦制是德国的立国四原则之一,具有宪政刚性地位。另一方面,一体化是阿登纳政府鉴于战败国的特殊处境而采取的国策,旨在同邻国实现和解,以回归欧洲和再次统一。二者之所以能够长期并行不悖,关键在于早期的德国政治家并未将"欧罗巴合众国"的蓝图当真,充其量不过是在工具主义理性指导下的权宜之计罢了。但是,随着"欧洲主义"的进一步蔓延,彼此之间的不相容被摆到了桌面上。更深入来看,双方的矛盾将直接威胁德国联邦制的要害,那就是各州的合法性及其主观能动性。之前各州所

---

① 参见 Heiderose Kilper, Roland Lhotta, *Föderalismus in der Bundesrepublik Deutschland*, Opladen: Leske+Budrich, 1996, S. 278。

② 参见童建挺:《德国联邦制的"欧洲化"——欧洲一体化对德国联邦制的影响》,《欧洲研究》2009 年第 6 期。

扮演的"行政中枢"角色局限在民族国家内部,而现在它们成为布鲁塞尔和柏林的"双重见证人"。这导致了两大隐患:第一,各州能否面对日常性事务的持续增加?能否承受相应的资源压力?第二,由于本就有限的立法和决策功能的让渡,是否意味着各州将被 100% 地降级为"行政工具"?随之而来的是,作为联邦制的合法性源泉的各州权力的弱化是否将在纵向府际关系的内部注入集权化的"强心针",这恰恰同联邦制的理念背道而驰。

但是,各州不会心甘情愿地成为输家,从长远来看欧洲一体化未必只演绎单边逻辑。第一,联邦和州的分权形态导致决策功能丧失的"大头"将是联邦、而非各州,行政权几乎原封不动地予以保留。就长远来说,联邦才是"内政欧洲化"的最大受害者,届时各州依然在行政和执行环节保持强势,联邦反倒将被迫鼓励各州向欧盟伸出"橄榄枝"。第二,《马斯特里赫特条约》等一系列文件反复声明对于"辅助性原则"的尊重,并且在《里斯本条约》中再次重申,这就在不触动一体化的前提下确保了各州在德国联邦制中的地位。第三,由于欧洲一体化所促成的区域间竞争和国际竞争加剧,德国经济环境被三个"同心圆"所环绕。内层是由德国 16 个州所组成的国内市场,中层是由 17 个欧元区成员国和 27 个欧盟成员国所组成的欧元区和欧洲统一大市场,外层是在经济全球化支配下的"地球村"。从垂直事权的分配来看,涉及各州支出领域的人力资本升值、基础设施的建设和完善、教育科学事业的发展无不关系到德国构筑面向 21 世纪的核心竞争力以及打造面向未来的可持续发展。

欧洲一体化在一定程度上需要强国为弱国、富国为穷国、发达国家为欠发达国家"埋单",作为"欧洲奶牛"的德国承担了沉重负担。更为致命的是,某些功能性的欧洲事务开始向内政领域渗透,这意味着内政的欧洲化已成定局。这一现象将极大地削弱传统民族国家治理的独立自主性,进行政策统合的难度加大,可供选择的政策空间进一步缩小,甚至演化成"布鲁塞尔牵着柏林走"的格局。

接下来,笔者将以财政领域为例来阐述欧洲一体化进程所造成的深刻影响和作用。

1.治理理念的欧洲化。欧盟的货币政策由欧洲中央银行统筹,受到《马斯特里赫特条约》、《里斯本条约》、《稳定与增长公约》的制约,由"欧盟2020战略"来调整其经济政策。[1] 欧洲治理的特征在于"不顾小家/专保大家"、"牺牲小我/成就大我",其财政政策追求在欧元区内兑现币值稳定、汇率坚挺、物价平衡,坚决抵制通货膨胀,保证宏观经济运行环境的"软着陆"。应该承认,这和德国联邦制的治理理念在本质上是一脉相承的。但是,它站在"欧洲立场"所发出的指令等于将德国置于"超国家机器"的监管之下。

2.道义责任的欧洲化。欧盟形成了以流通欧元为内圈的欧元区和以流通本币为外圈的"成员国区",无论内外圈都受限于《马斯特里赫特条约》、《稳定与增长公约》为代表的法律法规,最典型的莫过于3%和60%的双百分比。成员国一旦签约就意味着承担责任,由于德国是欧洲第一大经济体,它的履约表现较之其他成员国来说更加引人注目,扮演着"道德高地"的形象。随着欧洲一体化的推进,德国联邦制的责任范畴超越了国界,向着"欧洲式联邦主义"迈进。柏林在进行决策时,必须清醒地意识到其行为能否对欧盟成员国发挥引领和示范效应,是否能够以身作则地推动德国始终致力于实现的"联邦主义的欧洲"。

3.治理工具的压缩化。融入欧洲联合的大业等于给德国联邦制的内部治理模式做减法,诸多政策工具将转交给"超国家治理机器",这极大地消解了联邦制的能力完整性。德国领导人为了实现统一,打消邻国对"欧洲的德国"还是"德国的欧洲"这一世纪难题的疑虑,采取了放弃马克、拥抱欧元、促进联合、增进互信的一揽子政治经济交易,将货币主权上移至欧洲中央银行(ECB)。由于丧失了货币自主权,德国面临着比其他欧元区国家更大的"黑洞"。一方面,当经济处于下行周期之时,按照"凯恩斯主义",应该实施"逆风干预",以"看得见的手"来修正"看不见的手"所造成的负面效应,以调节经济的周期性波动,调控供需不对等现象。实际上,丧失货币工具的德国具有更强的现实冲动来追求财政领域的单边扩张,否则在缺乏对

---

[1]　参见罗湘衡:《欧债危机中的德国角色》,《南风窗》2012年第19期。

经济增长和有效就业的持续刺激的情况下,有可能陷入经济衰退甚至二次探底。另一方面,扩张性财政政策将增大经济运行区间的通货膨胀压力,极有可能冲破3%和60%的双百分比约束,进而通过赤字的"流量失控"带动国债的"存量失控"。一旦德国处于超标状态,将严重威胁欧元区和欧盟的财经形势,如果其他成员国纷纷予以效仿、步德国后尘的话,结果将不堪设想。

4.主权功能的持续隐退。超国家治理由表层向纵深的持续发展需要自身权力和威望的同步提升来作为保障,这意味着布鲁塞尔和柏林之间形成了某种零和博弈关系。这也是同欧洲一体化进程始终如影随形的敏感话题,让渡民族国家主权的"联邦主义路线"同倾向于保留各成员国自主性的"邦联主义路线"展开了激烈博弈,至今仍未分出胜负。德国虽然力挺前者,但是就联邦制的主权功能来说的确呈现出衰退之势,久而久之必然激起国内疑欧派的强烈反弹。在欧债危机的应急处理中,德国政府容忍了众多涉及主权范畴的再调整。一者,债务刹车、法定债务上限和自动稳定器被写入《基本法》。自此,欧洲层面的财政规定将得到德国宪法的保障。上述程序由欧洲议会、欧洲理事会、欧洲委员会拿出实施细则,并由欧洲法院监督各成员国的落实情况。二者,如果德国发生了财政赤字和国债超标的现象,违约警告和惩戒机制将无条件地自动开启,直到德国通过自行纠偏得以回归常态或者经由特定程序方可终结。三者,"欧洲学期"被提上议事日程,这导致德国各级政府的年度财政收支预算将被捆绑上欧盟的财政景气趋同指标,如有违规,布鲁塞尔可直接予以封驳。以上措施无疑将极大地推动欧洲经济与货币联盟向财政联盟过渡,推动货币一体化向财政一体化、经济一体化向政治一体化跨越。但是,这也预示着主权国家的功能进一步萎缩,从长远来看有可能威胁到德国联邦制的宏观调控能力和秩序再造能力。

第二节　2006年德国联邦制改革

毫无疑问,随着德国统一和欧洲一体化的加速,德国联邦制的改革问题显得越来越紧迫了。实际上自 1990 年以来,德国经历了五轮涉及联邦制改革问题的协商。1992—1993 年期间,由联邦议院和联邦参议院共同组成了联合宪法委员会;2003—2004 年期间,成立了事关联邦秩序改革的委员会——"联邦制 I"。另外三轮(1993 年针对《团结公约 I》的谈判、2001 年围绕《团结公约 II》的谈判、2008 年聚焦财政问题的"联邦制 II"的谈判①)集中探讨了德国联邦制中的财政事务,即税收和债务的征管权以及资源的分配问题。

德国联邦制改革的根本任务在于破除自《基本法》颁行以来,由于联邦制的单一化以及合作联邦制所催生的"政治纠缠",这就要求对联邦和州乃至市镇之间的权责划分"动大手术",逐步强化各"政治行为人"的竞争意识。但是,德国联邦制的改革注定是渐进而非冒进的,这主要基于下列原因:第一,按照制度经济学的观点,任何一种制度在形成以后,便会陷入"路径依赖"之中。任何偏离上述轨道的运转方式都将同既得利益集团迎头相撞,产生摩擦。第二,自统一以来,德国并未尝试对权力和利益的分配关系进行根本性调整,这意味着围绕改革"政治纠缠"现象而组建的宪法委员会和《团结公约》依然遵循着"获取高度共识"的道路前行。实质上,这是以政治纠缠为手段来破除政治纠缠本身,显然工具和目标之间在逻辑上是自相矛盾、难以自圆其说的。第三,谋求一致和统一的传统德国政治文化的影响力不容小觑。各地之间在经济实力和社会发展水平上的差距被一张追求同质化和均等化的"文化网"所裹挟,不喜冲突、力促合作、求同存异、风险共担的政治文化导致德国公共政策呈现出"共生性收敛"的特征,这直接造成追求一种高度分权化的联邦制的内驱力不足。第四,存在诸多"否决点"的民主政治制度势必酿成较为严重的政策时滞效应,尤其不利于改革取得突破性进展。

2005 年联邦议院大选结果揭晓之后,先前由施罗德任总理的"红绿同

---

① 参见 Charlie Jeffery,"Groundhog Day:The Non-Reform of German Federalism,Again",*German Politics*,2008,17(4):p. 587。

盟"被默克尔任总理的"大联合政府"所取代。大联合政府的出现拉近了各大党派对于联邦制改革的立场,消弭了分歧,有利于联邦制改革的顺利推行。2006年6月30日、7月7日,联邦议院、联邦参议院分别以有效多数通过了《基本法》修正案和《联邦制改革法》。随后,德国总统于8月28日正式签署了上述两法案,宣布它们将于2006年9月1日起正式生效。这标志着继1969年宪法大改革和1994年联邦制微改之后,德国最为重要的联邦制改革开始启动。

表4-1　2006年联邦制改革所涉及的《基本法》相关条款总览①

第 52 修正案	修改日期	涉及法律
《基本法》修正案(第 22、23、33、52、72、73、74、74a、75、84、85、87c、91a、91b、93、98、104a、104b、105、107、109、125a、125b、125c、143c 条)	2006 年 8 月 28 日	修正第 22、23、33、52、72、73、74、84、85、87c、91a、93、98、104a、105、107、109 条;改写第 91b、125a 条;增加第 104b、125b、125c、143c 条;废除第 74a、75 条

2006年联邦制改革牵连甚广,通过表4-1可知其涉及原《基本法》中的25项条款。改革的指导思想在于全面整合国家法律资源,逐步消除妨碍决策民主和施政效率的"政治纠缠"现象,厘清各级政府之间的职能领域,明晰责任。② 为了突出联邦制改革的重点,化解来自既得利益集团的阻力,集中政治资源,德国政界将注意力集中在怎样消解"政治纠缠"上,其他的改革目标充其量只是陪衬而已。

一、2006年德国联邦制改革:去"政治纠缠"的初步尝试

首先,大幅度削减联邦政府和联邦议院需经联邦参议院审核与批准的立法议案。

在德国联邦制下,联邦议院和联邦参议院演变为联邦和州之间进行

---

① 参见童建挺:《德国联邦制的演变:1949—2009》,中央编译出版社2010年版,第247页。

② 参见 Siegfried Mielke, Werner Reutter, *Länderparlamentarismus in Deutschland*, Wiesbaden, 2004, SS. 68-71。

"权力拉锯"的主战场。特别是代表各州意志的联邦参议院频繁动用立法否决权,来制衡联邦政府和联邦议院,"内在权力机制"已经严重影响了德国公共服务和社会治理能力的提升。更加糟糕的是,最高立法机关之间被一张政党政治的"大网"所覆盖,后者往往处于对峙和分歧之中。在最高峰时段,接近60%的联邦立法和决策行动需要征得联邦参议院的首肯,否则将寸步难行。各州对联邦立法的深度介入源于原《基本法》第84条第1款的有关规定:"各邦以执行联邦法律为自身要务之时,除非经联邦参议院允许之联邦法律另有说明之外,各邦应规定所设机关及其行政工作之程序。"①这等于为各州依靠联邦参议院无节制地干预联邦的立法和决策行为大开方便之门,它导致几乎所有的联邦法律都需要各州的点头方能最后落实,希望"踩刹车"、"绕道走"、"闯红灯"的想法都是不切实际的。

通过改革,成功地引入了"德国各州违背、偏离联邦对行政事务所作出的规定的新权力"②。偏离权的创设预示联邦和州在法理上有了彼此"松绑"的可能性。修改后的《基本法》第84条以各州的偏离权为"诱饵",换取了联邦政府绕行联邦参议院的"通行证"。换句话说,联邦能够在不经参议院审核批准的情况下,自主设立行政部门,规定行政程序,发布行政命令。在上述领域对各州不产生任何强制效力,后者得以在因地制宜的基础上有所偏离。在德国联邦制下,权力调包和利益交换是平衡"多头玩家"之间关系的有效手段。这固然旨在平衡由于改革所造成的得利者和失利者之间的心理落差,为改革的进一步深化创造良好的政治环境,瓦解反对者之间的联盟关系。但是从更加深远的视角来说,频繁的利益交换和政治妥协也使改革走进了新的"政治纠缠"之中,就其内在逻辑来说陷入了"以子之矛,攻子之盾"的怪圈。

类似现象又一次发生在财政领域。新《基本法》第84条第1款明显压

---

① 《德意志联邦共和国基本法》中译版,http://gongfa.org/html/gongfawenxian/20090507/387.html。

② Marcus Höreth," A Successful Failure? The Contested Implications of Germany's Federal Reforms", *German Politics*,2008,17(4):p. 409.

缩了各州通过联邦参议院牵制联邦立法行为的能力,但是新《基本法》第104a 条却扩大了联邦参议院的共识范畴。各州甚至找到了一条捷径以便重新引入否决权,那就是当联邦立法涉及任何关于各州资金成本的条款时都需要征得联邦参议院的同意。上述情况包括等值的现金收益或者针对第三方的服务项目,换句话说,新《基本法》第 104a 条将联邦所作出的一切财政法规都予以管辖。① 在对原《基本法》第 104a 条进行修改的各方谈判中,各州强烈要求对财政问题采取区别对待的方式,不承诺以返还该领域的"州偏离权"来换取联邦参议院的无为而治。在联邦政府制定涉及"财政蛋糕切块"的法律时,各州难以舍弃这张否决票,它们一如既往地希望在涉及自身的核心利益时,能够施加强有力的"马前卒",而非"马后炮"。各州深知按照新《基本法》第 84 条第 1 款的规定,联邦政府的机动空间必将进一步延伸,除了"偏离权"之外,还需要新的补偿手段才能给各州在联邦制内的话语权上"保险"。

对于以上措施能否切实有效地降低发生在联邦参议院中的"立法纠缠",各有关方面公布了具体数据,大致分为"乐观派"和"悲观派"两组。2008 年 3 月,联邦政府通过对改革一年来所取得成效的分析,在给自由民主党的回信中提到:"经过一年以来的改革,联邦政府需要获得联邦参议院同意的法律数量降至 44.2%(65/147)。更加重要的是,如果在未能改革的情况下,需要征得联邦参议院同意的法律将占总数的 59.2%(87/147),这意味着降幅达到了 15%。"②与其针锋相对的是,有学者认为:"以上数据表明改革未能实现预期目标,那就是将需要获得联邦参议院同意的法律比重降到 35%—40%。"③后续研究发现,"即使改革未能启动的话,需要得到联

---

① 参见 Katrin Auel,"Still No Exit from the Joint Decision Trap:The German Federal Reform(s)", *German Politics*,2008,17(4):p.427。

② Marcus Höreth,"A Successful Failure? The Contested Implications of Germany's Federal Reforms",*German Politics*,2008,17(4):p.409.

③ Simone Burkhart,Philip Manow,Daniel Ziblatt,"A More Efficient and Accountable Federalism? An Analysis of the Consequences of Germany's 2006 Constitutional Reform",*German Politics*,2008,17(4):p.534.

邦参议院授权的法律比重只会高 10% 左右,绝非政府所说的 15%。"①

有关专家对在 2006 年 9 月至 2007 年 8 月间所通过的 147 项法案进行测算后发现,如果按照原《基本法》第 84 条的规定,有 22 项法案需经联邦参议院审核批准,但是在改革后却大可不必了。它们是 2006 年 12 月 13 日通过的《公共部门信息再造法案》、2006 年 12 月 21 日通过的《税后收入统计法案》、2006 年 12 月 21 日通过的《促进城市内部发展规划法案》、2006 年 12 月 22 日通过的《关于修订〈法定健康保险内科医生法〉的法案》、2007 年 1 月 5 日通过的《关于修订〈反恐怖主义法〉的法案》、2007 年 2 月 2 日通过的《关于修订〈测量法〉的法案》、2007 年 3 月 17 日通过的《关于实施 2000 年 1 月 13 日〈海牙国际成人保护公约〉的法案》、2007 年 3 月 26 日通过的《强化专门律师自我管理的法案》、2007 年 3 月 26 日通过的《关于修订住宅产权和其他相关法律的法案》、2007 年 4 月 19 日通过的《关于修订〈公司转型规制法〉的二次法案》、2007 年 4 月 29 日通过的《清洗和保洁人员法案》、2007 年 3 月 10 日通过的《关于实施欧洲议会和部长理事会所下达的欧洲环境保护责任的法案》、2007 年 3 月 16 日通过的《关于修订〈联邦驱逐出境法〉的第七次法案》、2007 年 3 月 18 日通过的《关于实施 1970 年 11 月 14 日所通过的〈UNESCO 公约〉的法案》、2007 年 6 月 1 日通过的《关于改进机场周边航空器噪音防护能力的法案》、2007 年 6 月 6 日通过的《关于比照 2006 年 EC 第 166 号管理规定同等实施 2003 年 3 月 21 日通过的欧洲放射性污染物的登记以及污染物排放和转移登记相关条款的法案》、2007 年 6 月 12 日通过的《关于修订艺术家保险和其他相关法律的第三次法案》、2007 年 6 月 14 日通过的《关于修订〈医疗设备法〉和其他相关法律的法案》、2007 年 7 月 6 日通过的《关于修订涉及驾驶员法律的第三次法案》、2007 年 7 月 16 日通过的《关于实施由金融工具指导和使命指导的市场机制的法案》、2007 年 7 月 20 日通过的《关于修订〈护照法〉的法案》、2007 年 7 月 20 日通过的

---

① Marcus Höreth, "Gescheitert oder doch erfolgreich? Über die kontroverse Beurteilung der ersten Stufe der Föderalismusreform", Europäisches Zentrum für Föderalismus-Forschung Tübingen, *Jahrbuch des Föderalismus 2008*, Baden-Baden: Nomos, 2009, S. 165.

《涉及处理人类组织和细胞的质量以及安全等方面的法案》。①

其次,明确禁止联邦政府以各种形式向市镇政府转让或者移交事务性的职责和功能。

新修订的《基本法》第84条第1款规定:"联邦政府禁止凭借制定各成员州以自身之事务执行的联邦法律,进而直接向乡镇政府转移任务,对于联邦委托行政同等适用。"②长期以来,德国联邦制的"政治纠缠"不仅发生在纵向政府之间,"跨越式纠缠"的现象同样不容忽视。联邦政府借助法律+钱袋的组合频繁地向基层市镇伸出"橄榄枝",这一做法严重妨碍了各州对其内部事务的有效治理,干预了市镇政府原本强大的地方自治功能,不利于政策创新。毕竟联邦政府更擅长驾驭全局,它对全国建设始终怀有一种追求整齐划一的指导思想,在行事风格上助长了忽视地方特色、唯长官意志的官僚主义作风。从纵向分权的优先性上来考察,未来的发展趋势将逐渐调整到切实尊重和保障各州对其下辖市镇的治理功能上来。换句话说,即贯彻"迪隆规则"(市镇是各州的创设物,其存在和废止均取决于各州的政治意志,是后者赋予其合法性,它们不与联邦政府发生任何形式的权力让渡或者授予关系,它们被封堵于成员单位内部而难以获得向上晋级的政治通道)。

再次,全面调整了各级政府之间的立法权分布状态,以强化它们的立法和决策功能。

"政治纠缠"之所以难以根治,其奥妙在于德国各级政府之间的立法权分布状况。具体来说,除了《基本法》所规定的各级政府专有立法权以外,原则性/框架性/总体性立法权、竞争/竞合立法权纷纷将权力的"天平"摆向了联邦一侧,这导致长期以来各州和市镇几乎同核心立法和顶层决策绝缘。原则性/框架性/总体性立法权由联邦政府拿出方向性指南,随后由各州将法律具体化和细节化,其指导思想在于任何条款都不能"越雷池一

---

① 参见 Marcus Höreth, "A Successful Failure? The Contested Implications of Germany's Federal Reforms", *German Politics*, 2008, 17(4): pp. 410—411。

② 童建挺:《德国联邦制的演变:1949—2009》,中央编译出版社2010年版,第248页。

步"。竞争/竞合立法权的运行要求,如果联邦政府在相关领域已经出台了法律的话,那么各州和市镇政府不得"擅闯"上述领域,这意味着后者只能在联邦尚未开垦的"处女地"内制定法律。即使联邦政府在相关领域的立法活动属于"后来者",那么各州和市镇仍然需要让步于"后来者",主动对先期立法中同联邦所颁布的后续法律之间的不吻合之处加以修订或者废止。

在 2006 年联邦制改革中,针对以上三项立法权采取了"对症下药"之策,以突出重点、明确主次,重点整改原则性/框架性/总体性立法权和竞争/竞合立法权,最终破除联邦的立法和决策优势长期居高临下的态势。

第一,对于原则性/框架性/总体性立法权采取了一劳永逸的连根拔除之法。对于原《基本法》中属于上述领域的事权则在联邦和各州之间重新进行分配,成为各自的专有立法权。应该看到的是,原则性/框架性/总体性立法权的寿终正寝是符合历史规律的。所谓联邦抓大、成员放小的法律思维难以适应全球化时代的治理要求,难以对接信息社会的治理创新,难以应对后工业化社会的治理议题,往往导致立法和决策的延误,最终得不偿失。

第二,相应扩大了联邦和各州的专有立法权,旨在化解"法律纠缠"所引发的权力定位模糊和责任划分不明确的难题。有六项事务通过转让和创设的方式成为联邦政府的专有立法权,新《基本法》第 73 条写入了"保护德国的文化品以防止流向国外、通过联邦警务防御恐怖主义/武器和爆炸物、对在战争中受伤或者受到影响的人的照料、出于和平目的针对核能的制造和使用以及防御核事故所带来的风险"①。与此同时,各州被赋予了更多权力。高达 17 项原本属于原则性/框架性/总体性立法权和竞争/竞合立法权的事务被划入各州的专有立法权,例如"针对各州刑事系统的管理、管制商店闭门歇业时间的法律、旅馆法、各州公务员的薪酬和任命、同大学有关的大多数法律等"②。联邦和各州专有立法权的同步扩张是履行去"政治纠

---

① Carolyn Moore, Wade Jacoby, Arthur B. Gunlicks, "Introduction: German Federalism in Transition?", *German Politics*, 2008, 17(4): p. 398.

② Simone Burkhart, Philip Manow, Daniel Ziblatt, "A More Efficient and Accountable Federalism? An Analysis of the Consequences of Germany's 2006 Constitutional Reform", *German Politics*, 2008, 17 (4): p. 526.

缠"的关键步骤。一方面,随着新公共行政和新公共管理运动的持续深入,强化了各级政府顺利履行法定事权,发挥行政管理功效,践诺所承担的政治统治职能的能力。现代化、集成化、信息化行政手段的使用丰富了"政府治理"的内涵和外延,各级各类政府的管理幅度不断扩张。与之相应的是,压缩管理层次的组织扁平化趋势逐渐成为共识;另一方面,当代社会治理的本质是权责一体化。只有当治理主体确实怀着对其治理客体所应承担的责任意识之时,由政府所主导的管控才能真正地将公平、正义的理念贯穿行政活动的始终,在切实保护少数和弱势的治理客体的基础上,实现社会福利的"帕累托最优"。因此,从源头上厘清各级政府之间的"权力承包区"和"责任包干区"已经成为德国联邦制的必由之路。

第三,对于竞争/竞合立法权"动大手术"。原《基本法》第 72 条第 1 款在 2006 年进行了修订,去掉了联邦在一般性竞争/竞合立法权下制定法律的权力,只保留了在 10 个具体领域制定"必要性立法"的权力;在 16 个领域中,联邦具有在不对接"必要性"的情况下的竞争/竞合立法权。[1] 但是,各州被授权了在 6 个具体领域内启动"偏离立法"的可能性。[2]

在本轮联邦制改革中,引入了"成员州偏离权",它成为联邦放宽行使竞争/竞合立法权的交换物,在确保联邦的行事空间和自由裁量权的同时,也避免了各州亦步亦趋地盲从所导致的效率缺失和监管失序。联邦和各州围绕"偏离权"的争议集中在以下三方面:第一,何时、何地以及在何种情况下才能启动"偏离立法权",能够在多大程度上偏离联邦的统一立法,"偏离"和违法之间的界限何在? 第二,就时空环境来说,它究竟是对联邦制改革后所颁布的法律方能生效,是否能够溯及既往? 双方妥协的结果是,在一些政策领域内,各州可以立即行使偏离立法权,而在另外一些领域则实行过

<hr>

[1]　参见 Carolyn Moore,Wade Jacoby,Arthur B.Gunlicks,"Introduction:German Federalism in Transition?",*German Politics*,2008,17(4):p. 398。

[2]　参见 Simone Burkhart, Philip Manow, Daniel Ziblatt, "A More Efficient and Accountable Federalism? An Analysis of the Consequences of Germany's 2006 Constitutional Reform",*German Politics*,2008,17(4):p. 526。

渡规定,在此期间,联邦可以行使竞争/竞合立法权。① 第三,各州之间如何把握和调控横向的"偏离力度"。由于统一后的德国从西德时期的相对不均衡走向了绝对不均衡,显著的地区差异将给各州的立法工作施加区别对待的强大动力,这将导致繁重的司法解释和法条清理工作,对跨域性司法协调也将造成一定的压力。

二、2006 年德国联邦制改革的举措:反"财政纠缠"的初试

此次联邦制改革对于在财政制度中难以回避的"纠缠"现象采取了初步的干预,迈出了方向正确、略微保守的第一步。

第一,鉴于自 1969 年财政大改革以来,联邦和各州之间基于"共同任务"所导致的"财政纠缠"现象日趋严重,并遭到了德国各界的尖锐批评和抨击,2006 年联邦制改革开始削减原《基本法》第 91a、91b 条所包含的"共同任务"的范畴。

原《基本法》第 91a 条将"涵盖大学诊所在内的涉及高等教育设施的完善和新建、区域经济结构的改善、农业结构的改善和海岸防护"等归入共同任务;原《基本法》第 91b 条将"联邦和州的教育计划、跨越地区重要性的设备和工程的强化"归入共同任务。② 多年以来,在各州履行上述职能时,联邦财政承担 50% 的成本,以兑现有关各方的权利和义务对等的政治宣誓。"共同任务"被联邦视为对德国社会的整合和一体化具有重要价值,它使各地能够获得均等化的发展机遇,缓解由于先天因素所导致的"起点不同等"的现象,有利于促进各地公共服务标准的趋同,实现公共服务的均等化和生活环境的同质化,改进居民的生活水平。

但是,对于"共同任务"的指责和抨击却从未平息,特别是随着世人对于"政治纠缠"问题的持续关注,甚至呈现出愈演愈烈之势。其一,"共同任务"导致各州不得不纵身跳入一个"公共池塘"之中,因为众多"共同任务"

---

① 参见童建挺:《德国联邦制的演变:1949—2009》,中央编译出版社 2010 年版,第 248 页。

② 参见 Carolyn Moore,Wade Jacoby,Arthur B.Gunlicks,"Introduction:German Federalism in Transition?",*German Politics*,2008,17(4):pp. 399−400。

预示着联邦财政将投入大笔资金用于各州的建设任务。各州仿佛置身于一台"老虎机"的旁边,如果不拿出"共同任务"所需资金的50%的话,它们将失去来自国家的发展基金。然而,事实却是某些州碍于经济景气问题根本无力支付余额。"共同任务"在某些州的眼里几乎成了"鸡肋",可以说是"食之无味,弃之可惜"。其二,"共同任务"实际上异化为联邦干预各州事务的一种有效手段。凭借"共同任务",成员州的发展方向和建设导向中大量渗透了联邦的主张和意志,这就极大地弱化了各州构建基于自身价值观和利益的长远规划,其战略规划能力受到了侵蚀。有学者主张,各州一旦为"共同任务"付款的话,它们就拿上了由联邦财政部开具的"提款单",干着联邦想干而不能干的事情。其三,由于"共同任务"属于联邦和各州的"合作领地",从理论和实践来说,务必正视由于政党政治所导致的行政功能的衰退。例如由于"共同教育计划"的制定和实施所导致的联邦和州之间在执政党和意识形态等领域的"裂痕",几乎酿成"共同教育计划"的流产。[1]"共同任务"在一定程度上沦为了"政治纠缠"的"实验室",尤其当各州对事权重心的解读同联邦政府大相径庭之时,联邦参议院就会对联邦的立法功能提出挑战。"共同任务"能否见效取决于联邦和州之间的"木桶效应",换句话说,它的行政效率和政策效果也将大打折扣。

在2006年联邦制改革中,对"共同任务"采取了以点带线、以线带面的改革思路。具体来说,将写有"涵盖大学诊所在内的涉及高等教育设施的完善和新建"的原《基本法》第91a条第1段第1部分删除,其余内容维持不变;原《基本法》第91b条所写的"共同教育计划"被废除,目前在第1段中提到:"联邦和州能够共同参与那些旨在增强和资助大学的科学研究设备与工程,大学的科学和研究工作,涵盖大量科学仪器在内的大学研究设备的建设。"[2]通过上述改革措施,我们不难发现一条主线,那就是全面增强各州

---

[1]　参见 Heinrich Mäding,"Federalism and Education Planning in the Federal Republic of Germany",*Publius:The Journal of Federalism*,1989,19(4):pp. 115–131。

[2]　Arthur Gunlicks,"German Federalism Reform:Part One",*German Law Journal*,2007,8(1):pp. 123–124.

在教育领域,特别是在高等教育行业的责任意识和行动能力,以对应各州在人力资本的保值和升值上所具备的潜能。从德国纵向事权的分布来看,义务教育及其人事工作历来由各州提供资金,这一做法避免了对制度进行深层次调整,将有效地缓解改革所遭遇的阻力,降低交易成本。通过"走一步、看两步"的渐进模式能够为改革预留出必要的机动空间,破解既得利益集团及其结盟对改革所造成的阻碍。与之相反的是,先前"区域经济结构的改善、农业结构的改善、海岸防护"等区域任务一概免谈,这主要鉴于"地区性任务"的幕后是一系列错综复杂的区域性利益偏好和效用函数,考虑到它们之间的博弈关系,为稳定起见,不妨将相关任务暂时冻结,以观后效。

此外,由联邦向各州提供的财政无偿援助同样被视为"混合财政"的表现形式。天下没有免费的午餐,各州在"笑纳"联邦的"慷慨解囊"之时,无形中也就听从了出资人对相关投资项目的计划和安排,并接受来自联邦的监督和管控,这意味着受助人的事权被"垂直的金线"缝在了联邦的身上。受援方的代价是以权限空间来换取"救命稻草",如此一来,联邦能够名正言顺地干预各州事务,使各州的多元化逐渐让位于步调一致的区域规划和宏观景气政策。考虑到密切政府间关系,保持府际关系的动态平衡,贯穿从联邦、州到市镇的政策流程,构建全国统一大市场的需要,除了原《基本法》第104a条第4部分移至新《基本法》第104b条外,联邦财力援助未发生根本松动。同时新增加了三项条件——"被赠与的财政资源仅限于某一时段、其使用是否充分必须经过周期性检验、用于上述目的的资金规模应逐步减少"①。

第二,在一定程度上扩大了各州的税收自主权。长期以来,为了适应"政治纠缠",德国财政制度的重要特色是将税收的立法权和归属权、征管权相脱离,实行下管一级和异构立法。这种制度设计导致各级政府不可能100%地遵循权责对等的原则来组织税收收入,致使各级政府并未拥有绝对

---

① Thomas Döring, Stefan Voigt, "Reforming Federalism German Style: A First Step in the Right Direction", *Intereconomics*, 2006, 41(4): p. 207.

意义的"税制主权",以致任何层级的政府都不可能完全摆脱"政治纠缠"主导下的资金分配格局。但是必须承认,这一做法极易造成各级政府的财力和事权需要之间的不对称,它严重威胁了政府间纵向事权的顺利履行,不利于各级各类政府按照公共性和经济性的要求向广大公民提供不同种类、数量和质量的公共物品,久而久之,必然引发"多头玩家"之间的矛盾和冲突频发。

就各州和市镇政府而言,法定程度较高的政府职能分立理当与同等水平的财政分权相伴随,二者相辅相成,缺一不可。财税领域的自主权包括了各级政府有完全的知情权来了解自身的收入构成及其规模、有效使用上述资金的手段和工具、在不受外界干扰的情况下自主节制相应财源、对资金的使用绩效进行事中监督和事后评估等方面。"但是,只有2%的州整体税入项目能够被描述为自治的,因此,应该强化各州的财税自主能力和自治意识。"①

2006年联邦制改革将自行决定土地购买税税率的权力赋予各州,这预示着德国联邦制正视了财政立法进程中的"权责异构"和"下管一级"所造成的权责脱钩。就其发展趋势来说,强化各级政府根据环境的变化,独立提取资源的能力无疑成为政界和学界的共识。任何领域的改革首先需要回答应不应该,然后才是能不能和怎么做的问题。之所以选择土地购买税作为突破口,主要基于以下三点原因:1.该税种在各州财政中的比例相对较小,以之为突破口能够不触发制度的根本性变革,进而审慎地观察利益相关各方的反应,从而为下一步改革进行必要的"政策试水"。2.改革还是有所保留的。在新《基本法》第105条第2a款中将土地购买税的税率区别于统一的课税基础,前者虽然被划归各州行使,但是后者仍然被联邦政府牢牢掌握,如此一来,各州也不可能在不顾及经济总量的情况下贸然采用"税率杠杆"来增收。3.土地购买税的客体较为特殊,乃是税基无法迁徙的不动产资

---

① Thomas Döring,Stefan Voigt,"Reforming Federalism German Style:A First Step in the Right Direction",*Intereconomics*,2006,41(4):p.207.

源。在改革之初,基于政策试点的成本可接受性和操作现实性,对于社会成员的偷税、漏税和避税行为的监督成本近乎于零。这有助于确保各州的税收规模在改革期间总体稳定,然而,其隐患是各州有可能不断掀起"降税大战"以吸引外地居民前来本地定居。"降税大战"一旦失控的话,有可能导致后果极其严重的地方保护主义和重复建设,形成不公平的竞争环境。

第三,新《基本法》中某些涉及财政问题的零星修改。

《基本法》第 10 部分第 104a 条进行了多处修改,例如第 3 段的最后一句被删除;新增加的第 4 段代替了原有内容;新增第 6 段,它涉及在违反国际义务时,联邦和州之间的责任问题;修改了原第 4 段,它构成了新《基本法》第 104b 条的基础,限制了联邦对州和市镇的紧急赠款项目。① 新《基本法》第 143c 条也涉及了财政问题,它规定了到 2019 年为止,在不包括联邦用于高等教育设施的扩建、地方道路和公共住房改建的资金的情况下,对各州补偿的计算公式;根据对第 3 段的修改,它要求对那些执行各州任务的确必要的联邦救助款进行评估;第 3 段第 3 句明确表示《团结公约Ⅱ》的内容不得变更。②

第三节 2009 年德国联邦制(财政)改革

鉴于 2006 年联邦制改革并未完全聚焦财政问题,因此,2009 年联邦制改革决定将财政制度和府际财政关系作为着力点。2006 年 12 月 15 日,联邦议院和联邦参议院先后投票通过了《关于全面实施和推广第二步财政事项改革行动方案》的决议案,并宣布正式成立由 32 名代表所组成的"(联邦制)国家结构形式现代化第二委员会"。成员中 16 人来自联邦政府(包括

---

① 参见 Arthur Gunlicks, "German Federalism Reform: Part One", *German Law Journal*, 2007, 8(1): pp. 124-125。

② 参见 Carolyn Moore, Wade Jacoby, Arthur B. Gunlicks, "Introduction: German Federalism in Transition?", *German Politics*, 2008, 17(4): p. 400。

司法部长、内政部长、财政部长、总理府办公室主任等),16 人由各州总理担任;委员会还包括 4 名州议院代表、1 名州议院主席、社会民主党/自由民主党/绿党的联邦议院党团主席,他们只享有发言权和提案权;3 名来自市镇的代表只享有发言权。①

该委员会在冈特·厄廷格(Günter Oettinger)和彼得·斯特鲁克(Peter Struck)的领导下,于 2007 年 3 月 8 日正式开始运转。该委员会的职能涵盖了九大领域,包括预防和解决预算危机、限制"红线"和提高执行效率、对财政资源的有效分配、强化各州和市镇的财政自治能力、促进州与州之间实现合并等方面。② 该委员会的功能看似复杂,但是,真正值得与会各方"伤脑筋"的议题主要是下列四项。

第一,涵盖增值税预先平衡、州际财政平衡、联邦补充拨款的政府间横向财政平衡体系。同联邦独揽政府间纵向财政平衡体系截然相反,政府间横向财政平衡实际上成为德国 16 个州进行对峙的"前沿阵地"。大州和小州、强州和弱州、富州和穷州之间围绕"拉近区域间经济社会发展水平差距、打造均质化的生活水平、保证公共服务的均等化,带动落后地区的发展,强化其造血能力,最终走出一条化被动为主动、由他助求自助、以输血求造血的发展模式"的总目标进行了数十年的互动和博弈。德国社会各界在认可其价值的基础上,也不得不直面其弊端。其一,某些技术细节有待解释,例如正常情况、特别紧急等提法容易造成法律争议。③ 其二,财政平衡制度的效果和目标之间存在裂痕。就现状来说,受援州对资助州的"慷慨解囊"已经形成了路径依赖,这不利于强化受援州的自主发展能力和自我发展意识,完全同"以救助消灭救助、以帮扶消灭帮扶"的良性循环背道而驰。无论对富州还是穷州来说,彼此都被套牢。一方面,强化各州和市镇政府的财税自主权显然符合富州的利益,它们期待获得更大的税收权,并减少转移支

① 参见童建挺:《德国联邦制的演变:1949—2009》,中央编译出版社 2010 年版,第 255 页。
② 参见 Katrin Auel, "Still No Exit from the Joint Decision Trap: The German Federal Reform(s)", *German Politics*, 2008, 17(4): p. 434。
③ 参见 Wolfgang Renzsch, "Federal Reform under the Grand Coalition", *German Politics*, 2010, 19 (3-4): p. 388。

付的规模。一方面,"穷州"需要对财源进行重新分配,以确保自身收益。①
彼此之间的分歧根本不在于州际转移支付是否节约了边际成本,双方的判
断建立在零和博弈之上。其三,某些老生常谈的问题始终未能解决。例如
经过财政转移支付以后,某些财力原本极其窘困的"穷州"在人均可支配财
力方面甚至超过了向自身转让财力的"富州";这一制度在运转过程中的计
算变得越来越复杂,可谓头绪混乱;过于强调均等化的政策目标显著降低了
大州、强州、"富州"酝酿扩张型、增量型财税政策的积极性。

第二,德国财政制度怎样契合欧洲联盟(European Union)的财经纪律。
在联邦制改革中,这一转变注定是艰难的,因为它涉及联邦和各州之间关于
欧盟规定生效之后的成本分担问题。② 以往,德国联邦制的转型压力来自
内部,现在面临来自内部和欧盟的双重压力,"政治纠缠"的发展前景变得
越来越扑朔迷离。欧洲一体化对德国联邦制造成了双重影响。就负效应来
说,它极大地延缓了决策机制的应变能力,弱化了只具备"有限理性"的行
动者的决策效率。它使政府深陷于信息和能量的交换颇为频繁的异质性环
境之中,形成了外力对内力的挤压效应和内力对外力的反作用力。就正效
应来说,它使得联邦制的"机动空间"不断萎缩,增强了"外磁场"对联邦和
各州执行财政政策、景气政策和反危机政策的约束。"经过艰苦的讨价还
价,最终联邦和各州原则上同意在德国违反欧洲层面的财政法律和预算纪
律的情况下,双方按照65%:35%的比例分摊。"③

第三,如何在联邦和各州之间更加合理、高效、有序地配置财政资源的
初次分配和再分配能力。德国联邦制所遵循的"政治纠缠"从源头上注定
了联邦和各州之间不可能100%地效仿"竞争联邦主义"模式下的政府间纵
向分权安排。实际上,在府际关系的运作中秉承了"适度集中、相对分散"

---

① 参见 Katrin Auel,"Still No Exit from the Joint Decision Trap:The German Federal Reform(s)",
German Politics,2008,17(4):p. 434。

② 参见 Wolfgang Renzsch,"Federal Reform under the Grand Coalition", *German Politics*,2010,19
(3-4):p. 387。

③ Rainer Robra,*Föderalismusreform und Europapolitik*,Baden-Baden:Nomos,2007,SS. 69-92。

原则,形成了联邦掌舵、各州和市镇也能够履行其法定功能的分权模式。在制度层面,确保"适度集中、相对分散"原则得以落实的精髓在于《基本法》将财税立法权高度集中于联邦,而各州通过"政治纠缠"的方式活动于联邦参议院,以立法否决权来平衡二者间关系。

"财政纠缠"一旦定型就成为某种政治资源,对府际关系将产生强大的制度惯性和张力。除了划分财税立法权以外,共享税(包括个人所得税、公司利润税、增值税等)也遵循同一逻辑展开。在2006年联邦制改革中,针对"共同任务"所进行的大刀阔斧般的初步调整驳斥了德国联邦制已彻底陷入"路径依赖"之中,并丧失了"行动能力"的观点。[①] "共同任务"虽未彻底废除,但是改革毕竟表明德国政治家终于意识到了"财政纠缠"以及由此而滋生的一系列弊端(政治责任不清晰、资源难以匹配任务、资金使用效率低下)。虽然,德国政界尚未就完全消除"政治纠缠"达成共识,但是在未来一段时期内,进一步优化各级政府财政的"权责对应度"显得十分必要。

解套"财政纠缠"的关键在于修改《基本法》,法律调控的关键在于平衡联邦议院和联邦参议院内部的政党政治格局。纯粹以左翼或者右翼所组成的执政党联盟都将产生一定的阻力,关键在于由联盟党和社会民主党所组成的"大联合政府"能否在2009年大选中最终胜出,如果被"黑黄同盟"所取代的话,是否意味着先前改革的推动力将走向反面,成为阻碍新一届联邦政府施政的"拦路虎"。

长期以来,各州难以获得对应其事权所需的完整意义的财权,各州并未成为100%的"独立法人单位"。由于各州对归属自身的共享税和绝大多数专享税都无法设定税率和会计核算基础,这就从源头上将各州的实际财力同共享德国经济的发展成果相剥离,直接导致各州缺乏制定长期经济政策和反周期政策的动力。讲究向联邦对正、各州相互标齐的区域战略严重制约了联邦制的多样性、创造性和自主性。立法领域的"联邦优先"在德国统一之后不仅并未消退,反而随着东部重建和结构改革的推进,得到了进一步

---

① 参见 Manfred G.Schmidt, *Das politische System Deutschlands*, München, 2007, S. 219。

的提升和固化。联邦与各州之间的立法权配置和决策权安排取决于德国联邦制的定位,如果彼此解套的话,就意味着需要在合作联邦主义 vs 竞争联邦主义之间重新取舍了。

就财政关系来说,由于各州不享有对专享税的立法权,不健全的财税自治能力迫使各州不得不依赖其共享税提成,更进一步而言,也加剧了各州对源自联邦或者同级的财政转移支付的依赖度。如果上述来源仍不充裕,各州就只能借贷了,德国财政宪法的相关特征导致负债水平极高。赤字财政和国债财政之间的关联不必赘述。一方面,各州面临着繁重的行政和执行事务,与此同时,自统一以来日益加剧的事权"沉淀"也放大了各州财力的负担指数。一方面,财权始终未能 100%地根据事权开支的需要作出相应调整,导致各州保持预算平衡的能力缺位越来越严重,反过来这又进一步加剧了联邦对各州予以帮扶的重要性。增收、节支和借债到底孰轻孰重,政治家当然按照"避实击虚、避重就轻"之法来出牌。此外,《基本法》第 115 条第 1 款第 2 句针对"投资"的解释过于宽泛,例外条款也不够精准,以至于在实践操作环节其适用范围有可能被不恰当地扩大化。① 最终致使偿债压力不断攀升,给调整府际关系埋下了伏笔。

第四,严控财政赤字和国债的任务已经紧迫地摆在了德国各级政府的面前。委员会内部的争论和讨价还价异常激烈,可谓你方唱罢我登场,议题的更换更是令人眼花缭乱。德国联邦制改革的关键在于能否找到一条使联邦和各州政府的利益都得到体现的"非零和博弈"路线。早先的经验告诉人们,制度性变革往往步履蹒跚、充满变数,真正能够在短时间内达成共识并取得突破的议题一般集中在功能性领域。在 2009 年联邦制改革的"前哨性接触"中,无论是财政转移支付体系,还是各级政府的税收立法权,抑或是纵向财力收支状况,这些议题都不可能一蹴而就。于是,"机遇之窗"朝着财政赤字和债务问题打开了。

---

① 参见[德]伊诺斯·赫尔特:《德国联邦制的历史、基础和发展》,任雪丽译,《中德法学论坛》 2008 年第 1 期。

表 4-2 截至 2009 年联邦制改革前夕德国各级政府负债情况

年份	总负债额	联邦政府	州政府	地方政府	债务率
单位:亿德国马克,西德					
1960	527.59	268.95	146.95	111.69	×
1965	836.67	404.22	174.01	258.44	×
1970	1258.90	578.08	277.86	402.95	18.6%
1975	2563.89	1149.77	670.01	744.11	24.8%
1980	4686.12	2356.00	1378.04	952.08	31.7%
1985	7601.92	3990.43	2474.11	1137.38	41.7%
1989	9288.37	4976.04	3098.60	1213.74	41.8%
单位:亿德国马克,德国					
1990	10534.90	5991.01	3287.87	1256.02	×
1995	19934.76	8781.80	5116.87	1941.01	55.6%
1998	22801.54	10715.76	6235.71	1988.33	60.3%
单位:亿欧元,德国					
1999	11999.87	7703.42	3274.07	1022.37	60.9%
2000	12114.55	7748.40	3381.43	984.62	59.7%
2001	12239.66	7601.99	3645.59	992.09	58.8%
2002	12776.67	7846.53	3921.72	1008.42	60.3%
2003	13581.37	8265.42	4237.37	1078.57	63.8%
2004	14305.82	8693.73	4486.72	1125.38	65.6%
2005	14890.29	9016.20	4713.75	1160.33	67.8%
2006	15336.97	9334.67	4818.50	1183.80	67.6%
2007	15403.81	9400.88	4843.73	1159.20	65.0%
2008	15645.90	9661.97	4838.75	1145.18	66.0%
2009	16581.16	10344.10	5059.65	1177.42	73.2%

数据来源:Lars P.Feld,Thushyanthan Baskaran,"Federalism,Budget Deficits and Public Debt:On the Reform of Germany's Fiscal Constitution",*Review of Law & Economics*,2010,6(3):p.371.

通过对表 4-2 的解读可以发现,自 20 世纪 60 年代以来,德国各级政府的负债现象从轻微向严重、从可控向失控的方向发展,无论债务总额还是负债率都处于上升之中,且难以逆转。

首先,就三级政府的负债总额来说,从 1960 年的 527.59 亿德国马克增长到 1970 年的 1258.90 亿德国马克,后者是前者的 2.39 倍。随后至 1980 年又增至 4686.12 亿德国马克,为 10 年前的 3.72 倍。截至统一前夕的 1989 年,负债总额再创新高,飙升至 9288.37 亿德国马克,短短 9 年又翻了

1.98 倍,较之 1960 年,其涨幅高达 17.61 倍。债务状况在统一以后更是"无力回天",终致一发而不可收拾。从 1990 年的 10534.90 亿德国马克攀升至 1998 年的 22801.54 亿德国马克,短短 8 年涨幅了 2.16 倍。在迈入"欧元时代"后,德国债务状况可谓喜忧参半。喜的是增长幅度较之"马克时代"总算有所好转,从 1999 年的 11999.87 亿欧元涨至 2009 年的 16581.16 亿欧元,后者只相当于前者的 138%,创造了有史以来的最低纪录。忧的是增加的绝对值依然十分惊人,高达 4581.29 亿欧元。

其次,就三级政府的债务率来说,从 1970 年的 18.6% 上升到 1980 年的 31.7%,10 年间上升了 13.1%。截至统一前夕的 1989 年又上涨了 10.1%,达到了 41.8%,较之 1970 年则上涨了 23.2%,翻了一番多。在德国统一后,更是打开了"潘多拉魔盒",时至 1995 年攀升到 55.6%,1998 年正式突破了 60% 的大关。此后,在 1999 年至 2001 年、2005 年至 2007 年曾出现过短暂的降低之势。前者主要基于科尔总理在上台后所推行的"预算巩固行动",同时得益于 21 世纪的新信息经济时代而有所好转。后者主要源自默克尔总理的政策调整和变更。但是,这两个时段纯属"新官上任三把火",充其量只能取得短期效应而已,并不足以从根本上扭转严峻的财政形势。在 2002 年至 2005 年期间和 2008 年以后,债务率的增长可谓"退一步进两步",呈加速度上升之势。前一时段从 60.3% 增至 67.8%,涨幅高达 7.5%;后一时段仅用一年时间就从 2008 年的 66.0% 猛增到 2009 年的 73.2%,上升了 7.2%。在此需要着重强调统计口径的选取问题,该数据并未将银行业救助款项涵盖在内,如果一并加总的话,那么近期的债务率仍有 7.5%—8.5% 的涨幅空间。[①]

如果就联邦、州和地方政府在债务总额中的占比来说,毋庸置疑的是应首推联邦政府。不妨以 10 年为周期,来逐次观察联邦在总负债中的占比。1960 年为 50.98%,1970 年减为 45.92%,随后于 1980 年再度占据了"半壁江

---

① 参见 Lars P. Feld, Thushyanthan Baskaran, "Federalism, Budget Deficits and Public Debt: On the Reform of Germany's Fiscal Constitution", *Review of Law & Economics*, 2010, 6(3): p. 371。

山",恢复到 50.28%,1990 年进一步增长到 56.87%,2000 年竟然一路飙升至 63.96%,2009 年略微下降到 62.38%。鉴于众所周知的职能安排和权力配置,联邦政府理所当然地应该对德国债务总规模的持续失控承担责任。在此,借助同等统计口径来考察各州在总负债中的占比,大体可知 1960 年尚不到三成,为 27.85%;1970 年跌至有史以来的谷底,仅为 22.07%;时至 20 世纪 80 年代,该数值上升较为明显,达到了 29.41%;1990 年首次超过 30%,创造了有史以来的最高纪录 31.21%;此后得益于"德国行政现代化运动"所形成的减负效应,截至 2000 年已经下滑了 3 个百分点以上,降至 27.91%;2009 年发生了席卷全球的金融危机,德国被迫采取了一整套金融救市方案和两套经济振兴计划,[1]受此影响,各州财政再次吃紧,总债务占比回升到 30.51%。

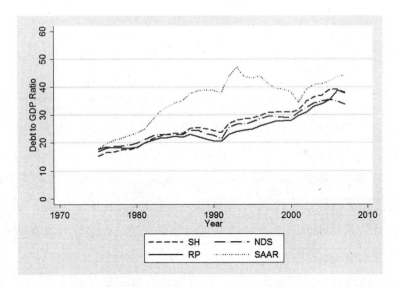

图 4-1　1975—2009 年期间德国西部的财政实力弱州的负债率(占 GDP 的百分比)[2]

数据来源:Lars P. Feld, Thushyanthan Baskaran, "Federalism Commission Ⅱ-Recent Reforms of Federal-Länder Financial Relationships in Germany".

---

[1]　参见金碚等:《德国金融危机救援行动的评析及对中国的启示》,《中国工业经济》2009 年第 7 期。

[2]　图中 SH 代表石勒苏益格-荷尔斯泰因州、NDS 代表下萨克森州、RP 代表莱茵兰-普法尔茨州、SAAR 代表萨尔州。

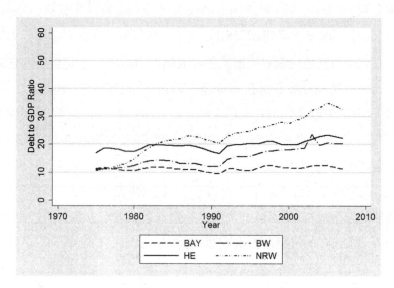

图 4-2　1975—2009 年期间德国西部的财政实力强州的负债率（占 GDP 的百分比）①

数据来源：Lars P. Feld, Thushyanthan Baskaran, "Federalism Commission Ⅱ-Recent Reforms of Federal-Länder Financial Relationships in Germany",2009.

通过对图 4-1、图 4-2 的观测和对比能够发现,从 20 世纪 70 年代中叶到 2009 年联邦制改革期间,西部 11 州的负债率均处于持续上升状态,特别是"穷州"较之"富州",这一趋势更加明显。从时间段的比较不难看出 1990 年成为了节点。在此之前,债务率的递增属于"相对温和型",其上升之势可归咎于经济性和社会性因素的叠加。在此之后,负债率的增长属于"相对饱和型",其猛增可归咎于涵盖政治、经济、社会、文化等因素在内的"多元复合型上涨"。

最后依然借助上述方法对地方政府在总负债中的占比进行分析。1960 年,维持在较高水平的 21.17%,这与同期各州在总负债中的占比只相差了 6.68%,彼此尚在伯仲之间。1970 年,市镇竟然反超各州在负债总额中的比重近 10 个百分点,达到了 32.01%,成为德国的第二大"债务人"。随后,通过一系列地方行政区划改革(例如市县乡镇的合并与联合),时至 1980 年,

① 图中 BAY 代表巴伐利亚州、BW 代表巴登-符腾堡州、HE 代表黑森州、NRW 代表北莱茵-威斯特法伦州。

情况已大为好转,债务占比回落至 20.32%。随后,这一趋势并未中止,反而愈发后劲十足,1990 年更是创下了自 20 世纪 60 年代以来的历史最低纪录 11.92%。在德国统一的历史大势下,市镇所承担的政治功能相对收缩,财政巩固行动却依然步伐铿锵。2000 年,地方政府的债务占比再创新低,首次回落至 10% 以下,仅为 8.13%。2009 年,进一步降为 7.10%。由此可见,到了 2009 年德国联邦制改革之际,在各级政府债务体系内,市镇成为了唯一能够令人感到宽慰的政府层级。

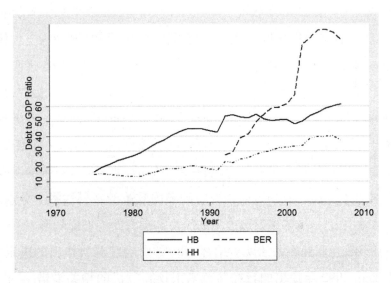

图 4-3　1975—2009 年期间德国城市州的负债率(占 GDP 的百分比)①

数据来源:Lars P. Feld, Thushyanthan Baskaran, "Federalism Commission Ⅱ-Recent Reforms of Federal-Länder Financial Relationships in Germany",2009.

　　德国政府间债务无论是总规模还是负债率的"双高"现象必然产生显著的外溢作用,这直观地体现在财政预算收支表中的"利息"一栏的陡增上。如果以"利息率"来衡量同期德国府际财政关系的话,大致呈现出与"双高"现象相似的"三高"特征。综观图 4-1、图 4-2、图 4-3 可知,尤其对各州来说上述现象更加清晰明了。一方面,东部新州比西部老州的"振荡"

———————————

① 图中 HB 代表汉堡州、BER 代表柏林州、HH 代表不来梅州。

程度更加剧烈,这显然源于德国东西部之间的发展鸿沟和"实力断代";另一方面,就柏林、汉堡、不来梅三大城市州和 13 个内陆州的监测指数来说,前者的"波动"和"振幅"显然更大。

截至 2009 年联邦制改革前夕,德国政府的债务状况已经到了"非借助外力而不能扭转"的境地,至少解决以下四方面隐患可谓刻不容缓。第一,联邦政府的负债规模从长远来说仍将进一步递增,作为德国首席"债务人"的状况从根本上拖累了财政复苏政策的成效。而联邦政府偿债能力的改善首先取决于短期内的赤字状况。第二,总体来说,16 个州的债务状况不容乐观。第三,债务风险实际上能够在联邦制内进行传导,某州为支付债务的利息成本将极大地改变其"财务报表",进而通过影响联邦对各州所下拨的紧急援助款,从而将原本应归属其他州的财政资金加以强制性提取,最终成功地转嫁自身的偿债利息。第四,高基准的"债务堆积"推高了各级政府预算中用于偿还利息的压力,由于当前利率处于低水平,故而这一状况暂时还未被激化。但是从长远来看,一旦利率调高的话,那么当前可控的财政形势必将急转直下。届时联邦政府采取财政巩固政策的必要性将十分急迫,这也预示着德国进一步实施财政改革的压力和动力始终如影随形。

2006 年,在联邦宪法法院对柏林(州)的财经状况所作出的决定中,强烈呼吁重拾 1992 年提出的旨在防范未来预算危机的相关举措。[①] 由于受到德国统一和欧洲一体化的影响,德国财政制度中早已存在的赤字型预算的"内驱力"开始向"复合压力模式"变迁,原本并不突出的"债务堆积"现象呈现出蔓延之势。从 20 世纪 90 年代至今,德国政府实际上对于原《基本法》第 109 条和第 115 条的相关规定采取了某种实用主义立场,这和它对待《马斯特里赫特条约》的相关限制性条款的态度如出一辙。法制环境的"宽严失当"也使德国各级政府有恃无恐。此外,一系列配套政策和相应措施未能到位,例如长期纠结于应该由哪个组织来具体负责财政的动态预警监

[①] 参见 Katrin Auel,"Still No Exit from the Joint Decision Trap:The German Federal Reform(s)",*German Politics*,2008,17(4):p. 434。

测工作,以致久拖不决,用于偿还各级政府"陈年旧债"的救助机制迟迟不见动静,而政府的破产程序更是想都不敢想。[①] 由于上述境况始终未能得到根治,最终导致在国际金融危机的冲击下,德国府际财政关系全面紧张。据欧洲委员会预测,由于个人所得税、公司利润税和增值税将大幅下挫,与此同时,用于稳定宏观经济的开支将大幅上涨,因此2009年德国赤字率将在4%左右,而到2010年将飙升到6%左右。[②]

在2009年联邦制改革中,原《基本法》第115条所谓"黄金法则"的有关条文(例如"务必使新增债务的规模低于同期预算方案中用于投资的金额"、"旨在免除对宏观经济走势产生消极后果的例外情况")被废除,并结合各级政府的新任务重新设计了关于管制债务及其偿还方式的新机制。默克尔决心将"欧洲义务"内政化,以体现欧盟和欧元区的双料首席经济强国所肩负的责任和道义,最终打消某些成员国对德国的疑惧之心。与此同时,德国希望通过引领欧洲联合事业来提升大国影响力,借助"文明外交"来获得在全球治理中的话语权。因此,德国决定在新修订的《基本法》中对国债采取"急刹车",即在经济形势基本正常的情况下,原则上禁止各级政府新增债务,并创设出一系列调控办法,以实现联邦和州现有债务规模的平衡。"债务刹车"的出台的确令人始料未及,毕竟根治债务是全球性难题,通常需要以"赤字流量"的改善作为前提,进而带动"债务存量"的优化。更何况在这背后牵涉各级各类政府的切身利益,如此行事是否草率了些?对此,新规则附带了以下例外情况。

首先,根据2009年联邦制改革的规定,即使产生了0.35%的结构性赤字,联邦预算仍然是平衡的。[③] 该条款是相关各方经过反复磋商和谈判后,

---

① 参见[德]伊诺斯·赫尔特:《德国联邦制的历史、基础和发展》,任雪丽译,《中德法学论坛》2008年第1期。

② 参见 Lars P.Feld,Thushyanthan Baskaran,"Federalism Commission Ⅱ-Recent Reforms of Federal-Länder Financial Relationships in Germany",http://www.forumfed.org/en/pubs/2009-10-26-feld.pdf。

③ 参见 Dominic Heinz,"Federal Reform Ⅱ in Germany",*Perspectives on Federalism*,2010,2(2):p.5。

才最终达成的妥协。在改革之初,谁也不知道应该如何给债务画定一条合情合理的"红线",因为将债务控制在何种范围之内既能确保行政职能的顺利履行,又不至于妨碍面向未来的长远发展趋势,确实令人大伤脑筋。当时恰逢 2009 年联邦议院大选,"大联合政府"最终被取代。

在 2009 年联邦议院选举中胜出并组阁的"黑黄同盟"(联盟党和自由民主党)中的大多数成员强调应该对新债务说不,即不留余地、彻底将后路封死。但是,沦为在野党的社会民主党建议以当年度 GDP 的 0.75% 作为"禁止线",以确保联邦政府具有通过新增债务来支援重点工程的能力。[1]较之 2006 年联邦制改革,2009 年联邦制改革之所以聚焦财政问题,一方面由于财政议题已处在风口浪尖;一方面,"黑黄同盟"取代了"大联合政府"也是一大诱因。意识形态相对偏右的联盟党+自由民主党更倾向于去除国家主义,转而靠拢弗莱堡经济学派所秉持的"秩序自由主义"原则。随着"大联合政府"的终结,再次下野的社会民主党丧失了政治话语权。一贯矗立在意识形态光谱左翼的社会民主党时常回归左派政党所秉持的"凯恩斯主义",呼吁政府不要放弃在大政方针领域无可替代的"灯塔"地位。时任联邦财政部长的佩尔·施泰因布吕克(Peer Steinbrück)综合各方观点,建议效仿欧盟《马斯特里赫特条约》的有关条款,从 2011 年开始画线为当年GDP 的 0.5%,其中联邦对 0.35% 负责,各州对 0.15% 负责。[2] 这一观点最终被写入了改革议定书,同时设置了过渡期时间表。具体来说,到 2016 年为止,联邦政府的年度结构赤字不得超过当年 GDP 的 0.35%,各州在 2019年财政转型期结束之后,从 2020 年起,不得再形成结构性赤字。[3]

其次,要高度重视政府在应对周期性经济循环中的作用。这是一个饱受争议的老问题,却又是一个悬而未决的新问题,长期以来之所以未能盖棺定

---

[1] 参见 Katrin Auel, "Still No Exit from the Joint Decision Trap: The German Federal Reform(s)", *German Politics*, 2008, 17(4): p.435。

[2] 参见 Katrin Auel, "Still No Exit from the Joint Decision Trap: The German Federal Reform(s)", *German Politics*, 2008, 17(4): p.435。

[3] 参见 Eric Mayer, Nikolai Stähler, "The Debt Brake: Business Cycle and Welfare Consequences of Germany's New Fiscal Policy Rule", *Empirica*, 2013, 40(1): pp.39-74。

论,关键在于政府行为的"两难兼顾"和零和博弈。每当国民经济处于"顺周期"之时,"财政收支报表"中理所当然地体现出收入相对增加、支出相应减少的格局。随后,通过"赤字流量"的逐渐好转,进而冲刷先前积累的"债务存量"。鉴于宏观经济处于上升期,此时理性的政府应逐步推行带有"退出"性质的紧缩型财政政策,防止宏观经济过热以致酿成远期通货膨胀。与之相反的是,每当宏观经济处于"逆周期"之时,"财政收支报表"必然体现出收入相应减少、支出相对增加,从而导致赤字不断攀升,最终带动早先积攒的"债务雪球"越滚越大。由于国民经济处于"下行期",此时对政府来说,最为科学的做法是逐渐推广扩张型财政政策,防止国民经济陷入通货紧缩的被动局面。

然而,行政部门致力于消弭财政赤字、化解债务的理性之举却又在一定程度上限制了政府实施"反周期政策"的有效性。过于僵化的"百分比卡尺"将政府的"双手"牢牢绑住,导致其过于关注"会计报表"中的短期账面数据,最终演变为在经济下行周期中的"顺周期"行为,这有可能彻底扼杀经济复苏,恶化宏观经济的前景。为了全面、客观、准确地评估德国各级政府所面临的财政形势,加强府际关系的沟通和协调,2009年联邦制改革最终决定设立"稳定性委员会",它涵盖了联邦和各州的财政部长、联邦经济事务部长等要人。它将定期全方位地收集德国的动态财经数据,按时召开由政界人士和行政专家一道参加的信息通气会,以便及时分析、研判和评估所获取资料的真实可信度,并拿出具有针对性的对策建议和政策报告。"稳定性委员会"实际上对法定预算的执行、宏观经济的走势、府际财政关系的变迁起到了"预警器"的作用,打造了一个职业官僚同行政专家进行对话和沟通的平台,这有利于及时传递联邦和各州所面临的形势。

再次,当国家面临紧急(Emergency)事态或者危机(Crisis)状况之时,为了防止事态超出联邦力所能及的控制范围,相关的债务管制条款可以暂时被突破。长期以来,外界始终认为制度僵化必将影响德国联邦制在经济全球化时代的适应能力。因此,德国进行联邦制改革的重要目的在于打消上述消极评价,显而易见的是财政制度在面临紧急状况时的"应激性"将直观地诠释联邦制改革的诚意和方向。然而,对《基本法》的解读长期存在内涵和外延的扩大化现象,特别是在改革开始之后,联邦和各州还将陷入"财政纠缠"的困境之中。各级各类政府基于理性人动机,都拥有充当"利维坦怪兽"①的动机,故而确有必要防止司法解释的缺位。对此,司法界主张当务之急是尽快从已有的判例出发,来搜寻和提炼有助于实现概念清晰化的工具性解读,同时将希望寄托在联邦宪法法院身上。

2009年联邦制改革虽然聚焦财政问题,但是突破口的选择却相对谨慎,并未试图一劳永逸地解决受限于联邦制结构的"老大难"问题——财政纠缠。与之相反的是,在盘根错节的结构性、体制性、过程性(功能性)问题中采取"有所为有所不为"的姿态,将最符合各方短期利益的赤字和债务问题作为重中之重。

考虑到某些弱州要如期实现2009年联邦制改革所制定的远期财政巩固目标的难度极大,为避免"穷州"再次"拖后腿"、"拉裤脚",调动它们攻坚克难的信心和勇气,使它们以更加积极、更加主动的姿态投身府际财政关系的改革中来,在默克尔政府的支持下,专门增设了利益补偿机制。按照规定,截至2020年国家财政转型期结束,不来梅、石勒苏益格-荷尔斯泰因、萨尔、萨克森-安哈尔特、柏林(州)将获得总额为72亿欧元的特别救助,以用于上述各州的预算巩固行动。② 但是,前提条件是它们必须确保最迟在2020年实现预算的平衡,并同"稳定性委员会"充分合作。③ 在联邦制改革谈判接近尾声之时,救援款的来源方才尘埃落定,联邦和强州将按照"五五对开"的方式,平等分摊上述72亿欧元,并同意这一专项转移支付(有条件转移支付、有条件拨款)的受援方依法享受税收豁免权,财政部门不得对相关款项采取任何形式的提取行为(例如税收备案、税基采集、成本运算、收益测算)。④

---

① Jonathan Rodden,"Reviving Leviathan:Fiscal Federalism and the Growth of Government",*International Organization*,2003,57(4):pp. 695-729.

② 参见 Dominic Heinz,"Federal Reform Ⅱ in Germany",*Perspectives on Federalism*,2010,2(2):p. 6。

③ 参见 Dominic Heinz,"Federal Reform Ⅱ in Germany",*Perspectives on Federalism*,2010,2(2):p. 6。

④ 参见 Günther Oettinger,"Föderalismuskommission Ⅱ:Ergebnisse und Bilanz",*Zeitschrift für Staats und Europawissenschaft*,2009,7(7):SS. 6-13。

这一政策深刻折射出德国联邦制所一贯遵循的成员自治和互助原则,任何一方都拥有法理意义上的对平行单位进行帮助的义务。

可以预见,在"联邦制现代化第二委员会"内部必将发生一幕幕精彩绝伦的纠纷和冲突。尽管与会各方利益偏好的"最大公约数"可谓千金难求,但是默克尔总理凭借极其精妙的"政治平衡术",最终使得与会各方端坐在谈判桌前,而不至于分崩离析。

2009年2月5日,委员会在秘密会议中终于就主要议题达成了原则性一致。在此后的一周内,宪法修改意见在各个工作小组会议和2月12日举行的委员会会议上相继被通过。2009年3月5日,委员会在两名主席的建议下对此进行表决,改革联邦和各州财政关系的一揽子措施以26票同意、3票反对、2票弃权的结果得以通过。2009年3月11日,联邦内阁同意了上述方案。2009年3月底,它在联邦议院进入了一读程序。2009年5月29日和6月12日,联邦议院和联邦参议院分别以2/3的有效多数通过了《基本法》修正案和《联邦改革法》,联邦制改革的第二步顺利实现。①

2009年联邦制改革除了聚焦财政议题之外,还对公共IT(信息技术)领域的政府间协作、行政工作效率(efficiency)和效益(effectiveness)的基础标杆的选择、高速公路的建造、全国性癌症病患者登记制度等问题作出了微调。它们充其量只是"钱袋子"问题的陪衬而已,实在是微不足道,并未吸引德国政界和学界的注意力。

应该承认,作为联邦制改革的第二步,在2009年依然未能涉足一系列具有关联性的议题,致使它们仍然处于悬而未决的状态。其中最具代表性和显著性的是:各州相对于联邦立法的偏离权、各州的税收自主权、联邦税收的行政管理机制、主干道路网的部分区域化、联邦参议院内构建有效共识的模式、一般意义上的纵向和横向协调机制、宏观经济平衡被打破后的联邦财政援助等。② 对此,有观察家表示只能寄希望于第三步联邦制改革方案了。

---

① 参见童建挺:《德国联邦制的演变:1949—2009》,中央编译出版社2010年版,第257—258页。

② 参见Wolfgang Renzsch, "Federal Reform under the Grand Coalition", *German Politics*, 2010, 19 (3-4):p.388。

第五章　对德国联邦制下府际财政关系模式的分析评价

应该看到,德国之所以形成了适度集中、相对分散型的府际财政关系模式绝非偶然,从理论、历史和现实出发,都不能认为它仅仅是历史不自觉的产物。恰恰相反,联邦制作为制度"总边界",极大地塑造和建构了德国的财政制度及其府际财政关系,后两者属于联邦制在现实政治过程(政府过程)中的逻辑衍生环节。

经过战后(1945—1949 年)的准备和酝酿,最终于 1949 年成立的德意志联邦共和国拥有作为联邦制的一切要件。例如在国土上划分了相应的成员单位及其地域、纵向层次上对权力和责任以及权利和义务的分割、对自治权的尊重、联邦和各州都享有来自宪政层面的保护和约束、在联邦立法过程中有效地容纳各州的利益、通过联邦参议院来代表各州的意志、联邦宪法法院拥有对府际关系的矛盾和纠纷进行仲裁的权力……① 与此同时,作为联邦制"外延"的财政制度及其府际财政关系也呈现出同步变迁之势,甚至可以断言财政制度成为研判德国联邦制实际运转状况的"体温计",这是由于一系列财政改革已经成为法制改革的侧翼。② 基于以上分析,笔者认为应该深入探究二者之间的互动及其因果关系,以预测正在推进中的德国联邦

---

① 参见 Michael Bothe, *Die Kompetenzstruktur des modemen Bundesstaates in rechtvergleichender Sicht*, Berlin：Springer Verlag,1997,S. 7。

② 参见 Carolyn Moore, Wade Jacoby, Arthur B.Gunlicks, "Introduction：German Federalism in Transition?", *German Politics*,2008,17(4)：p. 399。

制改革将对府际财政关系的变迁产生怎样的影响。以此为背景，也能够更加清晰地考察适度集中、相对分散模式在联邦制下的功能。

第一节　德国联邦制与府际财政关系的相互影响

先前已经提到，德国运行着一种完全不同于美国二元联邦主义（分立联邦主义、并行联邦制、国家之间的联邦制、竞争联邦主义）的合作联邦主义（职能型联邦制、国家之内的联邦制、复合联邦制）。这是一种极其复杂的政体结构，它拥有同质性的政治文化，一方面将议会制政府散布于联邦，一方面还赋予了 16 个州（它们的人口从少于 70 万人到多于 1800 万人）。[1]但是与美国大相径庭的是，德国各州之间在政治上不存在由于种族、语言或者宗教的差异而造成的地域性分隔，因此也就顺理成章地不存在实施区域自主的广泛政治意愿。长期以来，人们过于关注权力在各级政府之间的划分，以致低估了德国政治文化的独特功效。它呼吁一致性和同质性，要求建立最广泛的谈判、沟通和协调机制，在连接各级政府的同时，充分运用讨价还价、战略博弈、利益交换等手段来弥补联邦制国家常见的区域性对峙。于是，在这种参与联邦制中，人们必须采取使冲突最小化的策略，这就要求公平地对待所有参与者、竭力维持现状、延缓矛盾和冲突。[2] 但问题是在这一制度下，任何全国性决定都取决于各州的允许，而且后者必须或者接近全体一致方可，然而在所有的行动者内部达成共识是极其困难的，往往导致次优结果的出现。[3] 沙夫强调在"政治纠缠"的环境下，达成共识的困难度将倍

---

① 参见 Fritz W.Scharpf,"Community,Diversity and Autonomy:The Challenges of Reforming German Federalism",*German Politics*,2008,17(4):p. 510。

② 参见童建挺：《德国联邦制的演变：1949—2009》，中央编译出版社 2010 年版，第 146 页。

③ 参见 Fritz W.Scharpf,"The Joint-Decision Trap:Lessons From German Federalism and European Integration",*Public Administration*,1988,66(3):p. 254。

增,涉及的行动者数量将更多,需作出决策的复杂性将更高。① 德国学者哈特穆特·克拉特指出,在联邦和州怎样通过谈判来达成妥协的过程中存在着三种类型的冲突,即衍生于联邦制度本身的利益对峙、水平维度的部门间利益争斗、政党政治的分布格局。② 显而易见的是,财政制度和府际财政关系在整个政府间关系网络中扮演着利益"交集"和矛盾"共生面"的角色,因为任何政治目标的达成都取决于财经资源能否"嫁接"政治制度和政治家的意愿。

一、德国联邦制塑造了适度集中、相对分散的府际财政关系

（一）奠定了府际财政关系的组织基础

德国联邦制在根本上给予了财政制度以合法性和正当性,并为后者奠定了组织基础和体制载体。这可以从以下三点来加以论证。第一,前者为后者事先铺垫了从事体制构建、塑造和调适的行为机理。第二,按照各司其职、各负其责、相互独立、有机协调的原则,建构了联邦→州→地方的府际关系框架,它为财政制度划定了活动的"总边界"。第三,职能型联邦制所蕴含的立法和决策功能的整体上移以及行政和执行功能的整体下挪,这就必然"渗透"入财政体系的形塑和变迁。

联邦财政部是德国顶端的财政事务管理机构,其职责覆盖了"主持国内财经、税收、金融、预算等宏观政策;牵涉欧洲一体化与国际事务的财政事项;联邦政府的资产与经济管理;批准或否决预算计划内的相关收支项目以及在法律法规中涉及了该领域的特定条款;确定联邦预算建议案;对年度性财政收支安排提出专家性意见与建议,并有机协调各级各类政府的财政合作及商榷;其他一切由法律所赋予的特别职能"③。为了充分履行财政职

---

① 参见 F. W. Scharpf, "Politikverflechtung-ein kurzgefasster Leitfaden", J. J. Hesse, *Politikverflechtung im föderalen Staat*, Baden-Baden: Nomos, 1978, S. 27。

② 参见 Hartmut Klatt, *Parlamentarisches System und bundesstaatliche Orrdnung. Konkurrenzföderalismus als Alternative zum kooperativen Bundesstaat*, Aus Politik und Zeitgeschichte, B-31, 1982, SS. 6-7。

③ 财政部财政监督管理考察团:《德国财政管理与财政监督借鉴》,《财政监督》2008 年第 11 期。

能,联邦财长被赋予了广泛的职权,例如对联邦政府有关财政问题决议的否决权,任何不包括在既定预算之内或超出预算规定限额的支出必须征得财长同意,任何法律、条例、协议在涉及减少联邦收入或需要额外支出的情况下须征得财长同意等。① 此外,财政部下设了若干个由财政部长垂直领导的高级管理局,它们归口于具体的业务部门,除了分管财经事务外,还可以提出具有专业性视角的意见、建议和对策。鉴于归属欧盟财政的"上解税收"在法律上由联邦政府行使征管权,因此通过人事下派和"制度内委任"的形式在市镇一级设置了少量独立的财政管理部门,例如海关、关税局及其分支、边检站等。

州级财政部门包括了各州财政部及其下派的诸如高级财政局、市镇财政局等财经主管机构。各州作为联邦制的"中层",也扮演了财政过程的"中层",这等于将政府间权力关系对等,甚至复制在了德国财政体制中。隶属于基层市镇的财政管理部门只有地方税务局而已,②它成为德国财政体系的最底层。较之上两级财政部,市镇税务局的职能明显较为单一,它的精力主要集中于征管本级专享税,其人员编制和行政经费支出也很轻微。德国财政制度的特别之处在于财政部(局)和税务局之间互不统属,在联邦和州并未设置专门的税务局。在此举例说明各州和市镇财政部门的区别:慕尼黑市财政局受制于州财政部和高级财政局的垂直领导;慕尼黑市税务局是地方政府的"标配",作为市镇政府的组成之一,它与慕尼黑市财政局无任何职责和功能的"交集"。

统观德国财政制度的组织载体不难发现,它深为联邦制的意志所左右,打上了联邦制的深刻烙印。首先,财政部门的设置方式深刻地诠释了独立性,无论是联邦派驻市镇的分支部门,还是由各州下派的高级财政局、市镇财政局,都禁止与地方税务局发生任何形式的职责僭越和功能复制,彼此之间的"权责壁垒"生动地演绎了联邦制的纵向分权原则。其次,联邦→州→

① 参见德国财政预算政策研究课题组:《德国财政预算政策研究》,《中国财政》2012 年第 10 期。
② 参见何成军:《德国小城市(镇)财政管理体系》,《中国财政》1997 年第 5 期。

市镇财政管理机构的分工大体上贯彻了立法和决策事务的上收,行政和执行功能的"下放"。联邦财政部及其下设的高级管理局囊括了财政领域几乎所有的议题构建能力,在"抓大"思路的指导下,将绝大多数分税制和财政转移支付的行政和执行功能的履行划归各州财政部及其下属的高级财政局、市镇财政局和地方税务局。这一点鲜明地体现在税收征管权的分配上。联邦财政部门只负责提取自身的专享税和上缴欧盟的有关税收;州财政机构除了自身的专享税外,更关键的是掌握了共享税的征管工作,这无疑等于充分肯定了各州作为"财政中枢"的地位;市镇税务局只负责征管地方专享税。最后,按照分立原则建构起来的财政管理体制不可避免地在现实的财经工作中为"政治纠缠"现象预设了前提。

(二)框定了府际财政的权力关系

作为实行双向权力制衡的联邦制国家,德国遵照三权分立原则,将立法权、司法权、行政权加以配置,并构建起全国性的权力和责任体系,以确保社会与市场、公平与效率等价值观的内在均衡。作为政治制度核心的财政制度及其府际财政关系必将"克隆"三权分立的原则,进而搭建起财政立法权、财政司法权、财政行政权的三维权力结构,为德国政府间财政关系预设了相同的价值前提,即公平、效率与和谐。

首先就财政立法权来说,充当顶层设计的是《基本法》第十章——"财政篇"的第 104a 条至第 115 条,上述条款涉及税收征管、财力转移和补贴救助款项、公共支出、债务管理、日常财务行政流程、公有资产处理原则和方式等内容。以此出发,在不违背《基本法》的最高法律效力和精神准则的前提下,逐渐形成了《德国基本法》、《经济稳定和增长促进法》、《财政管理法》、《联邦和州预算原则法》、《联邦预算法典》、《联邦预算均衡法》、《联邦财政监督法》、《税收调整法》、《税收通则》、《个人所得税法》、《企业所得税法》、《营业税法》、《增值税法》等财税法律。① 联邦政府成为事实上的"法制源

---

① 参见许闲:《德国权力制衡模式下的政府间财政关系》,《经济社会体制比较》2011 年第 5 期。

头", 凭借其专有立法权、原则性/框架性/总体性立法权、竞争/竞合立法权几乎垄断了大多数财税法律法规, 形成了对各州和市镇财政立法权的"排斥效应", 适应了立法和决策权"上收"的复合联邦制发展方向, 在根本上厘清了各州和地方政府依法行政过程中的"利己图谋", 减轻了"竞争冲动"所诱发的府际矛盾和冲突。财政立法权的上收最大程度地削弱了各州和市镇议会的"回旋余地", "去议会化"在广度和深度上的双重拓展源于"政治纠缠"对"财政联盟"的影响, 也对"行政联邦制"的既成事实产生了推动力。

就立法权来说存在一个值得关注的现象, "交叉异构"和下管一级, 这是德国财政联邦主义的独特之处。从表 5-1 中可以看出, 就专享税来说, 拥有征管权和归属权的一级政府必须将该领域的立法权让渡给上一级政府(处于顶层的联邦政府例外), 例如州专享税由联邦立法、地方专享税由州立法。就共享税来说, 形成了归属权在三级政府, 征管权归各州, 立法权归联邦的"三权分立", 这是深思熟虑后的决策。第一, 满足了各级政府在分权之后进行合作的愿望, 防止类似竞争联邦主义所导致的横纵向均衡(对称)关系被打破的现象产生, 并有效贯穿纵向府际关系流程。这对于打造在完善法治环境之下的人员配置由下而上, 财政收入配置由上而下的政府间关系, 意义重大。[①] 第二, 在确保地方自治的基础上, 保证各州扮演"委托人"和"监护人"的角色, 现实中的"州内二次委任"和"立法截留"使得市镇能够更加积极和有效地承担共有责任和分包事务。第三, 法律的整体性和差异性被有效地兼容, 联邦立法的优势贯彻于府际财政过程的全程。鉴于市镇税收立法权被纳入各州的视野之内, 从而拉近了市镇同顶层决策圈之间的"政治距离", 有利于减少"选择性失明"。同时又体现了基于局部差异之上的"立法照顾"和"决策妥协", 这显然是维持联邦制正常运转的不可或缺的权宜之计。

---

① 参见张永生:《中央与地方的政府间关系:一个理论框架及其应用》,《经济社会体制比较》2009 年第 2 期。

表 5-1 德国税收的权力划分情况

序号	税种	立法权	归属权	征管权
1	所得税 1	联邦	联邦/州	州
2	工资税	联邦	联邦/州/市镇	州
3	进口增值税	联邦	联邦/州	联邦（海关）
4	所得税 2	联邦	联邦/州	州
5	公司利润税	联邦	联邦/州	州
6	利息税	联邦	联邦/州/市镇	州
7	增值税	联邦	联邦/州/市镇	州
8	烈酒税	联邦	联邦	联邦（海关）
9	汽酒税	联邦	联邦	联邦（海关）
10	矿物油税	联邦	联邦	联邦（海关）
11	咖啡税	联邦	联邦	联邦（海关）
12	核能税	联邦	联邦	联邦（海关）
13	机动车辆税	联邦	联邦	联邦
14	航空税	联邦	联邦	联邦（海关）
15	中度酒税	联邦	联邦	联邦（海关）
16	团结税附加	联邦	联邦	州
17	电税	联邦	联邦	联邦（海关）
18	烟草税	联邦	联邦	联邦（海关）
19	保险税	联邦	联邦	联邦
20	中间产品税	联邦	联邦	联邦
21	啤酒税	联邦	州	联邦（海关）
22	遗产与赠与税	联邦	州	州
23	消防税	州	州	联邦
24	土地交易税	联邦	州	州
25	博彩税	联邦	州	州
26	赌场税	联邦/州	州	州
27	酒精饮料税	联邦	市镇	市镇
28	营业税	联邦	市镇（对联邦与州有上交）	州/市镇
29	土地税	联邦	市镇	州/市镇
30	狗税	州	市镇	市镇

续表

序号	税种	立法权	归属权	征管权
31	渔猎税	州	地区/市镇	地区/市镇
32	契税	州	地区/市镇	地区/市镇
33	娱乐税	州	市镇	市镇
34	第二住宅税	州	市镇	市镇
35	农业上缴	欧盟/联邦	欧盟	联邦(海关)
36	出口上缴	欧盟/联邦	欧盟	联邦(海关)
37	牛奶配额上缴	欧盟/联邦	欧盟	联邦(海关)
38	关税	欧盟/联邦	欧盟	联邦(海关)
39	糖及其制品上缴	欧盟/联邦	欧盟	联邦(海关)
40	教会税	州	教会	州/教会

资料来源：Federal Ministry of Finance, *An ABC of Taxes*.

其次就司法权来说，鉴于财政事务在德国政府日常活动中的地位举足轻重，有必要借助司法手段来对财政活动中的自由裁量权予以遏制。与此同时，财政牵涉各级各类政府的核心利益，容易引发府际关系的矛盾和冲突。为了确保立法目标和执法手段不被异化，打造公平、公正、透明的政治环境，德国设置了极其庞杂的司法监督机制。就联邦政府来说，除了至高无上的联邦宪法法院外，还应设立联邦正义法院、联邦行政法院、联邦财政法院、联邦劳动法院和联邦社会法院，[①]以分别行使相应事权领域的审判权和仲裁权。1950 年 6 月 29 日，德国联邦议院通过法律，决定在慕尼黑（原帝国财税院所在地）建立联邦财政法院，[②]以充当德国最高等级的专业性财税司法诉讼和审判机关。此外，在 16 个州也设置了州财税法院系统，它们同联邦财政法院一道构成了德国财政的司法行使主体，法官享有充分的人格独立和权力保障，并严守政治中立。然而，市镇政府并未设置类似的司法监督机构，这主要基于以下考虑：其一，延缓财税案件的立案、调查和审判流程，强化司法绩效。其二，三审制可能威胁德国财政司法的统一性和完整

① 参见张千帆：《法国与德国宪政》，法律出版社 2011 年版，第 165 页。
② 参见邵建东：《德国司法制度》，厦门大学出版社 2010 年版，第 481 页。

性。其三,缓解法官人员不足的尴尬处境,减少法院系统的人力资本压力。其四,参考欧盟成员国的经验不难发现,两审制的财政司法结构较为普遍。①

衍生自德国司法制度的财政司法监督机制成为适度集中、相对分散模式的映射。按照权力分配的"辅助性"原则,应最大程度地尊重各州的话语权,在不触犯联邦政府的专有立法权、原则性/框架性/总体性立法权、竞争/竞合立法权的前提下,州财税法院自负其责。从财政司法的案件数来说,显然各州分担了大量的财税纠纷,这恰好吻合其"行政中轴"的功能。

最后就行政权来说,先前已详细谈到了组织建制和体制基石,在此不再赘述。但是,长期以来的行政权扩张并未被完全封堵住,财税行政管理机构变相承担了"替代立法者"的作用。联邦财政部和各州财政部获得了政界的授权,在财税法律的制定过程中,提供建设性的专家咨询,并对立法机关施加影响。它们甚至能够提前发起政治家和公众从未考虑过的财税立法动议,这一现象已引发体制内人士的深刻忧虑。

(三)明确了府际财政关系的发展形态和政策选择

德国政府间财政关系依托财政制度,而财政框架顺理成章地内嵌于政治框架之中,这又将受到国家结构形式的"羁绊"。从理论上来说,德国联邦制在以下方面为府际财政关系的发展和演变打下了"基桩"。第一,主要的"政治行动者"(例如联邦议院、联邦参议院、联邦宪法法院和五大职能型法院体系、联邦/州/市镇政府、政治精英、多元政党制度、网络状的部门间关系协调机制等)都生存在联邦制的"势力范围"内。第二,毋庸置疑的是,在联邦制下所塑造的政治文化转化为财政制度运转的"精神导引"。社会学家强调,作为嵌入一个民族主观世界,构成其精神气质决定性因素的文化具有继承性、渗透性和顽固性。② 政治学家认为,"政治文化规定了政治行为

---

① 参见 *BT-Drucks*,Ⅳ/3799,S.2。
② 参见王明芳:《权威主义政治文化与德国国家性格的改变》,《欧洲研究》2005年第6期。

的主观世界和心理环境,它由价值观、信仰、情感、态度、立场和意象符号所组成"①。第三,无论时滞效应如何,联邦制在不同发展阶段的任务和功能必将"映射"到府际财政关系上来。

联邦德国为了彻底扫荡纳粹统治所带来的"流毒",在盟国主导下,实施了以改革地方政府、确立联邦制、设立现代政党制度、改革公务员体制②为代表的政治民主改造。1949 年,《基本法》正式颁布,其目的在于巩固"分散化"和"平权化"的权力运行机制,为了提升各州和市镇的"政治活力",压制联邦妄图大权独揽的传统观念,从而引入了"二元联邦制"的某些烙印。虽然,各州尚不至于彻底取代联邦的"财力支柱"地位,但是基于对财力集中的深刻忧虑,因此倾向于各州之间的"自我扶助"。实行分离型税制,开创州际财政平衡体系等举措极大地扩展了各州的"权力潜能"。由分离到共享的起点是 1956 年宪法改革对联邦"参与式共享"各州特定税种的实践,这意味着立宪者的视野绝非止步于 100% 的分离和隔绝。"尽管相关权力的行使很难绕开联邦参议院,但是它已经动摇了分离模式的基础。"③府际财政关系表现得日益多样化,有时仿佛是基于相互依赖的政策伙伴,有时似乎是自上而下的统治和依附关系。④ 对此,德国学者积极评价道:"《基本法》在保留必要修饰的同时,也为未来联邦制的调适预留了广阔的空间。"⑤

从 1949 年《基本法》颁布到 1956 年宪法改革是德国联邦制的初始阶段。从 1956 年到 1969 年宪法大改革期间,成为"单一化"全面发展的关键

① Lucian W. Pye, Sidney Verba, *Political Culture and Political Development*, Princeton University Press, 1965, p. 513.

② 参见张沛:《凤凰涅槃:德国西占区民主化改造研究》,世纪出版集团、上海人民出版社 2007 年版,第 150—197 页。

③ Wolfgang Renzsch, *Finanzverfassung und Finanzausgleich: Die Auseinandersetzungen um ihre politische Gestaltung in der Bundesrepublik Deutschland zwischen Währungsreform und deutscher Vereinigung(1948-1990)*, Bonn: Dietz, 1991, S. 75.

④ 参见 Josef Isensee, "Idee und Gestalt des Föderalismus im Grundgesetz", Josef Isensee, Paul Hirchhof, *Handbuch des Staatsrechts der Bundesrepublik Deutschland*, Frankfurt a.M., 1990, SS. 83—85。

⑤ Karl-Heinrich Hansmeyer, "Die Entwicklung von Finanzverfassung und Finanzausgleich in der Bundesrepublik Deutschland bis zum Jahre 1990 aus finanzwissenschaftlicher", Huhn/Witt, *Föderalismus in Deutschland. Traditionen und gegenwärtige Probleme*, Baden-Baden, 1992, S. 175.

阶段。这一概念出自德国著名宪法学家康拉德·黑塞,他在1962年创造性地运用"单一化"来指代当时的德国府际关系。它泛指法律、规章、政策在联邦范围内整齐划一的趋势,权力向联邦转移是其伴生现象。[①] 就本源来说,"单一化"并不同合作联邦主义产生冲突,它们都致力于创造和保障德意志联邦共和国国土内生活水平的一致性,并均衡不同地域经济实力和社会发展的目标。"单一化"的逻辑可以表述为:追求生活质量的趋同→立法和决策功能向联邦转移→各州和市镇逐渐丧失宏观战略能力,导致"去议会化"→各州通过联邦参议院对联邦的决策能力施加影响→抑制了联邦的宏观调控能力,造成"立法纠缠"。

这一时期对德国财政制度产生了深远影响,具体表现在下列方面。

一是从表面来看,"财政联盟"关系的紧张源自共享税的运行不尽理想,但是背后的逻辑却令人匪夷所思。日益强烈的"单一化"导致为兑现"同质化生活标准"的资源强度不断加大,进而联邦向下转移的财力急剧攀升,这又在无形中激发了联邦汲取更高比例财源的愿望,最终不得不调高自身在个人所得税和公司利润税中的分享比例。这一举动无疑被各州所抵制,它们借助联邦参议院频繁发难,从而在府际财政关系中大大强化了"单一化"的程度。各州认为共享税陷入了难以自圆其说的"逻辑悖论"。联邦谋求扩大共享税分成份额以筹措支援各州和市镇的财税收入,这种"羊毛出在羊身上"的行事方式导致各州被迫"剜肉补疮",通过让渡共享税来换取联邦的纵向结构基金、联邦补充拨款和追加赠款。随机性的资源分配方式致使各级政府置身于讨价还价之中,它亟须向"制度化"的机制过渡,这也成为1969年宪政改革的动力之一。

二是市镇的问题在这一阶段开始露出苗头,与生俱来的地域差距随着"经济奇迹"的来临而愈加呈现出"非均衡发展"的状况,这产生了四方面效果。第一,它严重威胁了以合作和相互忠诚为导向的德国联邦制的稳定,市镇治理能力的参差不齐助长了政策过程的分歧,也有悖于均衡型、对称型府

---

① 参见童建挺:《德国联邦制的演变:1949—2009》,中央编译出版社2010年版,第90页。

际关系的实现,更是对长期以来政治家忽视市镇政府的有力回击。第二,日渐觉醒并希望有所作为的地方政府通过制度化和结构化的合法程序来参与大政方针的谈判和磋商,逆向强化了"政治缠绕"的适用场域,生动地表明联邦制是一个渐进过程。[①] 第三,丰富了在"生活条件趋同"下的实践,联邦、州和市镇之间围绕对市镇的赠款(拨款)体系展开了拉锯战,这意味着传统的"联邦两层论"向"全方位行动者"迈出了一大步。第四,趁此契机将市镇财政纳入"共享税联盟",这一决定极大得益于当时联邦和各州都被联盟党和社民党的"黑红纽带"所垄断。

从 1969 年宪政大改革到 1990 年两德统一,这是德国联邦制发展的第二个重要阶段。在此期间,合作联邦制和"政治纠缠"得以成型并全面固化。较之 1949—1969 年期间长期执政的联盟党(含 1966—1969 年期间由大联合政府执政阶段[②]),这一阶段的显著变化是联邦权力的轮换。以 1982 年为节点,分别形成了社会民主党+自由民主党(红黄同盟)和联盟党+自由民主党(黑黄同盟)的政党组合,"左派"和"右翼"的意识形态光谱深度地影响了相应阶段的财政文化。关键在于联邦和各州的政党组合怎样妨碍了内阁和联邦议院的"立法势能"。政党凭借自身的组织资源丰富了"政治纠缠"的形态,并冲击了各州和市镇领导人的思维方式和行为逻辑。

在 1969—1982 年期间,随着社会民主党的掌权,扩张型和供给型的政策导致联邦支出的权重系数不断递增,"凯恩斯主义"冲动暂时压制了"秩序自由主义"。由于府际关系网日益密织,"财税大同盟"最终走上了制度性和灵活性、稳定性和调适性并存的良性循环,共享原则最终为构建"财政纠缠"奠定了理论基础。在"合作联邦制"下,各级政府围绕地方赠款机制的冲突昭告世人,市镇政府的能量仍未"归位",还具备上升通道。地方行政区划的调整使得乱象丛生的基层治理活动逐步有章可循,向四种类型的

---

① 参见 Arthur Benz, "Der deutsche Föderalismus", Thomas Ellwein, Everhard Holtmann, *50 Jahre Bundesrepublik Deutschland*, Opladen: Wiesbaden, 1999, S. 141。

② 参见 Wolfgang Renzsch, "Federal Reform under the Grand Coalition", *German Politics*, 2010, 19 (3-4): p. 382。

"地方宪法模式"演进。①

在 1982—1990 年期间,随着联盟党的"回归",压缩赤字和国债规模的自由主义改革成为科尔政府的共识,紧缩型和需求型的政策导向实现了联邦制定位的转换。由于复合联邦制占据了垄断地位,以共同任务、委任事项为纽带的"出资共同体"事实上为适度集中、相对分散模式的最终成型铺下了基石。立法权和决策权的进一步上移,行政权和执行权的持续"下放"导致联邦占据了财力优势,与此同时,各州的财权也在逐渐扩张,二者并行不悖。

二、适度集中、相对分散模式对德国联邦制产生的影响

(一)适应了联邦制"共同决策"的内在逻辑

"共同决策"是德国联邦制的核心特征,在该机制的作用下,"无论联邦还是各州都不可能在未征得对方同意的情况下擅自行动"②。长期的"共同决策"使德国联邦制呈现出迥异于美国竞争联邦主义的格局。实际上,任何层级的政府都丧失了自主从事立法和决策的能力,取而代之以相互合作、权能交织为特色的合作联邦制。政治纠缠、权力缠绕、职能交叉的"政治图景"之所以能够存在,固然得益于《基本法》所作出的制度设计,然而从"政府过程"的视角出发,无疑需要谨慎地思考"钱袋子"能否适应"政治纠缠"的发展轨迹。

德国适度集中、相对分散的府际财政关系模式适应了"合作联邦制"的发展轨迹。

首先,就设计理念来说,德国府际财政关系经历了分离(1949 年)→初步共享(1956 年)→全面共享(1969 年)三大节点。1969 年财政大改革引入的"协作联邦主义"对德国联邦制造成了显著影响,加剧了自 20 世纪 60 年

---

① 参见 Lorenz Blume, Thomas Döring, Stefan Voigt, "Fiscal Effects of Reforming Local Constitutions: Recent German Experiences", *Urban Studies*, 2011, 48(10): p. 2124。

② Dominic Heinz, "Varieties of Joint Decision Making: The Second Federal Reform", *German Politics*, 2012, 21(1): p. 129.

代早期以来康拉德·黑塞（Konrad Hesse）称之为"单一联邦制"的发展。①
从根本理念来说，建国之初基于对普鲁士邦一头独大的痛苦记忆，因此选择
了分离原则，这无疑将德国引上了"竞争联邦主义"的道路，而这被德国的
政治文化所排斥。分离意味着竞争，共享预示着合作。

　　其次，就吸纳的"制度内玩家"来说，通过适度集中、相对分散的财政关
系最终实现了自上而下、由内到外的渐进式扩张历程。合作联邦制和"政
治纠缠"最终能否形成，关键在于"多头玩家"是否切实感受到为了实现自
身利益，唯有融入这套机制。德国财政制度及其府际财政关系的演进史同
上述逻辑不谋而合。在建国初期（1949—1956年），"单一化"路径受到了限
制，制宪者聚焦于怎样理顺联邦和各州之间的权力、财政和公共关系，防止
联邦制重演在德意志第二帝国、魏玛共和国和第三帝国时期的"隐退"。联
邦制的逻辑导致联邦和各州之间的财政关系成为重心，一方面，尊重前者的
财力优势；另一方面，赋予后者较大的自主权。但是，市镇的混乱和无序状
态并未得到纠正，致使这一时段的财政关系异化为支持"二元联邦制"的附
庸而已。此后（1956—1969年），由于联邦和各州之间的"财政纠缠"日益常
态化，市镇的多样性发展日益同整齐划一的生活水平相冲突，从而将市镇的
财政问题摊到了桌面。从此，联邦与各州之间展开了争夺地方主导权的
"赠款博弈"。"单一化"造成德国建设社会（福利）国家、民主国家、法治国
家、联邦国家的压力陡然加大，众多基层事务逐渐成为影响全局的整体任
务。② 跨域性带来了治理的艰难、协调的复杂和成本的高昂，这提升了市镇
在财政关系中的重要性。到了1969年宪法大改革时，围绕共享税和针对市
镇的赠款制度展开了激烈较量，这意味着"财政纠缠"的正式成型。此后，
德国的府际财政关系成了各级政府消化矛盾和冲突的复合体。在1969—
1982年期间，利益同盟（共享税趋于稳定，但是市镇之间的体量参差不齐）
为深化改革创造了条件，处于"凯恩斯主义陷阱"之中的联邦财政部门再次

① 参见 Konrad Hesse, *Der unitarische Bundesstaat*, Karlsruhe：C.F.Müller, 1962, SS. 45-56。

② 参见 Konrad Hesse, "Aspekte des kooperativen Föderalismus in der Bundesrepublik", Theodor Rit-
tersprach, Willi Geiger, *Festschrift für Gebhard Müller zum 70.Geburtstag*, Tübingen, 1970, S. 141。

与各州展开较量,导致"赠款冲突"成为当时合作联邦制发展的"风向标"。处于财政重压之下的市镇被迫实施了区划改革,使"利益共同体"最终奠定。经过合并或者联合的地方辖区,"数不胜数的介于联邦、州和地方之间以及市镇之间的协会、委员会和混合财政"①为"政治纠缠"的深入发展创造了良好氛围。此后直到两德统一,"财税联盟"适应了复合联邦制的发展要求,制度化的"财政纠缠"巩固了各级政府致力于"均衡生活质量、统合发展方向"的总目标。无论联邦、州还是市镇政府,在此期间都融入了"适度集中、相对分散"模式。

再次,以府际财政关系作为"窗口",比较成功地化解了潜藏在联邦制内部的利益"炸点",总体上继承了"大事化小"、"小事化了"的"软着陆"思维。德国财政学家具有巧妙的"化危为机"能力,体现了严谨思辨的德国哲学色彩。第一,在任何阶段都擅长抓住主要矛盾和矛盾的主要方面,解决问题有"抓手"。例如:在 1949—1956 年期间,重心是创设兼顾联邦优势和各州独立地位的"分离"模式;在 1956—1969 年期间,重心是建设行之有效的共享税机制;在 1969—1982 年期间,重心是破除针对市镇的拨款体制,并实现地方行政区划的现代化;在 1982—1990 年期间,重心是回归"秩序自由主义",并使"适度集中、相对分散"模式最终定型。第二,在不同历史时期也擅长预瞄新的隐患,并提前打好"预防针"。例如:在 1949—1956 年期间,紧盯如何实现从分离到共享的跨越;在 1956—1969 年期间,紧盯市镇之间财力差距的拉大以及赠款机制;在 1969—1982 年期间,紧盯"凯恩斯主义"财政政策的消极后果;在 1982—1990 年期间,紧盯德国统一问题。第三,遵循发现问题→初步探索→纷争扰攘→制度创新→平稳过渡的方针,德国财政制度依次解决了上一阶段所遗留的核心问题,并为下一阶段预设了伏笔,这就在无形中极大地消解了因"认知盲点"所导致的政治代价、隐含成本、系统危机和风险,降低了用于获取并解码信息、协调组织间各部分关系的交易成本。

---

① Fritz Scharpf, Bernd Reissert, Fritz Schabel, *Politikverflechtung: Theorie und Empirie des kooperativen Föderalismus in der Bundesrepublik*, Kronberg/Taunus: Scriptor Verlag, 1976, S. 36.

（二）保障了联邦政府的决策主导能力

德国联邦制依靠职能，而非政策领域所作出的"功能分区"需要克服两方面障碍。一是公众意愿并非是单一化的，它较之联邦制本身显得更加复杂。[①] 二是与生俱来的多样性问题需要被克服。[②] 有学者认为，德国联邦制经历了从"彻底分立"到"合作纠缠"的制度变迁，然而更多学者主张《基本法》从颁布之日起就酝酿着"单一化冲动"。功能性分权、联邦参议院各州意志的广泛交织、联邦和各州之间的沟通渠道、保证生活水平均等化的法律承诺、现代化进程中生活空间的同质化，这些都预示着联邦扩充立法和决策权已是大势所趋。此外，德国独特的"政治情势"也提升了联邦能力的重要性。

联邦政府除专享税外，占据了共享税的一半以上，从而确保了相对各州的资源优势，并设置了名目繁多的纵向转移支付机制以及纵向结构基金、联邦补充拨款、追加赠款，这就极大地强化了联邦实施宏观调控的资源力度。联邦政府抓住了战后重建、"经济奇迹"时代、历次石油危机/经济衰退的有利时机，通过高等级公路、高速磁悬浮铁路、联邦航路水运、航空机场、邮政能源电讯等基础设施建设的资金帮扶，从而为实现均质化提供保障，并迫使各州和市镇不得不"纵向标齐"。区域规划在执行过程中，一道将法律监督（合法性监督）与职能监督（合目的性监督）给予了"出资人"，根据一般性转移支付（无条件转移支付、无条件拨款）和专项转移支付（有条件转移支付、有条件拨款）的不同组合，产生了上下级之间的"委托—代理关系"。凭借财政这只"看得见的手"，联邦在核心规划上的动议权绝非停留于纸面。除非获得了联邦授权，否则各州的财税调度能力十分有限，这取决于德国的

[①]　参见 Charlie Jeffery，"Groundhog Day：The Non-Reform of German Federalism，Again"，*German Politics*，2008，17（4）：p. 589。

[②]　参见 Roland Sturm，"Der Föderalismus im Wandel. Kontinuitätslinien und Reformbedarf"，E. Jesse，K. Löw，*50 Jahre Bundesrepublik Deutschland*，Berlin：Duncker und Humblot，1999，S. 85。

占优理论比美国更加宽泛。① 更重要的是,联邦凭借优势的财税资源,创造出了共同任务、委任事项等新型事权。上述行政机制允许联邦对执行过程进行监督,甚至能够设置分支机构、委任行政官员。②

联邦的决策主导权不仅体现在日常的行政事务之中,更重要的是在面对突发情势之时,以"钱袋子"为代表的核心手段将极大地增强全局应变能力,在化解危机的同时,也使得"权力天平"进一步偏向联邦。在德国统一和欧洲一体化进程中,联邦创造出多种政策工具以适应立法权和决策权的上移,致使"趋同文化"下的宏观政策越来越不利于开展政策试点。

联邦集中财源为相互依存的府际关系模式提供了坚实保证。客观来说,联邦在政策领域需要下级政府充当"靠山",然而后者在资源提取和调度方面有苦衷,这就形成了一种皆大欢喜的"妥协"局面。财政资源的优势依托良好的经济形势、税收分配的强势地位、立法和决策天平的倾斜,最终用"金色的缰绳"紧锁受援方的命脉,使后者逐渐丧失了博弈能力,形成了一定程度的路径依赖。因为受援者不可能抗拒财大气粗的"出资人"。联邦显赫的财力作为一种有效的"政治工具",弥补了政府间权力关系机制难以有效回应环境变化的弊端。具有高度灵活性和适应性的财政援助项目能够敏锐地捕捉府际关系的"着力点",从而超越静态的、规范性的、理想化的权力关系模式,开创出动态再平衡格局。事实上自第二次世界大战以来,大多数西方发达国家都是从财政领域来打开府际关系的"突破口"的。

(三)眷顾了各州作为"行政中轴"的需要

联邦制得以稳定的基石是具备法定分权思维和自我利益感知的各州能否将自身捆绑在联邦制的框架内。自下而上的权力传递决定了各州的话语权必须受到正视,否则将威胁到联邦制的根本。与之相匹配的财政制度正

---

① 参见张千帆:《国家主权与地方自治——中央与地方关系的法治化》,中国民主法制出版社2012年版,第174页。

② 参见 Fritz Ossenbühl, *Föderalismus nach 40 Jahren Grundgesetz*, Deutsches Verwaltungsblatt, Jg. 104,1989,S. 1232。

是客观地评价"利益保障机制"是否建立起来的一面镜子,资金流向和使用重点预示着各州是否得到了切实尊重。

实际上,俾斯麦时期的"邦国政治"就为德意志第二帝国框定了纵向分权的大前提——联邦制,但是由于对各邦财政保护不力,直接导致了制度"沦陷"。在《基本法》的基础上,联邦德国所实施的纵向转移支付对各州具有"引路"的功能。但是需要注意两项前提,即范围的有限性和存续的时效性。

德国给予各州专享税、共享税提成、纵向和横向相结合的财政转移支付,与此同时,各州还能够征管共享税,并对市镇专享税立法。这突出考虑了以下四点:第一,各州需要履行繁重的对上/对平行/对下的职能,是名副其实的事权"轴心"。第二,长期以来,水平财力转移压制了纵向财政平衡,突出了各州的政策学习和政策参照能力。第三,统筹顶层设计和基层利益之间的"拉链口",以缩短在制度内进行沟通和反馈的时间。第四,基于实践"政治纠缠"和"单一化"的需要,"多中心回路"逐渐向"一体化战略"靠拢,这对各州的政治再平衡能力提出了较高要求。

但是,"行政联邦制"与生俱来的官僚化倾向足以损害行政效率,也有悖于现代化改革的需要,财政资源的先天不均衡和再分配过程的强制性也导致"结盟联动"频频上演。围绕财源的博弈清晰地勾勒出了"正方"和"反方"。例如,"梅克伦堡-西波美拉尼亚州和石勒苏益格-荷尔施泰因州在联邦参议院拒绝对改革投赞成票,因为对公共服务报酬的责任安排将造成各州之间的薪水战"①。

在德国行政现代化改革中,涉及各州财政的问题往往牵一发而动全身。现代国家的职能日益呈现出微观化、专业化、综合化之势,在德国联邦制下,各州的应变能力得到了前所未有的提升,这就在无形中加大了"行政国家"内部的成本压力,致使财力水平存在差异的区域之间的"执行力"反而被拉

---

① Katrin Auel,"Still No Exit from the Joint Decision Trap:The German Federal Reform(s)",*German Politics*,2008,17(4):p.428.

大。然而,这又与德国联邦制的合作共赢目标相抵触,增大了同级政府的均衡压力。这意味着引入"产权竞争"有可能背离了行政能力再均等化的目标;与之相反,就必须加大横向资源的再分配力度,但这又不符合行政现代化改革的思路。

（四）有助于市镇改革和机制创新

在德国联邦制下,市镇政府具有"双重身份"。专享税是对地方自治原则的确认,共享税和财政转移支付是对其作为"政治末梢"和"行政终端"的承认。就市镇政府来说,财政支出大约为总支出的20%,岁入的13%。[1] 在总体调控的经济秩序下,这一"收支窗口"为规制和引导地方政府的行为留下了余地,这导致市镇财政具有很强的可塑性。为防止地方无节制增长的"盈利冲动",实现德国相对单一的行政手段保留了最重要的伏笔。

市镇财政的来源极为复杂,涵盖了税收、服务收费、财力转移支付和赠款、资产变卖、金融借贷等多种渠道。它既符合因地制宜的原则,也适应市镇从事行政创新的需要。在议会制民主共和制下,德国地方政府的行为逻辑存在以下特征:第一,更倾向于对议会进行反馈和回应,政治领导人的视野被禁锢在地方选举层面,缺乏全局互动的理念。第二,被"立法合法性"所捆绑的一元化思维较强,有可能造成纵向链条的"空转"。第三,投身行政改革及其现代化的激励机制不足。第四,由于面向公民的开放度不足,易于滋生"民主赤字"。第五,领导人的权力受到立法权的强有力约束,形成"一元合法性"。

德国以相对分散的财政体制为突破口,在不触动全局利益和制度嬗变的前提下,通过多样化的市镇这块"实验田"进行了大量财税改革试点。之所以选择市镇作为公共管理改革的"窗口"绝非偶然,由于传统公共行政受到了新公共行政、新公共管理运动的冲击和挑战,最直观的压力莫过于宏观

---

[1] 参见邵学峰等:《日德财政分权体制对地方经济发展的影响》,《现代日本经济》2008年第5期。

经济形势的不景气和财政资源的紧张。"新的掌舵模式"(New Steering Model)坦言,其最初的1.0版本涵盖了详细的产品描述、建立在特定产品和预算基础上的内部管理合同、对结果和资源的分散化责任进行整合、基于产品的灵活预算、以商业化核算作为基础的成本预算、对结果和相关成本的评估;改进后的2.0版本包括质量管理工具试验、人力资源管理概念和工具的试验、加强市场力量和竞争试验、赋予公民更多的参与权、推广电子政府等。[①] 毫无疑问,财政事务是焦点所在,如何提升该领域的活力和透明度是检验改革成败的"试金石"。

例如"参与式预算"的兴起就是明证。以往由政府、议会、政党和行政专家所组成的"圆桌式预算"难以适应统一后德国的直接民主异军突起的要求。为了打破传统模式下忽视民众看法和态度的"暗箱操作",充分依托多元化的现代交互工具(例如互联网、电话、传真、调查问卷、深度访谈等),以期全面地了解广大公民对公共服务资金使用的评价,这对于深化预算改革、强化公民社会建构、提升政务信息沟通水平都具有重要意义。更重要的是,在德国联邦制下,它有利于市镇及时反馈来自基层的"公民创造"和政治革新,为有效履行多样化的任务护航。此外,在巴登-符腾堡州和下萨克森州实施了新的预算、财政和报告制度(NKH und NKR),在北莱茵-威斯特法伦州实施了新的财政管理(NKF),在黑森州实施了新的预算和报告制度(NKRS)。[②]

第二节　对德国府际财政关系模式的评价

经过60多年的运作,特别是在经历了1956年和1969年两次宪法改

---

① 参见邵继红:《德国地方政府公共管理改革新方向——"新的掌舵模式"》,《经济社会体制比较》2005年第6期。

② 参见张红梅:《公共管理变化过程分析:德国地方政府财政改革案例研究》,《中央民族大学学报(哲学社会科学版)》2008年第4期。

革、以 1982 年为节点的执政党轮替、两德统一、欧洲一体化等重大历史事件的洗礼,时至今日,德国已经形成了结构复杂、运转协调的政府间财政关系模式。作为经典的联邦制国家,德国所实行的适度集中、相对分散型财政制度兼顾了纵向和横向相衔接的"多头玩家"的利益诉求,在达成妥协和均衡的基础上,充分调动各级政府的积极性,并与联邦制的变迁形成同步效应,成为窥探德国府际关系的"法门"。

然而从政治学的视角出发,任何制度的合法性都将随着时光的流逝而逐渐弱化,呈现出边际收益递减之势,甚至从正收益滑向负收益,最终妨碍社会的进步和发展。因此,需要站在大纵深、立体化、宽口径的历史维度,才能更加理性地对其加以评价。

一、对德国府际财政关系模式优势的评价

(一)为府际财政关系中多元角色的权力和责任构筑了可靠基础

政府间财政关系之所以敏感,主要基于以下三点:1.府际关系网中的所有"行为人"都难以置身事外,它成为利益的交汇点和矛盾的引爆点。2.需要分配的资源极其庞大,且来源复杂,进行精准的数据测算的确费时费力。3.受到的外部干扰因素较多,实现动态再平衡的压力较大。为了减少组织间交易成本,削弱制度内的摩擦和动荡,毫无疑问需要强有力的法律网络。

德国财政法律网纵横交织,严谨缜密,可谓现代法治国家的"楷模"。总体来说,它具有下列特征:第一,立法者的优先次序和"差序格局"一目了然。《基本法》第 73 条规定了联邦专属立法权,第 75 条规定了原则性/框架性/总体性立法权,第 74 条将竞争/竞合立法权具体化。① 以之为逻辑起点,一切涉及财经问题的立法事务,由联邦政府专属的,各州和市镇不得僭越;属于框架性立法领域的,必须根据联邦所确定的总原则方能成行;属于共同立法权领域的,下级必须在联邦尚未颁布法律之时才能自主决定,或者

① 参见 Simon Green, Dan Hough, Alister Miskimmon, Graham Timmins, *The Politics of the New Germany*, London: Routledge, 2008, pp. 60-61。

在联邦立法生效后,应重新审定甚至废除先期颁布的法律。上述规则通用于上缴欧盟税、共享税、联邦专享税、州专享税、财政转移支付等领域,而在市镇专享税方面,尊重各州在"二次委托—代理关系"中的主张。第二,法律的等级和层次分明。以《基本法》关于财政事务的条文为核心,遵照税收和财政平衡的具体需要,相继制定了《税收通则》、《涉外税法》、《评估法》、《个人所得税法》、《遗产税法》、《财政法院条例》、《工商业税法》、《房地产购置税法》、《房地产税法》、《企业所得税法》、《团结税法》、《工资税法》、《并购税法》、《增值税法》、《经济稳定与增长促进法》、《财政平衡法》、《财政预算法》。① 最终形成了"核心→外围→边缘"的"同心圆"结构,确保了法制的严肃性和统一性,实现了立法的必要性和可行性,有效地避免了法律的缺位和重叠。第三,法律监督机制十分健全,在组织上实现了有法可依、有法必依、违法必究、执法必严,大致铲除了监管盲区。就内控制度来说,为了加强对税收的监督管控,在财政局内部采取了将定税和收税、检查和执行相脱钩的方式,对支出也设置了相应的约束办法。② 就外部机制来说,最重要的是联邦和各州的财税法院体系,这是德国"行政法治国"思想的再现。财税法院重点监督和核查财政行政权和立法权是否符合《基本法》的规定,在合宪的前提下履行法律监督(合法性监督),这关键取决于客体的财税行为是否存在违宪之处。如果违宪属实的话,应提交联邦宪法法院以作出裁决。此外,必要的职能监督(合目的性监督)也不可或缺,例如财税法院能够对税收部门所开具的纳税通知书、税源核定书、罚款征缴单加以裁决,以判断其是否符合相关法律的规定。如果确实存在违法行为,应依法判处相关行政行为无效。联邦财税法院的办案效率极高,甚至出现过一年内结案数超过立案数的记录。③

---

① 参见熊伟:《政府间财政关系的法律调整》,法律出版社 2010 年版,第 222—225 页。

② 参见财政部财政监督管理考察团:《德国财政管理与财政监督借鉴》,《财政监督》2008 年第 11 期。

③ 参见德国联邦财税法院:www.bundesgerichtshof.de。

（二）有效避免了资源争夺战和讨价还价

财政联邦主义的始祖理查德·阿贝尔·马斯格雷夫（Richard Abel Musgrave）详细阐述了现代财政的三大功能——资源配置、收入分配、经济稳定与增长。从行政的角度出发，资源配置需要发挥地方政府的"信息源"和"接近地"优势，越接近服务对象，就越能发挥效率优势；收入分配的优势在中央政府（联邦政府）一侧，例如社会保障、社会福利和医疗卫生领域具有很强的横向再分配功能。① 宏观调控领域的"筹码"无疑在最高政府手中，否则难以确保基本公共服务的均等化和社会发展水平的同质化。如果假手基层政府的话，可能损害公平正义，又不利于效率。② 实现经济稳定与增长有赖于财政政策和货币政策，市镇显然不具备执行景气政策的能力，其根深蒂固的自利性显然同全局利益相悖，因此只能由最高政府履行。

在德国联邦主义原则下，遵照上述标准科学合理地划分了政府间纵向事权和支出，大致遵循谁受益谁负责、谁接近谁负责、谁有效谁负责的方针，以全国性和区域性公共物品为"临界点"。需要说明的是，现代公共经济学指出某些区域性公共物品在名义上由某一职能部门负责，但是其受益对象存在"搭便车"效应，公共物品的"外部性"导致收支责任主体的不对等，最终妨碍"帕累托最优"的达成。因此，德国政府在跨域性公共物品的供给中采取了地方主导+上级干预的模式，以纠正外部性。③ 这一举措同合作联邦主义所提倡的"共识文化"不谋而合，长期以来，联邦利用地方性公共物品出资人和受益者之间的不对称加以干预。对于跨域性航空运输、内河航运、州际公路、远程铁路、水利工程、公共电视和广播、公共住宅建设及其改造、

① 参见赵聚军：《政府间核心公共服务职责划分的理论与实践——OECD 国家的经验和借鉴意义》，《中央财经大学学报》2008 年第 11 期。
② 参见［美］理查德·A.马斯格雷夫：《比较财政分析》，董勤发译，上海人民出版社、上海三联书店 1996 年版，第 58 页。
③ 参见 Jeffrey S.Zax, "Is There a Leviathan in Your Neighborhood?", The American Economic Review, 1989, 79(3): pp. 560-567。

防治污染和处理放射性物质、水/电/煤/气等能源工程、工业工程及其改造、海岸和边境整治工程、教育/科学/研发项目、对新兴和弱势产业的扶助、对中小企业的帮扶……众多项目体现了整齐划一的市镇发展思路。然而，《基本法》难以容忍出资责任的"虚拟化"，任何涉及出资义务的条款应该清晰明了。例如，"涉及法定强制性义务的由事权人负责，共同任务由双方均摊，委任事项由委托方100%出资，涉及发展全局的战略性开支由联邦承担60%，用于海港州、海港城市等沿海地带的海岸防护工程和护波堤由联邦承担70%，市镇交通基础设施由联邦资助60%，公益住宅和热能动力工程由联邦负责50%，城市规划由联邦补贴1/3"[1]。

出资责任的公式化有利于明确各方责任，优化财经部门的效率，减少各方的讨价还价。更重要的是，它有利于增进府际关系的可靠性，制造一种稳定性文化，保障了受援对象的权益，缓解了府际关系发生无规则嬗变的可能。

（三）夯实了政府间关系的"基石"

在立宪之初，德国政治家就主张缔造一种合作和共治、信任和理解的政治文化，只有这样才能兼顾联邦、州和市镇政府的利益，在政治制度内撒下相互依赖的"文化种子"，以一套稳妥而又可行的机制来保障政府间的合作和沟通，对潜在的矛盾和冲突起到预防和疏导的功效。

在德国财政制度中最有助于沟通府际关系的是共享税和以财政计划委员会为代表的府际关系协商机制。财政联邦主义强调在府际关系内要引入必要的财政分权，市镇要有财政自主权、建立可行的问责机制、地区间实行税收竞争，[2]以提高资源配置的效率。现代政府治理的经验告诉世人，切割虽然重要，但是在环境愈加复杂，职能不断膨胀的背景下，政府在回应现代

---

① Bundesministerium der Finanzen, *Der bundesstaatliche Finanzausgleich*, http://www. bundesfi-nanzministerium. de/Content/DE/Standardartikel/Themen/Oeffentliche _ Finanzen/Foederale _ Fi-nanzbeziehungen/Laenderfinanzausgleich/Der-bundesstaatliche-Finanzausgleich-.html.

② 参见张永生：《政府间事权与财权如何划分?》，《经济社会体制比较》2008 年第 2 期。

性和后现代性时却显得捉襟见肘。从"分治"走向"合治"已经成为全球主要发达经济体的共识。

德国财政制度进行初次分配的核心是共享税（包括个人和工资所得税、公司利润税、营业税、增值税、进口增值税、利息税等），它将税基雄厚、来源稳定、征管成本低的大宗税收纳入由联邦、州和市镇所组成的利益同盟之中。更重要的是，它体现了德国的权力分享和相互制衡。归属权依据税种有所区别，各级政府全部入选，征管权的重心在各州，立法权由联邦掌握。这等于将权力争端置于"利益共生"的名义下，进而缓解矛盾、调和冲突，以扩大利益的交集。从 1969 年至今，共享税占德国税收总额的 2/3 甚至七成以上，这块"蛋糕"实际上成为进行"政治纠缠"的主阵地。将各级政府融入"财税同盟"的做法，在根本上遏制了各级政府之间的财税零和博弈。对国民经济具有显著"正能量"的直接税和间接税的"决策人"和"分利人"之间存在共生关系，避免了源自高层的立法障碍和决策壁垒。在体制内共享利益有利于政务信息的传递和沟通，并且以更加灵活多样的府际关系协调机制理顺了财税事务的流程。

之前已经提到，德国形成"共识文化"的一大体制优势在于纵横交织的府际关系协调机制，其中最具代表性的是财政计划委员会。最初由联邦宪法法院履行上述功能，1969 年以财政计划委员会替代之，这标志着由非常设向常设、由非专职向专职转变。财政计划委员会力争做到四对平衡。第一，官僚与学者之间的平衡。发达的智库体系和精干的专家队伍为德国政治生态注入了强大的智力支持，行政专家深刻影响国家的决策进程已是司空见惯的事情。第二，联邦、州和市镇之间的平衡。实际上，它将"保险开关"前置，迫使各级政府在制定预算的过程中实现一定程度的"上下对正"。如果某级政府所编制的财政收支预算偏离了"总体调控"的目标，一旦被发现，财政计划委员会将予以驳回。这一措施在源头上防止了政府的"赤字冲动"和"债务风气"。第三，预算草案和财政执行之间的平衡。任何预算都不免带有理想化色彩，因为无论测算多么严密，也不可能察觉所有风险和不确定性，因此需要进行中期评估和修正。财政计划委员会在每年的春、秋季会面两次,通过对宏观经济运行数据的评估,经协商后作出决定。① 财政计划委员会监督各级政府的预算执行情况,并提出有针对性的意见和建议。第四,短期目标和长期效应之间的平衡。财政计划委员会进行评估的关键是短期数据,但是并不拘泥于"头痛医头、脚痛医脚"的思维,而是综合分析财政政策的原则、国家的长远发展规划、行政体制的现代化目标。这一做法旨在实现预算的连续性,在立足眼前利益的前提下,又不损害国家的长远发展需要。

以共享税和财政计划委员会为核心的利益共同体有效地维护了府际关系的动态平衡,为财政管理流程添加了"润滑剂"。通过兼顾各级政府的切身利益,最终以一种稳妥的形式贯通了纵横向的政府过程,促进了政府间的合作和沟通,为巩固相互依赖的府际关系模式发挥了"黏合剂"的作用。自此,各级政府被连接为"唇亡齿寒"的统一体。

(四)从源头上确保了各级财政的协调和有序运转

由于深受"行政法国家"的影响,德国财政预算的制定程序极其严格,每一份预算提案都经历了反复酝酿。以联邦预算提案为例,分管联邦财经业务的各专业科室应将编制的收支预算先行向联邦财政部和审计院提交。财政部主要从必要性和可行性的角度出发,负责测算先期拟定的收支计划是否符合均衡性的要求。联邦财政部对所有数据进行精算,随后将结果递送各专业小组进行再审核,与此同时,一并送至联邦经济部、联邦统计局、德意志联邦银行、各州财政部及其下属分支机构(例如高级财政局、市镇财政局)、市镇税务局、财政计划委员会等部门,听取意见和评价。联邦审计院作为最高级专业性监督核查机构,倾向于从预算的合法性和可行性的视角出发,拿出具有针对性的意见。经过充分的沟通和协调,最终提出的联邦预算方案需要经过联邦议院和联邦参议院的反复辩论,并予以修改,在"通

---

① 参见 Astrid Lübke,"Fiscal Discipline between Levels of Government in Germany",*OECD Journal on Budgeting*,2005,5(2):p.28。

关"后方可报请内阁确认。至此,预算的编制才告一段落。

德国预算制度的显著特征在于同时草拟年度收支计划和中长期方案(通常为五年)。年度收支计划是相对详细和具体的工作指导方针,一经批准立即生效。中长期方案通常参考各级政府的经济基础、财政金融状况、有无特殊和紧急的行政开支需求,并预测未来若干年的财政金融形势。作为一个动态的"粗线条"方案,中长期计划将参照年度预算的实施情况进行适度修改。同时提出年度预算和中长期方案有利于统合预算的短期效益和长期功能,不仅确保了宏观调控政策的"拟合优度",防止了计划和形势相脱节,还能够压制预算制定过程中的短期心理,抑制由"政治周期"所导致的政策不连贯。

(五)"电子政务"等现代行政工具运用于政府财政工作之中

作为高度发达的市场经济国家,德国深知先进的技术工具对于深化公共管理改革、拉近政府与民众之间的距离、增强政务信息的反馈速度将起到显著的推动作用,应大力扶持和推动。为此,德国大力建设"电子政府"。

2000年9月,施罗德政府正式推出名为"联邦在线2005"的建设项目,力争到2005年末实现联邦所有服务项目的网络化。与此同时,各州和市镇也先后拿出了详细和具体的实施方案。在财税领域更是快马加鞭,这意味着届时纳税人能够从"页面式交互窗口"查询自身的税基、常住人口规模、纳税标准及其调整、计征方式、税收法律和相关政策文件、缴纳和拖欠情况等,并通过"网上银行"实现资金的快速划拨。为了适应公民社会建设提速的要求,联邦、州和市镇应将编制的财政收支预算、所安排的财力支出、所汇总的决算、联邦审计署递交的审计监督报告也通过网络向社会公开,接受监督和质询。①

就政府内部来说,通过电子账户实现纵横向的资金流转,有利于专款专

---

① 参见 Charles B.Blankart, *Öffentliche Finanzen in der Demokratie:eine Einführung in die Finanzwissenschaft*, München:Vahlen,2008,S. 126。

用。进入 21 世纪以来,政府工作方式日益"网络化"集中表现在政府采购的电子化。为缓解"面对面采购"中供需双方的信息不对称,节约行政开支,预防"暗箱操作"和腐败寻租,联邦政府以"联邦在线 2005"为突破口推动政府采购的网络化。政府采购网站奉行政治中立,作为需求方的采购部门的身份是经济活动的参与者。在采购平台,它们的所有行为都要符合价值规律和市场供求关系,按照供应方所提供的信息(例如规格、产量、价格、售后服务)来进行抉择。

实际上,政府采购平台只负责连接供应商和"需求者",一方面,广泛搜集来自政府的各种需求信息,加以整理后公开;另一方面,供应商通过点击相关链接来知晓政府的采购意向,并提供适销对路的产品。

二、德国府际财政关系模式存在的问题

(一)在众多因素的干扰下难以实现国家财政的总体均衡

作为政治制度不可或缺的重要成分,财政制度实际上被国家的内外部各种要素所"捆绑"。尤其在全球化不断加速的 21 世纪,民族国家的内政不可避免地在一定程度上被区域化和国际化了。政治家需要不断延伸视野,孤立和片面看待内政问题的传统思维越来越不合时宜,难以解决 21 世纪的社会治理问题。不妨说,全球化改变了先前政治、经济、社会、文化在同一民族国家的内部齐头并进的历史面貌。[1] "时至今日,与其说国民经济被放置在一国境内,倒不如说国家被放置在跨国市场当中"[2]。

就德国内部来说,对府际财政关系产生影响的因素包括经济、政党、区域等。

首先就经济因素来说,它通过两条路径对财政运行产生影响,其一是社会市场经济的制度边界,其二是微观经济走势。就前者来说,它的最大贡献

<hr>

[1] 参见冯英华等:《经济全球化对欧洲福利国家的挑战——以德国为例》,《国际观察》2005 年第 3 期。

[2] R.Cox,"Economic Globalization and Limits to Liberal Democracy",A.Mc Grew,*The Transformation of Democracy*? Polity Press,1997,pp.49-72.

在于确立了以公平和效率为逻辑、社会保障体制和自由市场竞争为产物的经济发展环境。就后者来说,它通过经济增长形势、社会就业指数、国内外贸易收支形势、物价总水平为代表的"魔力四角"对府际财政关系施加影响。这不难理解,每当经济发展一路"绿灯"之际,国家财政收入增长迅猛,而社会福利开支却相对可控,财政收支基本平衡甚至略有结余。宽松的财政形势压制了各级政府之间爆发"钱袋子争夺战"的可能,这有利于保持府际财政关系的稳定。但是,当德国发生类似 1967 年、1973—1974 年、1979—1982 年、1993 年、2003 年、2008—2009 年的经济危机时,各级政府筹集收入的能力大幅下滑,而用于失业金、失业救济、社会救济的资金陡增,最终影响了各级政府财务报表的均衡。收不抵支、入不敷出的赤字财政往往连带造成国债堆积的局面。在"大饼原理"的作用下,具有不同利益偏好的政府之间鉴于紧张的财政形势,不得不在资源有限的情况下,围绕资源的分配产生争执。

其次就政党因素来说,需要阐明两点。第一,类似"分治政府"(Divided Government)的情况在德国同样存在,尤其当内阁和联邦议院的"执政党组合"难以取得联邦参议院的广泛赞成之时。它将极大地妨碍财政政策的顺利推行,甚至导致政局崩溃。最典型的案例发生在 1982 年,当时围绕财政预算的制定在执政同盟(社民党和自民党)和最大在野党(联盟党)之间引发了激烈博弈,最终科尔通过"建设性不信任案"使得施密特总理让贤。第二,几乎当代一切社会形态,无论民主与否,都需要相应的政党制度来连接基层民众和政府。[①] 政党政治嵌入了国家意志的形成及其实践,德国各大政党实际上在联邦、各州和市镇同时展开竞争,它们从来没有将自身限制在单一政府层级。由于政府职能的纵向划分,这也导致不同层级政党组织的功能再造,它使得财政政策的立法和行政、决策和执行被党内化,成为能否维系本党团结的关键因素。

最后就区域因素来说,创造和保障德意志联邦共和国国土内生活条件的一致性,均衡不同地域经济实力和社会发展的目标同德国非均衡、非对称

---

① 参见[美]迈克尔·罗斯金:《政治科学》,林震等译,华夏出版社 2001 年版,第 216 页。

的空间状态构成了矛盾,其直接后果是政府间财政平衡机制所面临的巨大压力。尽管德国学者强烈主张"大小"、"强弱"、"富穷"之间通过高低搭配来实现"生存空间"的均衡性和对称性。但是,鉴于勃兰登堡和柏林合并的尝试、"西南重组案"的前车之鉴,类似措施恐怕难以在全民公决中获得通过。

就德国的外部环境来说,影响财政形势最大的"变量"是金融资本主义的冲击和区域性、全球性的组织化程度提升。自 20 世纪 70、80 年代"新自由主义"大行其道开始,"凯恩斯主义"在战后政坛所享有的主导地位被批判,国家资本主义开始向金融资本主义变迁。以经济全球化、区域一体化为特色的"新自由主义"促使商品、劳动力、资本、技术实现跨国界、跨区域的流动,以跨国公司为代表的组织创新和以互联网为代表的平台创新导致纳税人和生产过程超越了国内监管的范畴。"国际性外溢化"的大量滋生加大了德国财税部门的监督成本,造成了严重的税收流失和避税行为,在一定程度上诱发了因"微笑曲线"所造成的征税主体国际化。

就区域性、全球性的组织化冲击来说,最值得一提的是欧洲一体化及其所导致的民族国家内政的"欧洲化",这主要体现在以下四点:第一,加入欧洲经济与货币联盟的前提条件是赤字率和国债率不得高于 GDP 的 3%和 60%,[①]同时《稳定与增长公约》给各成员国套上了"紧箍咒"。第二,欧洲中央银行上收了成员国的货币政策,这就削弱了德国财政政策的匹配能力。第三,一旦出现了危机状况,德国的救助义务因其强大的经济实力被放大,导致联邦政府不得不面对区域救援所带来的财政风险。这突出地表现在2010 年 5 月、2010 年 11 月和 2011 年 5 月,针对救援希腊、爱尔兰和葡萄牙等国的抗议。第四,欧洲一体化是一个"集权化"的过程,它需要民族国家将调节和规制权向超国家层面转移,[②]这导致上缴欧盟财税的立法权逐渐被欧盟掌握或者需经双方协商。实际上,由于欧洲一体化伴随着"欧债危

① 参见 Alfred Greiner, Willi Semmler, "The Maastricht Criteria and Sustainability of German Fiscal Policy", *Annuals of Public and Cooperative Economics*, 2001, 72(2):p. 271。

② 参见 Wolfgang Renzsch, "Föderalismus", Peter Massing, *Das Demokratien odell der Bundesrepublik Deutschland*: *Grundstruktur*, *Prinzipien*, *Systematik*, Schwalbach: Wochenschau-Verlag, 2002, S. 48。

机"推进,尤其在欧洲经济与货币联盟向财政联盟(即货币一体化向财政一体化、经济一体化向政治一体化)转变的过程中,德国财政政策的自主度将进一步"收拢"。

内外各种因素相互作用,导致德国财政政策的选择余地相当有限。换句话说,府际财政关系的发生维度已经扩展到了区域性层面,这一变化将给德国财政政策带来更大挑战。

(二)"违宪预算"的司法诉讼造成最佳干预时机的延误

作为实行联邦制的社会(福利)民主法治国家,德国建立了完备的宪法审查制度。战后,它在联邦德国的结构转轨过程中发挥了积极作用,但是问题的两面性也日益暴露出来,例如司法的时效性滞后、"司法跟不上行政"、"法院跟不上政府"、"法官跟不上官员"。

就财政预算来说,根据《联邦预算法》规定,除非政府能够证明高赤字有助于经济的正常发展,否则当年度赤字额大于净投资时,该预算可视作违宪。[①] 在此情况下,同级议会中的反对派通常以预算违宪为由向联邦或者各州的宪法法院、财税法院提起诉讼,希望借助司法权来制约执政者。但是,司法机关难以应对预算的专业性和复杂性,从提起诉讼到开启司法流程,绝大多数案件的审判耗时一年以上。然而在诉讼最终生效前的任何时段,政府依然将按照事先拟定的预算来履行其法定事权,发挥行政管理功效,践诺所承担的政治统治职能。因此,当支持起诉人的司法判决下达之时,作为被诉对象的"违宪预算"早已成为历史,在不溯及既往的原则下,判决已失去了实际意义。例如柏林市反对派指责 2002—2003 财年预算属于违宪,但是直到 2003 年 10 月 31 日法院才判决诉讼胜出,最终结果只是在剩余的 2 个月内禁止一切新建项目。[②]

---

① 参见 Beate Jochimsen,"Fiscal Federalism in Germany: Problems, Proposals and Chances for Fundamental Reforms", *German Politics*, 2008, 17(4): p. 546。

② 参见 Beate Jochimsen,"Ökonomische Analyse der exzessiven Verschuldung von Länderhaushalten am Beispiel der Verfassungswidrigkeit des Berliner Haushalts", *Die Öffentliche Verwaltung*, 2004, 12 (1): S. 511。

　　众所周知,强势的政府是不可能真正破产的,绵延日久的司法程序导致法律"天平"偏向政府一方,这就极大地削弱了在野党进行财税监督的意愿。

　　(三)政府间财政平衡体系成为府际财政关系矛盾和冲突的高发处

　　就政府间纵向财政平衡体系来说,关键争议是联邦向东部新州旷日持久的转移支付。经过 1990—1994 年的"德国统一基金"、1995—2004 年的"团结公约Ⅰ"、尚在运行中的 2005—2019 年的"团结公约Ⅱ",德国完成了在人类历史上以经济手段达成政治目标的壮举。但是这也给德国联邦制带来了众多问题。一是规模空前的资金流动致使联邦被捆绑上"统一战车",并渐行渐远,这笔资金业已成为压弯联邦政府腰身的沉重负担。二是东部5 州的自主权限被联邦政府的一般性转移支付(无条件转移支付、无条件拨款)和专项转移支付(有条件转移支付、有条件拨款)所干预,导致统一至今"政治纠缠"在东西部之间的同步跃进。三是过多的资金帮扶不利于东部各州提升自我产出能力和强化自主发展意识,造成新州居安思危的观念比较薄弱。目前东部地区的税收能力依然只有全国平均水平的 1/3 左右。[①]四是东部新州在联邦制的框架内掌握了"攻守同盟"之术,同西部老州的合作形成了对联邦制改革的阻碍。"它们深恐各州所获得的新权力将导致穷州难以同富州展开竞争,甚至造成各州走向截然不同的方向,最终削弱联邦制。"[②]

　　纵向财政均衡体系的政治效应颇为引人关注,这集中体现了"只要不产生任何差异,德国联邦制就是好的"[③]这种"单一性"政治文化。这等同于将纵向平衡的重任融入了联邦制的内核中,从理念上来说,它与竞争联邦主

① 参见 Thieß Petersen,Henrik Scheller,Ole Wintermann,"Public Attitudes towards German Federalism:A Point of Departure for a Reform of German(Fiscal)Federalism? Differences between Public Opinion and the Political Debate",*German Politics*,2008,17(4):p. 562。

② Arthur Gunlicks,"German Federalism Reform:Part One",*German Law Journal*,2007,8(1):p. 129.

③ F.Scharpf,"Verfassungsrefrom mit Vetospielern",K.Wolf,*Staat und Gesellschaft-fähig zur Reform?*,Baden-Baden:Nomos,2007,S. 53.

义难以契合,这对德国政治家的智慧和能力提出了新要求。

最大的争端同政府间横向财政平衡机制密不可分,自统一以来,它是各州关系的核心命题。矛盾主要集中在以下三方面:

第一,经过横向均衡之后,某些原本财力窘迫的"穷州"在人均财力上甚至后来居上,超过了先前实力雄厚的"富州"。从表 5-2 中不难看出,经过州际财政平衡和联邦补充拨款以后,同级政府之间的人均财力几乎被拉平,这一做法在德国联邦制中饱受争议。

表 5-2　州际财政平衡前后各州财经自给度系数比较

该州的人均财政能力占全德各州人均财政能力的比重（州际财政平衡之前）	该州的人均财政能力占全德各州人均财政能力的比重（州际财政平衡之后）	该州的人均财政能力占全德各州人均财政能力的比重（州际财政平衡与联邦补充拨款之后）
70%	91%	97.5%
80%	93.5%	98%
90%	96%	98.5%
100%	100%	——
110%	104%	——
120%	106.5%	——
130%	109%	——

数据来源:Bundesministerium der Finanzen,*Der bundesstaatliche Finanzausgleich.*

第二,拉平政策极大地挫伤了利益相关方追求经济和财税增长的积极性,在联邦制内撒下了消极的种子。横向财力均衡的目的在于平衡各州的"人均资源能力",这意味着在强调公平的价值导向下,必将损害效率,甚至出现某州的经济水平同其财税的(事后)均等化指数之间存在负相关的关系。实际上,无论是出资方还是受援方都陷入了"公共池塘"之中,额外 1 欧元的吸收率约为 90%。[1] 这表明对转移支付的接受方来说,1 欧元的财税

----

[1]　参见 Christian Baretti,Bernd Huber,Karl Lichtblau,"A Tax on Tax Revenue:The Incentive Effects of Equalizing Transfers:Evidence from Germany",*International Tax and Public Finance*,2002,9 (6):p.635。

增量将造成 0.9 欧元的转移支付损失。过高的"边际成本"导致具有"经济人理性"的各州政府有动机拒绝接受这一新的增量,此外对公民的减税政策能够带来的"选票效益"将产生远大于增税的诱惑。同样对于出资方来说,多增收 1 欧元却意味着不得不将 0.9 欧元贡献出来充当横向平衡的资金来源。如此一来,"大州"、"强州"、"富州"经济增长和财税增收的绝大部分果实被"小州"、"弱州"、"穷州"轻取。

无论"富州"还是"穷州"都失去了竭尽全力扩大自身税基,截取更高的财政收入,实现国民经济在长时段内的稳定、协调和均衡的可持续增长,提升全球化时代竞争力的冲动,并通过共享税体系对联邦财政状况产生"外溢性"。由于增税的积极性不足,以致联邦可分得的共享税规模(在提取比例恒定的前提下)随着"大饼"的萎缩而逐渐下滑,激励机制的"失灵"导致各州难以自主地干预和调控其"自利行为",破除路径依赖只能通过制度改革。

第三,这种运算方式极其复杂,头绪混乱。"公式化"运行当然意味着科学和精确,这对于减轻"政治斡旋"很有意义。然而不可否认的是,德国各级财政部门每到年底就忙得不可开交,数据的收集、汇总、分类、换算、分析……每一步程序都十分琐碎。更加重要的是,随着政治、经济、社会、文化的变化,对换算的时效性提出了"动态平衡"的要求,这意味着如何选择微调时机和弹性指标将颇为棘手。

(四)财政赤字和国债率居高不下

众所周知,为了创造和维系德意志民族国家的统一局面,保障国家主权、安全和领土完整,满足用于失业金/失业救济/社会救济、疾病/工伤/医疗保险、养老金的庞大开支,1990 年以来德国的财政支出屡创新高,加上同期财政的增收能力大幅下滑,共同导致赤字状况愈演愈烈。图 5-1、图 5-2 生动地表明"统一时代"演变为"赤字年代"的同义词,这一趋势直到默克尔政府出台"债务刹车"计划方才有所好转。

赤字率的逐渐升高对国债激增产生了连带效应,为什么呢? 现代财政

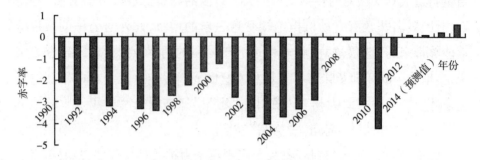

图 5-1 德国统一以来的财政赤字率(单位:%)

数据来源:罗湘衡:《德国政府间财政关系:危机与前景》,《当代世界》2010 年第 6 期;OECD, "Government deficit/surplus as a percentage of GDP General government financial balance,surplus (+),deficit(-)";OECD, "Government debt General government gross financial liabilities as a percentage of GDP"。

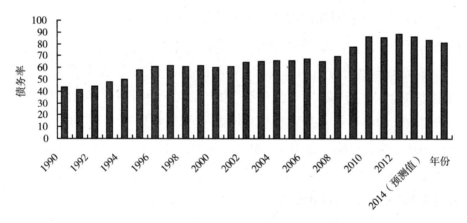

图 5-2 德国统一以来的债务率(单位:%)

数据来源:罗湘衡:《德国政府间财政关系:危机与前景》,《当代世界》2010 年第 6 期;OECD, "Government deficit/surplus as a percentage of GDP General government financial balance,surplus (+),deficit(-)";OECD, "Government debt General government gross financial liabilities as a percentage of GDP"。

学认为对抗赤字的"标准答案"主要是三点:增收、节支、借债。增收之举牵连甚广,需要经过执政党内部各派别、执政联盟内部各党派、议会内部主要反对派的反复磨合才能出台,从利益表达→利益综合→决策→施政的过程来看也颇为难产。从长远来看,增收的确势在必行,但是远水难解近渴,它难以应对眼下困境。如果选择节支的话,"危险系数"将倍增,因为它直指行政开支和社会性开支,且后者才是重头戏。这将触碰选举政治和福利刚性的"高压线",在民主政体下,任何政治家都希望与之绝缘。在民意带动选票、选票驱动政治的逻辑下,如果反其道而行之,势必危及政治家的"职业生命"。[①] 如此一来,借债成了唯一的政策选择。从图5-1、图5-2中不难发现,自20世纪90年代以来,随着赤字率逐渐攀升,债务率也呈现出正相关关系。1996年,德国首次突破《马斯特里赫特条约》所规定的60%红线,此后相继创造了70%、80%的新高。虽然近年来有所改善,但是"冰冻三尺非一日之寒",何时回归正常水平仍是未知数。

德国的赤字率和债务率出现了"双超",这一现象对其内部和外部都产生了深远影响。就内部来说,它严重削弱了政府对国民经济实施宏观调控的能力和手段,不利于市场监管,干扰了进行基础设施建设、固定资产再投资的现金流,破坏了达成"魔力四角"(经济增长、有效就业、国内外贸易收支平衡、物价稳定)的资源筹码。此外,它导致"亏空成本"未能在各级政府之间公平地加以分配,事权与财权之间的缺口同"官僚制等级"呈反比例关系,并随着各级财政赤字率的递增而愈发严重。实际上,各州和市镇所承担的纵向平衡压力要远远超过联邦政府(见表5-3)。

就外部来说,它造成德国长期触犯《马斯特里赫特条约》趋同指标(成员国的赤字率和国债率不得超过当年GDP的3%和60%),导致德国政府凭借其"No.1"地位来敷衍和抵制成员国违约预警惩戒机制的开启,这为后来众多欧元区成员国执行滥发福利、超限透支、维持不可持续的高福利生活提供了样板。[②] 鉴于德国在欧债危机前严峻的财经形势,欧盟多次严厉警告并敦促德国政府拿出切实可行的措施来改善赤字高企的形势,并为欧盟各成员国作出表率。

---

① 蔡立辉等:《西方国家债务危机的政治学分析——选举民主的制度缺陷》,《学术研究》2012年第2期。

② 参见[德]瓦尔特劳德·舍尔克勒:《欧洲经济货币联盟经济治理理论与实践的回顾》,吴宇译,《南开学报(哲学社会科学版)》2010年第5期。

表 5-3　近年来德国各级行政主体在全国总债务中的分摊比例

年份	2003	2004	2005	2006	2007
联邦政府	60.9%	60.8%	60.6%	61.5%	61.7%
州政府	31.2%	31.4%	31.6%	31.2%	31.2%
市镇政府	7.9%	7.8%	7.7%	7.3%	7.1%
州+市镇	39.1%	39.2%	39.4%	38.5%	38.3%
年份	2008	2009	2010	2011	2012
联邦政府	62.5%	62.2%	64.0%	63.2%	62.3%
州政府	30.6%	31.1%	29.8%	30.4%	31.2%
市镇政府	6.9%	6.7%	6.1%	6.4%	6.5%
州+市镇	37.5%	37.8%	35.9%	36.8%	37.7%

数据来源：Bundesministerium der Finanzen,"Schulden der öffentlichen Haushalte".

结　论

笔者以时间为线索，并参考德国联邦制的发展形态，对联邦德国 1949 年至今的财政制度及其府际财政关系进行了细致的梳理和归纳。以财政联邦主义理论为导引，协调运用历史主义、制度主义、文献分析、比较分析等研究方法，本书尝试提出以下结论。

第一，德国的财政制度大致追随着联邦制的发展脉搏，换句话说，后者是前者的"自变量"，前者是后者的"因变量"。

战后，德国政治精英在国家结构形式的选择上听命于作为战胜国和占领军的美利坚合众国，联邦制成为最佳选项。然而，德国的制宪者并不青睐"二元联邦主义"（分立联邦制、并行联邦制、国家之间的联邦制、竞争联邦制），《基本法》为德国走向合作联邦主义和职能型联邦制下的"政治纠缠"奠定了基石。这就形成了逻辑的内在紧张，一方面，联邦制意味着联邦、州、市镇之间应遵循各司其职、各负其责、相互独立、有机协调的"政治性分权"原则；另一方面，由"单一化"和"合作化"所推动的"政治纠缠"致使德国纵向层级之间难以仿效以具体政策领域来分权的"美国模式"。德国联邦政府的事权侧重于立法和决策，州和市镇侧重于行政和执行，因此在政府事务的履行过程中，各级各类政府紧密地交织起来。

"政治纠缠"在根本上决定了德国财政制度的总逻辑。一方面，将各级政府专享税的征管权和归属权对等平行配置体现了"政治性分权"的痕迹；另一方面，将各级政府共享税和政府间财政平衡体系的立法权、征管权和归属权有所侧重地在联邦、州、市镇之间加以分配，对应了区别对待纵向职能的德国联邦制。联邦、州、市镇之间在财政问题上紧密地交织起来。首先在财政立法方面,占据着绝对"制高点"的联邦政府不得不顾及法律在后续的执行环节中能否得到贯彻。为了保险起见,联邦往往先摸底,听取各州和市镇(以州为主)的看法和观点,造成联邦在决策过程中对下级政府的变相依赖。其次在财政执行方面,由于各州和市镇都在一定程度上出现了"行政账户"宽紧失当的现象,这对其承担高强度的行政和执行功能无疑是极大的考验。与之相应的是,联邦政府在"财政蛋糕"中的分块始终保持在五成左右。得天独厚的资源优势使联邦设置了针对各州和市镇的赠款系统,并辅以政府间纵向财政平衡,进而向受援方输入巨额资金,迫使"囊中羞涩者"追随"金色的缰绳",最终演变成为对联邦的财政依赖。

由此可见,"财政纠缠"的核心特征是联邦、各州、市镇围绕财税问题的立法和行政、决策和执行环节的相互依赖,其本质与"政治纠缠"可谓如出一辙。

第二,府际财政关系的重心是联邦与各州的关系状态,不妨将二者之间的互动状态视为德国财政制度健康与否的"体温计"。换句话说,德国地方政府尚无法左右"财政棋局",难以在府际财政关系中投出"关键否决票"。

究其成因,大致有以下四点:

1.作为国家结构形式的联邦制与生俱来的制度惯性。追根溯源,研究联邦主义和联邦制的中外学者基本聚焦于联邦及其成员单位之间的关系,因为在他们的视野内,联邦与各州之间的关系直接决定了联邦制的合法性及其兴衰荣辱。

2.适度集中、相对分散模式既有别于美国的"集中型"财政管理模式,又不同于南斯拉夫社会主义联邦共和国的"散开型"财经分配模式。它要求统筹协调"魔力四角",并履行资源配置、收入分配、经济稳定与增长的现代财政三大职能。但是,达成以上功能意味着政府间纵向分权必定有所侧重,毋庸置疑,治理工具和政策能力的优势集中于联邦制的上两层,而市镇显然居于下风。

3.德国联邦制独特的"内生型"权力模式允许各州通过联邦参议院对立

法和决策程序施加"作用力",在长期同联邦政府的"战略拉锯"中,各州获得了超越法律制度规定的"体制外弹性",最终形成了各州干政的局面。相比之下,市镇的"权力场域"尚未有效地延伸至国家层面。换句话说,市镇领导人为了在地方选举中胜出而疲于奔命,此外,市镇之间的功能定位和权力运转大相径庭。上述因素导致基层政治精英难以形成共识,无法通过"合纵连横"的压力型手段来扩充自身在核心政治议题上的"能量场"。与之大相径庭的是,市镇政治精英在"选举政治、福利刚性、民意带动选票、选票驱动政治"的逻辑支配下,自觉或者不自觉地将自身的"权力视野"锁定在基层,满足于通过提供多样化的公共服务和公共产品,以谋求在地方选举中获胜。上述现象造成地方政治精英缺乏全局观和大局意识,他们并不热衷于在德国政坛发声。

4.长期以来,德国市镇政府更擅长于通过行政区划的调整和重构(例如行政辖区的合并或者联合)、地方公共服务供给机制的市场化改革等路径来克服财政危机。基层市镇缺少战略眼光和运筹帷幄的能力,特别不擅长在宏观层面进行利益交换和资源共享。① 这预示着德国地方政府对于如何"排兵布阵",并充分利用各级各类政府之间的矛盾和冲突以攫取更加有利的地位的信心严重不足。在德国的"政治生态"之内,政治文化和行政传统极大地影响了政府的思维方式和行为习惯,市镇政府遵循"双重职能"之下的目标定位,难以谋划"全国"这盘大棋。

第三,德国的府际财政关系实际上是政府间关系的"场景折射",透过其财政制度足以打开一扇窥探相互依赖型府际关系的"天窗"。

以财政税收作为突破口来解读"政治氛围"是国际政治学界和公共行政学界的惯例。众所周知,只有掌握了"钱袋子"的政府才能切实发挥公共治理功能。与此相应的是,各级各类政府的预算无声地诠释出执政者对于各项政治事务之间轻重缓急的认知。

---

① 参见 Wolfgang Streeck, Christine Trampusch, "Economic Reform and the Political Economy of the German Welfare State", *German Politics*, 2005, 14(2):p. 189。

首先,遵照"财政纠缠"的"适度集中、相对分散"型府际财政关系绝非仅仅在表面上将联邦、州和市镇涵盖在内,它深度内嵌于德国的网络状政治制度之内,同以联邦议院/联邦参议院为核心的立法部门、以联邦宪法法院为核心的司法部门、以联邦和 16 个州政府为核心的行政部门、政党、外交、军事、利益集团之间存在千丝万缕的联系。任何德国政治家面对纷繁复杂、变数众多的内外环境所采取的应对之策的"优先排序"淋漓尽致地体现在财务报表上。换句话说,透过内嵌于"顶层设计"内部的财务系统足以窥探各级各类政府之间关系的亲疏远近,深度解析府际关系的现实状态,以敏锐地察觉干扰府际关系运行的"命门"所在。通过渐进地调整"钱袋子"向各级各类政府的播撒力度,以有效地调整和修正府际关系的结构性、过程性(功能性)、体制性弊端,为打造能够有效地回应各种内外部危机和挑战的政府间关系增加胜算。

其次,府际财政关系生动地演绎了德国一以贯之的政治文化和行政伦理。财政制度将各级各类政府有机地联系起来,长时间和高密度的"上下贯通"和"左右延展"最终结成了如"蜘蛛网"般细致和缜密的府际关系网。作为调和各级各类政府之间利益分歧的"总枢纽",德国财政制度适应了社会(社会福利)国家、联邦国家、民主国家、法治国家的需要,追求同社会市场经济模式相匹配的政治氛围,扮演了研判德国政治生态的"聚光灯"。

分税制充分发挥了专享税的"自治"和共享税的"共生"两大功能,在保障财税自给度的同时,将德国互利共生的价值观发扬光大。[①] **政府间财政平衡体系**既尊重均等化,也注意保护积极性,虽然在实际运行过程中的确难以兼顾社会与市场、公平与效率之间的关系,但就其本质来说,依然有助于维持区域间经济和社会发展水平的一致性。"点动成线、线动成面、面动成体"的**政府间协商机制**尊重了各级各类政府的利益诉求,通过将分歧和矛盾"明朗化",并在第一时间进行干预,以搭建起适应"求同存异"的联邦制伦理的平台。

---

① 参见 Rudolf Wildenmann, "Die Elite wünscht dem Wechsel", *Die Zeit*, 12. 3. 1982。

最后,府际财政关系将活动于"政治剧场"的所有德国政治行动者(political actors)涵盖在内。

财政关系在本质上是政治行动者之间的利益关系,是一场围绕"钱袋子"和事权之间能否有效匹配的政治游戏。真正的"自治权"绝不仅限于在纵向上分配各级政府的职能,只有具备了足以支撑其职能的财力,它才成为名副其实的"自治体"。由于财政资源在各级各类政府之间的分布参差不齐,通过财政收支预算表能够为评价府际关系的现实状态打开一扇"窗户"。德国政府间结构牵涉的"利益节点"不可计数,其发展前景暂且不论,任何调整都难以摆脱制宪者的苦心孤诣。谁的权力更大或者更小、谁的责任更重或者更轻,谁的权利更宽或者更窄、谁的义务更杂或者更松,这些问题都是表面文章,其实质是在府际关系的"台前幕后"频繁上演的资源争夺战。

自1949年建国至今,德意志联邦共和国的联邦制经历了从"单一化"到"合作化"到大改革的变迁,在各种表面乱象之下,始终追求在**联邦、州、市镇**之间以合作压制竞争,以兑现创造和维系德意志民族国家的统一局面,保障国家主权、安全与领土完整的民族主义承诺。它成为德国府际财政关系变迁的总脉络,也不妨理解为国家建设背后的"财政逻辑"。

参考文献

一、著作及学位论文

（一）中文著作及学位论文

1.财政部税收制度国际比较课题组:《德国税制》,中国财政经济出版社2004年版。

2.财政部财政制度国际比较课题组:《德国财政制度》,中国财政经济出版社1999年版。

3.灿智等:《德意志联邦共和国政府机构与官员制度》,人民出版社1986年版。

4.曹沛霖等:《比较政治制度》,高等教育出版社2005年版。

5.陈昭等:《欧洲主要国家宏观经济运行研究》,高等教育出版社2011年版。

6.陈振明:《公共管理学——一种不同于传统行政学的研究途径》,中国人民大学出版社2003年版。

7.陈志斌:《德国政体教程》,华东师范大学出版社2007年版。

8.崔英楠:《德国政党依法执政的理论与实践》,中国社会科学出版社2009年版。

9.戴启秀等:《文化视角下的欧盟成员国研究:德国》,上海外语教育出版社2010年版。

10.戴启秀:《德国模式解读——建构对社会和生态负责任的经济秩

序》,同济大学出版社 2008 年版。

11.《德国统一纵横》,世界知识出版社 1992 年版。

12.丁纯:《世界主要医疗保障制度模式绩效比较》,复旦大学出版社 2009 年版。

13.丁建弘:《大国通史:德国通史》,上海社会科学院出版社 2007 年版。

14.董礼胜:《欧盟主要成员国中央与地方关系比较研究》,中国政法大学出版社 2000 年版。

15.封丽霞:《中央与地方立法关系法治化研究》,北京大学出版社 2008 年版。

16.复旦大学世界经济研究所"90 年代以来美、日、欧发展模式"课题组:《制度变迁与结构调整:90 年代以来大国经济发展轨迹》,山西出版集团、山西经济出版社 2006 年版。

17.复旦大学资本主义国家经济研究所《战后西德经济》编写组:《战后西德经济》,上海人民出版社 1975 年版。

18.甘超英:《德国议会》,华夏出版社 2002 年版。

19.高德平:《柏林墙与民主德国》,世界知识出版社 1992 年版。

20.顾俊礼等:《迈入 21 世纪的德国与中国》,社会科学文献出版社 2000 年版。

21.顾俊礼:《德国》,社会科学文献出版社 2007 年版。

22.顾俊礼:《欧洲政党执政经验研究》,经济管理出版社 2005 年版。

23.郭少棠:《权力与自由——德国现代化新论》,华东师范大学出版社 2001 年版。

24.郭殊:《中央与地方关系的司法调控研究》,北京师范大学出版集团、北京师范大学出版社 2010 年版。

25.韩喜平等:《欧盟社会经济结构与制度变迁》,吉林大学出版社 2008 年版。

26.黄永祥等:《不要忘记德国》,中国城市出版社 1997 年版。

27.胡康大:《欧盟主要国家中央与地方的关系》,中国社会科学出版社

2000 年版。

28.扈明丽:《德国社会与文化概论》,武汉理工大学出版社 2009 年版。

29.贾康:《地方财政问题研究》,经济科学出版社 2004 年版。

30.姜德昌等:《马克骑士——再度崛起的德意志》,吉林人民出版社 1998 年版。

31.蒋劲松:《德国代议制》第 1—3 卷,中国社会科学出版社 2009 年版。

32.孔德元:《政治社会学导论》,人民出版社 2001 年版。

33.梁凤鸣等:《一丝不苟德国人》,时事出版社 1997 年版。

34.连玉如:《新世界政治与德国外交政策——"新德国问题"探索》,北京大学出版社 2003 年版。

35.李工真:《德意志道路——现代化进程研究》,武汉大学出版社 2005 年版。

36.李骏阳:《德国的统一:1989—1990》,上海大学出版社 2013 年版。

37.李路曲:《比较政治学研究》(第 3 辑),中央编译出版社 2012 年版。

38.林尚立:《国内政府间关系》,浙江人民出版社 1998 年版。

39.凌翔:《科尔传》,东方出版社 1998 年版。

40.李瑞昌:《政府间网络治理:垂直管理部门与地方政府间关系研究》,复旦大学出版社 2012 年版。

41.李淑霞:《俄罗斯财政分权问题研究》,吉林大学博士学位论文,2006 年。

42.刘光耀:《德国社会市场经济理论、发展与比较》,中共中央党校出版社 2006 年版。

43.刘骥:《阶级分化与代际分裂——欧洲福利国家养老金政治的比较分析》,北京大学出版社 2008 年版。

44.刘立群等:《德国·欧盟·世界》,社会科学文献出版社 2009 年版。

45.刘志广:《新财政社会学研究:财政制度、分工与经济发展》,上海人民出版社 2012 年版。

46.李文红:《德国人权外交研究》,人民日报出版社 2009 年版。

47.李正印等:《德国廉政建设及其他》,山西出版集团、山西人民出版社2011年版。

48.马海涛等:《政府间财政转移支付制度》,经济科学出版社2010年版。

49.孟钟捷:《寻求黄金分割点:联邦德国社会伙伴关系研究》,上海辞书出版社2010年版。

50.钱端升:《德国的政府》,北京大学出版社2009年版。

51.裘元伦:《裘元伦文集》,世纪出版集团、上海辞书出版社2005年版。

52.任保平:《衰退工业区的产业重建与政策选择:德国鲁尔区的案例》,中国经济出版社2007年版。

53.任进:《比较地方政府与制度》,北京大学出版社2008年版。

54.沙安文等:《政府间财政关系——国际经验评述》,人民出版社2006年版。

55.邵建东:《德国司法制度》,厦门大学出版社2010年版。

56.沈荣华:《中国地方政府学》,社会科学文献出版社2006年版。

57.沈亚平等:《当代西方公共行政》,天津大学出版社2004年版。

58.史世伟等:《德国经济数字地图2011》,科学出版社2012年版。

59.唐燕:《德国大都市地区的区域治理与协作》,中国建筑工业出版社2011年版。

60.谭融:《比较政治与比较公共行政》,南开大学出版社2008年版。

61.田发:《重构地方政府间财政关系——基于政府财政层级变革的分析》,中南财经政法大学博士学位论文,2005年。

62.童建挺:《德国联邦制的演变:1949—2009》,中央编译出版社2010年版。

63.王沪宁:《比较政治分析》,上海人民出版社1987年版。

64.王丽萍:《联邦制与世界秩序》,北京大学出版社2000年版。

65.王名等:《德国非营利组织》,清华大学出版社2006年版。

66.王友明:《跨越世纪的德国模式》,世界知识出版社2013年版。

67.王泽彩:《财政均富:中国财政体制目标模式研究》,吉林大学博士学位论文,2007 年。

68.王振宇:《完善我国现行财政管理体制研究》,东北财经大学博士学位论文,2007 年。

69.吴敬琏等:《渐进与激进》,经济科学出版社 1996 年版。

70.[美]吴量福:《政治学研究方法与论文撰写》,天津人民出版社 2007 年版。

71.吴友法:《德国现当代史》,武汉大学出版社 2007 年版。

72.武正弯:《德国外交战略:1989—2009》,中国青年出版社 2010 年版。

73.吴志成等:《欧洲研究前沿报告》,华东师范大学出版社 2007 年版。

74.吴志成:《当代各国政治体制——联邦德国和瑞士》,兰州大学出版社 1998 年版。

75.夏路:《复合权力结构与国家统一模式——对越南、德国、也门的比较研究》,中国社会科学出版社 2011 年版。

76.肖辉英等:《德国:世纪末的抉择》,当代世界出版社 2000 年版。

77.谢庆奎等:《府际关系的理论与实践》,天津教育出版社 2007 年版。

78.辛蔷:《融入欧洲——二战后德国社会的转向》,上海社会科学院出版社 2005 年版。

79.熊伟:《政府间财政关系的法律调整》,法律出版社 2010 年版。

80.许崇德:《各国地方制度》,中国检察出版社 1993 年版。

81.徐锋:《政党和政党制度比较研究》,东华大学出版社 2005 年版。

82.徐健:《近代普鲁士官僚制度研究》,北京大学出版社 2005 年版。

83.杨宏山:《府际关系论》,中国社会科学出版社 2005 年版。

84.杨述明:《论政府间财政关系》,武汉大学博士学位论文,2005 年。

85.杨之刚:《公共财政学:理论与实践》,远东人民出版社 1999 年版。

86.姚玲珍:《德国社会保障制度》,上海人民出版社 2011 年版。

87.姚先国等:《两德统一中的经济问题》,科学技术文献出版社 1996 年版。

88.叶娟丽:《行为主义政治学方法论研究》,武汉大学出版社 2005年版。

89.叶青:《德国财政税收制度研究》,中国劳动社会保障出版社 2000年版。

90.殷桐生:《德国外交通论》,外语教学与研究出版社 2010 年版。

91.俞可平:《西方政治学名著提要》,江西人民出版社 2000 年版。

92.张炳杰:《德国的历史与两个德国的现状》,旅游教育出版社 1988年版。

93.张紧跟:《当代中国地方政府间横向关系协调研究》,中国社会科学出版社 2006 年版。

94.张紧跟:《当代中国政府间关系导论》,社会科学文献出版社 2009年版。

95.张沛:《凤凰涅槃:德国西占区民主化改造研究》,世纪出版集团、上海人民出版社 2007 年版。

96.张千帆等:《中央与地方关系的法治化》,凤凰出版传媒集团、译林出版社 2009 年版。

97.张千帆:《法国与德国宪政》,法律出版社 2011 年版。

98.张千帆:《国家主权与地方自治——中央与地方关系的法治化》,中国民主法制出版社 2012 年版。

99.张志红:《当代中国政府间纵向关系研究》,天津人民出版社 2005年版。

100.赵永茂等:《府际关系》,台湾元照出版公司 2001 年版。

101.郑春荣:《中小企业:德国社会市场经济的支柱》,上海财经大学出版社 2003 年版。

102.政府间财政关系课题组:《政府间财政关系比较研究》,中国财政经济出版社 2004 年版。

103.周波:《政府间财力与事权匹配问题研究》,东北财经大学出版社 2009 年版。

104.周刚志:《论公共财政与宪政国家——作为财政宪法学的一种理论前言》,北京大学出版社 2005 年版。

105.周念利:《欧洲经济与货币联盟中的财政约束研究》,武汉大学出版社 2008 年版。

106.周淑真:《政党和政党制度比较研究》,人民出版社 2007 年版。

107.周振超:《当代中国政府"条块关系"研究》,天津人民出版社 2009 年版。

108.朱光磊:《现代政府理论》,高等教育出版社 2006 年版。

109.朱光磊:《政治学概要》,天津人民出版社 2008 年版。

110.朱秋霞:《德国财政制度》,中国财政经济出版社 2005 年版。

111.朱绍中:《德国在扩大的欧盟中》,同济大学出版社 2006 年版。

(二)译著

1.[德]埃贡·克伦茨:《89 年的秋天》,孙劲松译,中共中央党校出版社 2005 年版。

2.[德]埃贡·克伦茨:《大墙倾倒之际——克伦茨回忆录》,沈隆光等译,世界知识出版社 1991 年版。

3.[德]奥托·迈耶:《德国行政法》,刘飞译,商务印书馆 2013 年版。

4.[英]波普尔:《开放社会及其敌人》(第一卷),郑一明等译,中国社会科学出版社 1999 年版。

5.[法]布罗代尔:《资本主义论丛》,顾良等译,中央编译出版社 1997 年版。

6.[美]C.布雷德利·沙尔夫:《民主德国的政治与变革》,秦刚等译,春秋出版社 1988 年版。

7.[英]大卫·马什等:《政治科学的理论与方法》,景跃进等译,中国人民大学出版社 2006 年版。

8.[美]戴维·奥斯本等:《改革政府——企业精神如何改革着公营部门》,上海市政协编译组译,上海译文出版社 1996 年版。

9.[英]戴维·米勒等:《布莱克维尔政治学百科全书》,邓正来等译,中国政法大学出版社 1992 年版。

10.[英]戴雪:《英宪精义》,雷宾南译,中国法制出版社 2001 年版。

11.[美]道格拉斯·C.诺斯:《制度、制度变迁与经济绩效》,刘守英译,上海三联书店 1994 年版。

12.[英]弗里德里希·奥古斯特·哈耶克:《通往奴役之路》,王明毅等译,中国社会科学出版社 1997 年版。

13.[德]弗里德里希·菲尔斯滕贝格:《德意志联邦共和国社会结构》,黄传杰等译,上海译文出版社 1987 年版。

14.[德]格琳德·辛恩等:《冰冷的启动:从国民经济视角看德国统一》,晏扬译,上海三联书店 2012 年版。

15.[美]哈罗德·D.拉斯韦尔:《政治学——谁得到什么?何时和如何得到?》,杨昌裕译,商务印书馆 1992 年版。

16.[德]赫尔穆特·施密特:《不在其位》,许文敏译,青岛出版社 2010 年版。

17.[德]赫尔穆特·沃尔曼等:《比较英德公共部门改革——主要传统与现代化的趋势》,王锋等译,北京大学出版社 2004 年版。

18.[德]赫尔穆特·沃尔曼:《德国地方政府》,陈伟等译,北京大学出版社 2005 年版。

19.[美]亨廷顿:《变化社会中的政治秩序》,王冠华译,生活·读书·新知三联书店 1989 年版。

20.[美]华莱士·E.奥茨:《财政联邦主义》,陆符嘉译,译林出版社 2012 年版。

21.[英]惠尔:《联邦政府》,傅曾仁等译,商务印书馆 1991 年版。

22.[美]霍华德·威亚尔达:《非西方发展理论——地区模式与全球趋势》,董正华等译,北京大学出版社 2006 年版。

23.[美]霍华德·威亚尔达:《民主与民主化比较研究》,榕远译,北京大学出版社 2004 年版。

24.[美]加布里埃尔·A.阿尔蒙德等:《当代比较政治学:世界视野》,杨红伟等译,世纪出版集团、上海人民出版社 2010 年版。

25.[美]加布里埃尔·A.阿尔蒙德等:《比较政治学:体系、过程和政策》,曹沛霖等译,上海译文出版社 1987 年版。

26.[澳]杰佛瑞·布伦南等:《宪政经济学》,冯克利等译,中国社会科学出版社 2004 年版。

27.[德]卡尔·哈达赫:《二十世纪德国经济史》,扬绪译,商务印书馆 1984 年版。

28.[德]康拉德·阿登纳:《阿登纳回忆录》第一卷,上海外国语学院德法语系德语组译,上海人民出版社 1976 年版。

29.[德]克劳斯·冯·柏伊姆:《当代政治理论》,李黎译,商务印书馆 1990 年版。

30.[德]克里斯·桑希尔:《德国政治哲学:法的形而上学》,陈江进译,人民出版社 2009 年版。

31.[德]柯武刚等:《制度经济学:社会秩序与公共政策》,韩朝华译,商务印书馆 2000 年版。

32.[德]库特·宗特海默尔:《联邦德国政府与政治》,孙克武等译,复旦大学出版社 1985 年版。

33.[德]莱蒙德·谢德曼:《德国政治概况》,学林出版社 1999 年版。

34.[美]劳伦斯·迈耶等:《比较政治学——变化世界中的国家和理论》,罗飞等译,华夏出版社 2001 年版。

35.[美]理查德·A.马斯格雷夫:《比较财政分析》,董勤发译,上海人民出版社、上海三联书店 1996 年版。

36.[美]理查德·D.宾厄姆:《美国地方政府的管理——实践中的公共行政》,九洲译,北京大学出版社 1997 年版。

37.[德]路德维希·艾哈德:《来自竞争的繁荣》,祝世康等译,商务印书馆 1983 年版。

38.[德]卢夫特:《最后的华尔兹:德国统一的回顾与反思》,朱章才译,中央编译出版社 1995 年版。

39.［美］罗伯特·A.达尔:《现代政治分析》,王沪宁等译,上海译文出版社 1987 年版。

40.［美］罗伯特·吉尔平:《国际关系政治经济学》,杨宇光等译,经济科学出版社 1992 年版。

41.［德］马克斯·韦伯:《学术与政治》,冯克利译,生活·读书·新知三联书店 1998 年版。

42.［美］迈克尔·罗斯金:《政治科学》,林震等译,华夏出版社 2001 年版。

43.［法］孟德斯鸠:《论法的精神》,张雁深译,商务印书馆 1987 年版。

44.［德］米勒·阿尔马克:《联邦德国社会市场经济调查》,企业管理出版社 1984 年版。

45.［俄］米·谢·戈尔巴乔夫:《我与东西德统一》,王尊贤译,中央编译出版社 2006 年版。

46.［法］乔治·埃斯蒂厄弗纳尔:《德意志联邦共和国政党》,上海师范大学外语系法语专业 1975 届工农兵学员及部分教员译,上海人民出版社 1976 年版。

47.［加］乔治·安德森:《联邦制导论》,田飞龙译,中国法制出版社 2009 年版。

48.［美］R.科斯等:《财产权利与制度变迁——产权学派与新制度学派译文集》,刘守英译,上海三联书店、上海人民出版社 1994 年版。

49.［意］萨尔沃·马斯泰罗内:《欧洲政治思想史——从十五世纪到二十世纪》,黄华光译,社会科学文献出版社 2001 年版。

50.［美］斯蒂芬·范埃弗拉:《政治学研究方法指南》,陈琪译,北京大学出版社 2006 年版。

51.［日］松村歧夫:《地方自治》,孙新译,经济日报出版社 1989 年版。

52.［法］托克维尔:《论美国的民主》上卷,董果良译,商务印书馆 1988 年版。

53.［德］托马斯·迈尔:《社会民主主义的转型——走向 21 世纪的社会

民主党》,殷叙彝译,北京大学出版社 2001 年版。

54.[德]韦·阿贝尔斯豪泽:《德意志联邦共和国经济史:1945—1980年》,张连根等译,商务印书馆 1988 年版。

55.[德]威廉·格雷韦:《西德外交风云纪实》,梅兆荣等译,世界知识出版社 1984 年版。

56.[德]沃尔夫冈·鲁茨欧:《德国政府与政治》,熊炜等译,北京大学出版社 2010 年版。

57.[德]乌尔里希·罗尔:《德国经济:管理与市场》,顾俊礼等译,中国社会科学出版社 1995 年版。

58.[英]伊夫·梅尼等:《西欧国家中央与地方的关系》,朱建军等译,春秋出版社 1989 年版。

59.[英]约翰·格林伍德等:《英国行政管理》,汪淑钧译,商务印书馆 1991 年版。

60.[德]于尔根·罗特:《繁荣的背后——联邦德国的社会现实》,罗国文等译,世界知识出版社 1992 年版。

61.[德]于尔根·罗特:《联邦共和国的贫困:论精神和物质的贫困化》,北京第二外国语学院德语专业 72 级工农兵学员及部分教师、商务印书馆翻译组合译,商务印书馆 1975 年版。

(三)英文著作

1.A.Mc Grew,*The Transformation of Democracy?* Polity Press,1997.

2.Allum Percy,*State and Society in Western Europe*,Cambridge:Polity Press,1995.

3.B.Guy Peters,*Institutional Theory in Political Science:The New Institutionalism*,London and New York:Wellington House,1999.

4.C.Pickvance,E.Preteceille,*State Restructuring and Local Power*,London:Printer,1991.

5.Carl J.Friedrich,*Trends of Federalism in Theory and Practice*,New York:

Praeger, 1968.

6. Christine I. Wallich, *Fiscal Decentralization: Intergovernmental Relations in Russia*, Washington D.C.: World Bank, 1992.

7. Dan Stegarescu, *Decentralised Government in an Integrating World: Quantitative Studies for OECD Countries*, Heidelberg: Springer Science & Business, 2006.

8. Deil S. Wright, *Understanding Intergovernmental Relations*, Belmont: Wadsworth Inc, 1988.

9. Dennis Mueller, *Perspectives on Public Choice*, New York: Cambridge University Press, 1997.

10. Dilger Robert Jay, *American Intergovernmental Relations Today: Perspectives and Controversies*, Englewood Cliffs, N.J.: Prentice-Hall Press, 1986.

11. Douglass C. North, *Institutions, Institutional Change and Economic Performance*, Cambridge University Press, 1990.

12. *Federal Expenditure Policy for Economic Growth and Stability*, Washington D.C.: Joint Economic Committee. Subcommittee on Fiscal Policy, 1957.

13. George J. Stigler, " *The Tenable Range of Functions of Local Government*", U. S. Congress: Joint Economics Committee, *Federal Expenditure Policy for Economic Growth and Stability*, Washington D.C., 1957.

14. Gittell Marilyn, *State Politics and the New Federalism: Readings and Commentary*, New York: Longman Press, 1986.

15. Glaessner Gert Joachim, *The Unification Process in Germany: From Dictatorship to Democracy*, London: Pinter Publishers, 1992.

16. Gordan Smith, *Democracy in West Germany: Parties and Politics in the Federal Republic*, London: Heinemann, 1979.

17. Horst Seibert, *The German Economy*, Princeton University Press, 2005.

18. Ivo D. Duchacek, *Comparative Federalism: The Territorial Dimension of Politics*, Lanham Md: University Press of America, 1987.

19. Jeremy Leaman, *The Political Economy of Germany under Chancellors Kohl and Schröder: Decline of the German Model?*, New York: Berghahn Books, 2009.

20. John Gibson, Richard Batley, *Financing European Local Governments*, London: Routledge, 1993.

21. John Stuart Mill, *A System of Logic*, Toronto: University of Toronto Press, 1973.

22. Katzenstein P. J., *Policy and Politics in West Germany: The Growth of a Semi-Sovereign State*, Philadelphia: Temple University Press, 1987.

23. Laurence J. O'Toole, *American Intergovernmental Relations: Foundations, Perspectives, and Issues*, Washington, D.C.: Congressional Quarterly Press, 1985.

24. Lucian W. Pye, Sidney Verba, *Political Culture and Political Development*, Princeton University Press, 1965.

25. Manfred Görtemaker, *Unifying Germany 1989–1990*, New York: St Martin's Press, 1994.

26. N. N. Agarwal, *Principle of Political Science*, New Delhi: Ram Chand & Co., 1984.

27. Norton A., *International Handbook of Local and Regional Government*, Aldershot: Edward Elgar, Hants, 1994.

28. Pantelis Capros, Daniele Meulders, *Budgetary Policy Modelling: Public Expenditures*, London: Routledge, 1997.

29. Rhodes R. A. W., *Beyond Westminister and Whitehall: The Sub-Central Government of Britain*, London: Unwin Hyman, 1988.

30. Richard A. Musgrave, *Public Finance in Theory and Practice: A Study in Public Economy*, New York: McGraw-Hill Press, 1959.

31. Richard W. Tresh, *Public Finance: A Normative Theory*, Boston: Academic Press, 2002.

32. Roberts H. Bates, *Beyond the Miracle of the Market: The Political*

Economy of Agrarian Development in Kenya, Cambridge and New York: Cambridge University Press, 1989.

33. Sam Egite Oyovbaire, *Federalism in Nigeria: A Study in the Development of the Nigerian State*, St. Martin's Press, 1985.

34. Simon Green, Dan Hough, Alister Miskimmon, Graham Timmins, *The Politics of the New Germany*, London: Routledge, 2008.

35. Simon Green, William E. Paterson, *Governance in Contemporary Germany: The Semisovereign State Revisited*, New York: Cambridge University Press, 2005.

36. Thomas R. Dye, *American Federalism: Competition among Governments*, Lexington, Mass: Lexington Books Press, 1990.

37. Treuhandanstalt, *The Chance of the 90's: Investing in Eastern Germany*, Berlin, 1991.

38. Ursula K. Hicks, *Federalism: Failure & Success*, The Macmillan Press Ltd., 1978.

39. Vicki C. Jackson, Mark V. Tushnet, *Comparative Constitutional Law*, New York: Foundation Press, 1999.

40. Wallance E. Oates, *Fiscal Federalism*, New York: Harcour Brace Jovanovich, 1972.

41. Warwick J. Mckibbin, Jeffrey D. Sachs, *Global Linkages: Macroeconomic Interdependence and Cooperation in the World Economy*, Washington D.C.: Brookings Institution Press, 1991.

42. William Anderson, *Intergovernmental Relations in Review*, Minneapolis: University of Minnesota Press, 1960.

43. William H. Ricker, *Federalism: Origin, Operation, Significance*, Boston: Little Brown, 1961.

（四）德文著作

1. A. Benz, *Politik im Mehrebenensystem*, Wiesbaden: VS Verlag, 2009.

2. Abromeit H., *Der verkappte Einheitsstaat*, Opladen: Leske+Budrich, 1992.

3. Alexander Hanebeck, *Der demokratische Bundesstaat des Grundgesetzes*, Berlin, 2004.

4. Arthur Rich, *Wirtschaftsethik, Band Ⅱ: Marktwirtschaft, Planwirtschaft, Weltwirtschaft aus sozialethischer Sicht*, Gütersloh, 1990.

5. Bertelsmann Stiftung, *Bürger und Föderalismus-Eine Umfrage zur Rolle der Bundesländer*, Gütersloh: Bertelsmann Stiftung, 2008.

6. *BT-Drucks*, Ⅳ/3799.

7. Bundesministerium der Finanzen, *Bund-Länder Finanzbeziehungen auf der Grundlage der geltenden Finanzverfassungsordnung*, Okt, 2003.

8. C. B. Blankart, *Öffentliche Finanzen in der Demokratie*, München: Franz Vahlen, 1994.

9. Charles B. Blankart, *Öffentliche Finanzen in der Demokratie: eine Einführung in die Finanzwissenschaft*, München: Vahlen, 2008.

10. Deutsche Bundesbank, *Entwicklung der Staatsverschuldung seit Mitte der achtziger Jahre*, Monatsbericht: Deutsche Bundesbank, 1991.

11. E. Jesse, K. Löw, *50 Jahre Bundesrepublik Deutschland*, Berlin: Duncker und Humblot, 1999.

12. Europäisches Zentrum für Föderalismus-Forschung Tübingen, *Jahrbuch des Föderalismus 2008*, Baden-Baden: Nomos, 2009.

13. Falk Esche, Jürgen Hartmann, *Handbuch der deutschen Bundesländer*, Frankfurt/M. und New York, 1990.

14. Franz Josef Strauss, *Die Finanzverfassung*, München/Wien: Günter Olzog, 1969.

15. Fritz Nicklisch, *Die Bindung der Gerichte an gestaltende Gerichtsentscheidungen und Verwaltungsakte*, Nomos, 1965.

16. Fritz Ossenbühl, *Föderalismus nach 40 Jahren Grundgesetz*, Deutsches Verwaltungs blatt, Jg. 104, 1989.

17.Fritz Scharpf, Bernd Reissert, Fritz Schabel, *Politikverflechtung*: *Theorie und Empirie des kooperativen Föderalismus in der Bundesrepublik*, Kronberg/Taunus: Scriptor Verlag, 1976.

18. Gerhard Lehmbruch, *Parteienwettbewerb im Bundesstaat. Regelsysteme und Spannungslage im Institutionsgefüge der Bundesrepublik Deutschland*, Opladen, 1998.

19.Grunow Dieter, *Bürgernahe Verwaltung*, Frankfurt/New York: Campus, 1988.

20.H.Scheller, J.Schmid, *Föderale Politikgestaltung im deutschen Bundesstaat-Variable Verflechtungsmuster in Politikfeldern*, Baden-Baden: Nomos, 2008.

21.Hans-Hermann Hartwich, *Macht und Ohnmacht politischer Institutionen*, Opladen, 1990.

22. Hans-Peter Schwarz, *Die Bundesrepublik Deutschland-Eine Bilanz nach 60 Jahren*, München, 2008.

23.Hartmut Klatt, *Parlamentarisches System und bundesstaatliche Orrdnung. Konkurrenzföderalismus als Alternative zum kooperativen Bundesstaat*, Aus Politik und Zeitgeschichte, B-31, 1982.

24. Heiderose Kilper, Roland Lhotta, *Föderalismus in der Bundesrepublik Deutschland*, Opladen: Leske+Budrich, 1996.

25.Heidrun Abromeit, *Der verkappte Einheitsstaat*, Opladen, 1992.

26. Heinz Laufer, Ursula Münch, *Das föderativ System der Bundesrepublik Deutschland*, Opladen, 1998.

27.Horst Dreier, Art. 28 Rn. 162; *Edzard Schmidt-Jotzig/ Jürgen Makswit*, Handbuch des kummunalen Finanz-und Haushaltesrechts, 1990.

28.Huhn/Witt, *Föderalismus in Deutschland. Traditionen und gegenwärtige Probleme*, Baden-Baden, 1992.

29.J.J.Hesse, *Politikverflechtung im föderalen Staat*, Baden-Baden: Nomos, 1978.

30. Joachim Jens Hesse, Benz Arthur, *Die Modernisierung der Staatsorgani-sation*, *Baden-Baden*, 1990.

31. Jörg Bogumil, *Modernisierung Lokaler Politik*, Baden-Baden: Nomos, 2001.

32. Josef Isensee, Paul Hirchhof, *Handbuch des Staatsrechts der Bundesrepublik Deutschland*, Frankfurt a.M., 1990.

33. Jürgen W. Hidien, *Der bundesstaatliche Finanzausgleich in Deutschland*, Baden-Baden, 1998.

34. K. Wolf, *Staat und Gesellschaft-fähig zur Reform?*, Baden-Baden: Nomos, 2007.

35. Konrad Hesse, *Der unitarische Bundesstaat*, Karlsruhe: C.F.Müller, 1962.

36. Manfred G. Schmidt, *Das politische System Deutschlands*, München, 2007.

37. Michael Bothe, *Die Kompetenzstruktur des modemen Bundesstaates in re-chtvergleichender Sicht*, Berlin: Springer Verlag, 1997.

38. Nipperdey Thomas, *Nachdenken über die deutsche Geschichte*, München, 1986.

39. Peter Massing, *Das Demokratien odell der Bundesrepublik Deutschland: Grundstruktur*, *Prinzipien*, *Systematik*, Schwalbach: Wochenschau-Verlag, 2002.

40. Rainer Robra, *Föderalismusreform und Europapolitik*, Baden-Baden: No-mos, 2007.

41. Roland Sturm, *Die Föderalismus-Reform Ⅰ : Erfolgreiche Verfassungspoli-tik?*, Ralf Th. Baus/Thomas Fischer/ Rudolf Hrbek(Hrsg.), 2007.

42. Roland Sturm, *Föderalismus in Deutschland*, Opladen: Leske + Budrich, 2001.

43. Siegfried Mielke, Werner Reutter, *Länderparlamentarismus in Deutschland*, Wiesbaden, 2004.

44. *Staatswissenschaften und Staatspraxis*, 4 Jg., 1993.

45. Theodor Rittersprach, Willi Geiger, *Festschrift für Gebhard Müller zum*

70. Geburtstag, Tübingen, 1970.

46. Thomas Ellwein, Everhard Holtmann, *50 Jahre Bundesrepublik Deutschland*, Opladen: Wiesbaden, 1999.

47. Thomas Ellwein, Joachim Jens Hesse, Renate Mayntz, Fritz W. Scharpf, *Jahrbuch zur Staat-und Verwaltungswissenshcaft*, Baden-Baden, 1988.

48. Thomas Fisher, *Föderalismusreform in Deutschland*, Gütersloh, 2004.

49. Werner Rittershofer, *Wirtschaftslexikon*, München, 2000.

50. Wolfgang Renzsch, *Finanzverfassung und Finanzausgleich: Die Auseinandersetzung en um ihre politische Gestaltung in der Bundesrepublik Deutschland zwischen Währungsreform und deutscher Vereinigung（1948 – 1990）*, Bonn: Dietz, 1991.

51. Wollmann Hellmut, Roth Roland, *Kommunalpolitik*, Opladen: Leske + Budrich, 1999.

二、论文

（一）中文论文

1. 蔡和平:《行政地方化下的地方自治——德国行政层级改革与借鉴》,《行政管理改革》2010 年第 6 期。

2. 蔡立辉等:《西方国家债务危机的政治学分析——选举民主的制度缺陷》,《学术研究》2012 年第 2 期。

3. 蔡言楚:《联邦德国财政在社会市场经济中的作用》,《财政》1987 年第 12 期。

4. 蔡玉文:《德国政府间财政关系简介》,《中国财政》2002 年第 3 期。

5. 财政部财政监督管理考察团:《德国财政管理与财政监督借鉴》,《财政监督》2008 年第 11 期。

6. 财政部赴德"中级财政管理培训班"考察团:《德国财政管理考察报告》,《财政研究》1999 年第 1 期。

7. 财政部条法司等:《德国财政法律体系及财政立法制度考察报告》,

《财政研究》2006 年第 2 期。

8.财政部行政政法司:《德国公共财政支出管理》,《中国财政》2008 年第 19 期。

9.陈承新:《德国行政区划与层级的现状与启示》,《政治学研究》2011 年第 1 期。

10.陈家刚:《德国地方治理中的公共品供给——以德国莱茵-法尔茨州 A 县为例的分析》,《经济社会体制比较》2006 年第 1 期。

11.陈家刚:《法治框架下德国地方治理:权力、责任与财政——以德国莱茵-法尔茨州 A 县为例的分析》,《公共管理学报》2006 年第 2 期。

12.陈吉元等:《联邦德国的财政均衡政策》,《经济学动态》1995 年第 5 期。

13.陈那波:《历史比较分析的复兴》,《公共行政评论》2008 年第 3 期。

14.陈武:《联邦德国的财政政策》,《改革与战略》1992 年第 6 期。

15.丛安妮等:《法国、德国财政中长期计划编制方法值得借鉴——法国、德国财政中长期计划考察报告》,《财政研究》2000 年第 5 期。

16.崔景华:《欧洲主要发达国家近期税制改革动向及对我国的启示》,《欧洲研究》2007 年第 4 期。

17.丁纯:《德国医疗保障制度:现状、问题与改革》,《欧洲研究》2007 年第 6 期。

18.丁纯:《统一后德国经济发展的回眸与前瞻》,《欧洲》1996 年第 3 期。

19.丁淼:《联邦德国的财政税收制度》,《欧洲》1996 年第 6 期。

20.董礼胜等:《英、法、德三国政府改革的实践经验及其对我国的启示》,《欧洲研究》2006 年第 6 期。

21.董书慧:《联邦德国财政政策与财政体系》,《南开经济研究》1998 年增刊。

22.杜智刚:《德国东部 10 年建设对我国西部开发的启示》,《经济学家》2000 年第 5 期。

23.方立:《联邦德国中央与地方的关系——赴德国考察访问报告》,《党校科研信息》1994 年第 Z1 期。

24.冯英华等:《经济全球化对欧洲福利国家的挑战——以德国为例》,《国际观察》2005 年第 3 期。

25.傅道忠等:《德国经济政策实践及其借鉴》,《当代财经》2003 年第 2 期。

26.高爱贺等:《联邦德国中央与地方的财政关系》,《欧洲》1993 年第 6 期。

27.高飞等:《国外关于经济增长的政治学研究综述》,《北京行政学院学报》2012 年第 4 期。

28.高关中:《联邦德国各级财政之间的平衡问题》,《西欧研究》1990 年第 3 期。

29.葛筑英:《联邦德国财政平衡制度及启示》,《财政研究》2002 年第 10 期。

30.顾俊礼:《德国统一五年后东部的社会经济考察报告》,《德国研究》1996 年第 3 期。

31.郭冬梅:《德国对日本近代地方自治的影响——以格奈斯特、莫塞和山县有朋的地方自治观为中心》,《日本学论坛》2007 年第 4 期。

32.郭景仪:《联邦德国财政政策探索》,《世界经济文汇》1985 年第 4 期。

33.郭小沙:《柏林与勃兰登堡合并失败的前因后果》,《德国研究》1996 年第 4 期。

34.海信:《德国解决地区发展不平衡的财政措施》,《中国经贸导刊》2000 年第 16 期。

35.河北省财政厅赴德考察团:《德国的财政体制和转移支付》,《财政研究》1994 年第 10 期。

36.河北省财政厅赴德考察团:《德国的财政职能》,《财政》1994 年第 9 期。

37.何成军:《德国小城市(镇)财政管理体系》,《中国财政》1997 年第 5 期。

38.黄立华:《论欧元时代德国财政政策的困境与出路》,《当代经理人》2005 年第 15 期。

39.胡庄君:《德国财政预算制度》,《欧洲》1993 年第 5 期。

40.胡庄君:《德国财政制度及其借鉴意义》,《经济导刊》1994 年第 1 期。

41.贾康:《正确把握大思路,配套推进分税制——兼与"纵向分两段,横向分两块"的自主商榷》,《中央财经大学学报》2005 年第 12 期。

42.江建平等:《德国辅佐经济和谐发展的公共财政政策及其借鉴》,《江海学刊》2006 年第 4 期。

43.金碚等:《德国金融危机救援行动的评析及对中国的启示》,《中国工业经济》2009 年第 7 期。

44.靳永翥:《德国地方政府公共服务体制改革与机制创新探微》,《中国行政管理》2008 年第 1 期。

45.德国财政预算政策研究课题组:《德国财政预算政策研究》,《中国财政》2012 年第 10 期。

46.赖海榕:《乡村治理的国际比较——德国、匈牙利和印度经验对中国的启示》,《经济社会体制比较》2006 年第 1 期。

47.梁文永等:《德国财政转移支付制度的特色》,《中国财政》2008 年第 4 期。

48.梁志建:《德国联邦宪法法院 1999 年"财政平衡法"规范审查案判决述评——兼论德国宪法框架下的财政平衡法之借鉴》,《德国研究》2006 年第 1 期。

49.连玉如:《浅论德意志联邦共和国政治体制特点》,《国际政治研究》1998 年第 1 期。

50.廖明:《联邦德国财政税收制度综述》,《经济社会体制比较》1993 年第 4 期。

51.林纯洁:《德国地方治理对中国改革的启示》,《学习月刊》2009 年第 2 期。

52.林尚立:《重构府际关系与国家治理》,《探索与争鸣》2011 年第 1 期。

53.林晓:《德国财政的平衡原则与方法》,《德国研究》1995 年第 1 期。

54.刘军:《德国分税制财政体制及其借鉴》,《涉外税务》1996 年第 7 期。

55.刘溶沧等:《德国政府间财政转移支付制度考察报告》,《财贸经济》1995 年第 12 期。

56.刘晓鸥:《德国财政监督与管理概况及启示》,《沈阳大学学报》2002 年第 3 期。

57.刘兴华:《从德国赤字超标看欧盟财政约束规则面临的挑战》,《德国研究》2010 年第 4 期。

58.刘兴华:《德国财政政策与货币政策的走向及其协调》,《德国研究》2009 年第 4 期。

59.刘银喜:《财政联邦主义视角下的政府间关系》,《中国行政管理》2008 年第 1 期。

60.罗湘衡:《财政联邦主义理论及政府间关系分析模式概述》,《天水行政学院学报》2010 年第 3 期。

61.罗湘衡:《德国政府间财政关系:危机与前景》,《当代世界》2010 年第 6 期。

62.罗湘衡:《欧债危机中的德国角色》,《南风窗》2012 年第 19 期。

63.罗湘衡:《欧洲主权债务危机中的德国》,《理论视野》2012 年第 4 期。

64.罗湘衡:《政府间财政平衡体系与府际关系的调整——以统一后的德国为例》,《上海行政学院学报》2012 年第 2 期。

65.马海涛:《政府间事权与财力、财权划分的研究》,《理论视野》2009 年第 10 期。

66.马颖:《德国财政平衡的区域政策功能及其对我国的启示》,《中州学刊》1997 年第 5 期。

67.马颖:《德国的财政平衡与区域经济均衡发展》,《经济评论》1996 年第 6 期。

68.梅兆荣:《德国统一后东部地区的转轨情况》,《德国研究》2003 年第 3 期。

69.欧文汉:《循环经济与财税政策——德国循环经济发展概况及启示》,《财政研究》2006 年第 3 期。

70.庞明礼:《"省管县":我国地方行政体制改革的趋势?》,《中国行政管理》2007 年第 6 期。

71.齐守印:《德国的财政体制和转移支付》,《财政研究》1994 年第 10 期。

72.裴元伦:《德国的财政体制是如何运转的?》,《德国研究》1994 年第 2 期。

73.任运河:《利用财税杠杆发展循环经济——德国的经验及启示》,《国家行政学院学报》2006 年第 4 期。

74.邵学峰等:《日德财政分权体制对地方经济发展的影响》,《现代日本经济》2008 年第 5 期。

75.申斌:《当前我国政府间关系的研究:概念与视角》,《思想战线》2013 年第 2 期。

76.申海平:《通过基层自治发展基层民主——来自德国的启示》,《法学》2007 年第 12 期。

77.沈建等:《德国社会养老保障制度及其启示》,《宏观经济管理》2008 年第 6 期。

78.申亮等:《德国的财政平衡机制及对我国的启示》,《山东财政学院学报》2002 年第 5 期。

79.隋学礼:《互助原则还是竞争机制? ——艰难的德国医疗制度改革》,《经济社会体制比较》2012 年第 4 期。

80.孙柏英:《新政治经济学与当代公共行政》,《北京行政学院学报》2002 年第 3 期。

81.孙开:《德国各级政府间的财政关系及启示》,《德国研究》1996 年第 2 期。

82.孙敏:《促进东西部的平衡发展——德国重新统一后的财税政策对我国的借鉴意义》,《财政研究》2001 年第 11 期。

83.孙敏:《促进东西部的平衡发展——德国重新统一后的财税政策对我国的借鉴意义》,《涉外税务》2001 年第 5 期。

84.孙晓青:《欧盟的财政经济政策趋同与德国经济的政策调节》,《德国研究》2003 年第 1 期。

85.谭融等:《论德国的政府间关系》,《汕头大学学报(人文社会科学版)》2009 年第 5 期。

86.谭融等:《论德国的政府间财政关系》,《南开学报(哲学社会科学版)》2007 年第 5 期。

87.田芳:《德国地方自治基本理论及其宪法保障制度》,《南京大学法律评论》2006 年秋季号。

88.田芳:《地方自治的宪法保障——以德国基本法规范及宪法诉讼为考察对象》,《时代法学》2007 年第 5 期。

89.田宇:《德国财政管理与财政监督的借鉴与启示》,《决策与信息》2005 年增刊。

90.童建挺:《德国联邦制的"欧洲化"——欧洲一体化对德国联邦制的影响》,《欧洲研究》2009 年第 6 期。

91.童建挺:《联邦制的分权功能——基于美国、瑞士、加拿大、德国、奥地利和澳大利亚的比较》,《经济社会体制比较》2009 年第 3 期。

92.王佳:《分权、争议与解决:公法视野下的德国联邦制》,《云南行政学院学报》2011 年第 3 期。

93.王丽萍:《联邦制国家中央与地方的财政关系》,《经济社会体制比较》1996 年第 5 期。

94.王丽萍:《论联邦制国家的特征与类型》,《北京大学学报(哲学社会科学版)》1997年第1期。

95.王明芳:《权威主义政治文化与德国国家性格的改变》,《欧洲研究》2005年第6期。

96.王绍光:《中国财政转移支付的政治逻辑》,《战略与管理》2002年第3期。

97.王玮:《中国能引入横向财政平衡机制吗?——兼论"对口支援"的改革》,《财贸研究》2010年第2期。

98.王信等:《20世纪60—70年代围绕西德马克升值的争论及启示》,《经济社会体制比较》2011年第5期。

99.王学勇:《德国经济缘何陷入困境》,《当代世界》2004年第5期。

100.王勇兵:《德国地方政府治理及其改革与创新》,《中国行政管理》2006年第10期。

101.王志强等:《德国:由主权统一到内部统一》,《德国研究》2004年第1期。

102.韦彬:《整体性治理分析框架下的府际关系建构研究》,《学术论坛》2013年第6期。

103.吴卫生:《地方政府的产生与发展比较研究》,《江汉论坛》1997年第12期。

104.郤继红:《德国地方政府公共管理改革新方向——"新的掌舵模式"》,《经济社会体制比较》2005年第6期。

105.肖本明:《浅论德国地方政府行政管理特点》,《唯实》2006年第2期。

106.肖捷:《联邦德国财政体制的基本模式及其启示》,《管理世界》1991年第2期。

107.肖捷:《联邦德国的财政体制》,《财政》1988年第11期。

108.肖浦嵘:《中德区域经济在国家财政政策方面的分析比较》,《德国研究》2006年第3期。

109.谢赤:《市场经济中的"计划"——德国财政预算计划剖析》,《国外社会科学》1995 年第 6 期。

110.谢庆奎:《中国政府的府际关系研究》,《北京大学学报(哲学社会科学版)》2000 年第 1 期。

111.谢汪送:《社会市场经济:德国模式的解读与借鉴》,《经济社会体制比较》2007 年第 2 期。

112.辛蔷:《德国联邦制改革与欧洲一体化的深化——联邦与州面临创新挑战》,《德国研究》2006 年第 2 期。

113.许闲:《财政视角下德国能源税收征管及其对我国的借鉴》,《德国研究》2011 年第 3 期。

114.许闲:《德国权力制衡模式下的政府间财政关系》,《经济社会体制比较》2011 年第 5 期。

115.许闲:《德国政府间三级事权划分与财政支出》,《中国财政》2009 年第 17 期。

116.颜德如等:《中国府际关系的现状及发展趋向》,《学习与探索》2012 年第 4 期。

117.杨龙等:《论制度的结构、功能与绩效》,《理论与改革》2006 年第 2 期。

118.杨龙:《新制度主义理论与中国的政治经济学》,《教学与研究》2005 年第 7 期。

119.杨瑞梅:《德国地方政府供给乡村公共物品的经验和启示》,《海南大学学报(人文社会科学版)》2006 年第 3 期。

120.杨伟国等:《德国"哈茨改革"及其绩效评估》,《欧洲研究》2007 年第 3 期。

121.杨解朴:《德国福利国家的自我校正》,《欧洲研究》2008 年第 4 期。

122.殷桐生:《德国大联盟政府经济政策剖析》,《国际论坛》2006 年第 4 期。

123.殷桐生:《德国经济与"德国病"》,《国际论坛》2001 年第 2 期。

124.殷晓:《日本联邦德国分级财政体制几条值得借鉴的经验》,《浙江社会科学》1990 年第 5 期。

125.袁方成等:《地方治理的域外经验:德国 Berlin-Lichtenberg 区的参鉴》,《社会主义研究》2009 年第 4 期。

126.苑建华:《德国近年来经济状况剖析》,《国际论坛》2005 年第 3 期。

127.张东明:《进入后经济危机时期联邦德国政府财政收支滚动预算趋势分析》,《财政研究》2011 年第 11 期。

128.张光:《美国地方政府的设置》,《政治学研究》2004 年第 1 期。

129.张红梅:《公共管理变化过程分析:德国地方政府财政改革案例研究》,《中央民族大学学报(哲学社会科学版)》2008 年第 4 期。

130.张晋武:《中国政府间收支权责配置原则的再认识》,《财贸经济》2010 年第 6 期。

131.张明军等:《论和谐地方政府间关系的构建:基于府际治理的新视角》,《中国行政管理》2007 年第 11 期。

132.张启春等:《缩小东西部差距:德国财政平衡制度及借鉴》,《国家行政学院学报》2004 年第 1 期。

133.张人骥:《联邦德国州财政平衡体制及对我国财政改革的启示》,《外国经济与管理》1991 年第 9 期。

134.张世鹏:《历史比较中的欧洲"第三条道路"》,《欧洲》1999 年第 2 期。

135.张通等:《德国政府间财政转移支付制度考察报告》,《财政研究》1997 年第 3 期。

136.张文江:《府际关系的理顺与跨域治理的实现》,《云南社会科学》2011 年第 3 期。

137.张永生:《政府间事权与财权如何划分?》,《经济社会体制比较》2008 年第 2 期。

138.张永生:《中央与地方的政府间关系:一个理论框架及其应用》,《经济社会体制比较》2009 年第 2 期。

139.[德]詹·沃纳等:《德国联邦州之间的财力均衡》,《财政研究》2004 年第 7 期。

140.赵聚军:《政府间核心公共服务职责划分的理论与实践——OECD 国家的经验和借鉴意义》,《中央财经大学学报》2008 年第 11 期。

141.赵永冰:《德国的财政转移支付制度及对我国的启示》,《财经论丛》2001 年第 1 期。

142.周振超:《基于"中国故事"的政府间关系研究:方法论层次的反思》,《政治学研究》2010 年第 4 期。

143.周振超:《联邦制国家政府间纵向关系的主要模式分析》,《黑龙江社会科学》2008 年第 4 期。

144.朱光磊等:《超越税务:乌海联合办税对中国"府际关系"发展的启示》,《北京行政学院学报》2010 年第 6 期。

145.朱贵昌:《一部研究德国政府与政治的力作——评〈德国政府与政治〉》,《德国研究》2002 年第 4 期。

146.卓越:《联邦德国政府制度若干问题研究》,《欧洲》1996 年第 3 期。

147.朱秋霞:《论中国政府间财政分配制度理论依据之缺失——以德国和美国制度比较为角度》,《经济社会体制比较》2007 年第 5 期。

148.朱秋霞:《土地税收入在德国市镇财政中的作用》,《税务研究》2006 年第 7 期。

149.祝小芳:《分权模式下的横向财政均衡——德国的经验与启示》,《财政研究》2005 年第 9 期。

150.朱忠武:《科尔政府时期德国经济稳定增长的原因探析》,《世界历史》1992 年第 4 期。

151.左然:《联邦德国地方政府财政平衡计划》,《中国行政管理》1995 年第 4 期。

(二)翻译论文

1.[澳]布莱恩·R.奥帕斯金:《联邦制下的政府间关系机制》,黄觉译,

《国际社会科学杂志(中文版)》2002 年第 1 期。

2.[美]查尔斯·R.汉克拉:《财政分权何时有利于治理?》,王哲译,《经济社会体制比较》2012 年第 4 期。

3.[加]戴维·卡梅伦:《政府间关系的几种结构》,张大川译,《国际社会科学杂志(中文版)》2002 年第 1 期。

4.[德]迪尔特·格诺若等:《德国的行政改革——以公民参与及公共部门与私人部门之间关系为例》,邵明阳译,《经济社会体制比较》2007 年第 1 期。

5.[德]赫尔穆特·沃尔曼:《从公共部门转向私有部门,再回归公共部门?——欧洲国家的服务提供:介于国家、地方政府和市场之间》,姜文译,《德国研究》2011 年第 2 期。

6.[德]赫尔穆特·沃尔曼:《改革地方领导力和地方民主:对英国、瑞典、德国和法国的比较研究》,庞娟译,《经济社会体制比较》2008 年第 1 期。

7.[德]赫尔穆特·沃尔曼等:《居于"地域性"和"功能性"之间的国家组织——基于法国和德国的比较研究》,杨大群编译,《经济社会体制比较》2010 年第 5 期。

8.[德]赫尔穆特·沃尔曼:《社会公共服务提供模式再市政化了吗?——欧洲国家的经验及其对转型国家的启示》,王宇锋译,《经济社会体制比较》2011 年第 4 期。

9.[德]赫尔穆特·沃尔曼:《市民社会在德国——讨论分支以及政治社会现实》,俞宙明译,《德国研究》2008 年第 3 期。

10.[德]赫尔穆特·沃尔曼:《四国地方政府改革比较研究》,孙存良等译,《经济社会体制比较》2007 年第 1 期。

11.[德]赫尔穆特·沃尔曼:《在连贯和变革之间实现地方政府现代化——基于英国、瑞典、法国、德国、西班牙和匈牙利六国的跨国比较》,杨大群译,《经济社会体制比较》2008 年第 6 期。

12.[美]华莱士·E.奥茨:《财政联邦制述评》,刘承礼译,《经济社会体制比较》2011 年第 5 期。

13. [德]莱纳·皮恰斯:《德国、欧盟和英美国家行政改革的介绍和比较》,郑春荣译,《上海行政学院学报》2004 年第 4 期。

14. [德]麦克尔·克罗米林:《联邦制中的争端解决》,黄觉译,《国际社会科学杂志(中文版)》2002 年第 1 期。

15. [德]诺贝尔特·安德尔:《联邦德国的财政平衡》,柴野译,《经济社会体制比较》1990 年第 5 期。

16. [德]乔基姆·思韦纳特:《休克疗法与制度移植:新的争论以及 1806 年后普鲁士和西南德国改革的启示》,孙景宇等译,《经济社会体制比较》2012 年第 2 期。

17. [德]萨宾·库尔曼等:《评估地方政府层面的制度改革:一个有待研究的领域》,陈雄兵等译,《经济社会体制比较》2012 年第 3 期。

18. [德]瓦尔特劳德·舍尔克勒:《欧洲经济货币联盟经济治理理论与实践的回顾》,吴宇译,《南开学报(哲学社会科学版)》2010 年第 5 期。

19. [德]沃纳·伊伯特:《欧洲经济财政政策协调、"退出"战略及德国的作用》,熊厚译,《欧洲研究》2010 年第 4 期。

20. [德]伊诺斯·赫尔特:《德国联邦制的历史、基础和发展》,任雪丽译,《中德法学论坛》2008 年第 1 期。

(三)英文论文

1. "Germany-the Next Japan?", *Economic Outlook*, 2002, 27(1).

2. Alfred Greiner, Uwe Koeller, Willi Semmler, "Testing the Sustainability of German Fiscal Policy: Evidence for the Period 1960–2003", *Empirica*, 2006, 33 (2-3).

3. Alfred Greiner, Willi Semmler, "An Inquiry into the Sustainability of German Fiscal Policy: Some Time-Series Tests", *Public Finance Review*, 1999, 27 (2).

4. Alfred Greiner, Willi Semmler, "The Maastricht Criteria and Sustainability of German Fiscal Policy", *Annals of Public and Cooperative Economics*, 2001, 72

(2).

5. Alfred Höhn, Thorsten Schramm, Thomas Straubhaar, "A Model for a Fiscal Union? What Europe Can Learn from the German Experience", *Global Policy*, 2013, 4(Supplement. 1).

6. Arthur B. Gunlicks, "Constitutional Law and the Protection of Subnational Governments in the United States and West Germany", *Publius: The Journal of Federalism*, 1988, 18(1).

7. Arthur B. Gunlicks, "Federalism and German Unification", *Politics and Society in Germany, Austria and Switzerland*, 1992, 4(2).

8. Arthur B. Gunlicks, "Financing the German Federal System: Problems and Prospects", *German Studies Review*, 2000, 23(3).

9. Arthur B. Gunlicks, "German Federalism After Unification: The Legal/Constitutional Response", *Publius: The Journal of Federalism*, 1994, 24(2).

10. Arthur B. Gunlicks, "German Federalism and Recent Reform Efforts", *German Law Journal*, 2005, 6(10).

11. Arthur B. Gunlicks, "The Impact of Unification on German Federalism", *German Politics*, 2002, 11(3).

12. Arthur Benz, "From Joint Decision Traps to Over-regulated Federalism: Adverse Effects of a Successful Constitutional Reform", *German Politics*, 2008, 17(4).

13. Arthur B. Gunlicks, "German Federalism Reform: Part One", *German Law Journal*, 2007, 8(1).

14. Ashley Hoyer, "German Resistance to Welfare State Reform: Voter Blockades, Coalitions, and Unions", *LOGOS: A Journal of Undergraduate Research*, 2010, 3(3).

15. Astrid Lübke, "Fiscal Discipline between Levels of Government in Germany", *OECD Journal on Budgeting*, 2005, 5(2).

16. Beate Jochimsen, "Fiscal Federalism in Germany: Problems, Proposals

and Chances for Fundamental Reforms", *German Politics*, 2008, 17(4).

17. Benno Torgler, Jan Werner, "Tax Morale and Fiscal Autonomy: Evidence from Germany", *Public Finance and Management*, 2005, 5(4).

18. Bernhard Seidel, "EC Tax Harmonization: Fiscal Impact on West Germany Will Be Modest", *Economic Bulletin*, 1988, 25(3).

19. Bruce Ackerman, "The New Separation of Powers", *Harvard Law Review*, 2000, 113(3).

20. Bruno S. Frey, Alois Stutzer, "Happiness, Economy and Institutions", *The Economic Journal*, 2000, 110(466).

21. Carolyn Moore, Annegret Eppler, "Disentangling Double Politikverflechtung? The Implications of the Federal Reforms for Bund-Länder Relations on Europe", *German Politics*, 2008, 17(4).

22. Carolyn Moore, Wade Jacoby, Arthur B. Gunlicks, "Introduction: German Federalism in Transition?", *German Politics*, 2008, 17(4).

23. Charles M. Tiebout, "A Pure Theory of Local Expenditures", *Journal of Political Economy*, 1956, 64(5).

24. Charlie Jeffery, "Groundhog Day: The Non-Reform of German Federalism, Again", *German Politics*, 2008, 17(4).

25. Christian Baretti, Bernd Huber, Karl Lichtblau, "A Tax on Tax Revenue: The Incentive Effects of Equalizing Transfers: Evidence from Germany", *International Tax and Public Finance*, 2002, 9(6).

26. Christian Hillgruber, "German Federalism-An Outdated Relict?", *German Law Journal*, 2005, 6(10).

27. Christopher Flockton, "Germany's Long-running Fiscal Strains: Unification Costs or Unsustainability of Welfare State Arrangements?", *Debatte: Review of Contemporary German Affairs*, 1998, 6(1).

28. Clyde F. Snider, "County and Township Government in 1935-36", *The American Political Science Review*, 1937, 31(5).

29. Daniel F. Ziblatt, "Recasting German Federalism? The Politics of Fiscal Decentralization in Post-Unification Germany", *Politische Vierteljahresschrift*, 2002, 43(4).

30. Daniel J. Elazar, "From Statism to Federalism-A Paradigm Shift", *International Political Science Review*, 1996, 17(4).

31. Dieter Teichmann, Dieter Vesper, "The Budget 1993/94: The Change of Course Will Not Solve Germany's Fiscal Problems", *Economic Bulletin*, 1993, 30 (9).

32. Dieter Teichmann, Dieter Vesper, "The Budget 1993/94: The Change of Course Will Not Solve Germany's Fiscal Problems", *Economic Bulletin*, 1993, 30 (9).

33. Dieter Vesper, "Fiscal Policy Stabilisation in a Federal State: Germany's Experiences in the 1990s", *Economic Bulletin*, 2000, 37(12).

34. Dominic Heinz, "Federal Reform Ⅱ in Germany", *Perspectives on Federalism*, 2010, 2(2).

35. Dominic Heinz, "Varieties of Joint Decision Making: The Second Federal Reform", *German Politics*, 2012, 21(1).

36. Eric Mayer, Nikolai Stähler, "The Debt Brake: Business Cycle and Welfare Consequences of Germany's New Fiscal Policy Rule", *Empirica*, 2013, 40 (1).

37. Falko Jüßen, "Interregional Risk Sharing and Fiscal Redistribution in Unified Germany", *Papers in Regional Science*, 2006, 85(2).

38. Fanny Annemarie Kluge, "The Fiscal Impact of Population Aging in Germany", *Public Finance Review*, 2013, 41(1).

39. Fred W. Riggs, "The Ecology and Context of Public Administration: A Comparative Perspective", *Public Administration Review*, 1980, 40(2).

40. Fritz W. Scharpf, "Community, Diversity and Autonomy: The Challenges of Reforming German Federalism", *German Politics*, 2008, 17(4).

41.Fritz W.Scharpf,"The Joint-Decision Trap:Lessons From German Federalism and European Integration",*Public Administration*,1988,66(3).

42.G.C.Wiegand,"Fiscal Developments in Postwar Germany and their Economic,Political,and Monetary Background",*The Journal of Finance*,1953,8(3).

43.George F.Kennan,"Disengagement Revisited",*Foreign Affairs*,1959,37(2).

44.Gerhard Fels,Hans-Peter Froehlich,"Germany and the World Economy:a German View",*Economic Policy*,1987,2(4).

45.Gerry Stoker,"Intergovernmental Relations",*Public Administration*,1995,73(1).

46.Hans Kundnani,"The Concept of 'Normality' in German Foreign Policy since Unification",*German Politics and Society*,2012,30(2).

47.Hans-Ulrich Derlien,"German Unification and Bureaucratic Transformation",*International Political Science Review*,1993,14(4).

48.Hartmut Klatt,Arthur B.Gunlicks,"Forty Years of German Federalism:Past Trends and New Developments",*Publius:The Journal of Federalism*,1989,19(4).

49.Heinrich Mäding,"Federalism and Education Planning in the Federal Republic of Germany",*Publius:The Journal of Federalism*,1989,19(4).

50.Hellmut Wollmann,"Local Government and Politics in East Germany",*German Politics*,2002,11(3).

51.Helmut Seitz,"Fiscal Policy,Deficits and Politics of Subnational Governments:The Case of the German Länder",*Public Choice*,2000,102(3-4).

52.J.S.H.Hunter,"Inter-State Fiscal Equalization in the Federal Republic of Germany and Comparisons with Australia and Canada",*Australian Economic Papers*,1973,12(20).

53.James M.Buchanan,"An Economic Theory of Clubs",*Economica*,*New*

Series,1965,32(125).

54.Jeffrey S.Zax,"Is There a Leviathan in Your Neighborhood?",*The American Economic Review*,1989,79(3).

55.Joachim Jens Hesse,"The Federal Republic of Germany:From Cooperative Federalism to Joint Policy-Making",*West European Politics*,1987,10(4).

56. Jonathan Rodden, "Reviving Leviathan: Fiscal Federalism and the Growth of Government",*International Organization*,2003,57(4).

57.Katrin Auel,"Still No Exit from the Joint Decision Trap:The German Federal Reform(s)",*German Politics*,2008,17(4).

58.Klaus Von Beyme,"West Germany:Federalism",*International Political Science Review*,1984,5(4).

59.Lars Hoffmann,Jo Shaw,"Constitutionalism and Federalism in the'Future of Europe'Debate:The German Dimension",*German Politics*,2004,13(4).

60.Lars P.Feld,Thushyanthan Baskaran,"Federalism,Budget Deficits and Public Debt:On the Reform of Germany's Fiscal Constitution",*Review of Law & Economics*,2010,6(3).

61.LB/JHR,"The Fiscal Compact and The European Constituions:'Europe Speaking German'",*European Constitutional Law Review*,2012,8(1).

62. Lorenz Blume, Thomas Döring, Stefan Voigt, "Fiscal Effects of Reforming Local Constitutions:Recent German Experiences",*Urban Studies*,2011,48(10).

63.Marcus Höreth,"A Successful Failure? The Contested Implications of Germany's Federal Reforms",*German Politics*,2008,17(4).

64.Martin Hellwig,Manfred J.M.Neumann,"Economic Policy in Germany:Was There a Turnaround?",*Economic Policy*,1987,2(2).

65.Martin Painter,"Public Sector Reform,Intergovernmental Relations and the Future of Australian Federalism",*Australian Journal of Public Administration*,1998,57(3).

66. Michael Münter, Roland Sturm, "Economic Consequences of German U-nification", *German Politics*, 2002, 11(3).

67. Peter A. Hall, Rosemary C. R. Taylor, "Political Science and the Three New Institutionalisms", *Political Studies*, 1996, 44(5).

68. Ralf Hepp, Jürgen von Hagen, "Fiscal Federalism in Germany: Stabilization and Redistribution Before and After Unification", *Publius: The Journal of Federalism*, 2012, 42(2).

69. Randall Newnham, "The Price of German Unity: The Role of Economic Aid in the German-Soviet Negotiations", *German Studies Review*, 1999, 22(3).

70. Reimut Zolnhöfer, "An End to the Reform Logjam? The Reform of German Federalism and Economic Policy-Making", *German Politics*, 2008, 17(4).

71. Richard Simeon, "Recent Trends in Federalism and Intergovernmental Relations in Canada: Lessons for the UK?", *The Round Table*, 2000, 89(354).

72. Robert L. Rothweiler, "Revenue Sharing in the Federal Republic of Germany", *Publius: The Journal of Federalism*, 1972, 2(1).

73. Roland Vaubel, "Fiscal Restraints: Seven Lessons From West Germany", *Journal of Economic Affairs*, 1982, 2(4).

74. Rüdiger Voigt, "Financing the German Federal System in the 1980s", *Publius: The Journal of Federalism*, 1989, 19(4).

75. Simone Burkhart, Philip Manow, Daniel Ziblatt, "A More Efficient and Accountable Federalism? An Analysis of the Consequences of Germany's 2006 Constitutional Reform", *German Politics*, 2008, 17(4).

76. Stephen J. Silvia, "Why do German and U.S. Reactions to the Financial Crisis Differ?", *German Politics and Society*, 2011, 29(4).

77. Thieß Petersen, Henrik Scheller, Ole Wintermann, "Public Attitudes towards German Federalism: A Point of Departure for a Reform of German (Fiscal) Fedralism? Differences between Public Opinion and the Political Debate", *German Politics*, 2008, 17(4).

78. Thomas Döring, Stefan Voigt, "Reforming Federalism German Style: A First Step in the Right Direction", *Intereconomics*, 2006, 41(4).

79. Thomas K. Bauer, Jochen Kluve, Sandra Schaffner, Christoph M. Schmidt, "Fiscal Effects of Minimum Wages: An Analysis for Germany", *German Economic Review*, 2009, 10(2).

80. Ullrich Heilemann, Wolfgang H. Reinicke, "Together Again: The Fiscal Cost of German Unity", *The Brookings Review*, 1995, 13(2).

81. W. Franz, "Fiscal Policy in the Federal Republic of Germany", *Empirical Economics*, 1990, 15(2).

82. Wade Jacoby, "Side Payments over Solidarity: Financing the Poor Cousins in Germany and the EU", *German Politics*, 2008, 17(4).

83. Wallace E. Oates, "An Essay on Fiscal Federalism", *Journal of Economic Literature*, 1999, 37(3).

84. Walter Kickert, "State Responses to the Fiscal Crisis in Britain, Germany and the Netherlands", *Public Management Review*, 2012, 14(3).

85. Walter W. Heller, "The Role of Fiscal-Monetary Policy in German Economic Recovery", *The American Economic Review*, 1950, 40(2).

86. Werner Roeger, Jan Veld, Lukas Vogel, "Fiscal Consolidation in Germany", *Intereconomics*, 2010, 45(6).

87. Wolfgang Renzsch, "Federal Reform under the Grand Coalition", *German Politics*, 2010, 19(3-4).

88. Wolfgang Renzsch, "Financing German Unity: Fiscal Conflict Resolution in a Complex Federation", *Publius: The Journal of Federalism*, 1998, 28(4).

89. Wolfgang Streeck, Christine Trampusch, "Economic Reform and the Political Economy of the German Welfare State", *German Politics*, 2005, 14(2).

（四）德文论文

1. Beate Jochimsen, "Ökonomische Analyse der exzessiven Verschuldung

von Länderhaushalten am Beispiel der Verfassungswidrigkeit des Berliner Haush-alts", *Die Öffentliche Verwaltung*, 2004, 12(1).

2. Christian Dästner, "Zur Entwicklung der Zustimmungsbedürftigkeit von Bundesgesetzen seit 1949", *Zeitschrift für Parlamentsfragen*, 2001, 32(2).

3. Günther Oettinger, "Föderalismuskommission Ⅱ: Ergebnisse und Bilanz", *Zeitschrift für Staats und Europawissenschaft*, 2009, 7(7).

4. Herbert Giersch, Hans-Werner Sinn, "Zusammen waschen heißt zusamnen waschen", *Frankfurter Allgemeine Zeitung*, 29 Sept. 2000.

5. Otto Singer, "Die neuen Verteilungskonflikte. Eine Herausforderung des Föderalismus", *Blätter für deutsche und internationale Politik*, 1992, 37(1).

6. Rudolf Wildenmann, "Die Elite wünscht dem Wechsel", *Die Zeit*, 12. 3. 1982.

三、网络资源

1. 德国联邦财税法院：www.bundesgerichtshof.de。

2. 德国联邦财政部：http://www. bundesfinanzministerium. de/Web/DE/Home/home.html。

3. 德国联邦统计局：https://www.destatis.de/DE/Startseite.html? https=1。

4. 财政部财政科学研究所：《德国的财政体制及财政平衡机制》，ht-tp://www.caij.cn/caizheng/gw/200604/47352.html。

5.《德意志联邦共和国基本法》中译版，http://gongfa.org/html/gongfa-wenxian/2009 0507/387.html。

6. "Government Debt and Interest Payment Burden in Germany", ht-tp://www. bund esbank. de/download/volkswirtschaft/mba/2010/201004mba_en_government.pdf.

7. "Gross Government Debt in the EU Countries, 1980 – 2003", http://www.lrz.de/~ces/Fiskal/Stabilitaetspakt%20EEAG.pdf.

8. "The Fiscal Equalization and Public Service System in Germany", ht-

tp://www.ka s.de/wf/doc/kas_8811-544-2-30.pdf.

9.Arthur Gunlicks,"A Major Operation or an Aspirin for a Serious Illness? The Recent Agreement between the Federation and the Länder on Financing the Länder",http://www.aicgs.org/analysis/at-issue/ai-gunlicks.aspx.

10. Bernhard Seidel, Dieter Vesper, " Fiscal Federalism-An International Comparison ", http://www. diw. de/documents/publikationen/73/diw01. c. 38628.d e/dp183.pdf.

11.Christian Lammert,"Modern Welfare States under Pressure:Determinants of Tax Policy in a Globalizing World ", http://www. trpp. org/wp/archive/ wp2004-01.pdf.

12.Eurostat, "Expenditure on Social Protection", http://epp. eurostat. ec. europa. eu/tg m/table. do? tab = table &init = 1&language = en&pcode = tps00098&plugin = 1.

13.Florian Hoppner,Christian Kastrop,"Fiscal Institutions and Sustainability of Public Debt in Germany ", http://www. bancaditalia. it/studiricerche/ convegni/atti/ publ_debt/session3/575-59 4_Hoppner_and_kastrop.pdf.

14. Frank Zipfel, " German Finances: Federal Level masks Importance of Länder ", http://www. dbresearch. com/PROD/DBR _ INTERNET _ EN - PROD/PROD0000000000273969.pdf.

15. Hellmut Wollmann, "German Local Government under the Impact of NPM Modernization and New Direct Democratic Citizen Rights",http://www. uni-Stut tgart.de/soz/avps/rlg/papers/Germany-Wollmann.pdf.

16.Hellmut Wollmann, " The Two Waves of Territorial Reforms of Local Government in Germany", http://amor. cms. hu - berlin. de/ ~ h0598bce/docs/ hw200 4-two-waves.pdf.

17.Jagadeesh Gokhale,Bernd Raffelhüschen,Jan Walliser,"The Burden of German Unification: a Generational Accounting Approach ", http://clevelandfe d.org/research/workpaper/1994/wp9412.pdf.

18.Jan Werner, "Fiscal Equalisation among the States in Germany", ht-tp://econpape rs.repec.org/paper/lpfwpaper/02-2008.htm.

19.Jan Werner, Anwar Shah, "Fiscal Equalization in Germany", http://info. worldba nk. org/etools/docs/library/241116/FiscalEqualisationInGermany. pdf.

20. Lars P. Feld, Thushyanthan Baskaran, "Federalism Commission Ⅱ-Recent Reforms of Federal-Länder Financial Relationships in Germany", ht-tp://www.for umfed.org/en/pubs/2009-10-26-feld.pdf.

21. Lars P. Feld, Thushyanthan Baskaran, "Federalism Commission Ⅱ-Recent Reforms of Federal-Länder Financial Relationships in Germany", ht-tp://www. go ogle. com. hk/url? sa = t&rct = j&q = german% 20federalism% 20reform%202009&source = web&cd = 1&ved = 0CCoQFjAA&url =%68%74% 74%70%3a%2f%2f%77%77%77%2e%66%6f%72%75%6d%66%65%64% 2e%6f%72%67%2f%65%6e%2f%70%75%62%73%2f%32%30%30%39% 2d%31%30%2d%32%36%2d%66%65%6c%64%2e%70%64%66&ei = aOIaU9r-I4P_iAfQgYHoAg&usg = AFQjCNH4wQlFERdKLlg25AjaCTS9yE59n Q&bvm=bv. 62578216,d.aGc&cad=rjt.

22.OECD, "Government Debt General Government Gross Financial Liabilities as a Percentage of GDP ", http://www. oecd - ilibrary. org/economics/ government-debt_ gov-debt-table-en.

23.OECD, "Government Deficit/Surplus as a Percentage of GDP General Government Financial Balance, Surplus (+), Deficit (-)", http://www. oecd-ilibrar y.org/economics/government-deficit_gov-dfct-table-en.

24.Ralf Hepp, Jürgen von Hagen, "Fiscal Federalism in Germany: Stabiliza-tion and Redistribution Before and After Unification", http://faculty. fordham. edu/hepp/vH H_MZ02_Paper_2010_0830_web.pdf.

25.Ralf Hepp, Jürgen von Hagen, "Fiscal Federalism in Germany: Stabiliza-tion and Redistribution Before and After Unification", http://economics. Ca/

2009/papers/0 430.pdf.

26.Ralf Hepp,Jürgen von Hagen,"Fiscal Federalism in Germany:Stabiliza-tion and Redistribution Before and After Unification", http://stage. web. fordham.edu/imag es/academics/graduate_schools/gsas/economics/dp2009_06 _hepp_vonhagen.pdf.

27.Raymond J.Ahearn,Paul Belkin,"The German Economy and U.S.-Ger-man Economic Relations",http://fas.org/sgp/crs/row/R40961.pdf.

28.Ronald L. Watts, Paul Hobson, "Fiscal Federalism in Germany", ht-tp://www.au cc.ca/pdf/english/programs/cepra/watts_hobson.pdf.

29.Sven Jari Stehn,Annalisa Fedelino,"Fiscal Incentive Effects of the Ger-man Equalization System", http://www. imf. org/external/pubs/ft/wp/2009/ wp09124.p df.

30.Thomas Lenk,"Reform of the Financial Equalization Scheme in Germa-ny: A Never-Ending Story?", http://www. africa. fnst − freiheit. org/ publications/liberal−ins titute/56−lenk−foed.korr.pdf.

31.Thomas Lenk,"Reform of the Financial Equalization Scheme in Germa-ny:A Never-Ending Story?", http://www.fnf. org. ph/downloadables/Reform% 20Finan cial%20Scheme%20Germany.pdf.

32.Wolfgang Streeck,"Endgame? The Fiscal Crisis of the German State", http://fed eration.ens.fr/ydepot/semin/texte0809/str2009end.pdf.

后　记

经过近半年的修改和润色,我的第一本书稿终于在 2018 年 1 月的某个寒夜出炉了。此时,我抬起头望着窗外的一轮明月,在这轮皎洁的月光映照下,东北一片白茫茫的雪国景致显得愈发静谧和美丽。我长叹了一口气,庆幸博士论文终于走完了付梓之前的关键一步,此时此刻,万千思绪涌上心头,颇有五味杂陈之感。

我最怀念的还是母校南开……此时,当我合上电脑,眼前又浮现出那些熟悉得不能再熟悉的南开地标,巍峨的主楼、高大的二主楼、杨柳依依的大中路、波光粼粼的新开湖、荷叶飘香的马蹄湖、破旧不堪的迎水道……

时光荏苒,岁月如梭,从 2003—2014 年,我在南开园度过了十一年的求学岁月,生命的年轮就这样在指尖悄悄滑过,当年长沙市雅礼中学的毕业生实现了自己学业道路上的三次跨越。

我永远不会忘记 2003 年 9 月 9 日的"学士入学季",记忆中那是一个阳光明媚、秋高气爽、生机盎然的早秋时节的上午,父母领着我从卫津路的东门第一次踏上了绿树成荫、杨柳依依、花团锦簇的大中路。从那一刻开始,南开——这所无论在近代、现代和当代中国史上始终占据一席之地的名校就注定将在我的一生中烙上厚重的印记,"允公允能、日新月异"的校训将潜移默化地成为我的座右铭。

时间不等人,经历了 2007 年 6 月的"学士毕业季"、2007 年 9 月的"硕士入学季"和 2009 年 6 月的"硕士毕业季",2009 年 9 月,我第三次以"新生"的身份来南开报到,此刻我的博士研究生阶段开始了。当我重新回味博士心路历程的点点滴滴,其中既有意料之中,更有预料之外。意料之中的是,通过之前六年的耳濡目染,通过老师们的言传身教,通过师兄师姐们的示范带动,我早已对"博士帽"的含金量欣然明了。这顶"桂冠"对于绝大多数人来说是那样的高不可攀、遥不可及,是一个"乌托邦"式的幻想。它意味着挑战自我在知识储备和心理素质、智商和情商等方面的极限,是一个超越自我以完成学术能力跨越的关键阶段,是一个充斥着艰辛求索、理性思考和锐意创新的"极限之旅"。预料之外的是,曾经自信学习能力、耐力意志和求索精神的我却在这条"登顶之旅"中攀爬了五年之久。

回望十一年的"南开道路",需要言谢的人太多太多。正所谓师恩难忘,在母校"一站贯通式"的求学旅程中,我深刻地感受和领悟到周恩来政府管理学院(法政学院)各位老师渊博的知识水平、高尚的师德人品、独特的人格魅力。感谢在博士学位论文的开题阶段,谭融教授、柏桦教授、孙晓春教授、于语和教授、岳纯之教授(法学院)的认可和点拨;感谢在博士学位论文的预答辩阶段,谭融教授、柏桦教授、程同顺教授、孙晓春教授、于语和教授的启迪和斧正;感谢在博士学位论文的评阅阶段,高建教授(天津师范大学)、谭君久教授(武汉大学)、常士闇教授(天津师范大学)、储建国教授(武汉大学)、王彩波教授(吉林大学)的点拨和匡正。各位老师的金玉良言似一剂良药,时常令我有茅塞顿开之感,为博士论文的写作和修改夯筑了坚实的基座。

与此同时,我还要向朱光磊教授、杨龙教授、高永久教授、季乃礼教授、徐行教授、郭道久教授、沈亚平教授、常健教授、王骚教授、张光教授、金东日教授、孙涛教授、朱旭峰教授、吴志成教授、张睿壮教授、韩召颖教授、赵龙跃教授、刘丰教授、赵万里教授、陈钟林教授、管健教授、贾义猛副教授、柳建文副教授、蔡声霞副教授、蒋建荣副教授、李瑛副教授、徐晓日副教授、张志红副教授、王翠文副教授、郭大水副教授、卢岩讲师、孙兵讲师等所有向我传授过专业知识的老师们致以最崇高的敬意和最衷心的感谢。通过聆听各位老师主讲的专业课程极大扩展了我的知识范畴,拓宽了我的见识领域,丰富了我的学术视野。在此,我衷心祝愿各位老师身体健康、阖家欢乐、万事如意、心想事成、桃李满天下！

　　此外，我还要向长期以来给予我关心、支持和帮助的学院党委、团委、行政系统的各位老师表示谢意。进入学院就读的十一年中，得益于各位老师的信任、理解和提携，我始终承担着一定的学生工作。无论是学士阶段的班级财务委员、院学生会内联部副部长、恩来团校副校长兼顾问，还是硕士研究生阶段的院研究生会学术部部长、班级负责人，乃至博士研究生阶段的班长、年级党支部书记……每一步的成长和进步都凝聚着党委、团委、行政系统各位老师的心血和付出，在此，我特向已调离我院的孙跃书记、何璟炜书记、闫彪老师以及仍在我院就职的奚先来副书记、黄怡老师、李华老师、高阳老师、李敏丽老师、于洋老师表示感谢。没有各位老师的指点和拔擢，我很难实现从一名懵懂少年到一名博士研究生的跨越，从事学生工作的经历将成为我求学历程中不可磨灭的一页。

　　紧张的博士生涯因为有了 2009 级政治学理论、中外政治制度、国际政治/国际关系/外交学、行政管理专业的众多志同道合、迎难而上、敢于攀登的"手足同窗"而平添了难得的欢声笑语，我们共同走过的求学历程将是我一生弥足珍贵的回忆，定将刻骨铭心、永志不忘。感谢在艰苦卓绝的攻读博士阶段和你们相遇，让我再一次回顾你们的名字：唐静、杜美玲、吕云涛、张英秀、郑春勇、刘建军、郭鹏、崔慧姝、王海峰、王天韵、金鑫、洪亦卿、王兆辉、胡兰玲、周望、鲁敏、王雪丽、陈新、徐祖迎、韦长伟、董向芸、马原、李伟、曲妍。此时此刻，我特别伤感和怀念兆辉。我和兆辉从硕士阶段相识，再一道攻读博士学位研究生，然而造化弄人，我们却不能肩并肩、手携手地走出这个"围城"。我想远在天国的你一定还是那样的笑口常开，还是那样的乐观开朗，还是那样的刻苦上进，祝愿你在那边永远幸福快乐、学业有成。

　　宿舍生活永远是学生时代难以磨灭的记忆。尽管博士阶段异于学士和硕士阶段，作为"准学术人"的博士生们总是从早到晚忙碌不已，无时无刻不在为实现自己的学术梦想而奔波。但是，宿舍生活却让我收获了值得一生珍视的兄弟之情、手足之谊。难忘和赵超、王涛锴、孟庆波、孟凡青、李德贵、刘奎宁、郭鹏、洪亦卿、王石山以及经常"下凡"到我们大宿舍的刘鹏所一起经历的欢声笑语,大家畅谈国事、说古论今、大侃学术,那一串串的妙语连珠不时在我耳边"余音绕梁",以致"三日不绝"、历久弥坚。我相信,大家在今后的人生道路中仍将续写兄弟般的情谊,在这个物欲横流、人情冷漠的社会之中,我们依然志同道合、携手共进。

感谢母校,"0311344"、"2120071450"、"1120090495"将我永远定格在南开的 2003 级学士、2007 级硕士和 2009 级博士的名册上。一入南开门,终身南开人,"允公允能、日新月异"的巍巍我南开精神,早已浸润在我的灵魂深处而刻骨铭心,永不褪色!

与此同时,我还要向北京外国语大学刘立群教授、中国社会科学院欧洲研究所杨解朴副研究员、同济大学郑春荣教授和伍慧萍教授表示衷心感谢。各位老师都是中国德国学界的著名专家学者,初识各位前辈是在中国知网(CNKI)的期刊论文上,在字里行间俨然体现出各位老师严谨治学的风范、求真务实的态度、厚德载物的品格、高深莫测的学术,这一切无不令我这个初出茅庐的"晚辈后生"深感震撼,为之倾倒。然而,当我在 2011 年 4 月于南开大学召开的"未来十年的欧盟与中欧关系"——中国欧洲学会第八届年会上亲见各位老师之时,我立即被众位专家谦虚谨慎、平易近人的学术人格所征服。此后也多次打搅各位老师以寻求帮助,生怕吃闭门羹进而忐忑不安的担心每次都被证明纯属庸人自扰,各位老师总是热情主动地向我提供力所能及的帮助。各位专家从未因晚辈地位卑微、学识浅陋而有所"俯视",恰恰相反却总是能够得到老师们一如既往的鼓舞和鞭策,这更加坚定了我在学术道路上披荆斩棘、攻难克险、力争成为研究德国问题的专家的信心。值此专著即将出版之际,我特向上述专家学者表示谢意,您们的关爱、扶助和鼓励将永远激励晚辈在今后的学术道路上勇攀高峰,永不言败。

正是因为站在前人的肩膀上,我才能看得更远。作为晚辈,我在学术上的任何进步都离不开前辈们的"打基础"和"夯基座",没有他们的早期付出就不可能有后来人的进步。在书稿的撰写过程中,我参考借鉴了诸多先贤学人的著述,从字里行间领略到了他们所具有的勤奋扎实、任劳任怨和无私无畏。他们的学术生涯就像一面镜子照着我,时刻督促我矢志不渝地从事比较政治学的研究。在他们的身上,我看到了代表人类公义和良知的知识分子阶层所应具有的德才兼备、智圆行方和通达天下的精神境界,无论是专业知识还是为人处事都令我景仰不已。先生之学,泰山北斗;先生之德,高山仰止;先生之风,山高水长。在此,我谨向所有参考文献的原作者(或译者)致以崇高敬意和衷心感谢!

　　回望来时的路,无时无刻都能感受到父母无处不在的关爱和无微不至的呵护,来自双亲持之以恒的、无私无畏的执着付出和守望,为我长达24年的求学之路打造了最为坚实的后盾,铸就了最为牢靠的"安全阀"。从2003年9月离开故乡长沙,远赴"渤海之滨、白河之津"的南开异地求学算起,在十一年中,我早已数不清父母究竟为我寄了多少钱、多少食品、多少衣物被褥,至今保存在抽屉中的一叠早已纸面泛黄、字迹模糊的火车票、飞机票真实记录了父母无言的爱。当年的小学、初中、高中、学士、硕士同学几乎都已步入职场打拼、成家立业,而我的"学生时代"竟如此漫长,这一切如果离开了至亲们持之以恒的默默支持和无私奉献将是"海市蜃楼"。每当深夜独自一人仰望星空,我无比感恩上苍让我降生在这个洋溢着浓厚亲情和幸福感的家庭之中。常怀感恩之心,常思舐犊之情,望着父母日益增多的白发和日渐沧桑的面容,作为儿子的我内心时常涌起一丝惭愧和内疚。从我离家至今,我们全家聚少离多,甚至有两个春节都未能陪伴在父母的身边共叙亲情、共享天伦之乐,凡此种种不胜枚举。如今,我终于可以自豪地对爸爸妈妈说:"你们的儿子永远爱你们,无论将来会遇到怎样的波折和烦恼,我们永远风雨同舟。"

　　2014年7月,我正式入职东北师范大学马克思主义学部,成为一名讲师。从长沙到天津到长春,随着人生轨迹的进一步"北漂",我终于可以拥抱传说中的"冰天雪地"了。近四年来,我的教学和科研道路不断向前延伸,我逐渐适应了从学生到老师的角色转换,人生翻开了新的一页。在此,我谨向李忠军教授、庞立生教授、程舒伟教授、孟宪生教授、康秀云教授、魏书胜教授、王晶教授、孙成武教授、李婧教授、荆雨教授、胡海波教授、段妍教授、王立仁教授、赵野田教授、臧宏教授、胡晓红教授、张艳红副教授、客洪刚副教授、史巍副教授、冷雪梅副教授、王英讲师等所有向我提供过帮助的老师们致以崇高的敬意和诚挚的感谢。

本书最终能够面世离不开人民出版社的大力关心、帮助和支持,在此我特向为该书付出艰辛努力的哲学编辑部致以谢意。尤其是责任编辑郭彦辰在本书的选题报送、初稿修订、成稿排版和终稿校对中所体现出的认真细致、精益求精、任劳任怨都令我感动不已。通过本书的出版过程,我亲眼目睹了我国顶级出版社和顶级编辑老师们的专业素养和敬业精神,期待在未来的学术道路上,我们的友谊地久天长!

人生第一本专著的出版既是终点,也是起点。记得曾几何时,老师们告诉我,第一本专著是一个人学术生涯的真正开始。结束过去,面向未来,我只能表一个态——路漫漫其修远兮,吾将上下而求索!

罗湘衡

2018 年 3 月 27 日于东北师范大学

责任编辑：郭彦辰

图书在版编目（CIP）数据

德国联邦制下府际财政关系研究/罗湘衡 著. —北京：人民出版社，2018.5
ISBN 978-7-01-019306-9

Ⅰ.①德…　Ⅱ.①罗…　Ⅲ.①财政制度-研究-德国　Ⅳ.①F815.161

中国版本图书馆 CIP 数据核字（2018）第 085677 号

德国联邦制下府际财政关系研究

DEGUO LIANBANGZHI XIA FUJI CAIZHENG GUANXI YANJIU

罗湘衡　著

人民出版社 出版发行
（100706　北京市东城区隆福寺街 99 号）

北京汇林印务有限公司印刷　新华书店经销

2018 年 5 月第 1 版　2018 年 5 月北京第 1 次印刷
开本：710 毫米×1000 毫米 1/16　印张：20.75
字数：300 千字

ISBN 978-7-01-019306-9　定价：60.00 元

邮购地址 100706　北京市东城区隆福寺街 99 号
人民东方图书销售中心　电话（010）65250042　65289539